理性と道徳

Reason and Morality

Alan Gewirth

アラン・ゲワース 著
式部 信 訳

溪水社

まえがき

実質的な道徳原理を合理的に正当化することは果たして可能であろうか。これは哲学的倫理学をめぐる最も重要で厄介な問題である。この問いにどう答えるかで、道徳的に正しいことと不正なことの区別は客観的で普遍的であり、したがって物事を合理的に判断できる人であれば誰しも同意せざるをえない道徳判断によって認識可能である、とする見方の正否は決まる。古代ギリシアの時代から今日に至るまで、多くの道徳哲学者がそれぞれの考えに基づいてこの問いに肯定的な答えを与えようとしてきた。善のイデア（プラトン）、合理的中庸と自然法的諸教義（アリストテレス）、定言命法（カント）、効用原理（ミル）などはその最もよく知られた例である。一方、この同じ問いに「ノー」と答える見方にも、ソフィストや古代懐疑主義者から、ヒューム、マルクス、ニーチェを経て、現代の情動主義者や他の非認知主義者へと続く長い伝統がある。人間が人間に対して実行できる悪事がかつてない規模の野蛮と悲劇をもたらすようになった今の時代、道徳原理の合理的正当化に対する哲学者の関心は単に確実な物事を追い求めることにあるのではない。この合理的正当化は、人間同士の相互関係のあり方を律する原理に対する人々の根強い信念を整合的に解き明かそうとする試みでもある。事実、哲学者たちの多様な考えには、倫理学における正当化の論理的難点に関する見解の相違が反映されているが、単にそれだけでなく、それぞれの論者の提唱する対立的諸原理には、合理的根拠づけを伴うか否かにかかわらず、個人の行動や社会制度の正しい様式をめぐる著しく異なる見方が内包されている。それらの諸原理の中にどれか合理的に正当化されるものがあるのかという問いは、したがって、人々の暮らしの指針にとって大きな意味をもつ。

この長く続く正当化論争とは別に、最高道徳原理の合理的正当化という問題をめぐる論議がある。ただ、この問題に関心を向けることを拒む道徳哲学者も少なくない。例えば、道徳原理は自明であるという制度主義者の見解である。他にも、道徳原理は何らかの特定の文化や伝統、社会システム、時代の基盤をなすものであり、そうした原理を用いて当の文化が有するより特殊な道徳的規則や道徳判断を体系的に解明できればそれで十分だとする、伝統主義者や慣例主義者の考えがある。しかし、このような見方には重大な難点がある。文化にせよ何にせよ、何らかの体系の究極の根拠である原理自体の正しさが論証されない限り、そのような手続きは当の体系の公正さや正しさに関して何の保証も与えないからである。そこでは、異なる文化や伝統、社会システムの支持者たちがそれぞれに自らの道徳原理の自明性を主張して、自分たちの道徳的規則や道徳判断は道徳的に正しいとの考えを抱き続けるだけの話である。したがって、何らかの文化やイデオロギーや伝統において、ある道徳原理がそれに従う道徳的規則や道徳判断を正当化したり体系化したりすることができたとしても、それで直ちに、それらの規則や判断が他の異なる文化や伝統の道徳的規則や道徳判断に優ることが証明されるわけではない。

以上の点から推察されるように、古くからさまざまな思想家が相対主義を斥け、倫理学に確固たる基盤を与えようと腐心してきた。それらの論者は自らの最高道徳原理に合理的正当化を与え、そうすることで、他の対抗的原理の誤りを証明しようとしてきた。しかしこれまでのところ、哲学者から、大筋でその試みに成功したとの評価を受けた議論は一つもない。各々の批判者が明らかにしてきた通り、いずれの議論にも致命的な欠陥が含まれるからである。

本書では、道徳原理の合理的正当化に関して、先行研究の成果を踏まえながらも、これまでにない新たな議論を展開する予定である。その新しさは、主に、人間の行為に備わった特質から実質的で規範的な道徳原理を論理的に導出するところにある。行為が道徳にとっていかに重要な意味をもつかはつとに知られているが、本書では、この二つのものの関係が従来考えられてきた以上に密接で実質的な結びつきであることが明らかにされるであろう。本書の中心的論点は次の通りである。すべての行為者は、まさしく行為に携わるという事実により、論理必然的にある特定の評価的・義務的判断を承認せざるをえず、それゆえ最終的には、行為者はその受動者の行為の必要条件を尊重せねばならないとする、ある最高道徳原理すなわち類的一貫性の原理を受け入れざるをえない。この命題を立証するために、本書では、合理的な対人行動の可能性自体がこの原理によって根拠づけられる道徳規範を遵守することに依存している点を明らかにする。すべての行為者は、それを拒めば自己矛盾に陥るため、この原理を受け入れざるをえず、したがって、この原理は厳密に合理的な根拠を有するだけでなく、この原理は行為という文脈で働かねばならないことから、その合理的正当化は同時に実践的正当化でもある。本書の前半で私の言う「行為の規範的構造」に基づいてこの原理を打ち立てた後、この原理を個人的道徳や社会的道徳をめぐる配分的問題や実体的問題に適用し、いくつかの重要な事例について検討を加える。この応用研究で取りあげられる諸々の道徳的規則や道徳判断は、それぞれの仕方で、その導出元である類的一貫性原理の合理的正当化可能性を共有している。

ところで、道徳原理の合理的正当化の企てには、非認知主義者をはじめとする反合理主義者が繰り返し指摘してきた通り、さまざまな危険が伴う。よく知られた例では、論理の飛躍、循環論法、動機づけの欠如、行き過ぎた形式主義、極度の抽象性、不毛性といった危険である。本書では、これらの落とし穴に陥らないよう、その都度注意して慎重に議論を進める。この狙いとの絡みで、特に、本書で用いる「弁証法的必然的方法」が弁証法的偶然的方法や実然的方法と大きく異なる点を強調しておきたい。

本書の他の特徴にも触れておこう。それらは新しい考えを含むものではないが、本書の企図に伴う他のさまざまな追加的危険にとって重要な意味をもつばかりか、近年の道徳哲学の支配的傾向には反する特徴と言えるからである。本書では、「理性」と「道徳」を道徳的に中立的な言葉として用いる。すなわちこれらの言葉には、本書でその合理的正当化を行おうとしている当の原理を含め、いかなる規範的道徳原理も組み込まれておらず、一方ではそれぞれの言葉の意味に広く認められる主成分が組み込まれている。例えば、本書の「理性」は演繹的論理と帰納的論理という規範に限定され、他方の「道徳」の定義には、定言的に義務的な行為の諸要件という「形式的」成分とともに、他の人々の利益に対する配慮という「実質的」成分が含まれる。そこでは「他の人々」の範囲も「利益」の性質も明示的には未規定のままであるから、この定義は多種多様な道徳性の全領域に当てはまる。しかも、「道徳」の定義には形式的成分が独自の領域として組み入れられるため、どうして他の人々の利益に対する配慮がすべての行為者によって定言的に義務的なものとして受け入れられねばならないのかが解決されるべき独自の問題として浮上する。このように本書の中心概念には議論の中立化を促す一般性が備わっているが、本書ではいかなる実質的道徳判断・原理に関しても自明性を主張するつもりはないことも併せて指摘しておきたい。

草稿段階の本書には、自発性や強制的選択など、理性と行為に関連する諸概念と諸問題に関する詳細な検討が含まれていたが、最終的に、中心的論点とは直接関係しない議論はすべて削ぎ落とし、内容をおよそ半分にまで切り詰めた。また本書の続編では、第5章において類的一貫性原理の間接適用という表題の下で論じた社会的・政治的問題をさらに詳しく論じる予定である。

本書の執筆過程で多くの方々からいただいた学恩にこの場を借りて感謝申しあげる。まず、本書の原稿に対して何世代にもわたりコメントを与え続けてくれたシカゴ大学の院生諸君に、まとめて感謝の意をあらわしたい。いちいち名前を挙げないが、その数は優に百人を超える。本書の原稿はシカゴ大学をはじめとする多くの大学の研究会、ならびにJ・B・シュネーヴィントとジョン・シルバーをコメンテーターとするアメリカ哲学会のシンポジウムで報告された。また、この一〇年間に私は本書の中心的論点をまとめた論文を十数編余り発表しており[1]、アメリカ哲学会西部部会における会長講演「『ある－べし』問題の解決」もその一つである。同僚諸氏からは、未発表のものを含め、これらすべての報告に関して有益なご批判をいただいた[2]。モリス・マンデルバウムとH・B・ヴィーチをはじめ書簡を通じて貴重な批判を寄せられた方々にも感謝申しあげたい。次の方々からも貴重なコメントをいただいた。バーナード・ボウムリン、M・P・ゴールディング、K・E・グッドパスター、ジョン・フーカー、G・L・マッキャラム・ジュニア、G・R・マーネル、J・R・ペノック、ロバート・サイモン、M・G・シンガー、W・D・ソロモン、ハーバート・スピーゲルバーク、J・P・スターバ、J・W・N・ワトキンズ、カール・ウェルマン。私のために非公式の研究会を組織してくださったニューヨーク市立大学のデイヴィッド・スピッツにも感謝の意をあらわしたい。

本研究にきっかけを提供してくれたのはロックフェラー財団の研究奨励制度であり、研究が最終段階にさしかかった一九七四年から一九七六年にかけては、全米人文科学基金とジョン・サイモン・グッゲンハイム記念財団からの奨励金がたいへん役立った。これらの団体に深甚なる謝意をあらわしたい。またシカゴ大学からは、恵まれた研究環境に加え、本研究のため二年間の研究休暇を与えてもらった。

最後に、精神面ではもちろん、生物学や生態学に関する専門的知識を通じても本研究を支えてくれた妻のマーセラに感謝したい。本書を理性と愛情の統一の生きた証でもある彼女に捧げる。

凡例

1　本書はAlan Gewirth, *Reason and Morality*, University of Chicago Press, 1978 の全訳である。
2　原文のイタリック体による強調は傍点であらわした。
3　原文の引用符は「　」で示した。
4　（　）と——は原則として原文通りとしたが、原文にない箇所で用いた場合がある。
5　巻末の注に記載された引用文献は書誌情報の一部を省略した。
6　邦訳のある引用文献は該当箇所にその書誌情報を付記した。
7　索引は原著索引を参考にして訳者が作成した。

目次

理性と道徳

第1章　正当化の問題

道徳哲学の中心問題

1-1　人々はさまざまなやり方でそれぞれの生き方を決めている。そうした人生の指針としてまず思い起こされるのは種々の目標や規則、習慣、理想、制度などであるが、その中で特別の地位を占めるのが道徳である。確かに道徳は誰にとっても、自己利益を含むあらゆる行動指針に優先する基本要件を定めるものとされている。では、一体、道徳が最優先される理由は何であろうか。この主張に合理的根拠はあるのだろうか。それとも、迷信や社会的条件づけの所産に過ぎないのであろうか。また、道徳の優位性が何らかの権威に基づいて正当化されたとして、そのことは競合する諸道徳の中でどの道徳が正しいかを知る手立てを与えてくれるのだろうか。

「道徳」や「道徳的」といった言葉にはさまざまな意味があるが、右の問いが示唆するのは、次のようなこの言葉の中心的意味合いである。道徳とは、少なくとも部分的にはすべての現実的行為者や予定的行為者に要請される、行為のための定言的義務要件の集合であり、それらの条件は、当の行為者や話者ではなく、あるいは当の行為者や話者だけでなく、その相手となる人物の利益、とりわけ最重要の利益を促進することに関係している。ここで行為の条件が定言的に義務的であるとは、それらの条件に従うことが、それを求められるすべての者にとって、当の条件やその帰結を受け入れる意志があるか否か、そしてその義務性が不確かで可変的な法律やしきたりなどの制度による裏づけを伴うか否かにかかわらず、行為を行う限り命令的に要請されるということである。したがって、ある道徳的要件が別の道徳的要件に優先することはあっても、非道徳的要件が道徳的要件に優先することはなく、意向や見解や理念の変更によって道徳的要件の規範的拘束力から逃れることもできない。

以上の道徳性の定義からすると、何が道徳的に正しいかの判断は比較的簡単なことのように思われる。相手の利益を助長するために必要なものさえわかれば、それで十分だからである。しかし実際には、判断は簡単であるどころか、道徳的正しさについて正当な規準を定めようとして次から次へと困難にぶつかってきたのが道徳哲学の歴史である。ここでは、その理由を探るため、道徳の領域とそれ以外の実践的領域を比べるところから議論をはじめたい。さて、道徳的要件が他のすべての実践的教えに優先するにしても、あらゆる実践的領域には、それぞれの領域に特有の正しさの規準が存在する。各領域で正しい行為や成功する行為に求められる要件、またそれゆえに行為の的確性や成功度を評価するための要件を決めるのはそのような規準である。一方、チェスであれ、サッカーであれ、商売であれ、医療であれ、それぞれの領域で求められる特定の要件は、どの領域にも共通して認められる、各領域固有の目的や規則からほぼ直接導かれるものであり、そうした行為要件の義務性を規定するのは、当人がそれらの目的や規則を受け入れるか否かという事情である。

ところが、道徳の領域では、目的や規則の正しさこそが論議の的となるだけでなく、行為要件の義務性は前述した事情には左右されない。道徳的教えは、それらが部分的にであれ、すべての行為者に向けられ、しかも最も重要な利害に定言的義務的なものとして関わりをもつため、すべてに優先する性格を有しており、道徳的な目的や規則については深刻な意見対立が見られる。それは行為に際してどの人物のどの利益に特別の配慮を加えるべきかをめぐる対立であり、当の行為者の利害と他の人物の利害との対立でもある。道徳的規準に関する意見対立の典型として、例えば、ニーチェかカリクレス、キルケゴールかアウグスティヌス、カントかシュヴァイツァーの名前を挙げることができよう。また、根本的相違とは言えないまでも、同様の意見の違いはヘーゲル、マルクス、スペンサー、ミルのあいだにも見られる。こうした哲学者の意見対立は、広く一般に受け入れられている「一階の」道徳判断に関する「二階の」分析の不一致をあらわし、その姿は、哲学者の知識論が広く一般に受け入れられた知識を踏まえながら（そう言い切れない場合もあるが）、知識について互いの意見を戦わせる姿に似ている。ところが、前記の道徳哲学をめぐる意見対立は、知識論をめぐる論争とは異なり、二階の分析の不一致を示すばかりでなく、人々は互いに互いをどう捉え、どう行為すべきかとか、どの人物のどのような利益が促進され、また支援されるべきか、といった一階の基本的道徳原理をめぐる対立でもある。また、哲学者ほど体系的にではないものの、哲学者以外の多くの論者がこの係争に関わりをもとうとしていることも注目される。

このように道徳原理をめぐる意見対立がある以上、たとえ道徳的正しさの規準を人間や人間の利益に関する特定の道徳的目的・規則から導出することができたとしても、競合する諸目的・規則の中のどれが正しいかは依然として不明である。それればかりではない。ある見解が示す特定の目的・規則、したがって道徳的正しさに関するある特定の規準が、別の見解に比べ、何らかの意味でより適切か妥当なものであることが証明されたとしよう。その場合も、この規準の要件がこれらの競合的諸見解で取りあげられたそれぞれの人物によって直ちに定言的義務的なものとして受け入れられるとは限らない。それぞれの人物が自らの私的な利害をどう捉えるかや、その人物が属す特定集団によって課せられる条件に関して、競合する諸見解のあいだに意見の対立が見られるのであれば、なおさらそうである。

ここでは、以上の規準や利害をめぐる意見対立を考慮に入れて、道徳哲学の中心問題を次の三つに区分しておこう。第一に、権威に関わる次の問題がある。なぜ人は道徳的であるべきなのか。ここで道徳的とは、他の人々の重要な利益を促進する、または気遣うとの要件を、自らの行為に対する最高度に権威的なものとして、すなわち義務的なものとして受け入れ、とりわけ他の人々の利益と自らの利益が対立する場合にその要件に従う、という意味である。右の設問が循環論法に陥らないためには、この「べき」の規準は、その義務性が疑われる道徳的正しさの規準とは別のものでなければならない。第二に、配分をめぐる次のような問題がある。行為者は、行為に際して、自分以外の誰の利益に好意的配慮を加えるべきか。そうした配慮から生じる善（善い物事）は、行為や制度を通じて、どの人物に配分されるべきか。第三に、実体に関わる次のような問題がある。どの利益に対して配慮が加えられるべきか。どの利益が善い利益であり、最も重要な善とはどのような利益か。

配分的問題に対してこれまで多くの回答が与えられてきたが、その討議場では、種々さまざまな特殊主義をあいだに挟んで、私的な利己主義と平等主義的普遍主義が両端で対峙している。同じく実体的問題に対する回答では、いかなる利益にも価値はないとする虚無主義が一方の極にあって、利益はすべて利益であるがゆえに善であるとする徹底的な包括主義と張り合っている。ただ、利益は対立する可能性があるから、何らかの順位づけは必要である。このため、特別の配慮が必要な利益については、宗教的利益対世俗的利益、平和的利益対好戦的・軍事的利益、理論的・知的利益対実践的・政治的利益対空想的・審美的利益、狭い生物学的・経済的利益対より精神的な利益、快楽・幸福対義務・尊厳対平等・共同管理、自由対安全・秩序など、さまざまな極に基づく分類が行われ、それらが維持されてきた。配分的問題と実体的問題に対する異なる回答があらわすのは、道徳的正しさの規準をめぐる意見対立である。一方、それらの規準の一つを行為や制度を規定する定言的義務的な規準として受け入れるには何らかの合理的根拠が求められるが、そうした根拠に関わってくるのが権威的問題である。

1-2　前項で見た諸問題が人生や社会にとって最重要の意義をもつことは明らかであろう。それらの問いに対する答え次第で、人々は互いに関係し合いながらどう生きていくべきかについての基本要件が決まるからである。ところで、それらの問いに、哲学者や神学者、政治家、その他多くの人たちがこれまで与えてきた、そして今も与え続ける答えはまさに千差万別であるが、この事実自体は、合理的に正当化される答えが不可能であることはおろか、特別にむずかしいことを示すものでもない。例えば、それらの多くの議論に、論理的錯誤や経験的事実に関する誤認が含まれる可能性も十分考えられる。しかし、現状ではむしろ、論理的・経験的過誤を何一つ含んでいない議論であっても、各論者の権威的問題に対する捉え方や、道徳的正しさの規準、それゆえ道徳判断に対する見方に鋭い対立が見られることの方がより深刻である。

こうした点から明らかなように、道徳論議は科学には見られない重大な欠陥を抱えている。自然科学では、議論は最終的に事実言明によって裏づけられるとされ、経験的事実はそれらの命題が正しいか否かを検証するために役立てられる[1]。これに対し道徳判断では、経験的事実にそうした機能を期待するのは困難である。例えば、「ジョーンズは中絶しようとしている」、「ザンデ族は首刈りを続けようとしている」などの言明と、「ジョーンズは中絶すべきである」とか「ザンデ族は首狩りを続けるべきである」といった言明を比べてみよう。厳密さの程度はともかく、前者のような言明は科学研究の分野でも一定の役割を果たしており、通常は、当の言明が真であることの意味についても、また原理的にはその検証方法についても、特に問題となることはない。他方、後者の言明の場合、当の言明が真である意味を見極めることすら簡単ではない。「ジョーンズは中絶すべきである」のような言明に対応するのは、あるいは対応させることができるのは、どのような事実であろうか。われわれ一般市民の通常の道徳的所見か、熟慮された反省的信念がそうした事実である、との答えが予想されるが、このような答えは、道徳的所見にせよ反省的信念にせよ、それらが互いに食い違い、しかも、いずれにせよ、どの所見や信念が正しいかを判断せねばならない、という事情を無視するものと言わざるをえない。これに対して、道徳的言明は、それが「道徳的観点」に従うとき、あるいは「道徳的観点」から導出できるとき、真である、との応答も考えられる。しかし、道徳的観点には完全に対立した見方がありうるし、例えば道徳的観点に多くの人が支持する平等主義的–普遍主義的解釈を与えたとしても、その観点自体を正当化するに十分な根拠を示さない限り、当の判断が正しいとは言えない。

道徳判断の対応–相関物については、自然主義的観点から、次のように考えることもできよう。道徳判断が真であるとは、その判断によって支持される行為が人間の幸福に明確な積極的結果をもたらすということである。しかし、そもそもこの種の帰結主義が「正しい」とか「べし（ought）」といった道徳的概念の正しい意味や適切な適用規準となりうるのか、との疑問が直ちに生じる。人間の幸福という考えが種々の価値規準とは無関係に定義可能な純然たる事実概念であるか否かは問わないにしても、人が「べし」判断について述べるとすれば、間違いなくその人物は当の判断を通じて人間の幸福に関する特定の予期的事実以外のことも語っているはずである。しかも、そうした「べし」判断を支える規準は、神の意志、行儀作法、部族の掟といった具合に、人によって著しく異なり、ある人の幸福が別の人の幸福と対立する可能性がある以上、誰の幸福を優先すべきかという問題は最後まで残る。

こうした違いは前述の道徳に関する配分的問題や実体的問題に対する立場の違いと関係する。前段で触れた自然主義的観点は、例えば、人は人間的幸福を最大化すべきである、といった特定の規範的道徳原理を想定しているが、当然、これにはその考えを正当化する議論が求められる。人は、個人や集団に関しても、配慮されるべき利益に関しても、それぞれ異なる規準をもつから、この種の「べし」判断が真であることを主張するとき、自然科学的言明や経験的言明が真であるとの主張とは違い、何らかの追加的議論なしに、その主張の意味合いと特定の経験的データとの整合性を確保することは不可能である。このように道徳判断の場合、自然科学が最終的に依拠する種類の事実言明とは異なり、道徳の基本問題、すなわち道徳的正しさの規準、それゆえ道徳判断の正当性の規準とは何かを問うことなく、経験的事実や観察に関連づけたとしても、その判断の正しさの証明にはまったく繋がらない。以下ではこの問題、すなわちどのような事実や対象や関係が道徳判断の真理値の基礎になるのかという問題を指して、対応－相関物の問題、あるいはそれが主に道徳判断の正否の判定に役立つ客観的な独立変数が存在するか否かに関係するとの主旨で、より広く独立変数の問題と呼ぼう。ここで、真理の意味論的理解に従い、「ジョーンズは中絶すべきである」という文は、ジョーンズが中絶すべきであるとき、そしてそのときに限り真である、と捉えたとしても、この問題が解消されることはない。この言明は、例えば、「絶対精神はその軸上をゆっくりと旋回する」という文は、絶対精神がその軸上をゆっくりと旋回するとき、そしてそのときに限り真である、と述べる場合と同様、「～のとき、そしてそのときに限り」という語句の前で言及されている事実や事態の身分については何も語っていないからである。

では、ある道徳判断が真であると述べるのはその判断を承認するか支持することである、とする真理の「遂行」説をとることで、独立変数の問題を回避できないであろうか。これは判断の内容から判断の表明という言語行為に力点を移すことを意味しよう。しかし、この移行によって問題が回避できると考えるのは誤解である。実際、例えば、「ジョーンズが中絶すべきであることは真であるか」といった問いや、「ジョーンズは中絶すべきである、というのが真であるとすれば、中絶を禁止する法律はあるべきではない」といった想定の場合、そこには承認も支持もない。いずれにせよ、道徳判断の内容はいかにして真でありうるのかという問いに、内容から言語行為への視点移行が答えられないのは明らかである。

他方では、そもそも道徳判断に対応－相関物や独立変数など存在しない、とする古くからの有力な説もある。この説を唱えたヒュームは、道徳的区分けが理性から導出できるとの見方に反論を加え、道徳判断は、それが影響を及ぼす感情や行為と同じく、「それ自身で完結した本源的事実・現実」であって、経験的事実にせよ論理的関係にせよ、その外部にあるいかなるものも、それを代表したり、それに対応したりすることはない、と述べた。一方で彼は、判断が道徳的なものであるためには、その判断は、「全人類に共通の感情」から導かれる、公平無私の一般的観点に基づいてなされたものでなければならない、とも述べている[2]。では、そのような心情はあらゆる道徳判断の正しさに独立変数を提供する、と考えられないであろうか。実はこの見方をとった場合、きわめて深刻な問題を引き起こし、整合的な道徳判断の集合を得ることは困難になる。もちろんヒュームにとって、道徳としての道徳的心情は不変的かつ普遍的なものでなければならなかった。これは、ある傍観者に「気持ちのよい称賛の念」を抱かせる行為や性格の特徴はすべての傍観者に同様の感情を抱かせるはずであり、そうした特徴は、要するに、行為者自身や他の人々にとって役立つものか、直ちに賛同できるものである、ということである。ただ、道徳的傍観者は判断に際して私利とは無縁の一般的観点に立つ、あるいは立たねばならない、との要件はよいとしても、道徳的傍観者を普遍的かつ不変的に満足させるものがある、とするヒュームの主張には、やはり啓蒙思想の素朴な楽観主義が読み取れよう。ヒューム自身、中には、彼自らが道徳的徳と命名した美徳とは著しく異なる「修道僧的徳」を評価する道徳的鑑定人・傍観者がいる反面、多くの国で、武徳が尊ばれた結果として、彼の道徳的傍観者に称賛の念を抱かせる物事から外れる事態が起こっている、と認めざるをえなかった[3]。こうして明らかなように、「道徳感覚」の評決は道徳判断の正しさに整合的な独立変数を与えるものではない。

独立変数の問題を解決する方法は他にもあるが、そのいくつかは以下で改めて触れよう。ともかく、道徳判断の真理、とは言わないまでも、その正しさを決める独立変数が、判断自体に内包されるものも含めて、まったく存在しない、との考えに従えば、道徳的に正しいことと道徳的に正しくないことを分ける規準を突き止めるためのすべての規範的探究は諦めねばならず、道徳的懐疑主義に対する応答を探りだすことも断念せねばならない。こうなると、異なる道徳判断が互いに自らの正しさを言い募るだけの解決不可能な対立しか残らず、最終的には、異なる個人や集団のあいだの対立する諸判断が、それらの判断は異なる個人や集団によってなされたものであるとの理由により、そのまま放置される極端な相対主義に屈する他ない。この考えによると、ある道徳が正しいか否かは知識や真理の問題ではない。正しいとされる道徳も結局のところそれを受け入れる人物の好みや感情、条件づけ、因習、決断、階級性を反映するものでしかなく、道徳的評価が頼れるのもそうした非認知的基盤のみである。客観的に正しい物事や正しい道徳的規準・原理など存在しないし、存在するはずもない。そのようなものはたとえ存在したとしても、それが何であるかを合理的に知ることはできない。ましてや、自分とは異なる道徳的規準・原理をもつ他人や、権威的問題など存在しないとして道徳的規準・原理そのものをもたない他人を、合理的に説き伏せることなど不可能である。

こうした論点を踏まえながら、道徳の権威的・実体的・配分的問題の考察を進めていくには、まず、何らかの最高道徳原理を合理的に根拠づけることは可能であるか否かを検討せねばならない。これらの問題のそれぞれに対して対立する答えが用意されており、そうした答えを体系化することで、さまざまな答えが異なる基本前提なり最高原理なりに依拠する事実が浮き彫りにされるからである。しかし、それらの競合する諸原理の中からどの原理を選ぶのが最も合理的であるかは明らかにできないとなると、われわれは多様な答えを抱えたまま将来にわたって前述した恣意性や懐疑主義から抜けだせないであろう。

1-3　最高道徳原理の正当化は不必要であるか

最高道徳原理を正当化する必要性と可能性については、周知の通り、根強い反対がある。このような原理が果たすべき役目は、いろいろある道徳的な判断や一般規則の中で、どれが正しく、どれが正しくないかを明らかにして、正しい行為と不正な行為の違いをはっきりさせることである。一方、何かを正当化するというのは、その何かの正しさについて明らかにすることであるから、最高道徳原理はすべての正しい道徳判断や道徳的規則に正当な根拠を与えるものである。これに対し、人が何らかのものXの正しさを確立しようとするのは、Xの正しさが疑問視されるようになってきたことを示すものでしかない、というのがこの反対意見の考えである。しかし今のところ、道徳判断を行うことはわれわれの文化をなす慣例の一つとして認知されているという広い意味でも、特定の道徳判断や一般的な道徳的規則が正しいものとして認められるという狭い意味でも、特定の道徳判断や一般的な道徳的規則が問題視される状況ではないから、それらの判断や規則がそのようなXでないことは確かである。

この争点と深く関係するのが直観主義である。人は道徳的場面に遭遇すると、それぞれの場面に応じ、直接的な知的点検を通じて何をなすべきかを判断することができる、というのが従来からの主張であるが、最近、一部の直観主義者は、例えば他人に対して無闇に苦痛を与える行為が、少なくともその限りで言えば、常に不正な行為であることは自明である、といった主張を行うようになってきた。約束を守るとか、真実を述べるといった義務についても同様の自明性が指摘される。こうした道徳命題をわれわれが現に知っている以上、それらを正当化する必要はなく、ましてや特定の道徳命題や道徳的規則を根拠づけるために最高道徳原理を正当化する必要などない[4]。

この考えは倫理学と経験的知識との比較に基づいて次のように説明されることもある。経験的知識の場合、最初にあるのは、最高原理どころか原理ですらなく、何らかの経験的知覚である。そうした知覚を記述した命題の真偽は、一般的原理に頼らずとも独立的に検証されうるのに対して、一般的原理の方は何らかの特殊命題からの推論を通じて到達する以外にない。倫理学の場合も、われわれはまず、特定の道徳判断が正しいか否かを、最高原理との関わりとは無関係なところで知らねばならない。道徳に関する一般的原理があるにしても、それらはそうした判断の帰納的総和以上のものではない。

こうした主張には、先に、道徳判断が正しいか否かは経験的事実との対応如何による、との考えに対して指摘した問題と同様の難点が含まれる。そもそもわれわれは、特定の道徳判断のどれが正しいかをどうやって決めるのであろうか。特定の道徳判断には例外なく競合者があり、それらは異なる道徳原理に由来する。それゆえ、その中の一部のみが正しい、と主張したところで、原理的な議論が補足的になされない限り、それらの主張は、原理とは独立した正しさを示すのではなく、それぞれの偏見や条件づけを反映するものでしかない。特定の経験命題は経験的知覚に照らしてその真偽を照合できる。では、道徳判断の場合には、どのような類似の独立変数や対応－相関物が存在するのであろうか。かつての直観主義者であれば、直接的な知的点検によって確認される非自然的諸事実こそがそうした独立変数である、と答えたであろうが、これは答えにならないどころか、かえって問題を拗らせてしまう。新しい直観主義者の場合も問題を抱えているのは同じである。自明だとされる事柄についても、かねてよりそれとは別の見方が哲学者からも一般の人からも示されており、少なくともその起源は『国家』第二巻のグラウコンの所見にまで遡る。その見方では、特別の配慮が与えられるべき人物についてもその利益の種類についてもさまざまな制限が加えられる。こうした見方に示される道徳哲学の古典的争点は、競合する立場の一つに固執するやり方を排しただけでは、当然、合理的な解決とはならないし、こうした見方をとる人々を、「無分別」、「正気でない」などと断罪するのは、それらの人々によって議論の必要性と可能性が示された配分的問題や実体的問題を前にして、議論を断念するに等しい。なお、「正気でない」との酷評について付言すると、この考えを身につけ実践する人々は、精神医学の観点からすれば、外見上は至って「正常」であるとされている[5]。

1-4 以上の直観主義をめぐる争点には、もっと言語的ないし概念的な争点も関わっている。競合する道徳的規準のどれが正しく、どのような生き方や社会が道徳的に正しいかを究明するために最高道徳原理を正当化せねばならない、とする考えに対して、その答えは「道徳的」という言葉の意味自体から自ずと読み取れるものであり、取り立ててその作業を行う必要はない、との異見がある。哲学者はこれまで、この言葉の意味には二つの側面があり、それぞれ配分的問題と実体的問題に関係する、と指摘してきた。道徳性は、一面では、本来的に平等主義的で普遍主義的である。これは「道徳的規則はすべての者にとっての善でなければならない」と言うときの「道徳的」の意味から出てくるものである[6]。反面、「道徳的」という概念自体が示すように、道徳的熟慮が関わるのは、善い状態の達成であり、悪い状態の排除である。これは例えば次の言明によって示唆される面である。「道徳体系は、当然、特定の危険を取り除くとともに、特定の利益を確保することをめざすものでなければならない。ここからは自ずと、さまざまな物事を、道徳的観点に基づいて、行動原則に反するものとそうでないものに分けようとする見方が生まれる」[7]。

以上のような観点から「道徳的」の意味を吟味する場合、二つの可能性を峻別しておかねばならない。すなわち、「道徳的」という語は、「不道徳な（immoral）」とは逆の「道徳的に正しい」を意味する評価的意味で用いられる場合と、「道徳に関係しない（nonmoral）」に対応する記述的意味で用いられる場合がある。前段の議論における「道徳的」が評価的用法によるとすると、次のような問題が生じる。どの規則が道徳的に正しいかを彼らはいかにして知るのか。言葉の意味を詳しく吟味すれば、それだけで果たして道徳的に正しい行為をめぐる実体的問題や配分的問題は解決されるのか。言語論的アプローチは、長い間その正当化に向けた真摯な議論が求められてきた、道徳的に正しい生き方とは何かという問題に対して、定義による答えを与えようとしているように見える。諸々の見解に異論があり、議論の余地があるのは確かであるが、最も基本的な規範的問題に関しては決してそうではない。この学説は配分的問題に関しては、定義により非普遍主義的道徳や非平等主義的道徳を予め排除しており、実体的問題についても、道徳的に適切なものや正しいものや善いものに対する個人や集団の見方には違いがあり、歴史上も道徳的とされる福利と利得の理念や観念が実に多様であったことを見過ごしているように思われる。道徳の概念は、定義からして、例えば小指を一日に三度ある方向に向けて振る規則のような無意味な規則を「道徳的」なものから除外する。このことは間違いない事実であり、強調しておく必要もあろう。ただ、この場合も、その解釈にあたっては特殊な「背景」を取り除いて考えねばならない。例えば、そのような動作に祈りの意味をもたせる宗教団体があるとすれば、もはやそのような規則を無意味なものや些末なものの事例として扱うことはできない。

右の論点は、「道徳性」の可能的内容を専ら個人的な決定の問題と捉え、その結果、まったく取るに足らない規則までも「道徳的」なものにしてしまうやり方と、「道徳性」の内容を徹底的に削ぎ落とすことで、個人や集団が善い生活にとって重要な利益を捉えるために用いてきたさまざまな規準の多くを予め排除してしまうやり方とのあいだに、ある中間的立場があることを示唆している。したがって、各々が最上の権威によって根拠づけられていることを主張すると同時に、誰のどの利益をどう優遇すべきかをめぐる配分的・実体的問題に対して異なる答えを提唱する競合的な諸道徳に、合理的な判決を下すことは依然として必要であり、その必要性を定義の力で解消することはできない。

一方、この学説が「道徳的」という言葉を記述的意味、すなわち道徳的に中立の意味で用いるとすれば、その説はあらゆる道徳的立場を包含する、もしくはそれらと両立可能なものでなければならない。つまり、一つの（優先するとされる）道徳規範に固有のものは除き、それらが共有するすべてのものを包含していなければならない。ところがそうなると、この説は、「道徳的」という語に割り当てる配分的・実体的内容をすべての道徳規範に対しては適用できない困難に直面し、結果的に、考えうるさまざまな道徳的規則や道徳判断という一般的枠組みから抜けだせないまま、どれか一つの道徳的立場に加担して、他の道徳的立場とは対立せざるをえないであろう。

　このアプローチのもう一つの大きな問題は、なぜ人は道徳的でなければならないのか、言い換えれば、「道徳的」とされる配分的内容や実体的内容に従って行為することに何らかの合理的理由づけはあるのか、という権威的問題をうやむやにする点である。この問いに、「道徳的」という言葉は単に、人が定言的に、あるいは最優先で行うべきだとする行為の様式を意味するに過ぎない、と答えるのであれば、その形式的意味は特定の内容を含んだ「道徳的」の意味とどう関係するのかが改めて問われる。この種の形式的定義によっては、配分的・実体的問題に答えるための根拠と同じ根拠に基づいて権威的問題に答える、という正当化の問題は決着しない。さらに、「道徳的」の意味を、人物Yが利益Xに従って行為することである、と定義したとしても、そうした行為を定言的義務的と見なすか否かはともかく、ある特定の個人や集団がそう行為するどのような理由があるのか、との疑問は残る。要するに、「道徳的」という語に当人の好みに応じた何らかの配分的・実体的内容を帰属させる語義解釈によって、最高道徳原理を根拠づける任務が不要になることはない。

　一方、最高原理に課せられた別の働き、すなわち特定の道徳判断や道徳的規則の対立を解決する役割に関連づけて、正当化の不要性を主張する論者もいる。それらの論者は、最高原理がそうした機能を果たすには、それは唯一のものでなければならないとの論点に対して、他の原理からは導出されない多数の原理があって、なおかつそれらの原理が対立の解決に貢献することは十分考えられると反論してきた。その考えによると、諸原理が互いに両立可能でありさえすれば、それらは一体で行為や制度に関する整合的な道徳判断集合を提供する。ある原理で求められる行為は別の原理で求められる行為を促すであろうし、そうならずとも、何らかの選択規則に従うことでそれらは互いに代用可能となる。こうした整合性の働きにより、多数の原理は、何らかのより一般的な原理から導出されることが証明されなくとも、自ずから合理的に根拠づけられ、それらの原理に従うあらゆる特定の判断に合理的根拠を与える。したがって、それらの諸原理は対立するさまざまな道徳判断の根拠の有無を明らかにする[8]。

以上の整合性説には少なくとも二つの問題がある。第一に、この説は原理同士の対立について十分に吟味していない。ある原理と別の原理の要件が互いに衝突することは当然ありうるし、既に一つの原理が破られているせいで、そうした衝突が起こる場合すらある。ただ、このような場合であっても、当の原理違反にどう対応するかを考えねばならず、そこでさらに別の原理違反を犯す可能性もある。例えば、道徳的に不正な社会体制のせいで人が飢餓状態におかれている状況でも、そのことで盗みや強奪などの道徳的に正しいとは言えない行為が正当化されるかどうかは、やはり、問われるであろう。整合性という規準だけでこの問いに答えるのは無理である。しかも、多くの原理同士の衝突は、例えば、誰かが重病を患った際に無用の被害を避けるという原理と真実を述べるという原理がぶつかるケースがそうであるように、先行する原理違反から起こるわけではない。

整合性説では、一貫した選択方式に基づいて行為や方針を互いに代用可能なものとすることで、原理同士の衝突は回避される、と言われるが、その場合もなお、個人であれ集団であれ、それぞれの選択が互いに対立したらどうするのかが問われよう。衝突を収める優先的原理がない限り、対立は最後まで解消されない。

第二に、たとえ義務や行動方針をめぐる対立がそうした整合性に基づいて解決されたとしても、合理的正当化という問題は未解決のままである。例えば、暴君や悪党の行為や選択に見られるように、首尾一貫した行為や選択であっても、道徳的には不正なものであることがある。それゆえ、合理的正当化はもっと根本的な水準でなされる必要があり、さまざまな義務の発生源となる唯一の原理の正当性が明らかにされねばならない。また、複数の原理が並存しているのであれば、それらのあいだの潜在的対立を解決するための基本原理を見つけだし、その原理自体を正当化せねばならない。そのような基本原理こそ本書で追い求めたい最高原理である。

最高道徳原理の正当化は不可能であるか

1-5　一つの最高道徳原理を正当化することが必要か否か、または望ましいか否かの判断とは別に、そもそもそれが可能か否かという問題がある。この問いに対してはこれまで多くの否定的意見が述べられてきた。その一つに、道徳は正当化に必要な二つの前提条件を欠くとの意見がある。何かを正当化するとは、その何かの正しさを論証することであるから、当の被正当化項は、正しいものであるか、少なくとも正しさを許容するものでなければならず、同時に、人間の支配下にあるものでなければならない。ところが、マルクスが説くように、道徳判断や道徳的理念は特定の時代や社会の経済的下部構造や権力構造を反映したものに過ぎないとすれば、この二つの条件は道徳にはまず当てはまらないであろう。確かにこの説に従うと、道徳が何らかの独立の妥当性を有するという意味で正しいことはありえない。道徳は個人の反省を通じて自由に選び取られるものではなく、むしろ経済基盤の上に聳え立つイデオロギー的上部構造の一部をなす一般的修養を通して受け継がれていくものである。同様の考え方は、道徳的理念は親や社会全体による生命衝動抑圧のための条件づけの所産だとするフロイトにも見られる。この考えは、道徳的理念が歴史的に不変である点は認めるものの、それゆえに正しいとする見方を否定しており、「奴隷」道徳を貶したニーチェの見解とも一部重なる。

こうした否定的意見には、当面、それらは肯定的な付随物を伴っている、とのよく知られた反論で対処しておこう。マルクスもニーチェもフロイトも、各々の理由づけにより、諸々の既成道徳が正当化できないものであるる点を主張したが、他方では、搾取や疎外のない人間関係、力への意志の賛美、自己認識と誠実さなど、自らが称揚する道徳的理念については、それを正しいと見なした。これらの思想家は各々の道徳的理念を正しいものと捉え、それらが社会的に受け入れられるよう尽力しており、その意味で彼らは、事実上、自らの道徳原理が前述した被正当化項に求められる二条件をともに満たすことを認めていたのである。

道徳が被正当化項の第一条件を欠くというのは極端な非認知主義者の主張でもある。道徳判断を絶叫や命令、決断、感情表現に同化させるこの考えでは、善悪や正否の検討をこれらの物事に当てはめることはできないから、道徳判断はいかなる正当化も受けつけない。したがって、最高原理の正当化は不可能である。

道徳判断の本質に関して、右の極論を仮に認めたとしても、その否定的結論まで受け入れる必要はない。何かを正当化するのは、その何かの正しさや適切さを立証することであるから、この場合、何らかの状況下で叫び声を発したり、命令したり、感情表現したりすることが正しいか否か、あるいは適切か否かということであろう。

非認知主義的見方を道徳判断が行われる際の発言形式ではなく、その内容に当てはめたとしても、やはり、否定的結論は出てこない。そこで求められるのは、当の判断内容は無意識の反応ではなく、その判断を行う人物の支配下にある思考様式から導出されるものでなければならない、との要件である。例えば、命令としてなされる非命題的発言の場合、その内容は何らかの目標か目的を含んでおり、そうした目的に対する指示によって、議論が正当化されるか否かは決まる。軍隊での「かしら右」や「休め」のような簡単な命令も、軍事訓練・作戦上の目標や目的との関連性が当然の如く問われ、それらの命令は規律・服従・統一性の教化にどれだけ寄与するかが問題となる。

正当化の可能性をめぐっては、言語行為についてもその内容についても、二種類の関係が識別される。一つは外的な関係であり、そこでは、当の発言を行った人物以外の人物によって、その行為なりその内容なりが正しいかどうかが問われる。もう一つは内的な関係であり、そこでは、そのように発言した当の人物によって、その行為や内容の正しさが問題にされたり、それらの正しさが主張されたりする。道徳判断は、たとえ非命題的とされるものであっても、この両方の関係に関わりをもつ。外的な関係が発言形式と内容の双方にどう関わってくるかは既に明らかにした。一方、内的な関係は判断が道徳的な判断である限り絶対に欠かせないものである。道徳判断は反省的な性格を有する。つまり道徳判断は、ただ単に広く受け入れられている習慣行動に合致するだけでなく、同時に、その判断を述べる側の立場から、それが然るべき熟慮を重ねた後の判断であり、それゆえに正しいものであるとする暗黙の申し立てを伴うところに、その本質がある。Aによる、B（Aと同一人物である場合もそうでない場合も考えられる）はXを行うべきである、との道徳判断は、Aにとって、支持する正当な理由があると考えられているのである。この反省的申し立ての観点からすると、正当化問題を道徳判断にとって不適切な問題だとする考えは承服できない。この考えでは、道徳判断を行う人物によって当の判断は正しいとの申し立てが暗になされるにせよ、そうした申し立てはその判断をあらゆる角度から吟味する際に無視されても構わない、という話になるからである。

1-6 さらに、最高道徳原理の機能に関する基本前提、すなわちすべての道徳的対立を解決し、それゆえすべての正当な道徳判断や道徳的立場を和解させてそれらを単一の原理の下で体系化することが可能であるとする考えを突くことによって、そうした原理の不可能性を示そうとする議論もある。主に直観主義に由来するその議論によると、対立し合う、または対立しうる道徳的価値・理念が複数あって、いずれも正当化されているにもかかわらず、それらはどれ一つとして他の価値・理念以上に正当化されているわけではない、というのが現状である。それらの理念はどの実体的目標・価値や配分的目標・価値を優先するかによって定義される。例えば、自由が平等や秩序と対立し、正義が一般の福祉や慈善などと対立しうることはよく知られている。原理はこうした価値のどれを基本とするかを定めるものであるから、ある原理と別の原理は当然ながら衝突する。そうした対立に最終決着をつける究極の道徳原理を探しだそうとする試みも失敗する運命にある。「いくつかの価値は本質的な対立関係にある以上、それらがすべて調和状態におかれる様式を見つけだすことが原則として可能であるとする発想自体、誤ったアプリオリな世界観に立脚するものである」[9]。

この問題を吟味する上で重要なのは、最高原理と道徳的目標・理念との関係をどう見るかである。こうした理念については、「自由」、「平等」といった無限定の単純な言葉でそれらを捉える見方と、諸理念を調整する複雑さをそれなりに意識して、より限定された形でそれらを捉える見方が考えられる。前者では、衝突は概念的にも経験的にも避けがたい。ある理念の概念的要素は別の理念の概念的要素と対立する関係にあり、理念を実行すれば実行したで、結果同士がぶつかり合うことになろう。しかし、一つの理念の要求を別の理念の要求との関係によって評価するもっと一般的な枠組みを考え、異なる諸理念をそうした枠組みにうまく収めることができれば、事情も変わってこよう。そうした相互調整は諸理念の対立解消を可能にするばかりか、各理念に真の妥当性を与えるためにも必要不可欠である。例えばある人が、自らの自由を用いて、無辜の他人の命を奪おうとする場合、当然、その自由は剥奪されねばならない、というのはそのわかりやすい事例である。もちろん理念対立の解消にはさまざまな方式が考えられる。しかし、ある解消方式を根拠づける一つの原理が、それ自身、合理的に正当化されるのに対して、他の可能な解消方式を根拠づける別の諸原理はそうでないとすれば、その限りで前者の解消方式の方がより正しいことになる。それゆえ、限定なしで捉えられた諸理念の争いが不可避だとしても、そのことは何ら最高原理の可能性に対する障害とはならない。最高原理は適正に修正された諸理念の争いに裁定を下すのである。

一方で、そうした裁定が行われるためには、異なる道徳的価値・理念を互いに関連づけて重みづけたり評価したりする際の公分母として役立つ何らかの一般的規準がなければならない。功利主義はそのような規準を与えるためのよく知られた試みの一つである。ただ、この考えにはライバルも多く、それらの一般的規準・原理の中にどれか一つ、正当化の点で、他の競争相手に勝るものがあるのかどうかについても、いまだに明確な答えは得られていない。この問いに肯定的に答え、その理由を詳しく説明することが本書の中心課題である。

1-7 次に、最高道徳原理正当化の可能性を否定するもっと形式的な議論を取りあげよう。何かを正当化することは、その何かが、正当化項である何らかの規準を満たすという意味で、正しいことを証明または立証することであるから、そうした規準は当の正当化の独立変数として機能する。ウィトゲンシュタインの言では、「正当化とは何らかの独立したものに訴えることである」[10]。一方、最高原理とは何らかの領域で論理的に最優先されるものである。ここで論理的に最優先されるとは、その領域にある他のすべてのものの正当化が当の原理に多少とも直接依存する一方で、当の原理自身が他のものに依存したり、他のものによって正当化されたりすることはない、という意味である。ところが、最高原理自身が正当化されねばならないとすると、その原理は被正当化項となり、そのようなものとして、それを正当化する正当化項に、論理的に劣後し依存することになろう。このように考えると、最高原理を正当化するという考え自体、矛盾しているように見える。正当化が不可能なものを正当化しようとすることで、結局、独立的なものの依存性や論理的に優先するものの論理的劣後性を証明しようとしているのであるから。

最高原理の正当化には避けがたい循環性や明白な過剰性がつきまとうようにも見える。どの分野であれ、最高原理を正当化するために唯一残されているものは、当の正当化項か、正当化するのはその原理自身の機能であるとの結論である。したがって、その正当化項自身がその原理によって既に正当化されていると予め想定されたときに限り、その正当化項はその原理を正当化することができる。ところが、この想定をおいた場合、その原理を正当化する必要はなくなる。当の原理は、それ自身正当化の必要のないことが既にその時点で判明していない限り、正当化項を正当化することはできないからである。そして、その原理が正当化項によって正当化されるのは、唯一、その正当化項が既にその原理によって正当化されているからであるとすれば、そうした原理の正当化が論点先取の議論であるのは明白である。最高原理の正当化は循環論法、さもなければ余計な議論に堕すると言われる所以である。

最高原理をめぐるこうした困難は、論理学や経験科学を含む、あらゆる分野で言われている。しかし、ある分野の最高原理が他の分野の何らかの原理によって正当化される分野横断的正当化は可能なのではないか。この提案が何か一般に益するところがあるにせよ、その考えを道徳の最高原理に当てはめるのはきわめて疑わしいやり方であろう。最高道徳原理は、その定義からして実践的正当化の究極の原理である以上、何らかの上位にある実践的原理から導出するという方法でそれを正当化することはできない。そもそもそうした上位的原理は存在しない。何らかの理論的原理や事実的原理から導出するやり方も恐らく通用しないであろう。そうした原理自体、実践的条件を定めるものではないため、そのような条件を決める結論まで正当化できないからである。

前段の論点をもっと具体的に言い換えれば、次のようになろう。最高道徳原理を何らかの上位的原理や正当化項から導出することでそれを正当化しようとするやり方はジレンマを生みだす。そうした上位的原理は道徳的なものか、非道徳的なものか、そのいずれかでなければならない。それが道徳的なものであれば、与えられる正当化も道徳的なものとなり、明らかな論点先取となる。最高道徳原理の道徳的正当化は、正当化の規準の内に、正当化されるはずの原理自体を既に想定済みだからである。つまりこの場合、道徳的正当化項は道徳的被正当化項と同じものである。一方、当の上位的原理が非道徳的なものであれば、道徳原理の正当化が可能であるとする見方自体に疑念が生じる。この疑念には多くの根拠があるが、特に問われるのは、「べし」を含む道徳原理がいかなる「べし」も含まない諸前提からどのようにして導かれるのかという論理的問題である。かくして自然主義と他律性をめぐる周知の問題が姿をあらわす。

最高道徳原理は帰納的に正当化できるか

1-8 最高道徳原理正当化の可能性の検討は、以上の通り、否定的な結論をもたらした。これに対して、演繹的観点のみに基づいて正当化の問題を考察したことの結果である、との反論が予想される。帰納的正当化とも呼べる正当化の諸相面に関しては、既にそのいくつかを取りあげたが、以下では、より明確に問題を設定して、そうした正当化の成否を検討してみたい。本書の言う「帰納的」正当化とは、次のような一連の手続きからなる道徳原理の正しさを立証する過程である。（a）道徳原理が立脚する経験的前提を確証または反証するための経験的事実への訴え、（b）特定の道徳判断からそれらを体系化または明確化する一般的原理を導きだす一般化、（c）最高道徳原理に準じた行為と望ましい目的の達成とのあいだに原因-結果関係を確立しうる「合理的選択」を含む手段-目的計算、（d）何らかの特定の選択手順の正しさや説得性を起点に、その選択手順に従って選ばれる道徳原理の正しさや説得性へと進む論証手続き。

（a）従来からある見解の一つに、あらゆる非平等主義的道徳原理は、経験的に誤った前提や相関に決定的に依存している、との考えがある。例えば、経験的に区別されるある特定の集団——人種、宗派、民族など——に属す諸個人は、同類の別集団に属す諸個人に比べ、知性や勤勉さのような何らかの望ましい特性をより多く具有する、といった前提がそうである。したがって、すべての非平等主義的原理は、それらが依拠する経験的相関の虚偽性を明らかにすることによって反駁され、その結果、平等主義的原理には対抗者がいなくなるため、この後者は少なくとも不戦勝という形で正当化される。次の二つの観点から見る限り、この正当化は帰納的正当化と言える。第一に、特定事例を吟味することで経験的一般化の真実性を検証している。第二に、非平等主義的原理を支持するとされる経験的一般化のすべてを検証することは不可能であるから、この平等主義的原理の正当化は高く見積もっても蓋然的なものにとどまる。

この種の議論は、しかし、経験的相関に依拠しない非平等主義的道徳原理には通用しない。それらの原理は、経験的前提を介さず、例えば知性や勤勉さや政治的能力など、人々のあいだに不均等に分布する何らかの望ましい特徴に優れた人物は優越的権利をもつべきだと主張する。そうした主張を正当化するのは、人間発達の最高限度を謳ったエリート主義的理念への訴えであるが、そこには、それらの特徴に秀でた諸個人を他の経験的に識別可能な集団的属性と相関させようとする視点はない。アリストテレスやニーチェの少なくとも一部の議論にはこうした発想が見られる。

右の検討は、平等主義的－普遍主義的道徳原理を経験的に正当化しようとする別の試みについても、その不十分性を明らかにする。例えば、すべての人間は特定のニーズや欲求を等しくもつ以上、すべての人間はそれらのニーズや欲求を満たす手段を等しくもつべきである、という議論である。この論点は、そこに含まれる「ある」と「べし」の乖離については一切問わないにしても、なお大きな困難を抱えている。問題のニーズや欲求にはすべて等しい重みが与えられるべきだとする考えは、前段で取りあげた非平等主義的理念をもつエリート主義者によって直ちに斥けられるであろう。エリート主義者にとって、人々は権利の配分を決定づける特徴に関して互いに不平等であり、それゆえ人々にすべて平等の価値があるとする見方は決して認められないからである。

(b) 多くの道徳哲学者によると、道徳原理を正当化する唯一の方法は、諸個人による特定の道徳判断からそれらが含意するか前提する一般的原理を導出する一般化の手法である。ここでは、特定の道徳判断が正当化項ないしは独立変数であり、一般的原理は、それら特定のケースで正しいとされた物事を一般的に反映する限りで、正しい原理か妥当な原理として受け入れられる。

ネルソン・グッドマンは、演繹的推理と帰納的推理を巧みに用いて、以上の帰納的正当化をより複雑な形に定式化したが、その考えを道徳原理の正当化に応用したのがジョン・ロールズである。その正当化方式によると、論理的推論や道徳判断の一般的規則・原理は、われわれが実際に行うか受け入れる特定の推論や判断と当の規則・原理が合致している点が明らかにされることによって正当化される。他方、特定の推論や判断は、それらが推論や判断の一般的規則・原理と合致している点が明らかにされることで正当化される。この正当化手続きの本質は、一般的原理と特定の推理・判断の双方の正当化が相互的承認すなわち「反省的均衡」に至るところにあり、この議論に見られる循環性は悪性ではなく良性のものであるとされる[11]。

論理的推論の原理としてはそれなりの利点があるにしても、以上の帰納的正当化を道徳に応用した場合、きわめて深刻な問題が生じる。それは、道徳原理の自明性を検討した際にも取りあげた問題である。帰納的正当化の想定では、諸個人による特定の道徳判断において道徳的に正しい物事を道徳的に不正な物事から区別することが可能であり、それゆえ、道徳的に正しい特定の道徳判断の一般化を通じて、道徳的に正しい一般的原理とは何かが推論できる。情報源とされた特定の道徳判断に重大な疑念が生じない限り、この推論方式はそれなりにうまくいくであろう。しかし、深刻な論議が生じたときはどうなるのか。カリクレスやアリストテレスやニーチェであれば、間違いなく異を唱えるであろう。この場合、特定の道徳判断をめぐる係争を収拾するために原理に訴えたところで、問題の解決にはならない。当の原理は争点となっている特定の判断に全面的に依拠するとされているからである。それらの異見の道徳的不当性を証明する原理があるにしても、その原理自身が当の異見に対立する見方の一般化に過ぎないのであれば、それは論点先取の議論であって証明とは言えない。それが本物の証明であるためには、その原理は自らを合理的に正当化する独立の根拠をもっていなければならない。

（c）一部の哲学者は、所期の目的を達成する最も効率的な手段を選びだす方法である手段－目的計算や「合理的選択」に基づいて、平等主義的－普遍主義的道徳原理を正当化しようとしている。そこでは個々の人間が選択の主体であり、自らの幸福か福利を最大化することが各人の目的であるとされる。この見解の中心にあるのは、古くはプラトン、とは言えないまでもホッブズにまで遡ることのできる、次のような見方である。人は自らの行為によって影響される他のすべての人々の幸福と利益を等しく考慮に入れることによってしか、自らの幸福を達成したり、自らの利益を成功裏に追求したりすることはできない。この考えによると、自愛の慎慮（prudence）すなわち自己利益と平等主義的道徳は、少なくとも各々が求める行為に関する限り、合致しており、したがって平等主義的－普遍主義的道徳原理は、それが合理的自己利益と一致する点が証明されれば、正当化されたことになる[12]。

しかし、この議論は二つの点で失敗する。自分自身の利益の追求が唯一の関心事であるような個人は、時に、というよりむしろ頻繁に、他人の正当な利益や、全員を満遍なく利するためにつくられた諸規則を侵害することによって、自らの目標を達成しようとする可能性がある。しかも、そうした不偏不党の諸規則を実際に受け入れることは、一部の人々にとって、自己利益的欲求の実現どころか、かえって欲求不満を招くものである。平等主義的道徳原理に従う行為と自己利益の促進とのあいだにあるとされる因果的関係はこのように二重の意味で行き詰まる。

こうした帰結を回避するための重要な試みがロールズによってなされている。その議論は、合理的選択説による平等主義的道徳原理の正当化であるが、従来の議論に比べると、はるかに洗練された洞察力に富むものとなっている。彼が新たにつけ加えた議論の要諦は、社会の憲法を定める基本的道徳原理を選びだすのは、「原初状態」におかれ同等の力と自由をもった諸個人であり、その各々は等しく「無知のヴェール」に邪魔されて自らが有する諸属性については一切知ることのない状態におかれている、という二重の条件規定にある。この平等化的規定と自己中心的とも言える動機の働きにより、それらの諸個人は平等主義的道徳原理を選び取ることになるというのが彼の中心的論点である。これはまさしく合理的選択説による道徳原理の正当化である[13]。

この平等主義的結論は基本的に循環論法によるものである。無知のヴェールという考えは、それが（非認知的それゆえに）非合理的な特徴をもつ点は問わないにしても、原初的な平等性の仮定と同じく、合理的選択者の検討事項からある特定の要因を排除するやり方である。ところが、それらの要因は、人々が現実に経験する不等性や異質性であるところにその本質があり、したがって、本来であれば自己利益と一緒になって、非平等主義的選択を人々に強く促すはずのものである。こうした非平等主義的帰結を排除するためにロールズが用いた二つの規定は、いずれも独立の合理的根拠をもっていない。実際の人々は、権力の面でも能力の面でも平等ではなく、諸個人の属性がまったく計り知れないほど経験的理性を欠くわけでもない。特称性に関する無知という第一の条件規定は、不確実性下の合理的選択をめぐる通常の無知規定と比べると、はるかに厳しい仮定である。この点からもわかる通り、ロールズの平等主義的結論は、経験的事実によっても認知的妥当性（あるいは無知）の吟味によっても正当化されえない平等性を議論の正当化項ないしは前提に組み入れたことの帰結として導かれたものでしかない。

（d）道徳哲学の中には、私が反射的方法と呼ぶ手法を使って、道徳原理を正当化しようとする考えもある。この方法によると、それ自身正しい精神上の手続きによってある道徳原理が選ばれたとすると、人はその事実から、当の道徳原理が正しいと推論できる。ここで精神上の正しい手続きとは、知識にどん欲で、自由で、想像力があり、共感的で、冷静で、公平無私で、普遍化を志向し、原則を重んじる、といった人間精神にとって重要な特質を体現した心の働きである。「理想的観察者」というアダム・スミス以来の考えはこの反射的方法の最もよく知られたバージョンである。それ以外の見解では、道徳原理正当化の媒介物として、「適格な心的態度」、「優れた人物の熟慮された判断」、「生き方をめぐる合理的選択」、「道徳的観点」などがもちだされる[14]。いずれの場合も、心的手続きの推移から特定の道徳原理の選択に至る推論は、因果モデルに基づくとされるか、少なくとも進展する心の働きの特殊的事例から道徳原理をめぐる一般的原理を打ち立てる一般化として捉えられており、その手法は帰納的正当化に分類できる。

反射的方法に基づく正当化はどれも致命的な欠陥をもっている。最高道徳原理の演繹的正当化に関して指摘したものと同様のジレンマがそれである。この方法で、ある道徳原理を別の道徳原理に対して正当化する際に決定的な機能を演じるのが心の特質や働きであるが、そうした特質や働きはそれ自体、道徳的に中立的か、非中立的すなわち規範的な意味で道徳的か、そのいずれかであろう。心の特質が規範的に道徳的なものであるとすると、この議論は循環論法以外の何ものでもない。この場合、道徳原理が正当化されたとすれば、それを正当化するのは、どの心的特質・働きが道徳的に正しく、どの心的特質・働きが道徳的に不正であるかをめぐる、それ自体規範的な意味で道徳的な諸前提だということになるからである。しかし、正当化される必要があったのは、まさにそれらの諸前提の方である。道徳的に非中立的な特質の典型として、例えば、中立的で、共感的で、全員の利益に等しく配慮する、といった特質が挙げられよう。事実、ある特定の条件下で自らの好みに応じた例外をつくり、そうすることで自分自身（や特定の集団）を偏愛する人物や、苦しんでいる他人に同情しない人物は道徳的観点から咎められる。反対に、問題となる心の特質や働きが、知識にどん欲、想像力に富む、冷静沈着といった事例のように、道徳的に中立のものであるとすると、今度は、そのような非道徳的特質が特定の道徳原理、とりわけ平等主義的－普遍主義的道徳原理へと導く経緯があらためて問われよう。前記の特質をもった人物が、例えば知力や政治能力に秀でた諸個人の福利や自由に優越的権利を与える道徳原理を選びだす可能性は十分に考えられる。

以上、帰納的論理に基づくさまざまな議論を取りあげ、検討を加えてきたが、それらはいずれも最高道徳原理を正当化するだけの力をもっていない。最後にその点を結論として確認しておこう。

理性と行為の類的特徴

1-9　最高道徳原理正当化の決定版は、論点先取を犯すことなく、道徳哲学の三つの中心問題に確定的で最終的な回答を与えるものでなければならない。確定的とは、それらによって確立される道徳的正しさの規準が何らかの明確な内容をもち、それと対立する内容が明確化されるとともに、この後者が当の原理からは決して導かれない、という意味である。また、最終的とは、そうした規準が他の競合原理によって合理的に反駁されることは決してなく、しかもそうした規準に従って行為することがすべての人にとって定言的義務的なものである点を証明している、という意味である。

そのような回答は理性と行為に関して考慮すべき事項の分析、言い換えれば、この考察を反映する理性概念と行為概念の分析を通じて獲得される、というのが本書の基本命題である。もっと明確に述べると、そのような回答は理性を行為という概念に適用することによって得られる。行為とは、この場合、人間の自発的で目的的なさまざまなふるまいをあらわす広い概念である。私は、この概念の合理的分析は道徳哲学の中心問題を解決するための必要条件であり、十分条件でもある、と考える。その意味で本書の基本命題はきわめて強い考え方である。次の二つの章では、主に、その分析が問題解決の十分条件をなす点を明らかにするが、必要条件との関わりについても触れるつもりである。それらの主張を確固たる論点として打ち立てようとすれば、まず、行為者性すなわち人間の行為者としての働きの重要な相面に関するかなり詳しい検討が求められる。事実、本章と次章では相当に細かい議論が続く。これには、道徳哲学の中心問題の解決に資するところがきわめて大きい、そして、以下で検討する行為の諸相面が同様の狙いで然るべき検討を加えられることはこれまでほとんどなかった、という正当な二つの理由もある。また以下では、本書の中心テーマとは比較的関わりの薄い行為の他の側面についても、簡単に触れる予定である。

では、「理性」とは何であろうか。本書ではこの言葉を厳密な意味で用い、演繹的論理と帰納的論理という推論の規範のみをあらわすものとする。ただし、帰納的論理にはその基盤としてとりわけ感覚的知覚が含まれる。また、概念分析に関しては演繹的モデルに立脚して、次のように考える。複雑概念Aが分析され、概念B、概念C、概念Dを含むことが明らかになった場合、B、C、Dは論理的必然性によってAに属することになる。この場合、B、C、Dの妥当性を否定しながらAの妥当性を肯定すれば、矛盾をきたす。行為概念は、前述の通り、人間のふるまいの現実的事象をあらわすが、一方ではこうした概念分析を通して獲得されたり使用されたりするであろう。演繹についても帰納についてもその一般的正当化に関しては厄介な論議があるものの、当面、次の点を銘記しておけば十分である。この二つにはそれぞれ論理的必然性を達成する働きと経験的に避けられない物事を反映する働きがある。したがって演繹と帰納は、恣意性を避けながら、客観性を保ちつつ、個人の気まぐれや偏見ではなく検討対象の要件を反映した正しさ、あるいは真理に到達するための唯一確実な方法である。理性のこうした力により、理性に頼ることは、宗教的信条や審美的歓喜、動物的本能、人格的信頼性、民族的誇り、国民的伝統など人々が忠誠を示す移ろいやすい諸々の対象に対する「コミットメント」とは異なり、単なる随意的関与でも偏狭な傾倒でもない。その大きな違いの一つは、理性以外の対象の場合、例外なく、それを支持する正当な理由づけという意味の理性が問われるだけでなく、この正当化に応じようとすれば、結局、演繹および／または帰納という意味の理性を使用せざるをえない点にある。もちろん、これらの対象は本質的に善、すなわちそれ自体として善であり、外的な正当化は無用であるとの見方も成り立つが、そこでも、当の善が他の善とどう関係するかは常に問われ、それに答えようとすれば、理性は必ず使用されねばならない。

一方で、理性の方も逆に自らの正当性の証として信仰心や美的喜びによる検定を受けるべきだとの主張が繰返されてきたのも事実である。ところが、そうした検定にパスしたか否かを確認しようとすると、当の作業には当然の如く理性使用が求められる。例えば、論理的・経験的合理性の帰結が信仰心に基づく諸命題と合致するか否か、あるいは理性使用と美的感覚の経験が両立するか否かを確認しようとすれば、理性の突出した力に頼らざるをえない。要するに、理性に対する攻撃や、理性が他の何らかの人間的な力や規準に取って代わられるとの主張は、自説正当化のため、その理性に依存する他ないのである。「理性は人間の魂に潜む摩訶不思議な本能に過ぎない」とするヒュームの見方もあるが[15]、演繹を通じて得られる論理的妥当性・必然性と帰納によって示される経験的不可避性は理性の構成要素そのものであり、理性に理性依存の正当性の十分理由となる説得力と非恣意性を付与するのも、この論理的必然性と経験的不可避性である。

では、理性概念と行為概念はいかにして道徳の最高原理の正当化という自らに課せられた任務を果たすのであろうか。ここではまず、道徳哲学の権威的問題に対する答えは、ある特定の道徳的規準に従う行為が、いかなる行為も制度もその要請から正当に逃れることはできないという意味で、定言的義務的なものである理由を示していなければならない、との論点を思い起こそう。さて、そのような答えが得られるのは、ある最高道徳原理が論理的必然的であり、その否定が自己矛盾的であることが明らかにされたときである。その原理はある特定種類の行為が行われるべきであると述べており、当の原理が必然的に真であることは、そのような種類の行為は確かに行われるべきである、との信念を最終的に正当化する根拠を与えるからである。ところが、特定の行為に関してそうした事柄を信じる根拠をもつというのは、その行為を行うことに対して最終的な正当化根拠をもつことでもあるから、当該原理による行為要求は正当には回避できない、とする最高原理の規範的必然性は、その原理が論理的必然的なものである事実から得られる。実際のところ人は、Xを行うべきである、との信念に最終的根拠が与えられると、少なくとも行為の確認可能な根拠に関する限り、Xを行うことに最終的根拠が与えられたことになる。そして、そのような必然的真理が打ち立てられるとすれば、演繹的合理性によってのみそれは可能である。

右の簡単な答弁からは、論理的必然性と道徳的必然性の関係や、信じる理由と行う理由との関係をめぐる多くの厄介な問題が生じる。当面、それらの問題には立ち入らないが、むしろここではもっと大きな裂け目に注意を向けておきたい。その隙間を埋めることで、本書の正当化計画にとって行為概念の分析がいかに重要な意味をもつかも明らかになるからである。ある命題・原理が必然的に正しいと言うとき、そのことが可能であるのは、唯一、任意の定義と公理からなるある一つの体系の内部においてである。要するにこれは、当の命題・原理がそれらの定義や公理から帰結することが厳密な演繹的推理を通して、言い換えれば、前提を肯定し結論を否定することが自己矛盾であるような推論過程を通じて明らかにされうるということである。その場合、前提自体は必ずしも必然的に正しいものである必要はない。したがって、当の命題は、その体系で与えられた諸前提から論理的に導かれるという意味の形式的必然性か、相対的必然性しかもちえないであろう。一方、その体系が全体として偶然的なものだとすれば、唯一それは、当の体系が論理的に可能な別の選択肢を有するからである。つまり自己矛盾に陥ることなく前提を否定できるからである。事実、前提自体は虚偽である可能性があり、それゆえに結論も虚偽の可能性がある。そうすると、道徳の最高原理が演繹的論証によって正当化された必然的に正しい被正当化項としてあらわれたとしても、それが諸前提から論理的に帰結した、すなわち演繹的に導かれたという意味の形式的必然性だけでは決して十分とは言えない。前提自体の実質的必然性が同時に存在せねばならない。正当化の議論は、当然、恣意や虚偽によるものであってはならないが、単に偶然的なものであってもならず、形式面でも内容面でも必然的なものでなければならない。

必然的な内容に対する要請は、道徳概念の方からも出てくる。道徳的義務の判断は定言的なものであるが、これは、前述の通り、人々が道徳的に行うべき物事は、人々に対して、各自の私的欲求や所見、理念、慣習といった口実では正当に回避できない一定の義務要件を課す、という意味である。道徳判断はそれらすべての事柄を厳しい価値評価の下におく。反面、こうした逃れられない義務を可変的な内容から導出するのは不可能である。しかも、道徳をめぐる対立では、道徳的義務が必然的内容に基づかない限り、最終決着はおぼつかない。要するに、道徳原理の内容が偶然的なものである限り、人々が果たすべき義務は各々の異なる欲求や所見に応じて変わりうるため、結果的に、それぞれの異なる道徳的信念に対して合理的に課せられるはずの最終状態は何もないことになる。それゆえ、さまざまな可能的道徳原理や現実的道徳原理の中のどれが正しいかを突き止めるには、それらの可変的諸要因に優越し、したがってそれらの要因に対して合理的要件を課しうる、何らかの観点を選びだすことが求められる。そのような優越的観点は、それが向けられる検討対象の可変性や相対性を無効化するために、形式のみならず内容においても合理的必然性をもつものでなければならない。では、そうした内容的必然性が理性によって打ち立てられることは、いかにして可能なのであろうか。

この問いに答えるには、まず、道徳性の対象が何であるかを考えねばならない。その考察は、概念分析を通して行われ、それ自体、演繹的合理性という意味の理性の産物である。そこで、すべての道徳規範および道徳判断が直接・間接に関与せねばならない何らかの検討対象があるかどうかを問うてみよう。そのような題材があるとすれば、それはすべての道徳判断にとって必然的内容を提供するであろう。またその内容が、道徳的正しさの規準に関して、何らかの確定的な論理的帰結をもつことが明らかにされたとすれば、そのとき、そうした規準を支持する原理は、単に形式的に必然的であるだけでなく、実質的すなわち内容的にも必然的なものとして、その姿をあらわすであろう。かくして道徳性の対象は、最高道徳原理の正当化項の少なくとも一部をなすことになるが、一方でこの正当化項は内容的に必然的なものであるから、その被正当化項である道徳原理も内容的に必然的なものとなろう。

さて、こうした道徳性の必然的内容は行為とその総称的な特徴の内に見いだされねばならない。すべての道徳的教えは、その真意が何であれ、人がいかに行為すべきかを直接・間接に問おうとするからである。異なる教えによって求められる特定の行動様式は、もちろん、きわめて多様である。ところが、そうした違いはあっても、道徳的教えは常に行為を要求し、行為にはあらゆる行為につきものの明白な不変的特徴がある。行為と総称的に関連するそれらの特徴は、道徳的教えや他の実践的教えが想定する種々の行為全体を一つの類ないしは範疇として特徴づけるものであり、本書ではそれらを行為の類的特徴と呼ぶ。行為がすべての道徳性の必然的内容を与えるのと同じように、この類的特徴はあらゆる行為の必然的内容を与える。

以上の説明からわかる通り、それらの特徴が道徳的正しさの必然性をいかに決定づけるかを探りだし、それにより、行為の類的特徴をめぐる「ある」から論理的に導出される道徳原理や道徳的規則をめぐる「べし」が確かに存在することを明らかにする作業は、本書の議論にとって決定的な意義を有する。行為の類的特徴が道徳の最高原理の正当化項をなす限りにおいて、後者の最高原理も被正当化項として必然的内容を帯びることになろう。反対にそれらの類的特徴は演繹的合理性によって突き止められるものであり、それゆえ最高原理を根拠づける究極の正当化項はまさしく理性に根ざすものと言える。

理性概念は、以上の通り、演繹と帰納に限定され、道徳的に中立であるため、論点先取とならないが、正当化議論の基盤として使用される行為概念も同じく道徳的に中立である。この概念をなすのはあらゆる行為の類的特徴であり、それゆえこの概念は、どれか一つの規範的道徳的立場を反映したり、そこから導出されたりするのではなく、すべての道徳に適合するからである。では、そうした道徳的に中立的な前提から、道徳の最高原理の必然的内容に関する確定的で規範的に道徳的な結論が導かれることを、一体いかにして証明するというのであろうか。この問いは本書の中心課題の一つであり、その答えは、行為には、その類的特徴からして、あらゆる行為は論理的に行為者の立場からする評価的・義務的判断を隠然たる形で含むという意味で、「規範的構造」と呼べる構造が備わっており、そのような判断を信頼できる合理的要件に従わせたとき、そこからはある特定の規範的道徳原理が論理的に帰結する、という点を証明することにある。この点を別の言葉で言い換えてみよう。行為者は、いかなる行為者であれ、まさに行為者であるとの単純な理由により、ある確定的な様式に従って行為すべきであることを認めねばならず、さもなければ自己矛盾に陥る。

ここで注意したいのは、行為と道徳の関係が、道徳判断はその真偽が対応に基づいて明らかにされる以上、必ずその対応－相関物をもたねばならない、とする前述の問題と密接に関わっている点である。行為は道徳的教えや他の実践的教えの事実的対象をなすものであるから、それは道徳哲学にとって、経験的観察データが自然科学に対して果たすとされる役割と類似の機能を演じる。道徳的な判断・規則なり経験的な言明・法則なりの真偽をチェックする際の客観的基盤ないしは対象を提供する役割である。ただ、この機能はあくまでも類似のものでしかない点も併せて強調しておきたい。道徳判断の場合、何らかの行為、あるいは何らかの種類の行為が実際に行われたと言っただけで、その判断が正しいものになることはない。そうではなく、以下で見る通り、行為はその類的特徴と規範的構造により、行為主体の側に、一定の行為要件を課すのであり、道徳判断が真であるのは、当の判断がそうした条件に適合し、それゆえ行為の規範的構造にも合致するときに限られる、ということである。

それでも、行為は道徳判断の必然的内容を規定するものであるため、真理に関する限り、それらの判断が対応する客観的な尺度やデータからは何の裏づけも与えられないまま放置されるわけではない。ところが、行為の本質が道徳哲学にとっていかに重要であるかは古代ギリシアの時代からよく知られているにもかかわらず、行為が道徳の最高原理の内容そのもの、ならびにその正当化の一部をなすという事実についてはこれまでほとんど論じられることがなかった。

1-10 行為の類的特徴からは、以上の通り、道徳的正しさの確定的規準が論理的に導出される。その経緯の説明に入る前に、まず、これらの特徴の内容と背景についてもっと詳しく見ておきたい。「行為」という言葉はさまざまな異なる意味で用いられるが、本書の議論に関わりをもつのは、行為の要件を規定する、すべての道徳的教えと他の多くの実践的教えにとってその共通の対象であるという意味合いである。一方、多種多様な教えの中にあって、それらの教えが共有するのは、その教えを表明する人物の意図がその教えの向けられる人物に対して、その行為を当の教えで示された路線に多かれ少なかれ反省的に合わせるよう導いたり、勧めたり、促したりすることに存する点である。ここには、聞き手は自らの行為を支配し、強制のない選択を通じて指示目標・内容を達成するよう試みることができる反面、その教えに従わないこともできる、との前提がおかれている。このことからわかる通り、行為には、道徳的教えや他の実践的教えに関わるというその厳密な意味からして、自発性ないし自由と目的性ないし意図性という相互に関係する二つの総称的な特徴がある。行為が自発的または自由であるとは、その行為の遂行が当の行為者の支配下にある、別言すると、当の行為者が、その行為と直接関わる周囲の事情を自覚しつつ、そのように行為することを強制されずに選択しているということである。また、行為が目的的ないしは意図的であるとは、当の行為者がその行為の理由と見なす何らかの目標か目的に向かって行為しているということであるが、そうした目的はその行為それ自体か、達成されるべき何らかの物事であろう。このように自発性と目的性は前述した行為の類的特徴の主成分をなす。自発性と目的性は行為を一つの類概念にまとめて他と区別する最も一般的な特徴であり、一方で「行為」は、前述の観点からすると、すべて道徳的教えや実践的教えの可能的対象であるところにその本質が存するからである。道徳に関する最高原理の論理的正当化の基盤となるのはこの類的特徴である。

右の議論に対しては、早速、次の反論が予想される。多くの、そして恐らくすべての道徳的教えが向けられる相手は、その都度新たな意志決定ができる身軽な諸個人などではなく、諸々の制度に縛られ社会的役割を遂行する担い手としての行為者ではないのか。その考えによると、道徳問題とは主に、集団の要件に由来する「私の持ち場とそれに関わる務め」の問題であり、そこでは一人の人間も、例えば夫、父、有権者、納税者、大工、組合員、労働者、消費者、ボーリング仲間のまとめ役、さらに広い観点から言えば、特定の国民や宗派、民族集団、経済階級の一員といった「さまざまな役割の集まり」の一つなのである。道徳的教えが個人のふるまいに想定したり要求したりするのは、それゆえ、当人がそのふるまいを自らの目的に合わせて始動し支配するという意味でそのふるまいが自発的で目的的であることではなく、自らの役割や地位を規定する規則に応じてふるまうことである。また、当の人物がそのように順応して行為しているとすれば、当人の行為を支配し、その目的を決めるのはそれらの規則である。自発性や目的性は、したがって、「行為」を定義づけるという意味で、すべての、または大部分の行為の類的特徴ではない。

この反論は、しかし、前記の行為論の中心的論点を覆すものではない。「人間は自らの歴史をつくる」や「万国の労働者よ、団結せよ」といったマルクスの有名な成句が物語るように、「社会的役割」論に立つ教えの場合も、行為はある限度内でその教えが向けられた人物や集団の支配下にある――つまり、それらの人々は周囲の状況をよく認識するとともに、自らが受け入れる目的や理由に従って一つの活動方針を選び取ることができる――、と想定されている。また、道徳的教えがさまざまな社会的役割や制度への順応を説くケースや、受け手の人々が既にそのような社会的順応を示すケースも考えられるが、その場合も、既存の服従のあり方を強めたり、不服従の芽を摘んだりすることが少なくともこうした教えを説く狙いの一部になっており、それゆえ当の教えは、受け手の人々の行為には別の選択肢があり、その限りでその人々は自らのふるまいを支配する立場にあると想定している。ただし、この場合の支配力は現行の力というより、素性的な力である。ともかく、不行為ですら、それが自らのふるまいに素性的支配力を行使できる人物によって意図的になされる限り、行為の一形態である。あらゆる道徳的教えと他の実践的教えの共通対象である諸々の行為が共有する類的特徴――これこそが道徳の最高原理を論理的に導出するための端緒である。

道徳的教えが想定する行為は、(「社会的役割」論を含めて)すべて例外なく自発的かつ目的的であると言えるが、その場合、あらゆる教えに共通する一般的形式的前提とそれらの特殊的可変的内容を切り分けて捉える必要があろう。この後者の特殊的内容は必ずしも当の行為者の自発性を一層促進したり、その多様な目的をさらに強化するとは限らない。それどころか実際には、その正反対となる可能性が高い。道徳的であろうとすれば、まず第一に当の行為者や話者(に加え、それ)以外の人物の利益に特別の配慮を加えねばならないからである。しかし、それらが特定の形式的条件を満たす限りにおいて、その教えは受け手のふるまいが自発的で目的的なものとなることを予め想定していると言える。そうした条件は、すべての道徳的教えに見られるものであって、合理性とそれに関連する規範性の最小限の相面で成り立っている。すなわち道徳的教えは、単なる扇動・刺激や脅し・洗脳としてではなく、行為に向けた筋の通った命令や理に適った指示・指針として提示されねばならず、そう行為することにはもっともな理由(ただし道徳的な理由とは限らない)があるから、それは正しい行為の仕方である、との暗黙の想定を伴う。またこれに関連して、受け手である人物はそうした理由を反省的に理解することができるとの想定も伴う。これらの最低限の条件が満たされる限り、道徳的教えは、その内容にかかわらず、所期の目標を達成するとの目的に従い自らの行為を支配できる人物としての聞き手に向かってなされるのである。むろんこれは、将来か現在の行為者である当の聞き手にせよ、影響を受ける他の人物にせよ、それらの理由や目標に必ず同意するという意味ではないし、話し手と聞き手のいずれかがそうした最低限の合理性条件以上のことを満たすという意味でもない。

行為の類的特徴がいかにして道徳に関する最高原理の必然的内容を与えるかをさらにはっきりさせるため、道徳原理や道徳判断によって規定される行為の特徴が技術的、芸術的、自益的、社会的などそれ以外の原理・判断で規定されるふるまいにおいても見いだされる点を確認しておこう。具体例として、例えば、特定の技術が問われる状況で、ある人物が別の人物に何をすべきか（空手チョップのやり方や爆弾のつくり方）について助言している場面、ある人物が自分自身の目的や福利にしか関心のない純粋に自益的か利己的な動機に基づいて何をすべきか（金持ちの未亡人をどう誑かすか）を決めようとしている場面、ある程度の反省的思考が前提とされる社会的状況などを想起してみよう。これらの原理や教えは私が「実践」と呼ぶものの領域を集合的に形づくり、それらによって規定されるふるまいは普通「意図的」行為と呼ばれる種類のものである。ところで、すべての道徳を否定する「無道徳主義者」や「虚無主義者」であれば、恐らく、道徳性から導出された論点であるとの理由を挙げて、前段の行為論を斥けるであろうが、以上の指摘でわかるように、この手の論難は行為の類的特徴から道徳の最高原理を導く以下の議論には通用しない。以下の私の議論は、循環論法の流儀で、「あるふるまいがXおよびYという特徴をもたない限り、人は道徳的にそのふるまいを行為と見なすべきでない」といった形式の道徳的教えや道徳判断に依存するわけでも、「人は既に道徳全般なり特定の道徳なりを受け入れている」とか「人は演繹的合理性と帰納的合理性以外の規範を支持する」といった前提をおくわけでもないからである。この文脈で道徳的教えを取りあげたのも、行為の適切な概念、すなわち、そこから道徳の最高原理が論理的に導出される行為概念の手がかりを掴むための便法に過ぎない。その概念は実践と意図的行為にも適用されるから、仮に「無道徳主義者」や「虚無主義者」が本書のこの段階の議論を却下できたとしても、それはすべての意図的行為と実践の全領域を否認し見逃している結果でしかない。

道徳的教えや他の実践的教えを述べる人物の諸前提から行為にとって本質的な諸特徴を導きだすこの方法は、しかし、そうした前提の内容は、本来、現実に起きる人間のふるまいとは異質なものである、との発想によるものではない。つまり以下の議論は、「F_1、F_2、…F_nといった特徴は、実際には、どのような人間のふるまいにも付随しないであろうが、にもかかわらず、行為が道徳的教えや他の実践的教えで想定されるようなものであるとすると、行為は特徴F_1、F_2、…F_nをもたねばならない」といった形式の議論ではない。本書では、行為概念の分析がもたらすのは単なる「概念的」なものであって、「実在的」なものではない、とする見方をとらない。本書にとっての問題はむしろ、人間のふるまいに見られる多くのさまざまな実在的特徴から人間の行為を構成する本質的な諸特徴を分離特定することができるかどうかである。さまざまな実践的教えを発する発言者が将来の行為に関して予期的に思い描く物事はすべて人間的営為の実在的可能性の範囲内にある事柄である。

そうした行為の実在的身分を示す証拠として、それらはわれわれが日常的経験で遭遇する人間的ふるまいの広範囲をなすばかりでなく、人間活動に関する経験的研究の基礎資料をも提供する、という（デカルト的懐疑を払拭する）事実を挙げておきたい。例えば、ここで取りあげる行為には、ウェーバーが手段－目的合理性、絶対的価値への献身、感情的ふるまい、伝統への順応、の四つの指標に基づいて類型化した「社会的行為」のすべてが含まれる[16]。この広い視野ゆえに、本書の言う行為の類的特徴は、歴史的にはきわめて多様なパターンを見せる諸々の人間行動に関係しており、人が希求する価値を認めた目標に向かって自らのふるまいを支配している点で、近代の資本主義的企業家（や「活動家」）から未熟練労働者、そしてそれにとどまらず、中世の聖職者や戦士、庶民、古代の賢者や暴君、「バナウソス」、さらには各々の時代にあって独自の生き方を説いた思想家に至るまで広く該当する。なお、こうした行為概念の統一性と不変性は、逆に、道徳と実践を複雑きわまりない歴史の中で捉えようとすれば、当然、顧慮せねばならない人間行動をめぐる問題、背景、理念、様式の多様性について考えることを困難にするのではないかとの懸念に対しては、その心配は無用であるとだけ述べておこう。

併せて銘記しておきたい点であるが、適切な行為概念は実際に過去ないし現在の道徳的教えや他の実践的教えの監督下におかれたふるまいのみに限定される、と捉えてはならない。ましてや実際にそうした教えに従ったふるまいにしかこの概念は当てはまらないということではない。人間のふるまいは千差万別であり、それを導こうとする教えも多種多様である。人間のそうしたふるまいをその力によって導くことになる諸特徴は、そうした教えの対象ではない、または対象ではなかった他の多くのふるまいにも属している。これらの状況で例外なく見いだされる行為の類的特徴がそこから道徳の最高原理が論理的に派生する共通基盤となるのである。

道徳的教えの呼びかけ対象である道徳的人口は、一つには各々の道徳で支持される実体的規準、そしてとりわけ配分的規準がそれぞれ異なるという事情により、一様ではない。例えば、マキアヴェリ的エリート主義者やニーチェ的エリート主義者の場合、少なくともその教えの一部に関しては、カント的普遍主義者やミル的普遍主義者に比べると、呼びかける相手ははるかに小さな集団である。いずれにせよ、それぞれの道徳の教えによって呼びかけられるこうした人間集団が、他人の能動性を受けとめるだけの単なる受け手と対照される、道徳的行為主体となる人々をそれぞれ独自の観点で構成するのである。さまざまな道徳的教えや他の実践的教えで呼びかけられるこれらの人々が、他の面ではどれほど大きな違いがあろうとも、自分自身で抱いた理由や目的に従い、強制なき選択に基づいて、自らの関連するふるまいを支配できると想定されていることはすべての人に共通して当てはまる事実である。以下で見る通り、こうした実践的能力を有するがゆえに、行為者は論理必然的に、明確な規範的判断、そして最終的にはある特定の最高道徳原理を受け入れざるをえない立場に立たされる。

1-11 自発性と目的性の概念は、行為概念と同じく、論議を呼ぶ多くの複雑な問題を抱え、関連する文献も膨大である。ここでは紙幅の都合もあり、行為の類的特徴がいかにして道徳の最高原理正当化の基盤になるかを探る上で特に重要な二、三の論点に絞ってさらに詳しく見よう。

まず、自発性である。人間のふるまいなり動きなりが、厳密な意味の行為それゆえ自由な行為であるためには、一定の因果的条件が満たされねばならない。反対に、そのふるまいは次のような種類の原因から生じたものであってはならない。（a）当人の外部にある何らかの人や物による物理的または心理的な直接的強制、（b）反射神経、無知、病気など、そのふるまいの発生にとって決定的一打となる、当人には不可抗力の内的な原因、（c）そのふるまいを起こす当人の選択が誰か別の人によって強いられる間接的強制。これを逆に言うと、その人物は自らのふるまいを自分自身の強制を伴わない知識に基づく選択によって支配せねばならない。ただ、人が何かをしようと選択しても、それをすることができない可能性もあるから、そうすることを選択しただけではそうしたことにはならない。したがって、前の文の意味は、その人のふるまいが自発的か自由であるとき、その人自身による強制を伴わない情報に基づく選択が当のふるまいの必要・十分条件をなすということである。道徳的教えや他の実践的教えの対象であるすべてのふるまいに関して、呼びかけられた当人たちは自らのふるまいを前述したやり方で支配できると想定されているのである。そのような支配力が存在するとき、その人物はそう行為するための情報に裏づけられた理由に基づいて選択する。特にその人物は、自分がどのような行為をどのような目的で行おうとしているかを自覚し、その直接的結果やその影響を被る相手についても知っている。そうした選択が帰属する当の自己なり人物なり行為主体なりは、情報に基づく理由が他の欲求や選択と統一的に関連づけられた一つの有機的な素性システムとして捉えられよう。ある人物のふるまいがこの素性システムから発している限り、そのふるまいを自らの強制なき選択によって支配するのはその人物以外の何者でもなく、したがってそのふるまいは自発的である。そしてそのふるまいは、まさしく自発的であるがゆえに、道徳の最高原理を正当化する基盤の一部をなす。

では、「選択」とは何であろうか。それは、最も完全な意味では、代替的諸案に関する情報に裏づけられた先行的審理とそれに基づく理に適った決定をあらわす。そこに絡んでくるのは、当該人物を構成する諸素性の有機的システムの関連相面をめぐる熟慮と周囲の関連事情に関する知識である。緩く捉えられた「選択」は、同じく選択可能な代替的諸案の中から何かを選んで決めることを意味するものの、そこには事前の審理がほとんど、あるいはまったく介在しない。暗愚や無知による選択もありうるが、それには限度があり、その限度を超えたふるまいはもはや自発的なものではない。例えば、盗癖者やすぐに手が出る粗暴者のふるまいは、周りの状況や選択肢、理由を意識しながら物事を選定する当事者能力が著しく低下している証であり、緩い意味においてすら、本人の選択によって支配されているとは言えない。ただ、そのふるまいが自発的であるか否かを決める当人の側の支配と強制のない選択は、三種類に分けて捉える必要がある。（a）現に起こっている行為に直接関わるとき、その支配と選択は現行的なものである。（b）行為者がその行為を行わないことを選択したときには当人がその行為を行うことは決してないという意味で、支配と選択は素性的なものとなる可能性がある。（c）行為者がある行為を行わないことを選択したのにその行為が起こり、したがって、当の行為は（b）の意味で当人の素性的支配下にあるわけではないが、にもかかわらず、そうした状況、すなわち自らの行いを素性的に支配できない状況に身をおくか否かはなお当人の支配下にあるとき、支配と選択はさらに非直接的な意味で素性的なものとなりうる。以上の三様式のいずれにおいても、行為者の理に適った選択と支配は当の行為の必要・十分条件となっている。ふるまいが非自発的であるのは、当のふるまいが前の三つのいずれかの意味でその行為者の支配下にない場合である。

選択には以上の通りいろいろの種類があるが、それが強制されたものでないことはすべてに共通する重要な条件である。強制的選択に起因するふるまいは、完全には自発的ではないため、厳密な意味の行為ではなく、道徳の最高原理が論理的に導出される規範的構造とも関係しない。強制による選択の典型例は、奴隷制や強制収容所、大部分の監獄で見られるが、もっと単純な事例として、強盗がスミスに拳銃を突きつけ「金を渡すか、命を渡すか」と言っているケースを想起してみよう。スミスが自分の所持金を手渡したとすれば、そのときスミスは自らの選択に基づいて自らの行為を支配している。しかし、この場合スミスは、他人が彼に、従わなければもっと悪い別の選択をせざるをえなくなると思わせて、一つの選択肢を選ばせるために仕組んだ、望ましくない二つの選択肢の中から一つを選ぶよう強いられており、彼の選択は強制されたものである。どちらを選ぶかはスミスに委ねられているものの、選択肢の制限と脅しに使われた最悪の選択肢の圧倒的不利益の働きにより、結果的にはよりましな代替案の選択が強制される。このように強制的選択には少なくとも三つの相互に関連する相面がある。強制性、望ましくないこと、そして脅迫性である。ここで「支配」概念を拡張して捉えてみよう。スミスは二つの選択肢の中から一つを選ばねばならない状況におかれているが、その状況を支配する力はない。仮にその力があれば、彼は当然どちらの選択肢も選ばないであろう。一方、強制なき選択でその基盤となるのは、強制性やその他の特徴を一切含まない、情報に裏づけられた理由である。

さて、行為が前述の意味で道徳的教えや他の実践的教えの可能的対象を構成するとすれば、その限りで強制的選択下のふるまいも行為となりうる。事実、道徳的教えの中には、一つの重要な種類として、強制や不快や脅しを伴った状況においてこのようにふるまうべきであり、別様にはふるまうべきでない、言い換えれば、他人の福利が絡む強いられた状況にあって、実行可能な複数の代替的行為の中から選択を行わねばならない場合に、道徳的観点から別の行為ではなくこの行為を選ぶべきである、と明確に打ちだしているものがある。そのような道徳的教えに従うと、例えば、その強盗が「金を出さないなら、そこにいる無関係の人を殺す」と言ってスミスを脅した場合、スミスは金を渡すべきである。このケースが示すのは、強制的選択に直面する人物が当の状況の一部の相面に関してまったく支配できない立場にあっても、他の相面では必ずしもそうでないということである。このためアリストテレスは、そのようなふるまいを指して「混合的」と呼んだ[17]。それらは現実の実行局面ではそのふるまいが当人の選択に委ねられるという意味で「自発的」であるが、反面、それらは前記の強制的条件やその他の条件を含んでおり、その選択は強制されたものであるという意味で「非自発的」である。こうして強制的選択の下でのふるまいは、その被強制性と脅迫的不快性により、絶対的に非自発的な要素を含んでいる。この要素は、予定的行為者と直面した場合、その行為者の支配下におかれることはないため、それ自体が道徳的教えや他の実践的教えの対象となることもない。こうした理由により、厳密な意味の自発的行為は強制的選択を除外し、したがって、そのような選択は道徳の最高原理を正当化するための基盤となる行為の類的特徴には含まれない。

しかし一方で、右の説明に従うと、大部分、というよりすべての選択が何らかの強制によると捉えられるから、完全に自発的な行為などそもそも存在しないのではないか、とする反論も予想される。次のようなよく似た発言を考えてみよ。「賃金カットをのめ。さもないとクビだ」、「その髭剃って。じゃないと結婚してあげない」、「自分の国を愛せ。いやならこの国から出て行け」。経済学者の中には、すべての選択は強制的であって、望ましくない選択肢をめぐる選択でしかない、と考える論者もいて、次のように述べる。「いずれにしろ、一つのものを選ぶ以上、他のものは手放さねばならないし、状況が変われば、その同じものを絶対に手放したくはなかった、などと思ったりもする。人間の生存が帯びる不変の様相の一つとも言える、そうした選択をめぐる葛藤の全貌を明らかにするのが経済学の役目である。経済学者こそ真の悲劇作家である」[18]。強制的選択の概念をこのように拡張する考えは断固斥けられねばならない。その論拠として、脅迫の不在に加えて、次の点を指摘したい。この経済学者の考えに従うと、考えうるすべての価値が全部揃っていない物事はどれも「望ましくない」ものである。人がもちたいと思う別の何らかの可能性よりも小さい善しか含んでいないものは、何であれ望ましくない、というのがその見方だからである。しかし、その発想は、プラトンの強欲な暴君やフロイトのエスを彷彿させる人間の欲求に関する異様とも言える誇張によっている。

強制的選択の概念的増殖に反対する別の理由として、この考えが前に挙げた三つの特徴に加え、追加的条件を必要とする点を指摘できよう。「正常な、または予想される成り行き」への不当な介入という条件がそれである。この侵入によって、「正常な、または予想される成り行きで想定されるものよりも悪い」選択肢がもたらされるのである[19]。この条件は先に触れた強盗のケースを他のケースから区別する上ではある程度役立つであろう。しかしそれでも、「正常な、または予想される成り行き」で既に選択可能な選択肢がきわめて不快で脅迫的であり、しかも外から誘導されたものであった場合、選択をどう解釈すればよいか、という問題は残る。そのような特徴が人の暮らしや社会の制度的枠組みの欠かせない一部となっている状況であれば、間違いなく選択の被強制性は除去できない。現代の技術体系とその大規模な展開を念頭において、それほど極端でない事例として、産業労働者が巨大マシンの歯車となって、大企業の官僚組織に支配される状況を想起してみると、こうした条件の下で働くという彼らの選択は、失業の恐れと他の代替的条件が用意されていないことによって強制されたものである、との見方が成り立つ。この場合、脅迫的で望ましくないことや強制性は、銃をもった強盗のようなその場にいる個々の行為者に端を発するものではないものの、無力さ、疎外、無意味さといった概念を用いて労働者のおかれた立場を特徴づけることは可能であろう。

前述したさまざまな事例に即してこの問題を考えるためには、強制的選択の度合いが一様ではないことをまず理解する必要がある。その違いを決めるのは次の三つの基本要因であり、それぞれ前に触れた強制的選択の規準を反映する。第一に、選択が行われねばならない二つの選択肢の内の悪い方の選択肢が、選択者の観点から見て、どの程度悪いのか（望ましくないこと）。第二に、追加の選択肢がさらなる選択対象となりうるか（強制性）。第三に、特に重要な点であるが、強制された個人や集団に合理的手続きの余地がどの程度残されているか（脅迫性）。例えば、銃をもった強盗のケースと賃金カットのケースの違いについて考えてみよう。前者のケースでは、他人が設定した唯二つの選択肢の中から一つを一発で選ばねばならない。しかも、選択肢の一方は死であり、嘆願も議論も許されない。これに対し後者のケースでは、賃金カットと生活破綻の選択は一挙になされるのではなく、労働者の組織化や団体交渉、弱肉強食的事態から関係者を守るための法整備といった選択肢も可能性としてまだ残っている。そうした可能性が開かれると、恐らくそれに応じて、脅迫力が独占され一方的に作用する状態から、当事者間の力関係がより平等な状態に段々と変わっていくであろうし、剥き出しの強制的選択状況とは異なり、複数の進路から一つの進路を選びだすために理由づけたり重みづけたりする機会も生まれるであろう。この相面は、前に触れた脅し、不快、強制をかなりの程度取り除く働きがある。このように選択の被強制性はきわめて多様であるが、このことから自発性、それゆえ行為も同じような多様性にさらされると考えてはならない。確かにそれらは多様であるものの、そのあり様は異なっており、そこには被強制性や脅迫性、不快さは含まれていない。厳密な意味の行為に関わってくるのは、情報に裏づけられた理由に基づく強制を伴わない選択であり、そこには前述した複合的三条件は存在しない。この厳密な意味における行為を起点にして、道徳の最高原理が論理的に導かれるのである。

行為の類的特徴は自発性か自由を含むとする本書の主張については、強制的選択をめぐる問題とは別に、厳格な責任や共同義務を定めた法律上の教えが対象とするのは、個人の支配や知識には影響されないふるまいである、との批判が予想される。法律的教えは実践的なものであり、道徳的教えと基本的には同類のものであるから、すべての実践的な教えの対象は自発的行為であるとする私の主張はそうした法律上の定めによって反証されるというわけである。また、この批判と関連して、そのようなふるまいを「行為」の範囲から除外する私のやり方は個人主義的で規範的な意味で道徳的な見方を反映しており[20]、したがって、本書の議論の出発点は決して道徳的に中立ではない、との批判も予想される。しかし、まず確認すべきは、行為の適切な概念に関わるのが、教えの現実的履行をめぐる多様な運用問題に絡んでくるふるまいではなく、道徳的教えや他の実践的教えを与える人物によって予期的に想定されたふるまいだという点である。したがって問われるべきは、道徳的観点や実践的観点から行為が勧められたり、促されたり、指示されたりした場合、その話し手は、そうした行為が、それを促された相手の聞き手との関係上、どのような特徴をもつことを想定せねばならないか、である。前に指摘したように、道徳的言説や他の多くの実践的言説は、聞き手はその行為を行う理由を理解し反省することができるだけでなく、さらにその行為の実行に向かって進むことができる、と想定している。厳格な責任や共同義務を定めた規定で扱われるふるまいが適切な意味の行為であるとすれば、唯一それは、当の規定の向けられた人物が少なくとも見込みとしてそれらの規定に従えるよう自らのふるまいを支配できる限りにおいてである。この支配能力がないところでは、そのような支配が教えの向けられた人物によって問題のふるまいに先行するいずれかの局面で実行されることもありえないから、道徳的教えや他の多くの実践的教えの本質的要素をなす「理由づけ」という考え自体が成り立たない。人のふるまいを支配するこうした先行的力が存在することは、まさにそれらの法律的教えの前提である。

固い決定論の考えでは、行為者自身の選択を含むあらゆる出来事はその行為者の支配の及ばない諸力によって因果づけられている。この考えが正しいとすると、自分自身による行為理由の詳細な吟味に基づく強制的でない選択は不可能であり、人間のふるまいが前述した意味で自発的または自由であることもありえない。すべてのふるまいは私が「直接的強制」と呼ぶものから発していることになる。ここからは恐らく、道徳の最高原理が導出される規範的構造を有する厳密な意味の行為など存在しないとの見方が出てくるであろう。ここでは決定論の観点から以上の自発的行為論に反対する見方を取りあげ、簡単に反論しておきたい。第一に、決定論自体、一般的現象の説明に関しても人間行動の説明に関しても、その正しさはまったく証明されていない。第二に、決定論の論理的立場や形而上学的立場は別にして、前述した区別の余地は依然として残っており、次のようなふるまいに見られる種類の違いを否定する見方の妥当性は決して証明されていない。強盗のケースのような強制的選択が絡むふるまい、直接的強制においてであれ(例えば、雷に撃たれたときや他人から身体的に無理強いされた場合)、内因的な白昼夢においてであれ、その中で人がまったく選択を行わないふるまい、そして、関係する諸々の理由について長期にわたる熟慮を重ねた後に、慎重な選択を行って、多少とも計画的で広がりのある活動に取りかかる一連のふるまい、である。

第三に、決定論は自らを説明することができず、自家撞着をきたす。もしこの説が真であるとすると、この説の支持者の知的活動や認知作用は、その考えを支持する選択なり決断なりを含め、独立的な熟慮による手続きであるどころか、それ自体が当人の支配力の及ばない厳然たる力の作用効果に過ぎないことになる。この場合、そうした認知作用の所産であるこの考えを妥当な説や真理として受け入れるのは困難であろう。一方、この説が理由や議論の知的検討に基づくとすると、その考えは人のふるまいに関する普遍的な説明としては誤っていることになる。第四に、この説は物理的ないし心理的原因‐結果関係と論理的ないし証拠的根拠‐帰結関係との違いを説明することができない。その考えによると、人のふるまいに絡むあらゆる関係は前者の種類である。ところが、この説が一つの説明的理論として説得力をもつためには、（決定論の構成、理解、選択などこの説自体に入ってくる）一部の関係は後者の種類でなければならない。確かに、論理的関係を物理的な原因‐結果操作に具体化した計算機をつくることはできる。しかし、その計算機の製作者自身は、いずれかの段階で、物理的関係とは区別された論理的関係に関する自らの独立的な知的認識活動を通じて物事を進めねばならない。選択がそれ以前の心理的条件づけに大きく影響されるのは間違いないが、そうした条件づけはさまざまな形態をとる。強い感情的要因が呼び覚まされた場合であっても、心理的条件づけやそれ以外の条件づけは必ずしも選択の完全な決定因となるわけではない。この場合にもやはり当人は別の行動をとるさまざまな理由を熟考し、それに基づいてそれらの選択肢の中から選びだすのである。このように思慮深い理由づけによる強制なき選択を通じて人が自らのふるまいを支配しているとき、その人の行為は完全に自発的である。そして、こうした自発性を主成分とする行為の規範的構造から、道徳の最高原理が論理的に導出されるのである。

1-12 次にもう一つの類的特徴である目的性の諸相面を簡単に検討しよう。ここでも自発性の場合と同様、道徳の最高原理の合理的正当化に関わる面についてのみ取りあげる。道徳的教えや他の実践的教えが特定のふるまいを人に命じる際、その話者は、聞き手である人々が自らのふるまいを強制なき選択によって支配することができ、したがって自発的に行為するという点に加え、その人々は行動理由となる目的や目標を達成するとの目論見でそのように行為するであろう、とも想定している。これは義務論的な道徳的教えにも目的論的な道徳的教えにも同じように当てはまる。前者の場合、促された行為の目的か意図そのものをなすことになる特定の道徳的規則への服従がそれである。そのような行為がなされるよう促したり勧めたりするとき、その義務論者は、たとえ「目的」を狭く捉えて、道徳的行為に目的などないと主張するにせよ、相手の人物はいかなる場合も特定の目的か目標を視野に入れて行為するであろうと想定し、その上で彼らに、道徳問題が問われた際に何をめざすべきかを示そうとしているのである。

道徳的教えの想定対象であるふるまいは、このように決して無目的ではなく、それどころか、達成されるべき特定の内容をほぼ明確な形で思い描いているという意味で目標指向的である。ただし、その内容が特定の行動様式や特定の規則なり形式的要件なりの遵守に過ぎない場合もありうる。このふるまいに携わる人物は、自分自身のために、あるいは達成されるべき何らかの結果のためにそのふるまいに従事したいと思っており、さまざまな動きの中心であるだけでなく、自らがつくった理由のためにそうした動きを支配しているとも見なされる。こうした理由や欲望が行為の目的であり、当の目的は道徳的教えに従うこともあれば、背くことも無頓着であることもある。しかし、いずれの場合も行為者は、常にそうするとは限らないが、行為する目的について熟考する能力があると想定される。目的性という行為の特徴はこのように、行為者によって意図された直接的内容から、行為者が行為する自らの動機に従ってめざすもっと遠くにある種々の目標まで広く網羅している。この目的性の全域を視野に入れると、行為者の目的ないし意図とは欲望か欲求のことであり、したがってすべての行為において行為者は自らの欲望に応じつつ、程度の差はあれ反省的に行為する。ただし、こうした欲望は必ずしも快楽的であったり嗜好的であったりするわけではなく、単に行為が行われる際の意図に過ぎないこともある。

以上のような目的性は、自発性という特徴と同じく、厳密な意味の行為と必然的に関連している。ある明確な行為の実行を選択したとき、行為者はその行為について大なり小なり明確な像を思い描かねばならない。自分が行おうとしているのはどのような行為であるかを知っていなければならない。つまり行為者は、その行為を多少なりとも目論み、しかもその実行を望むという意味で、その行為を意図していなければならない。さらに行為者は、自分自身のために、かつ／または、自分がその行為によって達成したいと望む何らかの結果のために、その行為を意図していなければならない。こうして行為の所望内容という意味の意図ないし目的は、自発性ないし自由を構成すると同時に当の所望内容の実現に深く関わる支配と選択の裏面をなす。

支配と選択が現行的であったり素性的であったりするように、意図もまた現行的であったり素性的であったりする。行為者は常に目的を明確に思い描くとは限らない。ここでは特に、「目的的（purposive）」と、周到で確固とした計画とその決然とした追求を意味する「目的追求的（purposeful）」の違いに留意しておきたい。人が行為する際の目的は習慣的なものである場合がある。それは長く続いてきた目標指向的ふるまいの結果に過ぎず、そこではもはや当の目標は関心の中心にはない。ただ、その場合も目的性が完全に失われたのではなく、目的が明確に意識されたり追求されたりしないまま、それが達成されるということである。そこでも意図性は潜在的にはなお存在し、そのことは恐らく当の行為者のそれを実現したいとの思いが何らかの事由で邪魔された際にはっきりするであろう。例えば、人はいろいろと考え事をしながら、習慣的に食事をするときがあるが、それでも、食事中にいきなり片づけをはじめられたら、食事の目的がその人の中心的関心事として再度浮上することになろう。いつもの好きな食事とはまったく違う食事を出された場合もそうである。

目的性には実体的相面と並んで手続き的相面がある。「意図」が意図することと意図されたものの双方をあらわすように、「目的」には「目的をもつこと」とめざされた対象すなわち目標物という二つの意味がある。目的をもつことは動能的であると同時に動態的である。つまりそれは何らかの目標を達成しようと努めることである。他方、そうした目標が達成されたという意味の目的には完了的意味合いがある。目的性はその動能的相面においては、自発性と同じく、過程的であるとともに手段的である。達成しようと努めることは達成を視野に入れて取り組む出来事や働きかけのことだからである。ただ、自発性の本質が行為者による自らのふるまいに対する支配にあるのに対して、動能的目的性の本質は行為者の目標追求にあるという意味で、行為のこの二つの特徴は明確に区別される。こうして動能的で手段的な目的性には、自発性とは異なり、行為者が自らの行為について思い描く目標物に対する内発的言及が含まれる。このため目的性は、道徳の最高原理の論理的起点である行為の規範的構造に独自の貢献を果たすのである。

目的性と行為の必然的関係に関する以上の説明に対しては、相互に関連する二つの反論が予想される。一つは特に義務論的立場による、道徳的教えに従うとき、人は単に義務感や道徳的規則への順応からそう行為しているに過ぎず、何らかの目的を達成するとの思いでそうしているのではない、との反論である。この反論には、目的のために行為するのは何らかの欲望か欲求を成就するために行為することであるとの前提と、欲望や欲求は常に快楽的か嗜好的であるとの前提がおかれている。義務論者は、カントに倣い、道徳的義務は人の好みを抑えるものであり、それゆえ道徳的教えに従う行為は自らの欲望に従う行為とはなりえない、と考える[21]。この二つの義務論的前提の内、後者を受け入れ、前者を否定するのがもう一つの反論である。この反論は、すべての行為が目的的であるとの説明には同意するものの、他方では目的的行為が要求するのは単に行為者が何らかの企てや意図をもつことだけであり、欲望や欲求は必ずしも必要ではない、とも主張する。人は、副次的な手段となる場合を含め、それを成し遂げることが目的である物事に対して、肯定的な好みや快楽的嗜好を一切もっていなくとも、目的的行為に関与できる、との考えがこの反論の論拠である[22]。

しかしいずれの反論も、道徳的行為者を含む行為者は目的のために行為していないとか、行為者はそれを行うことが自らの目的である物事をいかなる意味でも欲望したり欲求したりはしない、といった事実を示すものではない。ここで想起すべきは、前述の通り、「欲する」には嗜好的ないし快楽的意味合いに加え、意図的意味合いが含まれる点である[23]。嗜好的意味では、Xを行いたいというのは、Xを行うことに喜びを感じるか、Xを行うことが好きだということであるが、意図的意味では、Xを行いたいというのは、単にXを行うことを意図しているということであり、人がXを行うことを、そうすることが好きか否かにかかわらず、何らかの目標や目的をもつものとして捉えているということである。この意図的意味においては、人が何かをしたいと思うのは、当人がそれを、他のもっと悪い選択肢を避けるために、あるいはその他の理由で、自らの義務や役割や手段と見なしているからである。このとき、たとえ当人にとってそれを行うことは喜びではなく、それを好んでする気持ちもなく、実際には嫌々ながら行う場合であっても、そうするということである。以下で見る通り、道徳の最高原理は何段階にもわたる推論過程を経て導出されるが、その起点におかれる、すべての行為者は暗黙の内にある特定の価値判断を行うという事実を根拠づけるのがこの目的性と欲望との一般的関連性である。したがってここでは、欲することが意図的行為にどう関わるかをさらに立ち入って検討しよう。

何かをしたいと思うことすべてに共通するのは、当の行為者がその行為の目的に対してある種の支持的構えをとることである。この賛成の態度には少なくとも三つの特徴がある。第一に、何らかの目的Eのために行為する行為者はその際、自らの注意を他の可能的注意対象ではなく、そのEに向けるという意味で、そこには選択的注意が見られる。この注意は当の対象に関して全面的に排他的である必要はないし、非常に強い質のものである必要もないが、それでも相対的な意味では、意識の上で他の対象からEを際立たせるに十分なEの焦点化を伴う。第二に、Eに対してこの支持的構えをもつことは、他の条件が等しければ、その行為者は他の可能対象ではなくEの達成に向けて自らを促していく傾向を示すという意味で指向的またはベクトル的である。すべての支持的構えがそのような傾向をもつわけではないが、対立的構えがないときやそれが支持的構えを圧倒しない限り、この傾向が姿をあらわす。第三に、この傾向に付随して、無関心や敵意とは対照的な、Eの達成に向けたある種の好意的な関心ないしはマインドセットが生まれる。この好意的態度は熱烈であったり、快楽的か嗜好的であったりする必要はないが、その達成が妨害された際には少なくとも一時的な苛立ちを感じるほどの、Eをもつことに対する積極的志向を含む必要がある。こうした点からわかるように、行為には、行為者がその行為を行うか否かに関してまったく頓着しないという意味で「中立的な」ものなど存在しない。行為者が自分の行為は道徳的に中立であるとか、他の何らかの規準に照らして無差別であるとか思っている場合でも、その行為を行おうとしている事実そのものが、その行為者がそれを行うことに支持的構えをもつということであり、したがってそれを行うことに積極的関心や好意的関心をもつということでもある。少なくともこの相対的な意味では、何らかの目的Eのために行為する行為者は、そのEを自らの努力の選別的対象や志向的対象として獲得することを欲している。しかも、目的にせよ意図にせよ、欲することと同じく、必ずしも快楽的なものではないから、目的性は何らかの義務感から行った道徳的行為のような行為にも該当する特徴であると言える。

すべての行為者は自分がしたいと思う物事を行う、との考えは一見、逆説的であるが、以上の通り、「したいと思う」を、快楽という観点から狭く解釈するのではなく、より広く捉えることによって、矛盾は払拭される。ところで、狭い解釈による記述が特によく目立つのは心理学的性格描写である。例えば、次のサイコパスとマゾヒストに関する記述がそうである。「彼らはしたいと思う物事を、それをしたいと思うときにしかしようとしない。彼らは快楽原則に従う子供のまま大人になったのである。正常な自我はあるものの、超自我が正常に働かないため、心理的懲罰に対する恐れをもたない」。「彼らは自己主張をしようとせず、自分が欲する物事を行おうともしないで、こうした外部の力による事実的なまたは疑わしい命令に従おうとする」[24]。この二つの性格づけは、私が前に与えた一般化を無効にするものではない。すべての行為者は、サイコパスであれマゾヒストであれ、そうしたいと思うからその行為を行うのであり、その達成を望む何らかの目的のためにそうするのである。ただ銘記しておきたいのは、「したいと思う」のより一般的な意味の方である。もちろんそれとは別に、サイコパスやマゾヒストが果たして自発的に行為しているのかという点はやはり問われよう。

ここでは前述した目的性と欲望や欲求との関連を再確認しておくことがきわめて重要である。この関連から、行為者は必然的に自らの目的を善と見なし、その目的について暗黙の価値判断を行う、という事実が導かれ、さらにこの事実からは他の評価的で義務的な判断が導出され、最終的にはこの評価的・義務的判断が、すべての行為者が論理的に受け入れねばならない原理として、道徳の最高原理を打ち立てることになる。

以上で明らかになったように、自発性と目的性を広い観点から捉えれば、行為の類的特徴はほぼこの二つの特徴に尽きる。この点を明確にするため、行動理由との関わりにおいて密接な関係をもつこの二つの特徴がこれまでどう区別されてきたか、またどう区別されうるかについて確認しておこう。自発性は、行為が進行中の出来事として支配されているときの支配のあり方に関わり、行為の手続き面に作用する。一方、目的性は、前述した独自の手続き的相面をもつ点に加え、行為の実体面、つまりこれらの出来事の特定の内容にも作用する。自発性は手法に注意を注ぎ、目的性は目的に注意を向ける。自発性は行為者が自らの行為に因果的に働きかけることで成り立っている。一方の目的性は、その行為者が成し遂げたい、あるいは為し遂げたい善という意味の、当の行為の対象か目標から成り立っている。自発性が始動と支配の問題であるのに対して、目的性は少なくとも部分的には仕上げの問題である。行為の類的特徴をなす他の候補として、規則や原則の厳守、熟慮、結果計算などが考えられるが、それらはいずれもすべての行為を特徴づけるものではなく、仮にそうだとしても、先述した二つの特徴から派生したものとしてそれらに包摂して捉えることが可能である。

すべての行為者は、行為に備わった自発性と目的性という類的特徴からして、論理的にある特定の明確な道徳原理を受け入れざるをえない立場におかれている。その経緯の説明に入る前にまず、判断一般と行為がどう関係するかを念頭において、方法のある特定相面について論じておきたい。その議論のポイントは、特定の判断が一連の論証過程を通じてすべての合理的行為者に必然的に帰せられる点である。私が弁証法的必然的方法と呼ぶ方法は、この帰属の根拠を説明する手順である。本書では、以下、弁証法的必然的方法に基づいて行為の類的特徴から道徳の最高原理へと立論していくが、そこで明らかにされるのは、すべての行為者が合理的行為者である限りこの一連の議論を論理的に承認せねばならない経緯である。

弁証法的必然的方法

1-13 行為の成分には、以上の分析で示された通り、身体的動きに加え、選択することや意図することのような心的要因がある。これらの要因は、初期挙動というところ（だけ）にその本質があるのではなく、例えば、欲する、想像する、内省する、傾聴する、熟考する、注意する、決定する、評価する、配慮するといった、すべてが行為の近因的背景の一部となる、現行的か素性的な精神状態または心的出来事であるところにその本質があり、最も広く捉えれば、思考の様式、少なくとも実践的思考の様式である。ところで、思考とそれを表現したり伝達したりする言語との密接な関係は昔からよく知られている。この関係は理論的思考にも実践的思考にも当てはまる。したがって、実践的思考が、前述の通り、行為を行う行為者に帰せられ、しかもある程度必然的に帰せられるとすれば、言語的な表現や判断もそれと同じように当の行為者に帰せられる。これは、当の行為者が声を出して語るか、声に出して独語するという意味ではなく、自らの行為や思考を通じて、何らかの言葉で表現可能な判断を行うか用いるということである。もちろん、それらはそのように表現されうると述べるのは、それらは実際にそう表現されると述べることではない。

こうした行為者の実践的思考の言語的表現は、直接的か間接的な言説を通して、その行為者に正しく帰することができる。例えば、ジョーンズが目的EのためにXを行うことを選択したとしよう。このとき彼を「私は目的EのためXを行うことを選んだ」と言っているものとして描写することができる。心理的動詞は判断においては隠然たる姿しかあらわさないとも言える。その場合には「私は目的EのためにXを行うであろう」とか「目的EのためXが私によって行われるであろう」といった表現になる。これらの表現形式の違いが大きな意味をもつ文脈もあるが、ここではそれらを実践的同等物として取り扱う。また、遂行的判断や指令的判断のような非記述的判断に加え、行為者の行為は本人によって次の通り単純にあらわすことができる。「私は目的EのためにXを行う」。この言明形式は、その行為者が何を行うかということと、当の行為者がそれを意識している事実を指摘しており、「帰属的」ではなく、端的に言って「記述的」である。このような言明を行っても、その行為者はその言明で言及された当の行為を行わない可能性もあり(例えば「ここに私はあなたと結婚します」)、その行為に対する責任を受け入れているとは限らない。むしろその行為者は、何をするか、または何がなされるかを単純に報告しているだけであるとも言える。日記の記入内容などに見られる語りは、自らの行為に関する記述的報告のよく知られた例である。

実践的思考の一部をなす心的出来事を言語に翻訳する右の説明を読んで、その説明は行為者が少なくとも二つの「行い」、すなわち心的な行いと言語的な行いを実行するかのように解釈しているが、実際にその行為者が実行するのは心的な行いだけではないのか、との疑問を抱く人がいるかもしれない。また、この説明では実際にはありえないほどの自覚をもった行為者が想定されている、との反論も予想される。行為したり選択したりする個人は、必ずしも、というより大抵はそうすることに関してそれほど明確な意識をもつわけではなく、まして言葉であわすほどの自覚はないとの批判である。しかしこれらの反対意見は、行為とそこに内包された心的出来事に対応する言葉上の同等物という意味で使われる「言語的表現」を、発言が別個に起こることであるかのように誤解している。選択したり意図したりすることとは、多くの場合、それらをあらわす行為とは別個の出来事として起こるのではなく、その意味で、言語的表現は現行のものというより素性的なものと言える。つまりそれらは、もし行為者が何を行ったかについて問われて、真実を語ったとすれば、そのとき語った事柄の中心的内容を代表しているのである。この点を別の言葉で言い換えてみよう。この選択に基づいて行為する行為者は、この選択に基づくこの行為は確かに行為者自身によって行われた、あるいは行われるべきであった、と「心の奥底で語っているのである」[25]。

以上から推察されるように、行為者の実践的思考をその同等的対応物である言語的表現に置き換えて捉えることはいくつかの点で便利なやり方である。私が「弁証法的」方法と呼ぶ論法はそうした手続きによる立論である。「弁証法的」という言葉は哲学の分野では非常に多くの異なる意味で用いられるが、中でも最も中心的で伝統的な用法では、主唱者あるいは対話者によってつくられた前提や見解、言明、主張を出発点にして、それらが論理的に意味するものを詳しく調べながら議論を前に進めていく、議論の方法を指す（その語源はソクラテス的対話とアリストテレスにまで遡る）。以下で示す本書の方法が弁証法的と呼ばれるのはこの意味においてである。出発点には二つの種類があり、それに応じて弁証法的方法は二種類に区分される。弁証法的偶然的方法は何らかの人物か集団の可変的な信念や関心や観念を反映した個別的言明・判断か一般的言明・判断を出発点とする。一方、弁証法的必然的方法の起点におかれるのは、行為の必然的構造を形づくる類的特徴から導かれたとの理由で、すべての行為者に必然的に帰せられる言明や判断である。本書で用いる方法は、理性が行為の概念分析を通じて獲得する客観性と普遍性を反映しており、弁証法的必然的方法の一種である。そのため以下では、行為者を合理的な個人と見なして議論を進める。ここで合理的とは、概念分析によって明らかにされる、行為が必然的に帯びる類的特徴を、その論理的含意を含めてよく認識し、しかもそれを言語表現できるという意味である。ただ注意すべきは、弁証法的必然的方法が行為の類的特徴、したがって行為者性それ自体の一般的見地を決めるのではないという点である。それらの類的特徴の内容は、行為者ならそれらをどのようなものと考えるかということとは完全に独立しているからである。ところが、ひとたびそれらの特徴が前述の通り確定されたとすれば、この方法は、すべての行為者がこの見地から論理的に突き詰めていくと、結局どのような判断と主張を行わねばならないか、を探りだすことを可能にするのである。

弁証法的必然的方法に関わる複雑さにも触れておこう。この方法は、弁証法的という言葉が示すように、行為者の行う言明や前提から出発し、その後は当の行為者の観点の内側で展開していく。したがって、この弁証法的方法は特に、そうした視角に限定されない実然的方法と区別されねばならない。例えば、「Xは善い」と実然的に言うことは、ある特定の人物の観点から「Xは善い」と弁証法的に言ったり、ある特定の人物が「Xは善い」と考える、と弁証法的に言ったりすることとは明確に異なる。実然的言明がXに関する言明であるのに対して、弁証法的言明はXをめぐる何らかの人物の判断や言明に関する言明である。弁証法的方法はこのように人物に対して相対的ではあるものの、弁証法的必然的方法の場合、その言明は、すべての行為者が自らの行為に必然的に伴われる事柄に基づいて必然的に下す判断を反映するため、こうした相対性の内容を必然的なものとして提示する。例えばこの方法は、ある人物がたまたま、Xは善い、と述べるか考えるということだけを論拠にして議論を進めるのではなく、すべての行為者はXが善いと必然的に述べるか考えるとの論拠に基づいて議論を進めるのである。では、この必然性の根拠はどこにあるのだろうか。それは行為の類的特徴の各相面、それゆえ、行為概念の合理的分析に見いだされる。このように弁証法的必然的方法は行為者の見地の内部で展開されるが、一方でこの見地に必然的に含まれるものが何であるかを探り当てる役目を果たす。この方法が当の行為者に帰する言明は、当人が自ら実現したいと思う目的に向けて自発的に行動する行為者であるために概念的に欠かせない物事を反映しており、その意味で必然的な言明として提示されるであろう。

以上の説明でわかるように、弁証法的必然的方法はアリストテレスが「論証的」（すなわちアポディクシス）と「弁証法的」と呼んで区別した二つの推論の諸相面を結び合わせたものである[26]。なぜなら、その必然性は行為の「本質的特性」を反映するからである。もっとも、そのような本性は人間行動には依存しない存在者か類の内在的特性にのみ帰属させることができる、と考えるアリストテレスにしてみれば、そもそも行為は本質的特性をもたないとする見方もありえよう。ところが、行為の類的特徴それ自体は、人間行動によってその存在や特性が左右される事物とは異なり、人間行動によって支配されたり変えられたりすることはない。いずれにしても重要なのは、アリストテレス的本質主義およびその帰結である必然性と、ライプニッツ的本質主義との違いを明確にしておくことである。必然的命題は「すべての可能的世界」——ここで「可能的」が反映するのは論理的可能性の無限性である——において真である、というのはアリストテレスとも右の説明とも関わりのない見方である。行為に備わった本性ゆえにすべての行為者が述べねばならない、あるいは考えねばならない事柄から論理的に導かれる弁証法的必然性は、この実在的世界の、それ自身の構造と潜勢力によって規定された諸限界を含む、さまざまな必然性を反映する。

では、弁証法的必然的方法がそのような本質的必然性を反映するものであるとすれば、どうして個々の行為者の言明や判断に基づいて議論を進めねばならないのであろうか。弁証法的要素を取り扱う手間は省いて、単純に行為の必然性を論じるやり方はそもそも通用しないのであろうか。この疑問については3-10で答えるとして、当面、弁証法的必然的方法は、行為者の見地およびその行為者が必然的に行うか受け入れる判断の内部にとどまることによって、相対主義や経験的事実に基づく価値判断の正当化の問題など、自然主義的倫理学が直面せざるをえない諸困難を回避できる、という点を確認するだけで満足しておこう。また、目的的行為に必然的に伴われる行為者の判断を論理的に分析するこの方法の分析結果は、特定の行為者の明確な意識内容とは必ずしも合致しないが、そうした分析結果に対応する現象学的相関物は間違いなく存在する。

1‐14　弁証法的必然的方法の有効性は疑いない論理的帰結を追究していくところにある。まず、すべての行為の類的特徴である目的性は行為者の側からする特定の価値評価を反映することが明らかにされる。次いで、行為の類的特徴の背景分析と関連する概念分析を通じて、価値判断として表現されるそうした価値評価からさらなる追加的判断が論理的に帰結する事実が突き止められる。ここで論理的帰結‐転移に関する注意点に触れておきたい。さて、ある命題pから別の命題qが論理的に導出されたとしよう。この事実からは、当然、誰かがpを信じたり、pと判断したりすることはその人がqを信じたり、qと判断したりすることを論理的に帰結する、との結論は導かれない。命題や言明同士の論理的関係はそうした命題や言明に関する信念や主張のあいだにも必然的に成立するわけではない。ところが一方で、論理的帰結関係が単純で直接的である場合は、そのような論理的帰結‐転移を行って、行為者が承認する他の命題から論理的に帰結したとの根拠により、当の命題の承認をその行為者に帰そうとするのは、決して間違った論理操作ではない。この場合、論理的帰結関係は容易に確かめうるものであり、したがって、当の人物が自らの目的を達成するとの考えで、自らの強制なき選択に基づき、自らのふるまいを支配できる行為者である限り、そうした帰結関係の認識を当の行為者に帰属させても何の問題もないというのがその理由である。以下では、こうした帰結関係を把握または承認する行為者を指して、合理的行為者と呼ぶ。ただしここで言う「合理的」の規準には、自らが目的のために行為することとそれに関連する諸概念に論理的に含まれる事柄を受け入れるために求められる、首尾一貫性すなわち自己矛盾の回避という最小限の演繹的規準しか含まれていない。

合理的行為者の属性として、以上の演繹的合理性に加えて、最小限の帰納的合理性を想定することもできる。前述した論理的帰結‐転移に関する注意点は計算‐転移と価値‐転移にも当てはまる。XがYの必要条件か手段であるとしよう。このとき、ある人物がYを認識し、それを欲していることから、その人物がXをそれ自身として、あるいはYの手段として認識していることが論理的に帰結するわけではない。また、その人物がYの獲得を評価ないし願望するにしても、そこから、その人物はXの獲得を評価ないし願望する、との論理的帰結は得られない。この後者の帰結関係は時に次のような文であらわされる。「目的を望む者はその手段を望む」。この格言が虚偽である可能性に関しては、計算‐転移が失敗する可能性と、当人が別の対抗的配慮により高い価値をおくためその手段を望まない、という二つの理由が考えられる。例えば、社会的評価の高い何らかの仕事口をめぐって競争関係にある二人の人物スミスとジョーンズがいるとして、一方のスミスは自分がジョーンズに関するデマを流すことがジョーンズに勝つ唯一の方法であることを知っているものとする。このとき、それゆえにスミスは嘘をつきたいと思う、とはならない。その仕事につきたい、またそれゆえにジョーンズに勝ちたいという意味でスミスが当の目的を望んでいたとしても、問題の手段を望むとは限らないからである。このとき前記の格言を救う唯一の方法は、手段――ジョーンズに関してデマを流す――を目的の完全なる記述の一部として取り込むことであろう。合理的行為者に帰属させようとしている帰納的合理性は、計算‐転移と価値‐転移をめぐる問題を十分に心得たものでなければならない。しかし、この二つの転移は、行為者の演繹的合理性に関わる論理的帰結‐転移と同じく、ごく小さい部分にとどめられるため、それらを合理的行為者に帰属させても特に問題は生じない。

弁証法的必然的方法を用いて立論するには、ある特定の手順に従って議論を進めねばならない。この一連の展開においては、行為と行為者の必然的信念に関する概念分析から順次浮かび上がってくる命題のみが、最終的に正当化された命題、あるいは検討に値する有望な命題として承認される。道徳の最高原理の合理的正当化に繋がるこの立論の全体構造は、したがって、そのような合理的に必然的な命題のみによって構成されるであろう。立論の途上で、特定の行為者や行為者集団がそうした命題に対立する偶然的な信念や原理をもちだしたとしても、この反対意見が正当化をめぐる議論の中で優勢になることはなかろう。合理的必然性に論点を絞る最大の狙いは、そのような信念や原理を批判的に評価できる客観的見地を確保することにある。弁証法的必然的方法は、正当性の承認された命題を、達成したい目的のために行為するという正当な理由で必然的に抱く信念や判断を含む、行為という概念から論理的に導かれる命題に限定することで、そうした見地を確保するのである。

以下、この非恣意的で合理的に根拠づけられた方法を行為の類的特徴に適用することによって明らかにしたいのは、すべての行為者が、その承認を拒めば自己矛盾に陥るため、それを避けようとして、道徳に関するある特定の最高原理を承認せざるをえない事情である。そしてこの道徳原理は、まさしくそれゆえに、定言的に義務的であるとともに、厳密な意味で合理的に正当化された原理としてその姿をあらわすであろう。

第2章　行為の規範的構造

本書の中心命題は次の通りである。すべての行為者は、行為に携わるという単純な事実により、論理必然的に、確定的規範的内容をもった一つの最高道徳原理を承認する立場に立たざるをえない。この原理を否定するか侵害する行為者は、誰であれ、自己矛盾に陥るから、この原理は道徳的正しさの規準として揺るぎないものであり、この原理の諸要件に従うことは定言的に義務的である。

右の命題の論拠は、前章で導入した、行為には規範的構造が備わっているとする学説である。本章では、主に次の三つを順次明らかにすることを通じて、この説の論証を試みる。第一に、すべての行為者は暗黙の内に、自らの目的が善であり、したがってその目的を実現するための自らの行為の必要条件である自由と福利は必然的に善いものである、との評価的判断を行う。第二に、自由と福利が以上の通り必要善であることから、すべての行為者は暗黙に、自分には自由と福利に対する権利があるとの申し立てを含んだ義務的判断を行う。第三に、すべての行為者は、自分が実現したいと思う目的をもった予定的行為者であるとの十分理由に基づいて、それらの諸権利を要求せねばならず、それゆえ論理必然的に、すべての予定的目的的行為者は自由と福利の権利をもつ、とする一般化を承認せねばならない。

以下、早速、それぞれの論点を裏づけるための詳しい議論に取りかかろう。議論は弁証法的必然的方法に基づいて行われるが、その一般的目的は、自発的目的追求としての行為が当の行為者に対して、その承認を拒めば自己矛盾に陥るため、特定の規範的判断の承認へのコミットメントを課す点を明らかにすることにある。これは目的的行為の可能性それ自体が当の行為に特定の規範的構造が内蔵される事実に依存するという意味である。道徳の最高原理はまさしくこの構造を必然的に構成する諸判断から論理的に導出される。

目的性と善

2-1 目的的行為は前述の通り（1-12）、行為者がその行為を通じて、意向的にではないにせよ、少なくとも意図的に欲する、何らかの特定の結果か達成物を生みだそうとしており、その意味で動能的であるとともに動態的である。この動能性からわかるのは、行為の目的が当の行為者にとって善いものと思われている点である。このとき行為者は暗黙裡に目的の善さについて価値判断を下している。そこで、行為者が目的的行為を行うという事実は、当の行為者による「私はEという目的のためにXを行う」といった記述的言明であらわされる、と考えてみよう。行為には目的があるとの理由により、当の行為者の見地からは、この言明は必然的に「Eは善いものである」を伴う。

すべての行為者は当人にとって善いと思われる目的や目標のために行為する、という学説の背景には哲学的心理学の長い歴史がある。この伝統の一部には、いわゆるアクラシア（意志の弱さ、あるいは自制心の無さ）問題を回避するために、「善いもの」と「最善のもの」を区別する考えもある。確かに、意志薄弱とは実行可能な最も善い行動方針に関する自らの判断に違反する行為を行うことであると考えれば、人が行為する目的は当人にとって善いものと思われる、という命題はこの現象によっては反駁されない。いずれにせよ注意すべきは、この説には、行為を特徴づける目的の意義を認めつつも、行為者の目的は必ずしも当の行為者にとって善いものと思われる必要はない、との反対意見が存在する点である。この意見では、その行為者が「なぜそれを獲得したり行ったりしたいのか」と問われた際、その行為者が「単にそうしたいから」とか「特に理由はない」と答えても変ではないし、「何か善い理由でそうしたいのではない」とか「自分の行為によって生まれる何か善いもののためにそうしたいわけではない」といった答えすら想定される。

右の反対意見の立場は、しかし、何らかのものが行為者の目的であるという事実から当の行為者がそれを自分にとって善いものと見なしていることを論理的に導こうとする、本書の当面の議論にとって何の障害にもならない。ただこの点を理解するにはいくつかの重要な区別を銘記する必要がある。特に重要なのは、非反省的価値づけと反省的評価の区別、道徳的善と非道徳的善の違い、何らかのものをそれ自体として欲することと別の何かの手段として欲することの違いである。行為者は行為に際して、意図的に、あるいは意向的に達成したいと思う何らかの好ましい結果か目標を大なり小なり明確に思い描く。その行為者は当の目標を追求する価値があるものと見なす。事実そうでなければ、その行為者は休止状態すなわち無行為から行為に向けて動きだすことを強制もないままあえて選択することはなかったであろう。ここで価値という概念を用いたが、これは行為者の側の価値づけをあらわす。行為者は、自らの行為の対象が少なくともそれを獲得しようとする当の行為に値するだけの十分な価値をもつ、と見なしている。これは当の行為にどのような規準が絡むかに関係なく言える点である。そうした価値規準は道徳的なものである必要はなく、快楽的である必要もない。それらは行為が行われる際の雑多な目標、例えば短期的な満足を得るという目標や狭い自益的な目標から、もっと広い視野に立った長期的な社会的目標に至るまで、さまざまな目標に幅広く当てはまる。ところで、この広い意味における「価値」は、同じく広い意味で捉えられた、すなわち道徳的規準によるものから非道徳的規準によるものまで幅広く取り込んだ「善いもの」と同義である。こうして行為者は自分が行為する目的を少なくとも手段として価値づけており、その行為者は、当の目的の獲得へと向かわせた規準が何であれ、それぞれの規準に従って、それらの目的を少なくとも手段としては善いものと見なしている、と言って差し支えない。

行為者は目的達成の行為を行う前や後、さらにはその最中にも、さまざまな規準に基づいてその目的を反省的に評価ないし評定する場合があるが、その評価結果は当の行為を行いたいというその行為者の思いそのものである価値づけとは食い違う可能性もある。行為者性が単なる特殊的出来事の連なりではなく、広い視野と長期の観点を備えた計画や目標としてある以上、確かにこうした自らの目的に関する反省は行為者性の中心的相面をなすものである。ただ、行為者が追加的規準に照らして自らの行為を反省的に評価するとは限らないとの理由で、当の行為を行いたいとの思い自体には、少なくとも自分にとっての直接的な善という意味ではいかなる判断も含まれていない、と考えるのは善の判断を余りに限定して捉える超理知主義的な見方であろう。むしろ、何かを善いと判断する際の唯一とは言わないまでも主要な根拠は、まさしくその何かと当人の支持的構えや利益や欲求との繋がりであり、この繋がりゆえにその人は当の対象を追求する価値があると見なすのである。しかも、人に行為の目的を与えるのは、少なくとも意図的な欲望という意味の何らかの欲求であることは疑いないから、行為者は、自分が行為する理由であるだけでなく、当の目的をもつ限りは暗に受け入れているはずの特定の規準に照らして自分にとって善いと思われる何らかの目的のために行為している、と間違いなく言える。

この目的は、当の行為がそこに至るための手段と見なされる何か遠くにある目標である必要はない。行為者は当の行為そのものを欲し、その行為自体を価値づける場合もある。また、自分にとって無差別な選択肢の中から選択せねばならない状況で任意に選んだ行為についても、まさに行為者が自らその行為を選んだことで、それを価値づけている。しかも行為者は、種々の規準から見て自分にとって悪いと思われる目的のために行為する場合がある。例えば行為者は、その行為が他人の利益を不当に妨げると考え、自らの行為が道徳的に悪いことであると見なすかもしれない。法律的根拠、さらには自益的根拠に基づいて、その行為を悪いものと考えるかもしれない。例えば、自分が行為する理由は、目下の短期的欲求には適うものの、長期的利益には反すると信じているときや、実行可能な選択肢が非常に限られているため、その行為は自分にとってほとんど価値がないと見なしている場合である。心理学の文献には以前は善いと思っていた目標を断念する人物の事例研究が多く見られる。「彼らはその時点までただそのためだけに生きてきたはずなのに、そうした目的や目標が自分にとって無価値であることに気づくのである」[1]。しかし、いずれのケースにあっても、その行為者の過去や未来の目的ないし規準と現在のそれとの関係はどうあれ、その行為者はやはり自分が欲する何かのために、自らの現在進行中の行為を支配しているか、指揮している。任意に選んだ行為であっても、その行為者は、どのような行為もしたくないのではなく、何らかの行為をしたいと思っている。このしたいという思いは、前述した強制的選択には当てはまらないが、その限りで、その行為者の立場からする価値づけを構成し、したがって、その行為者は、自らの行為と道徳的規準や法律的規準、自益的規準との適合性をさらにどう考えるかにかかわらず、自らの行為の目的が善であると見なしている。このような場合、自らの直接的目的が善いものだとする行為者の判断に続いて、他の何らかの規準による自らの行為を悪いものだとする追加的判断がなされる可能性もある。しかしこれは単に、意向的意味ではそれを「したい」と思わないが、意図的意味ではそれを「したい」ということであり、特に異様なケースではない。

注意すべきは、以上の論点が目的や価値づけたり欲したりすることと何との関係を論じようとしているかである。本書が実然的方法ではなく弁証法的方法をとる以上、当然そうなるが、ここで論じたいのは、それらと善いものであることとの関係ではなく、行為者にとって善いものと思われることとの関係である。したがって、本書の論点は、Eが誰かの目的、またはその誰かが欲するか価値づける何らかのものであるにしても、Eが善いものであるか否かは、当然、問われる、という通常の「未決問題」の批難にさらされることはない。この検定がここで適用されるとすれば、Eはそれを自らの目的とする人物にとって善いものと思われているかどうかが問われねばならない。「未決問題」の検定に伴う他のさまざまな困難を別にすれば、「善いものと思われる」という観点に基づくこの修正版の「未決問題」は前記の区別に基づいて対処できる。

ところで、行為者は自らの目的を善いと見なしている、あるいは、行為者は自らの目的Eに関して「Eは善いものである」と暗黙裡に語っている、との主張は、「善い」の帰属的用法と述語的用法の区別にも抵触しない[2]。行為者がEは善いと言っているからといって、必ずしもその行為者は、この「善い」が、例えば「それで、一体、何が善いの」と問う際のように「善い」の帰せられる何らかの名詞的実体を想定する場合とは違い、「赤い」などと同様、独立で形容詞の機能を果たす、と考えているわけではない。前述した通り、行為者は当の行為に関わる何らかの規準に基づいて自らの目的を善いと見なすのであり、その規準はさまざまである。その行為者が行為する目的も理由の領域を広く覆うことになるが、いずれの場合も、行為者が自らの目的について、それらは善いものである、と言ったり思ったりする際に、少なくとも暗黙裡に「善い」が結びつけられる名詞的実体を提供するのはそうした目的である。これらのさまざまな実体や規準の中にあって、「善い」は、それが帰属すべき対象ないし目的に対する好意的・支持的評価をあらわす共通の発語内の力をもっている。それらの対象が善いと思うことは、それらの対象を価値づけるか高評価するということであり、それらの対象が善いと述べることは、そうした好意的態度に表現を与えることである。以上の議論からわかるように、すべての行為者は、自らの行為する目的は善いものであるとの暗黙の判断を下している。

2-2 行為者が自らの特殊的目的に肯定的評価を与えるとすれば、そうした評価は、そこにとどまらず、もっと強い理由で自らの行為全般を特徴づける類的特徴にまで及ぶであろう。したがって、それらの類的特徴は、当の行為者の見方では、私が類的善と呼ぶものを構成することになる。行為は自分が善いと思う何らかのものを達成する手段であるから、当のものがその行為自体の実行に過ぎない場合であっても、その行為者は、それなくしては目的や善いもののために行為すること自体が不可能になるとの理由で、その行為の本質的特徴の一つである自発性ないし自由を必要善と見なす。このように価値づけられる自由は、自らの特定のふるまいのそれぞれを強制なき選択によって自ら支配することと、そうした支配力を実行できる当人の長期的能力の双方で成り立っている。つまりそこに含まれるのは、現行的であるとともに素性的な当の行為に対する他の人や物による干渉の不在である。ただし、そうした干渉が当人にとってもっと善いやり方で当人の自由を確保したり、他の重要な目的を当人が達成したりすることに役立つのであれば、その干渉は例外として扱われる。ここでは、必要性には度合いの違いがあるとの見方もできよう。例えば、投獄や奴隷化のケースのように、素性的自由や長期的自由が失われると、すべてとは言わないまでも、大抵の目的的行為は不可能になる。これに対して、何らかの現行的自由や特殊的自由が失われた場合は、一部の特殊的行為はできなくなるにせよ、すべての行為が不可能になることはない。いずれにしても、ある特定の状況で自由が失われると、その状況で行為する可能性が奪われるのは間違いない。

自発性であれ自由であれ、目的性とは違い、目的や目標と概念的には結びついていないが、その行為者の自らのふるまいに対する支配は目的達成の手段として役立つだけでなく、そうした機能が当の行為者によって常にではないものの自覚されている。その行為者は、自らのふるまいを単に支配するだけでなく、目的達成のためにそうしたいと思っており、それゆえ、この支配を脅かすものは自分が善いと思う物事を獲得することへの脅威であると捉える。この手段的価値に加え、行為者は自らの自由を、それが目的的行為の主成分であり、しかも行為の可能性そのものを規定する主因でもあるとの端的な理由により、本質的に善いものであると見なす。この点は、行為者が暴力や強制や身体的拘束の下におかれた場合、特別の目標が他にあるわけでもないのに、嫌悪や苛立ち、不満、怒り、敵意、憤慨といったよく似た否定的感情を抱くとともに、否定的に反応する事実からも明らかであろう。前述の通り（1-11）、強制的選択においてもある程度の自発性は示されるが、行為者が必要善と見なす自らのふるまいに対する支配には、強制的選択で見られる、他の人物によって課せられた脅迫と不快を伴う選択肢という非自発的成分との密接不可分の関係は一切含まれていない。自分が善いと思うものの追求を可能にするのは、当の行為の非強制的側面だからである。

行為者は自らの自由を善いものと見なし、さらにそれを必要善として捉えるとの論点は、諸個人が選択の能力や必要を忌避し、自らの運命を独裁者や全体主義的体制に委ねようとする「自由からの逃走」のような現象とも矛盾しない。そのような諸個人も、自らのふるまいを自分自身の強制によらない現行的選択や素性的選択によって支配している限り、行為者であり、彼らは、目的が何であれ、その支配を少なくとも目的の達成にとって善いものであると見ている。そうした支配を意図的に放棄した場合も、やはりその時点ではまだ当人は行為者であり、自らのふるまいに対する現行的支配を再開するか否かが当人の素性的支配の下におかれている限り、その人物は少なくとも予定的行為者であると言える。ところが、当人にはもう自らのふるまいの重要局面を素性的に支配する力もないという意味で、支配力の放棄が永続的なものであるとすれば、当の人物はその局面に関する限り行為者ではなくなるため、この点については前の論点をその人物に当てはめることはもはやできない。このようなケースは、しかし、病理的なものと考えるのが適切である。歴史が教える通り、こうした事態が起こるのは主に、基本的福利――人間の行為者機能に欠かせない最小限の必要物を獲得する能力――が著しく脅かされ、自らの自由を差し出すことによってしかほんの僅かな安心すら得られない、と人々に思わせるような状況においてだからである。そうした脅威の発生源は、逆境的な社会的条件か、不安定や従属によって特徴づけられる個々人の境涯であろう[3]。したがって、そこでもやはり、うまくいく目的行為——この場合で言えば、行為者性の継続に欠かせない諸目的を最低限達成し保持していける行為——に関して、その可能性がなお存在する限り、行為者が自らの自由を必要善として価値づけるというのは真である。この価値づけはそれに対応する判断で表現される。

2-3

行為者は行為の自発性のみならず、行為の類的な目的性も必要善として価値づける。行為者は行為の特定の目的のそれぞれを善いものと見なし、それゆえ自らの目的達成の水準が上がることについても、行為の目的を自ら成し遂げるという意味で、それをその都度、善いものと見なす。ただ、もっと広い観点からその行為の全領域を視野に入れると、類的目的性には、合理的行為者の立場から見て、三種類の善が含まれると言える。第一に、その行為者は、自らの福利の基本的諸相面を、あらゆる行為の実行に欠かせない至近的前提条件であると捉え、それらを善いものと見なす。第二に、その行為者は、自分にとって善いと思われる物事を失うことによって自らの目的達成の水準が引き下げられることがない状態を善いものと見なす。第三に、その行為者は、自分にとって善いと思われる物事、すなわち行為の目的や対象を獲得することで自らの目的達成の水準が引き上げられることを善いものと見なす。以下では、この三種類の善をそれぞれ基本的善、非減算的善、加算的善と呼ぼう。これらの善はいずれも合理的行為者の想定するあらゆる目的的行為に必然的に含まれ、最初の善は前提条件として、また他の二つの善は行為の目的の成分として機能する。したがって、この三種類の善は、行為の目的が善いものであるとする自らの見方を表現する価値判断にも含まれる。次に、行為者が自らの福利をどう捉えるかを検討し、この三種類の善が総称的-素性的なものとして解釈されねばならない事情を明らかにしよう。

行為の一般的な前提条件である基本的善には、（衣食住といった生活手段を含む）尊厳ある暮らしと身体状態から（目標達成の全般的可能性の要件をなす）心の平静と自信のような精神状態に至る、特定の身体的・心理的属性が含まれる。繰り返し指摘してきたように、人間にとって善い物事や善い暮らしをはかる規準は人間や人間集団の違いに応じて実にさまざまである（1-1、4）。しかし、こうした多様性は基本的善の内容に関する本書の考えには何ら影響しない。行為者は必然的にそれらの内容を善いものと見なす、との主張は目的的行為という背景の下でなされるものだからである。つまりそれがあらわすのは類的・集合的観点から捉えられた行為者の目的的行為が存在する上で欠かせない前提条件である。このように個々の行為者の目的や評価は、当然、事情に応じて変わるが、そうした違いにかかわらず、行為者が自らの目的を善いものと見なし、しかもその行為者が合理的な行為者である限り、当の行為者はそれらの前提条件を少なくとも手段として善いものと見なすはずである。もちろん、極端な事例として、自らのあらゆる目的的行為を終わらせることを自らの目的とする行為者も想定される。そのようなケースでは、それが実行された時点で、その人物は行為者ではなくなるから、もはやこの話を当人に当てはめることはできない。

行為者が目的とそのための行為を善いものとして評価するとの論点から、その行為者は当の行為に欠かせない前提条件を同じく善いものとして価値づけるとの論点に至る議論は、前述した弁証法的必然的方法に基づく推論である。この議論は当の行為者の見地で、すなわち当の観点からそこにとどまったまま展開され、他の見地からなされる評価には影響されない。ところが、行為者性は実践の全領域に関わる必然的かつ普遍的な事情であるため、この行為者の見地は他のさまざまな見地に優先する立場を占めるのである。

基本的善に加え、先に非減算的善と呼んだ物事についても、行為者は必然的に善いものとして価値づける。非減算的善とは事実上、行為者が既に保有して善いと見なすさまざまな物事を自ら保持したまま失わないことを意味する。反対に、非減算的善を失うと、当の人物は保有する善の減少を経験し、目的達成の水準低下に直面するであろう。ところで、すべての行為者は、できる限り、自らの目的達成の水準が低下しない、あるいは引き下げられない状態をもたらそうとする。これはその行為者にとって善いと思われる物事を失わないよう努めることである。そうした物事には、当然、目的性の第一次元に関わる基本的福利も含まれ、その意味では基本的善と非減算的善は一つの連続体をなすと言える。ただ非減算的善には、基本的善だけでなく、行為者が行為するにあたって保有し、しかも善いと見なす他のあらゆる物事が含まれる。

誰かが保有する善に適用される「非減算的（nonsubtractive）」と「加算的（additive）」という言葉には、二次的で、関係的で、総計的な意味合いがある。それらが指し示すのは、他の善に対して特定の量的関係にある善や、異なる状態の対比から得られる関係、誰かの善保有の段階である。ある人物Aが時点t_0にX単位の善を保有し、この時点t_1に同じくX単位の善を保有しているとすると、その間、Aは保有する善を些かも減らしていない。この二つの状態の関係は非減算的である。ところが、善を失わないのは幾ばくかの善を失うよりも善いことであるから、Aは非減算的善をもっている。この場合、「非減算的」という言葉は、二つの状態の関係をあらわすとともに、Aが後の状態（時点t_1）で依然として保有していたX単位の善をあらわす。一方、Aが時点t_1にX＋一単位の善を保有しているとすると、Aはその間に善を一単位増やしており、二つの状態の関係は加算的である。この場合、Aは加算的善をもつことになるが、「加算的」という言葉は二つの状態の関係をあらわすと同時に、善の追加された単位をあらわす。

功利主義、ならびに行為と価値について同様の見方をする心理学や経済学の原子主義的アプローチの歴史が示すように、善の「単位」をめぐる議論はかなり不自然な考え方である。にもかかわらず、ここでその考えを用いたのは、「目的達成の水準」やその上昇と下落が何を意味するかをよりわかりやすく示すためである。すべての行為者は善いと思われる目的のために行為するのであるから、目的を達成することはその目的を達成する前の自分の状態に比べて自らの目的達成の水準を引き上げることである。この水準上昇は、当の行為者の見地からすると、当人は自らの目的を善いものと見なすという単純な理由により善いものである。確かにこの場合、支出される努力やその他の要因など、当人が自ら保有する善から除かれるべき負担と見なすものが存在するであろう。しかしそこでも、当人が自らの目的の達成はそうした損失を補って余りあると考えているのは間違いない。さもなければ、当の行為者がその達成のために行為するはずはない。

非減算的善と加算的善の特定の内容は、各人の善保有の現状ならびに善に対する見方に応じて変わる。一本のワインも貧しい人にとっては加算的善であるが、沢山のワインが貯蔵された地下室をもつ金持ちにとってはそうではない。この後者にしてみれば、貯蔵室にあるさまざまな種類のワインが非減算的善である。しかし、ワインを嗜まない人にとっては、いずれのワインも善ではない。一ドル札を拾った貧者は、同じ一ドル札を拾った富者に比べ、より大きな加算的善を手にすることになる。こうしたわかりやすい違いはあるものの、以下で見る通り、非減算的善には明確な標準的種類があり、その一般的内容を特定することは可能である。それゆえ、加算的善についても間接的ながらその内容を示すことができる。それらの内容を探る手がかりは、目的的行為がうまくいく条件の中に潜んでいる。それらの善は行為が類としてもつ目的性という特徴に含まれ、行為の類的特徴の一部をなす。こうした条件は行為の必然的前提条件である基本的善に依存するが、それと同じものではない。

行為の類的目的性に含まれる第三種の善は「加算的」な善である。行為者は目的のために行為する中で、当の目的を達成し、自分にとって善いと思われるものを獲得しようとする。そうした利得は自らの目的達成の水準が上がることでもあるが、この上昇は、その行為者が当の行為に絡むさまざまな努力をそのために支出した行為の動能的内容を直接反映し、したがって、その行為者は必然的にそれを善いものと見なす。

ここで、「加算的善」の二つの意味を区別しておこう。一方で加算的善は、種類を問わず、何らかの目的の何らかの肯定的な対象、すなわち行為者が行為を通じて獲得しようとする何らかのものを意味する。他方でそれは、基本的善と非減算的善には含まれない、ある目的のある肯定的な対象のみを意味する。前者の包括的な意味では、例えば、誰かが自らの生命を守るため、あるいは身体攻撃を防ぐために行為する場合、それらの目的はその行為者にとって「加算的善」となるが、後者の限定的用法では、それらの目的は、その行為者の全行為に欠かせない前提条件を維持すること、あるいは、その行為者が既に保有する善を保持することに関与しているから、基本的善か非減算的善をなすだけで、加算的善とはならないであろう。この後者の用法は、他と対比的に目的の特定の内容を示したり、その特定内容を目的的行為の諸条件ともっと直接的に繋がる内容と比較したりするものであり、その意味で相対的で実体的である。一方、包括的用法は、同様の観点から、より一般的で非相対的であると言える。以下では、混乱を避けるため、「加算的善」を後者の限定的意味で用いる。要するに加算的善は基本的善でも非減算的善でもない善である。

ところで、非減算的善と加算的善に関連して「損失」や「利得」に触れたが、この論点は、次の通り、きわめて一般的なものである。第一に、行為者は、目的の内容にかかわらず、当の目的の達成を善いものと見なす。その場合、善さの規準はその時々で変わり、例えば、感覚的、経済的、技術的、審美的、法律的、道徳的などさまざまな規準が考えられる。また、同じ行為者が時期により異なる規準で目的を評価するため、評価結果が互いに矛盾する事態も起こりうる。しかし、いずれの場合も、その直接の目的は当人が価値づける何らかのものを獲得することであり、そのことは、自らが肯定的に価値づける何らかのものを失わない、あるいは自らが否定的に価値づける何らかのものを避ける――この回避が奏功しない場合、当の行為者はその失敗を損失と見なすであろう――ことを含んでいるか、前提としている。

第二に、もっと重要な点であるが、「損失」や「利得」をめぐる論点は、さまざまな行為者が多様な規準をもつという意味でも一般的である。行為者は決して計算高い利己主義者ばかりではない。この論点は、（他人の利益を自ら達成することが自らの利得となる）利他主義者にも、（完全に非快楽主義的な生き方に自ら失敗すれば損失となる）禁欲主義者にも、（利得や損失が狭い感覚的快楽規準で測定・評価される）肉体的快楽主義者にも、（苦痛や苦しみが利得である）マゾヒストにも、同じように当てはまる。特定の病理的ケースでは、マゾヒストのふるまいが自発的ではなく、非自発的である可能性もあるが、その場合、当の人物はここで取りあげている厳密な目的的行為者に完全には合致しない。例えば、その人物の選択が無意識の内的強制から生じる一方で、その強制の発生源にはまったく無自覚であるため、当人はその選択対象を強く求める、といった症例である[4]。このマゾヒストの場合、そのふるまいがそうした強制から生じていないときに限り、行為者の範疇に入る。いずれにしても、この人物も非減算的善と加算的善、つまり損失と利得には関係している。

これまでの議論を要約しよう。すべての目的的行為は価値評価的であり、行為者は自らの特定目的を善いものと見なすだけでなく、自らのすべての行為を類的に特徴づける自発性と目的性を善いものと見なす。次に、この類的目的性に対する価値づけが、基本的善、非減算的善、そして加算的善へと拡張される。行為には必ず選択と目的があるから、次のような論理的構造が成り立つ。行為者の見地からは、「私は目的Eのために X を行う」は、「Eは善いものである」のみならず、「私の自由と三つの次元をもつ私の目的性は必要善である」を論理的に帰結する。このように行為者の見地からすると、「ある－べし」ギャップとは言えないまでも、「事実－価値」ギャップは、既に行為において埋められている。すべての行為者は、目的的行為に携わるという事実により、必要善に関するこうした価値判断を承認する立場に論理的に立たざるをえない。さらにそのことが、今度は、当の行為者に権利をめぐる特定の判断を承認するよう求めるのである。その事情は以下で詳しく述べるが、その議論に入る前にまず、先に導入した基本的善、非減算的善、加算的善が行為者性の一般的条件ともっと直接的に繋がっていることを確認しておく必要がある。

2-4 三種類の善との関連で、目的的行為の存在様式を動能的様式と達成的様式に区別しておこう。行為者はどのような状況でも、自らの目的を達成する事態や、自分にとって善いと思われる何らかの物事を獲得する、あるいは少なくとも失わない事態を、自ら努めて引き起こそうとする。しかし、行為者は常に自らの目的を思い通りに成し遂げるとは限らない。その意味では、達成的様式ではなく動能的様式こそがすべての目的的行為を必然的に特徴づけ、行為の類的特徴である目的性を構成するものであると言える。ところが一方で、動能的様式は達成的様式に至る手段であり、行為者自身もそのように見なす。しようと努める真意は成功することにあるから、行為概念はさらなる規範的含意を帯びるであろう。思い通りにうまくいく行為すなわち成功的行為がそれである。この面から見ると、行為者にとって行為の類的特徴としての目的性を必然的に構成するのは達成的様式である。

しかし、行為の類的特徴としての目的性をどう捉えるかについては、自発性や自由に対する見方とも関連する、ある媒介的視点が考えられる。それを明らかにするために、これまでは簡単にしか触れなかったもう一つの区分を明確にしておきたい。先述した三種類の善はすべて、特称的－現行的なものと捉えるか、それとも総称的－素性的なものと捉えるかという区別が考えられる。前者の見方によると、それらは、特定の基本的善の維持、既有の特定の善の確保、特定の善の追加的獲得などの活動に見られる、誰かが現実に行為を通じて達成したいと思っている特定の目的のことである。後者の見方では、この三種類の善はそうした特定の目的を達成するために必要とされる一般的な条件ならびに能力のことである。この総称的－素性的観点で強調されるのは、行為者が現在そのために行為している特定の善ではなく、その行為者が何らかの目的のために行為することを可能にし、それゆえ当の行為者が総称的に善いものと見なす一般的必要条件である。ここではそれらの能力を「素性的

（dispositional）」と呼んでいるが、それらが行為者にとっての善として機能するためにはそれらの力は働かされねばならないという事実を否定するつもりはない。こうして基本的善が行為に欠かせない前提条件で成り立っているのと同じように、総称的－素性的な意味の非減算的善は、自らの善の水準を維持し自らの行為能力をそのまま保持するために必要な能力と条件で成り立っており、同じく加算的善は自らの善の水準を引き上げ、自らの行為能力を向上させるために必要な能力と条件から成り立っている。そうした条件と能力は行為と直接関係するものであり、それぞれ基本的行為能力、非減算的行為能力、加算的行為能力と呼ぶこともできよう。

総称的－素性的観点から捉えられた善は、二次的な善であり、高度の一般性をもつ。基本的行為能力、非減算的行為能力、加算的行為能力は、より特殊的で特称的な善を確保したり獲得したりするための一般的善である。それらはまた、特定行為を行う自己の潜在能力を保ち高める能力であるという意味で、二次的能力でもある。

善に対する総称的－素性的観点は、この一般性ゆえに、特殊物には見られない不変性をもつ。さまざまな行為者がそのために行為する特定の目的は実に多種多様である。にもかかわらず、目的を達成するとともに自らが具有する力を維持向上させるために必要な行為能力は、すべての人間にとって同様のものである。例えば、目的の極端な相違を示す事例として、この世で命を落とすことがあっても神に献身したいと願う信仰者や、哲学的探究に専念できるなら失明しても構わないと考える知識人のようなわかりやすい例を想起してみよう。これらの目的を達成するために必要な行為能力は、世俗的成功や武勲に専念する人物の目的達成に必要とされるものとはまったく、あるいはほとんど共通点はないと思われるかもしれない。しかし、この信者にせよ識者にせよ、達成したいと思う目的のために行為する行為者である以上、行為者性に必要な一般的条件を満たさねばならない。この行為者たちは、自らの強制なき選択によって自らのふるまいを支配する必要があり、自分が欲するものを達成するために今後行うであろう物事について最低限の計画を立案するだけの能力をもたねばならず、そうした支配力を実行し、そうしたプランを立てるために必要な一般的な能力と条件を保持していなければならないのである。したがって、このような能力に対する要請とその肯定的な価値づけは、特定目的と価値の多様性の中にあっても、すべての行為者に共通する。これは前に、「損失」と「利得」という考えを、利己主義者や利他主義者、禁欲主義者、肉体的快楽主義者を含むあらゆる行為者の目的的行為にどう適用するかを説明した際にも触れた点である。この論点が適切だとすれば、相対性に基づく反論は成り立たない。言い換えると、行為の一般的能力としての総称的－素性的な意味の善は、すべての目的的行為者にとって、必然的かつ客観的な意味において善いものである。この点を理解することが、行為の類的特徴がいかにして道徳の最高原理に合理的正当性を付与するかを見極めるための重要な一歩である。

2-5 すべての行為者はそうした行為能力を単に善と見なすだけでなく、それらがあらゆる目的的行為に必要とされることから、必要善と見なす。この行為者による肯定的価値づけはそれ自体、行為の類的特徴の中心部分をなす。この価値づけは主に現行的というより素性的である。行為者は目的促進的な能力と条件について、明示的な肯定的価値づけを行うとは限らず、通常はそうしない。しかし、そうした行為能力の保有が脅かされる事態が起これば、行為者がそうするであろうことは、少なくともその行為者の自己防衛的行為によって示されるはずである。このような状況でなおその行為者がそうした価値づけを表明しないとすれば、それは当の行為者が目的達成に要する自らの一般的能力をまったく重視していないということであり、当人はもはや合理的行為者と見込まれる人物ではない。

総称的－素性的善には行為者の価値におけるさらに重要な役割がある。行為者は自らの行為能力を行為者である自分自身の福利を構成するものと見なすからである。行為者にとって、行為者として機能するというのは、目的達成に向けて行使する自らの一次的能力を保持し拡張するための二次的能力を含む、そうした行為能力を保持し行使することである。行為者が、前述した総称的意味における目的達成的活動に自ら携わるにはある特定の一般的能力・条件が不可欠であると思いながら、他方で、そうした能力・条件は自らの福利のいかなる構成要素でもないとの考えを抱くとすれば、その行為者は自己矛盾をきたすであろう。これは、その人物を行為者ならびに成功的行為者たらしめるものが、同時にその人物を一人の人間ならびに行為者として正常に機能させるものの一部ではない、と見なすことだからである。ある人物が自分自身に関して、行為者としての自分の正体と、それ以外の何らかの能力に即して見た自分の正体を明確に区別できるのであれば、そのときに限りこのような見方は了解可能であろう。ところで、人は単なる行為者ではないし、常に行為者であるわけでもない。確かにその通りである。例えば、人は他の人の行為者性を受けとめる者でもあり、眠っているときは行為にも他者との交流にもまったく携わっていない可能性すらある。しかし、実践的「べし」がこれらの人に適用され、その人たちが自らの目的の達成に関与している限り、彼らは少なくとも行為者と見込まれる人たちである。そして、この決定的な役割に即して見れば、それらの人物の福利の中心をなすのは、それらの人々が広く行動目的を達成するとの明確な希望をもって行為することを可能にする種々の能力以外にない。

行為者はしばしば自らの福利をある特定の善の保有と同一視するが、その場合、こうした福利は当の人物を単なる行為者としてではなく、より限定された潜在能力をもつ行為者として特徴づけるであろう。一般的能力と特殊的善は、前者が後者のために実行されることや、特定の目的を達成することがないか滅多にない行為者の場合、恐らくそれらを達成するための一般的能力も欠けているといった事情もあって、いくつかの点できっちりした区分けができないのも確かである。包括的な意味の福利はこうした理由で、一般的能力をもつこととそれらを首尾よく実行することで成り立つ、一つの連続体として理解されねばならない。とはいえ、行為者性は特定の善を追求する条件であるから、行為者の福利は、単にとは言えないにしろ主に、何であれ行為者の目的を獲得するために必要な一般的な能力と条件と見なすのがよかろう。行為者の必要善とされるのはこのような能力であり、それらは行為者の目的追求に影響を及ぼす行為者自身のさまざまな状態か素性である。この目的追求の条件には当の行為者とは区別される外部環境も含まれるが、そうした外部環境は当人の福利に役立つものであり、したがって当人の福利の一部をなす。

目的と善を特称的－現行的なものと総称的－素性的なものに区分する見方は、行為者は自らの福利に反する目的のために行為することもあり、行為者の福利と目的の達成に必要な行為能力を同一視してはならない、との反対意見も無効化する。確かに、喫煙して、自らを肺がんや心臓病の危険にさらす人もいれば、子供っぽい習慣に固執して、自らの精神的成長を妨げたり、自分の未熟さを運命づけたりする人もいる。こうした行為や目的は当人の好みをあらわしはするが、だからといってそれらが当人にとって善いわけではない。それらは当人の関心事ではあるものの、それゆえに当人の利益や福利の一部をなすとは限らない。しかし、基本的に行為者の福利と同じものだとされた行為能力は総称的で素性的なものであるから、それらはさまざまな方向に向けられることが可能であり、その行為者は経験から学んでそれらの能力の有害な適用を避けることもできる。いずれにしても、行為者にとって自らの福利を構成するのは、自らのあらゆる目的追求の必要条件という意味で特称的な目的・成果ではなく総称的な能力・条件である。以上を要約しよう。いかなる行為者も合理的行為者である限り、さまざまな目的に割り振る特定の内容がどうあれ、これらの総称的な能力・条件は自らのあらゆる目的的行為と戦略的に関係するとの論拠に基づき、それらの能力・条件を自らの福利と見なさなければならない。これが弁証法的必然的方法によって導かれた論点であることに注意すべきである。前に行為者の見地に従い、「私はEという目的のためにXを行う」という行為者の言明は、「Eは善いものである」を論理的に帰結し、さらにこの後者は「私の自由と三つの次元をもつ私の目的性は必要善である」を論理的に帰結する、と述べたが、今や次のように言えよう。この最後の言明は「私の自由と福利は必要善である」と論理的に同等である。

2-6 ここで福利と目的性との関係を、それらと行為の類的特徴との関係も含め、まとめて整理しておきたい。行為の類的特徴は、目的を達成するか否かにかかわらず、あらゆる行為に見いだされる特徴であり、行為者が自ら善いと見なす何らかのものを獲得せんとする動能的様式における現行的な自発性ないし自由と目的性からなる。また、そうした目的的企てには特定の能力と条件が最低限必要であるため、この類的特徴には、基本的善すなわちすべての行為の必然的前提条件をもつことは福利の一部をなすという意味で、福利が含まれる。しかし、すべての行為を包み込むこの包括的解釈では、行為の類的特徴に、達成的様式における目的性や、既有の善を保持したり追加的な善を獲得したりするために必要な能力・条件をもつという意味の福利は含まれない。事実、行為者は時にこうした能力を欠き、そのため対応する善の保持や獲得に失敗することがある。同じく、行為の類的特徴としての目的性に含まれるのは福利の全成分ではなく、基本的善という成分のみである。反対に、行為の類的特徴には、行為者の自らの自由と総称的-素性的な福利に対する一体的な肯定的価値づけが含まれるが、この肯定的評価は強制的選択に見られる非自発性の要素にまでは及ばない。さらに、成功的行為の類的特徴においては、達成的様式の目的性と三次元すべての福利もその成分に含まれ、目的性と福利は一致するであろう。思い通りにいく行為では、行為者は自らの目的を達成する以上、目的追求に必ず求められる最小限の能力だけでなく、損失を避け利得を得るために求められる追加的な能力・条件をもっているに違いないからである。

三次元すべての福利をもたないまま何らかの成功的行為を実現する行為者もいるし、逆にそうした福利をもちながら何らかの特定行為に失敗する者もいよう。しかし、行為が手続き通り、かつ思惑通り成し遂げられるとすれば、三次元の福利はそうした成功的行為の類的特徴である。合理的行為者の視野は現行的であるとともに素性的である。行為者は自らを現実的行為者としてだけでなく、行為に携わっていないときも欲求と目的をもつ予定的行為者として捉える。まさしく「人間の欲求の対象は、一回限りの刹那的な喜びを味わうことではなく、未来に続く欲求の道を確保することであ」り、「一羽のツバメや一朝夕が春をもたらさないのと同じように、一日や短い時の流れが人に幸福や至福をもたらしたりはしないから」、福利は行為が「究極の生涯において」うまくいくことを求めているのである[5]。

あらゆる行為者は、それが自らの目的達成に関わりをもつとの理由で、自らの全福利を必要善と見なすが、福利の諸成分は、それぞれの目的的行為に対する不可欠性の違いに規定された階層組織を形づくっている。行為者にとっての基本的善である基本的行為能力は、それなしには行為できないか、きわめて制限的にしか行為できないという意味で、最も不可欠性の高いものである。階層性はこれらの基本的善のあいだにも見られる。最上位には生命が位置づけられ、行為と目的追求への必要度が相対的に高い身体的善や精神的善がそれに続く。他の二種類の行為能力では、保有する善を増やそうとすれば、普通、既有の善を保持できなければならないから、非減算的能力が加算的能力よりも上位に位置づけられる。こうして明らかなように、福利の階層組織は心理学で言われる「欲求の階層」にほぼ相当する[6]。以下、この必要度の違いが議論の展開上重要な意味をもつ局面もあるが、他の多くの場面では、その違いは無視して必要善としての自由と福利に言及するだけで十分であろう。総称的－素性的観点から見ると、自由と福利は一体として、あらゆる目的達成的行為の最も一般的で直接的な必要条件となっているからである。同様に、動能的目的性と達成的目的性の区別や行為と成功的行為の違いについても、行為には類的特徴が不可欠である点が銘記されている限り、文脈によっては特にこだわらない。

以上により、すべての行為者は、自らの自由と福利は必要善であると考えるか、認めるかしなければならないことが明らかになった。かくして本書の議論は、あらゆる行為者が道徳に関するある特定の最高原理を承認する立場に立たざるをえない事情、したがって、そのような原理が行為の類的特徴に基づいて合理的に正当化される事情を明らかにするという目標にまた一歩大きく近づいた。

類的権利と権利要求

2-7 行為者は、自らの成功的行為の類的特徴をなす自由と福利を必要善と捉えるから、論理必然的に、自分にはこれらの類的特徴に対する権利があると考え、さらに、それに応じた権利要求（right-claim）を暗黙の内に行う。

右の命題は本書の議論にとってきわめて重要な意味をもつ命題である。それを詳しく説明するために、ここではまず相互補完的な二つの大きな問いから議論をはじめたい。（a）合理的行為者が何らかの権利を要求するものとしよう。このときその行為者にとって、行為全般および成功的行為に携わるための必要条件以上に緊要な権利対象は何か存在するであろうか。（b）その行為者が当の条件を自らの行為者性および行為の成功機会の可能性それ自体にとって真に必要なものと見なしているとしよう。このときその行為者は、他のすべての人間は少なくとも当の条件を妨げないようにすべきである、と考えずに済むであろうか。この「すべきである」は、行為者が自ら受けて当然と見なす何らかのものを意味し、その限りで相関的な権利を伴立する。したがって、（b）を次のように言い換えても意味は変わらない。行為者は自らの行為者性の必要条件である当の条件に対する権利をもつ、と考える必要はないであろうか。

いずれの問いにも、権利および権利要求の本質と正当化をめぐる複雑な問題が絡んでくるが、少なくとも議論のこの段階では、権利と必要善との関係を根拠に、どちらも肯定的に答えるのが妥当であろう。この妥当性をさらに強めるため、以下これらの問いを詳しく分析する。特に、後の方の問いに対する肯定的答えについて立ち入った検討を行う。

さて、第二の問いに対する肯定的答え――すべての行為者は行為者性の必要条件である自由と福利に対する権利をもつと考えねばならない――から帰結するのは、行為は評価的構造とともに義務的構造を有するとの論点である。行為は、自由と福利をもつことは必要善であるとする当の行為者の評価的判断のみならず、その義務的構造を通じて、当人がこうした行為の類的特徴に対する権利をもつことを主張ないし承認する義務的判断をもたらすのである。以下ではこの権利を、当人のふるまいが成功的行為の類的特徴によって特徴づけられることを可能にする権利という主旨で、類的権利と呼ぼう。自らのふるまいを自発的選択を通じて支配することを可能にする他人の強制や干渉のない自由に対する権利と、自分が善と見なすものを獲得したり維持したりするために必要な一般的能力・条件をもつことを可能にする総称的‐素性的な三種類の善からなる福利に対する権利がそれである。しかもこれらの権利は、他の諸権利を自由と福利の権利の明細規定という形で取り込めることからしても、あるいは他の諸権利は、それが有効なものである限り自由と福利の権利を侵すものであってはならないという意味で、自由と福利の権利が他の諸権利に優先することからしても、まさしく類的である。また、そうした観点から見ると、これらの権利は「基本的権利」とも呼べるし、その対象があらゆる行為者性の至近的必要条件であるという意味では構成的権利でもある。さらに、すべての人間が行為者としてもつ権利という意味で、それらは「人権」でもある（なお、すべての人間が現実的、予定的または可能的な行為者である点については、2‐22と3‐4を参照）。これらの権利は道徳の最高原理と直接的に関係する。この最高原理を否認する行為者は例外なく自己矛盾に陥る。これは以下で見る通り、あらゆる行為者が論理的に、自分はこれらの権利をもつと判断するか、承認せざるをえないことから導かれる帰結である。

では、行為者の見地において、言明「私の自由と福利は必要善である」はいかにしてさらなる言明「私は自由と福利に対する権利をもつ」を帰結するのであろうか。その検討に先立ち、後の言明が前の言明につけ加えたものが何であるかを明確にしておこう。さて、完全な権利言明には次のような構造がある。「AはBに対してYによりXの権利をもつ」。ここには五つの可変的要素がある。第一に、その権利の主体、すなわちその権利をもつとされる人物（A）である。第二に、その権利の様相ないし厳格性と誰かがその権利をもつという言明の意味を含む、当の権利の性格である。第三に、その権利の対象、すなわちそれが何に対する権利であるか（X）である。第四に、その権利の応対者、すなわちその権利主体が当の権利をもつ相手（B）である。第五に、その権利の正当化理由、すなわち当の権利が保有される根拠となる理由（Y）である[7]。自由と福利が必要善であることとそれらが権利の対象であることの論理的関係や概念的関係は、最も直接的には、第五の変数である権利の正当化理由か正当化根拠から導かれる。しかし、権利言明は必要善に関する言明に何をつけ加えるかを明らかにする上で、他の変数も重要である。

「私は自由と福利に対する権利をもつ」という行為者の言明では、権利の主体はその行為者自身、すなわち自由と福利が必要善であるその同じ人物である。また権利の対象はその同じ必要善である。一方、権利判断では、権利をもつとされる主体は、その権利を当の主体に帰属させる主張や権利判断を行う人物と必ずしも同一人物ではない。しかも、権利判断は独立的に言明されるとは限らない。例えばそれが従属節として機能している場合、主体への権利帰属は条件的なものにとどまる可能性が考えられる。ところが、あらゆるケースにおいて、こうした権利帰属を正当化すると少なくとも暫定的に思われる、ある特定の根拠が想定される。この根拠は道徳的規範や法律的規範であってもよいが、必ずしもそうである必要はない。本書では、現在、ある道徳原理の正当化という課題に取り組んでいる。もちろんここで、行為者に類的権利を帰属させるための正当な根拠として、そうした原理を引き合いにだすことはできない。むしろ注目したいのは、こうした権利帰属を行う前述の言明において、行為者の見地による類的権利の正当化理由が、自由と福利は当人のあらゆる目的達成的行為の最も一般的で至近的な必要条件であり、それらの条件を欠く限り、目的的行為に携わることは無益となるか不可能となる、という事実に存する点である。この必然性ゆえに、類的権利の主体たる行為者は、自分が目的的行為者であるためにはどのような条件が満たされねばならないかを知っている以上、そうした権利判断を自ら表明すると想定されるのであり、その行為者自身、当の判断を単なる条件的なものや暫定的なものではなく、無条件のものとして受けとめる。

言明「私の自由と福利は必要善である」と言明「私はそれらの善に対する権利をもつ」の重要な違いは、後者にあっては、善は単なる価値あるものや望ましいものではなく、当の行為者が権原をもつ、あるいは自らのデューとして当然もつべき対象である、との表明がなされ、当の行為者が評価者であるとともに要求者の立場にも立っている点である。恐らくこの権利要求は、暗黙のものか素性的なものにとどまり、その行為者が自分と他人の関係をどう見ているかを示す構えのようなものに過ぎないであろう。それでもともかく、この状況で当人は自ら権原を有する――当然自らに与えられるべき――善として自由と福利を要求している。この人物が自分自身のために要求する権利の性格を直接構成するのはこの権原である。かくしてこの人物の権利要求は明確な発語内の力をもつであろう。つまり当人はそれを表明することで、自分が自由と福利をもつことを擁護ないし受諾しているのであり、その権利要求は指令的である。この擁護は、その行為者が自ら自由と福利をもつことは正しいか、許されるか、間違っていないかを判断する際に問われる擁護に比べると、より強いものである。その違いは、当の権利要求の性格に備わった追加的相面と、権利は応対者をもつことの双方から生じる。実際、その権利要求は、他のすべての者に対して、自分が自由と福利をもつことに最低限干渉しないよう公然または隠然と求め、しかも、その要求には一定の根拠があると捉えられており、それが実は自由と福利はその行為者の必要善であるという事実である。

そうした要求の正当化理由であるこの根拠づけにより、権利要求は、その行為者が自由と福利をもつことに対して少なくとも不干渉であるべきだとする、すべての他者に向けられた「べし」判断という相関的形態をとることになる。こうした相関性は、結局、論理的同値性を意味し、当の行為者の権利要求とこの「べし」判断のあいだには相互的帰結関係が成立する。すべての「べし」判断が権利判断を帰結したり、それと相関したりするわけではないが、「べし」判断を行う人物がその判断を、他人が自分に負う義務をその人たちに向けて表明したものと見なす限り、この帰結関係は有効である。当の人物に対する義務がある以上、当人はそれらの義務の履行や遵守に対する権利をもつからである。さて、行為者は、自分が自由と福利をもつことに他の人々は少なくとも不干渉であるべきだとする「べし」判断をこのように見なすであろう。なぜならその行為者は、当の判断は何らかの一般的根拠があるだけで基本的に自分とは無関係な何らかの責務を述べているに過ぎない、とは考えないからである。むしろその行為者は当の判断を、自らのあらゆる目的的行為に必要であるがゆえに自分にはその権原があり、それゆえ当然、自分が受け取るはずの何らかのものがあることを表明したものと見なす。他の人たちは自分の自由と福利に少なくとも干渉しない責任を自分に対して負う、とその行為者は考えているが、これは決してその行為者が他の人たちと何らかの具体的な同意を取りつけたからではなく、その行為者自身が自らの自益的規準に基づいて、そうした不干渉は自分が目的的行為者であるための必要条件である、と判断しているからに過ぎない。

自由の権利に関して言うと、自由の本質が一面で他人による当人の行為に対する不干渉にあることからも、類的権利要求と相関する「べし」判断がすべての人はその行為者の自由に最低限干渉しないようにすべきであると考えている点からも、不調和は一切生じない。ここでその行為者が要求しているのは、自らの行為に対する不干渉が邪魔されないこと、言い換えれば、誰にも干渉されずに行為を始動したり支配したりする当の行為者自身の状態が他人に妨害されずに維持されることだからである。加えて、自由には行為を行う実効的力のような積極的要素が備わっており、行為者の権利要求にも、それと同じく、派生的な意味では、特定の条件下では他の人たちはその行為者が自由と福利をもてるように手助けすべきである、との含みがある。こうした援助が与えられないために、その行為者がそれらの必要善をもてない場合にそのような状況が生まれる（4-7以下参照）。

ここでその行為者の類的権利と相関する他の人々の「べし」ないし責務はきわめて厳格なものである。そこに含意される物事の履行と怠慢（通常はこちら）は、その行為者にとって、より好ましいとか、適切、寛大、特別の計らいといった類いのものではなく、必須の命令的なものである。したがってその行為者は、要求された行いが期待できない状況では、自分には是正する権原があり、その応対者は少なくとも当の行為者による厳しい問責や他の適当な対抗措置に服さねばならないと捉えている。この命令的要請性は、類的権利の対象が必要善であり、しかも行為者によってそのようなものとして理解され、要求されている、という事実からの論理的帰結である。以下では、この厳格な「べし」を「責務（obligation）」や「義務（duty）」と特に区別せず併用するつもりである。ただし、後の二つの語をより限定された特殊な意味で用い、事前同意に基づく条件要求は責務、また、仕事や職務に発する条件要求は義務と呼ぶ場合がある。なお、議論のこの段階でより一般的な用法を用いる理由の一つは、本書ではこれまでのところ、同意や仕事に起因する特殊な要件については、その由来を根拠づける正当化がまったく与えられていない点である。本書には道徳的義務・責務や法律的義務・責務の基礎を築くという狙いがあるが、今はまだその目標達成の初期段階にあり、そうした要件を正当化するために道徳的規則や法律的規則をもちだす場面ではない。

ところで、よく指摘されるのが、一部の権利——いわゆる自由権——は、積極的なものであれ、消極的なものであれ、他の人間の側にいかなる義務も課さないという点である[8]。ジョーンズがスミスとの競争において勝つ権利をもっているとしよう。これはジョーンズがその競争に勝たないようにする義務はない、あるいはその競争に勝っても構わないという意味である。このとき、スミスはジョーンズの勝利を邪魔しないようにすべきである、とはならないし、当然、スミスはジョーンズの勝利を助けるべきである、ともならない。スミスも同様の競争に勝つ権利をもつからである。こうした留保事項は、しかし、類的権利をもつという行為者の要求とはあまり関係のない事柄である。実際、この要求は、その行為者が自由と福利をもつことは許容されるとか、構わないといった主張よりもはるかに強い主張である。その行為者の要求は自らの目的を達成するのに必要な能力と条件をもつことに関わっており、それゆえ、その行為者が要求しているのは、単に自由と福利をもとうと試みる権利ではなく、同時にそれらを現実にもつ権利である。当の権利が他の人々に対して、最低限その権利保有者がそれらをもつことに干渉しないという重い責務を課すのもそのためである。この責務は、逆に、これら他の人々の権利に影響を及ぼすことになるが、その経緯については後に改めて取りあげよう。

あらゆる行為者は自分が類的権利をもつと必然的に考える、という命題に関しては、行為者の側のそうした判断はそもそも無意味であるとの反論が予想される。自分がせざるをえないことやもたざるをえないものについて、それらの物事をしたりもったりする権利が自分にはある、などと考える合理的人間はいないからである。この見方では、権利をもつという概念には、「べし」概念の場合と同じく、「できる」と「しない可能性」の両方が含まれる。ところが、行為者にとって、行為の類的特徴が自らの行為、それゆえ行為を行う自分自身を特徴づけることは逃れようのない事実であり、その行為者がそれらの類的特徴をもたない可能性はそもそも存在しない。したがって、その行為者にとって、自分にはそれらに対する権利があると考えるのは無意味である。

この反論に対しては二つの応答が考えられる。第一に、前述の通り、通常の成功的行為は自由と三次元すべての福利によって特徴づけられるが、すべての行為が思い通りにいくとは限らない。一部の行為は非減算的善や加算的善の獲得もままならないばかりか、当の行為者がそのために必要な能力・条件を欠く可能性もある。広義の福利には、基本的能力に加え、非減算的能力と加算的能力も含まれる。それゆえ、福利の権利を要求する行為者は、既に必然的に有するものに対して権利を要求しているのではない。第二に、この反論は自由と基本的福利にすら通用しない。自由と基本的福利はすべての行為者に関わらざるをえないが、人は常に行為者であるわけではない。人は現実的行為者としてだけでなく、予定的行為者としても自由と福利の権利を要求する。この後者の行為者候補として見た場合、当の人物が自由と福利をもつとは限らない。その行為者性に対する干渉の可能性、したがって当人が行為者性に必要な自由と福利を失う可能性が常に存在する。人が自由と福利をもつ権利を要求するとき、たとえ行為者として要求するにせよ、それはこのように将来を見据えた幅広い視野の下でなされる。

2-8 前項の議論に関しては、行為者に権利要求や「べし」判断を帰する段階で既に道徳的観念を身につけた行為者が想定され、したがって、道徳的な規則か規準が少なくとも隠然たる形で行使されている、との反論が予想される。この反論は、行為者の目的もそれがもつとされる善さも、それ自体としては非道徳的なものであるのに、どうしてこれまでの考察から道徳的観念が導出されるのか、と問う。しかし、「権利」にせよ「べし」にせよ、ここで行為者が訴えかけている観念は、実は、道徳的な観念ではない。こうした観念は、さまざまな文脈で用いられており、規範的な種類である限り、権利要求や「べし」判断の規準が何であるかに応じて、道徳的なもの以外にも、自益的、審美的、論理的、法律的などさまざまな形をとりうる。では、問題の行為者が類的権利の保有を正当化する際に訴えかけるのはどのような規準であろうか。それらが、今までのところ、道徳的なものでないことだけは確かである。事実、それらは当の行為者以外の何らかの人物の最重要の利益に対して何の注意も払っておらず、道徳的である最低限の規準すら満たしていない（1-1参照）。

ここではっきりさせておきたいのは、権利の帰属が機能するのは道徳的文脈や法律的文脈に限らない点である。この二つの文脈が適用の中心領域であることは間違いないが、権利があるとの考えは一般的な規範的観念であり、道徳的規準や法律的規準以外のさまざまな正当化規準との関連で用いられる。例えば次の諸言明では、権利保有の規準はいずれも知的なもの、あるいは論理的なものとされる。（a）「最終的には、そのような（目的論的）概念を基本的客観的な第一原理から第二原理として演繹することを通じて、それらの概念を用いる論理的権利があることを証明したい」。（b）「かくして次の結論が得られる。何らかのものがそうであることを知る必要・十分条件は、第一に、人が知るとされる物事が真であること、第二に、人がそれを確信していること、第三に、人が確信する権利をもつこと、である。この権利はさまざまなやり方で獲得されよう」。（c）「私は内省の慣習的語彙が『誤用である』などと言いたいのではない。それどころか、神経学的語彙の場合と同様の正当性――この場合の『正当性』は経験の報告と認められる権利を意味する――を求めているに過ぎない」。（d）「われわれは経験によっては真偽をはかれない多くの物事を信じる権利を自らに与える。われわれは他人の心や他人の言葉の意味に関する事柄を信じ、われわれから独立した物理的対象の実在に関わる物事を信じる」。（e）「それでも懐疑論者は、われわれには他の物事が認識されるとの前提をおく権利はないと言い張るであろうし、すべての認識的言明は事実無根だなどと言いかねない」。（f）「私には、非認知主義者がこの前提をおいていることをきちんと自覚しているとは思えない。ところが、この前提のないところでは、非認知主義者には自らの結論を導きだすいかなる権利もない」。（g）「彼は間違いなくペアノ算術を超えることができる。だから、そうする権利を主張する彼は完全に正しい」。（h）「自分の推測を真剣に受け取ってもらいたいなら、歴史的資料に長期間没頭することでその権利を獲得するしかない」。(i)「ライプニッツの法則とそれに対する批判をじっくり検討し、賛否はともかくいまだに説得力をもつと見られるこの法則に関係する他の諸命題を吟味してみよ。そうすれば、われわれはこの法則を承認する権利を掌中にするであろう」。(j)「ある種の精神力の否定的変化には、抑制という用語に対する幾ばくかの歴史的権利が備わっている」。(k)「やはりここでも、推論と健全な議論と正確な叙述は対応している。問題は、単にその人物が議論や推論をしたか否かではなく、その人物がそうする権利を有していたかどうか、そして成功したかどうかである」[9]。

右の諸言明に奇妙なところはまったくない。奇妙に感じるとすれば、それは言及される権利が道徳的(もしくは法律的)なものと想定されているからに過ぎない。そこで人が権利をもつとされる操作や態度は道徳的規準に合わない可能性があり、さらには道徳的規準が実際にはそれと対立する操作や態度を正当化する可能性すらあると言える[10]。さて、前段の諸言明が要求するなり否定するなりして、言及している権利の対象は知的な操作である。つまりそれらは、断言したり、信じたり、想定したり、考察したり、他の知的操作を行ったり、他の知的態度をとったりする権利である。しかも、前段の諸言明がそうした権利を断定するか否定する根拠は、何らかの法律的規則や道徳的規則から生まれたものではない。むしろそれらの根拠は、経験的証拠性や論理的妥当性、帰納的蓋然性、体系的多産性、体系的節約性、その他同様の知的留意事項と関わらざるをえない知的規準である。ところが、権利要求がなされたこれらの規準を適用しようとすれば、その前提として知的自由という特殊な形態の自由に対する類的権利が必要である。事実、当の人物が関連の知的規準を検討した上で自らの態度を然るべく決定する自由を欠く場合、その人物に知的権利があるか否かを考えてもまったく意味はない。そうした何らかの知的操作か態度Xがあって、人はXの権利をもつ、と誰かが述べたとしよう。これは、その人物がXに対して権原を有する、と述べることであり、そこには恐らく、それを正当化する知的規準や論理的規準に基づいて、Xはその人物に当然与えられるべきものである、とする申し立てが含まれている。しかもそこには、他の人物は、その同じ規準に従い、問題の知的操作の実行に対する（例えば、否定や矛盾による）知的介入を手控えるべきであり、違反行為に対しては知的問責が確保されるべきである、との暗黙の申し立ても含まれる。

知的権利に関する以上の言及は隠喩によるものに過ぎず、それらの権利はすべて最終的には道徳的か法律的な権利帰属に由来する、との予想される反対意見に対しては、問題の諸権利を根拠づけるとされる操作と規準の自律性をともに見逃している点を指摘したい。これらの知的規準や論理的規準は確かに規範的なものであるが、すべての規範が道徳的ないしは法律的であるわけではない。したがって、あらゆる権利の帰属は規範的ではあるものの、そのすべてが道徳的であるとは限らない。この論点は正当化の問題とも密接に関係する。正当化によって確立される正しさは必ずしも道徳的なものである必要はなく、正当化と正義のあいだに必然的繋がりはない。

もう一度、すべての行為者が自由と福利を必要善と捉えるがゆえに行う権利要求と「べし」判断に立ち返ろう。さて、行為者がこれらの「権利」や「べし」を根拠づける規準は道徳的なものではない。それどころか自益的なものである。事実それらの規準は、何であれ、自らの目的を追求する上で必要とされる行為者自身の自由と福利を参照している。ただし、この「自益的（prudential）」は「利己的（egoistic）」と同じ意味ではない。行為者が追求したり、その実現のために自由と福利を必要としたりする目的は必ずしも全面的に自己本位的なものではないからである。その行為者は専らまたは主に他人の利益を向上させたい利他主義者である可能性すらある。しかし、この場合でも、当の行為がそうした目的を成し遂げるためには、その行為者に自由と福利は欠かせない。いずれにしても、問題の行為者は、自由と福利が自らの目的的行為の必要善であるという理由から直接、目的や行為の特定の内容がどうあれ、自分はそれらに対する権利をもつ、との思いを抱く。そして、他のすべての人は自分が自由と福利をもつことに対して少なくとも干渉しないようにすべきであると考えているとすれば、その行為者はやはり道徳的規準にではなく自益的規準に訴えかけている。この「べし」判断は、目的的行為を行うその行為者自身の見地からなされ、その判断を根拠づけるのは、その行為者の行為者性ニーズであって、当の判断が向けられる相手の人々のそれではない。そうした根拠に基づきその行為者は、他の人々に求められる行為要件、すなわち当の行為者の自由と福利の保有に最低限干渉しないとの要件を提示する。その行為者はこうして、自由と福利が自らの自益的なデューであること、言い換えれば、予定的目的的行為者としての自らの自益的見地の内側から、他の人々は自分に対して自分が行為の必要善をもつことに最低限干渉しない責任を負うよう要求する。行為者がこの要求を根拠づけるために依拠するのは、他の人に向けられたものであるとはいえ、当の行為者自身の行為者性に欠かせない自益的ニーズである。

ところが、以上の通り根拠が自益的なものであるとすると、その行為者が自らの自由と福利を必要善と見なし、それらが他人によって干渉されないことを要求するにしても、そこから、その行為者はそれらに対する権利を要求するという論理的帰結は導かれない、との反論が予想される。そうした要求は、所詮、権利の行使とは無縁のギャングの要求のようなものであり、権利要求ではなく、例えば「邪魔するな。さもないと…」といった苦言か脅迫に近いとの見解である。さらにこの反論は、権利要求にせよ権利談義にせよ、単に何かを要求するだけでなく、通常は相互に関係する四つの追加的特質を備えていなければならず、しかもいずれの特質も、すべての行為者が行う自らの自由と福利に対する不干渉という要求とは必然的に関係していない、と続ける。第一に、権利要求であるためには、その要求は自らの妥当性や正当化や正当性を表明していなければならない。だからこそ、その権利要求は、単に要求者がそれを望んだり、価値づけたり、その保有を強く求めたりしていることを主張しているのではなく、何かが当の要求者に当然与えられるべきであるとか、当の要求者にはそれに対する権原があるとか断言している、と言えるのである。第二に、この権原は規則や他の理由に基づくものでなければならない。

正当化を通じて権利に授与されるのはそれらの規則や理由であり、当の権利を要求する話者は、そうした規則や理由を心底から受け入れていなければならない。第三に、権利談義も権利要求も当の談義や要求が向けられるコミュニティの存在を前提としており、そのコミュニティが当の談義についても問題の権利に正当性を付与する共有規則についても精通していると想定している。そのとき、行為者の要求が権利要求であるためには、その行為者が当の要求を述べる相手の人々は、その行為者の自由と福利に配慮するとともに、その行為者が当の行為の要件であるがゆえにそれらの善をもつ権原を有することに賛同しなければならない。ところが、この行為者の要求根拠は、道徳的なものではなく、自益的なものである。それでも、他の人々がこの行為者の要求を信頼して受け入れるべきであるとは、一体、どういうことか。第四に、権利要求が向けられる相手は法律的で政治的なコミュニティでなければならない。自由と福利のような一般的で中心的な対象に対して権利が要求される以上、その要求者は権利擁護の観点から自分が十分保護されるよう法律体系の下に組み込まれることを強く主張するからである。かくしてこの反対論は、政治的権利・義務や法律的権利・義務は行為の類的権利に優先せねばならない、と結論づける。行為者は自らの権利要求が向けられるべき相手である何らかの政府の存在と正統性を承認しない限り、そうした要求をすることもない、との考えである。

以上の反論はさまざまな要素から成り立っており、その一部に関してのみ正しい。権利要求が正当化理由に基づくことを表明している点で単なる要求と異なるのはその通りである。しかし、前述したように、その理由は道徳的なものである必要はない。その行為者の要求はすべての明確に実践的な正当化理由の内で最も基本的なものに基づいている。人が行為に関係する何らかの権利を要求するとして、その対象は当人が取り組むいかなる目的的行為にも不可欠であるとか、そのような行為を自ら成功に導くには不可欠であるといった正当化以上に重要な正当化は他に考えられないからである。こうした要求がギャングの要求や特殊な目的の特殊な行為に絡む要求以上のものであるのは、その対象があらゆる行為者性の必要条件となっているからである。したがって、その権利要求が自益的であるにしても、それは決して恣意的なものではない。その行為者は自らの自益的デューとして特定の一般善を要求し、当の一般善は他のすべての予定的行為者も各々の行為者性にとって必要不可欠と認めうるものである。この自益的デューは、当の行為者内部の目的的行為者性という見地からすると、他の人々を自らの自由と福利に対して最低限干渉しないようにさせる権原を構成する。前述の通り、類的権利は行為者性の全文脈でその構成要素となっている。それぞれの行為者が物事を進める際の立脚点は、議論のこの段階では、この行為者性という文脈における当人自身の内的見地である。その見地は行為者としての当人にとって決定的なものであり、それゆえ、自分が行為者であるために必要なものは何であれ、自らの権原ないしはデューと見なす。かくしてそれぞれの行為者は、自らの要求を正当化する根拠が真の必要性と一般性と根源性をもつことを理由に、自分が自由と福利に対する権原を有するとの考えを抱く。

権利概念には、既に述べた通り、その主体である権利保有者に何らかのものが正当に帰属する、つまりその主体が何らかのものに対する権原を有する、との考えが含まれる。「べし」概念はこの権原、すなわち当然与えられるべきものという概念を包含することではじめて、権利概念と論理的に相関する。権利と権利要求は、前述の通り、道徳的・法律的文脈以外の多くの規範的文脈で見いだされるが、法律論的意味合いの強い権原と「デュー」もその点は同じである。芸術家、スポーツ選手、科学者、労働者、実業家、妻、夫など多くの人物が、それぞれの立場に応じた異なる規準に基づき、敬意や金銭や支援といったさまざまな報労——当人はそれぞれの立場でこれをデュー、すなわち当然受け取るべき報いとして要求する——に対する権原を有する。それらの規準や「資格」には相対する人間との事前の合意や取引はおろか、その人たちのより一般的な承認すら含まれていない可能性もある。そうした要求が他の人々に向かってなされる以上、そこには、規準の理解に加え、当の要求の可能的合理性に対する一定の理解も備わっていなければならないが、それらの人々が実際に当の要求や規準に同意することまで求められるわけではない。

ところで、さまざまある権原の規準はすべて何らかの種類の活動と結びついており、例外なく実践的である。しかし、ありとあらゆる活動の中で最も一般的な文脈と言えるのが行為の類的特徴である。このため、行為者が行為の必要条件に対して権利を要求する場合、その行為者は、自分には他のすべてに論理的に優先する一つの権原があり、しかもそれは当の権原の根拠となる規準が何らかの行為に携わったり、その行為をうまく成し遂げたりする可能性そのものに存するからである、との考えを抱く。すべての行為者は、目的的行為をめぐる自らの自益的見地に則り、自由と福利は他のすべての権原の基盤であるだけでなく、行為者として物事を進める際の立脚点そのものを構成するとの理由で、自らの自由と福利は少なくとも妨害されない、という権原が自分にはあると考える。ここでは行為者はこの見地だけに則って物事を進めるため、それらの必要条件は、その行為者が他の人々に向かって自分が当の必要条件をもつことに最低限干渉しないとの要件を申し入れる際の根拠となる。このときその要件には一つの権原に対するその行為者の要求が体現され、結果的にその行為者は自由と福利の権利を要求しているのである。

行為者の権利要求は、以上の通り、正当化理由に基づくとはいえ、今のところこの行為者はそうした理由を必ずしも一般的な規則として捉えているわけではない。この行為者が自らの特殊的権利要求に基づいて、ある一般化を論理的に受諾せざるをえなくなる事情は以下で明らかにする通りである。しかし、議論のこの段階では、その要求は何よりもまず特殊的であり、当人の行為者性ニーズが当人の自由と福利に対する権利保有に与える正当化にしか注意を払っていない。行為者の要求が許されるものである限り、それらの権利は、その対象が当人の目的達成的行為の最も一般的な特徴であるという意味では類的であるものの、その対象がすべての他の予定的行為者にも関連するという意味では、まだ類的なものにはなっていない。

コミュニティをめぐる論点は一面で正しいが、前述した反論ではこの論点の誤った拡張が行われている。行為者による類的権利をもつとの要求は、他のすべての人が当人の自由と福利に少なくとも干渉しないようにすべきであることを論理的に帰結するから、その行為者は暗黙の内に他の人たち全員に向けて自らの根拠づけられた要求を発しているのであり、それらの人々がその要求を理解し遵守することを暗に想定している。しかし、これは必ずしもそれらの人々が権利要求の根拠となる規則を承認または「認定」した一つのコミュニティをなすということではない。そのような見方は、要求の相手方が特定の権利要求やその根拠となる規則をまだ承認していない可能性を無視する見解であり、余りに保守的であると言わねばならない。奴隷制廃止論者やアパルトヘイト反対論者の要求はこうした要求のよく知られた例である。

要求を受ける側の人々は、より一般的な道徳的規則やその他の規則を受け入れているという広い観点から見ると、事実上一つのコミュニティを形づくっている可能性がある。その意味からすると、前に触れた論理的権利や知的権利に対する言及も適切な論理的規準や知的規準を受け入れ認定する人たちのコミュニティを想定していると言えよう。ただ、議論のこの段階では、問題の行為者以外の人々は当の権利要求の受け手として導入されているに過ぎず、それらの人々は全員が演繹的推論と帰納的推論の規準を受け入れるとともに、予定的行為者として、すべての行為者を特徴づける同様の一般的な動能的動機を有する点においてのみ一つのコミュニティを形成するに過ぎない。ところが、以上の議論が明らかにしたように、これらの規準は行為者をして、自らの権利要求の根拠は自由と福利が行為とのあいだに有する概念的・因果的関係を反映している、との事実認識に至らしめる。「コミュニティ」という言葉をそれより広い意味で受け取った場合、行為者の要求する類的権利は、その妥当性が当のコミュニティに由来するのではなく、むしろその人物の行為に関わるニーズから生じている、という意味でコミュニティに優先する。コミュニティがその行為者の立場から見て正当なものであるとすれば、唯一それは当のコミュニティがその行為者の類的権利に敬意を表する場合だけであろう。一方でその行為者は、要求相手の人々自身が現在か将来の行為者であり、したがって、少なくともそのような気遣いの能力を有することに気づいている。さらにその行為者は、以下で明らかにするように、自己矛盾を避けようとして、自分が他の人々に要求したものと同じ自由と福利の権利を他の人々も自分に対して有することを認めざるをえない。かくして権利要求を当初支えた自益的根拠は、論理の筋道に従い、その行為者を最終的に、他のすべての予定的目的的行為者の権利を根拠づける道徳的根拠の承認へと導くことになろう（3-5）。

最も基本的な自由と福利の権利は法体系に組み込まれねばならないが、これはすべての権利に当てはまるわけではない。例えば、他人によってなされた約束が守られる権利や真実が語られる権利などがそうである。また、権利は第一義的には、政府に対してではなく、他の人に対して要求される[11]。最も基本的な権利を保護することは、確かに政府を正当化する主な根拠である。ただこの事実が示すのは、そうした権利の規範的存在と潜在的要求はそれらの保護が訴えかけられる政府に論理的に優先し、権利の基本的応対者は他の人々であり、それらの人々が相関する義務を確実に履行するよう支援することが政府の役割であるという点である。したがって行為者は、類的権利を要求する際、政府にせよ法体系にせよ、直接援用したり認識したりする必要はない。そうした要求を行う場合、その行為者が、他の人はすべて当の行為者の目的的行為に欠かせない条件に配慮するとの要件を強く主張していれば、とりあえずそれで十分である。

2-9 前述の通り、行為者は当初、自由と福利を有することは必要善であるとの根拠に基づいて、自らが類的権利をもつことを要求する。ただし、この点には細心の注意が必要である。「XはAにとって善いものである」

や「AはXを善いものと見なす」から「AはXに対する権利をもつ」や「AはXに対する権利を要求する」が直ちに帰結することはないからである。ある義務論の考えによれば、権利はまったく異例の規範的概念であって、善悪や便益、損害の考察で説明したり根拠づけたりすることはできない。ある処遇から便益を得る立場の人物がいて、しかもその処遇を与える義務があったとしても、その人物はそうした立場にあることを理由にその処遇に対する権利をもつわけではない、との意見である。動物や乳児の例をもちだすと話がややこしくなるので、次の簡単な例で考えてみよう。ある人物Aが別の人物Bに、自分は第三者Cを厚遇する、と約束した結果、一つの義務が生じたケースである。このケースでAがそうした処遇を与えることに権利をもつのはBであるが、その処遇により便益を得るのはCである。このことから結論づけられるように、何らかのものXから恩恵を受けたり、善いものを得たりすることはXに対するいかなる権利の根拠にもならず、そうした権利をもつとするいかなる要求の根拠にもならない[12]。

以上の義務論的考えに対しては、今問題にしているすべての権利および権利要求において、その対象は善いと思われる何らかのものである、という点を指摘したい。もっと明確に述べると、ある人物がXに対する権利を要求する必要条件は、Xがその人物にとって善いと思われていることである。その人物は、Xが道徳的に善いとか、自らの自己利益にとって善いとか思う必要はないが、その状況下で自分が受け入れている何らかの規準に照らしてXは直接的または間接的に善いと考えていなければならない。ここで「間接的に善い」とは、主に、次の二つの場合を意味する。一つは、その要求者が当の権利要求の特定対象自体を善いと見なしているわけではないものの、その対象は、当人がそれの権利を要求する範囲内で、何らかのより一般的な善の仕様の一つである、と考えているケースである。例えば、ヘロインを摂取するなど当の行為者にとって有害な行いをする権利を、その行為自体を善いと思っているからではなく、その行為は自らが善いと見なす個人の自由の行使であるとの理由で、自分自身や他人のために要求する場合である。もう一つは、自らが善いと見なして支持する特定の規則に従い、その規則の適用は例外なく善いものであるとは思っていないにもかかわらず、特定の権利をもつことを要求するケースである。例えば、ある行政官庁に職をもつ人物がいて、その地位ゆえに恩赦の権利を有するとしよう。この人物は自分がこの権利をもつことを快く思っておらず、その権利を直接的には善いものと見なしていない。それでもこの人物は自分がその職にあることや当該官庁に特権を与える規則を善いものと見なし、当の権利がそうした規則に由来するものである限り、それを善いものと見なす。仮にこの人物が当該官庁に特権を与える規則やその職にあることをまったく善いものと見なしていないのであれば、その規則に起因する権利をもつことをわざわざ要求することはないはずである。そのときこの人物は、そうした特権を自らの権利とまったく考えていないか、少なくともそうした特権を要求する考えがないか、そのいずれかであろう。

何らかのものXを自らの権利として要求することの対極にあるのは、Xを自らの権利としてもつことを一切要求しない状況である。そのような要求を行うことは、それが明確になされた場合、一つの目的的行為である。ところが、前に見た通り、行為者はすべての行為において自らの目的を善いものと見なす。したがって、Xの権利を要求することが自ら善いと見なす目的をもつと考えていないとすれば、そもそもその行為者がそうした要求を明確に行うことはないであろう。それでも、この善いとされる目的は要求すること自体にあったり、その権利要求の直接の対象であるXを超える何らかの目標にあったりするのではないか、との異論が考えられる。確かにその可能性はあるが、そうしたケースであっても、X自体が少なくとも手段として善いと見なされていない限り、当の目的が善いと見なされるはずはない。この権利と善との繋がりは、当の人物がはっきりと自らの権利としてXを要求するのではなく、ただ単に自分はXの権利をもつと考えているときにも成立する。Xを直接的か間接的に善いと見なしていない場合、この人物がそうした考えを抱くはずはないからである。

以上の考え方は、一部の理想主義的理論とも関わりをもつ次のような例外的事例にも妥当する。有罪判決を受けた犯罪者が刑罰を自らの権利として要求するケースである。確かにこの要求の基礎にあるのは、自らの行為に責任をもつ成熟した人間として処遇される権利であり、しかも、そうした取り扱いは当の要求をする人物によって善と見なされている。また、同様の考え方は、厚遇が義務づけられている人物と当の厚遇に対する権利をもつ人物が異なる前述のケースにも当てはまる。この場合、後者の人物は、たとえ当初の約束の内容であるその厚遇の善さが直接当人にもたらされないにしても、あるいは当人の自己利益にならないにしても、そうした処遇がなされることを善いものと考えているからこそ、その約束が守られることを権利として要求するのである。

誰かがXに対する権利を要求したとすると、Xが当人にとって善いと思われることはその必要条件であるが、決して十分条件ではない。世の中には善いと思われる物事は星の数ほどあるから、各々が自ら善いと思う対象すべてに対して権利を要求してよいとなれば、権利要求の数は際限なく膨らむ。特定行為の目的に関わる対象と条件をつけたところで同じである。加えて行為者は、それを行う権利はない、と自ら思っている行為を行う場合がある。行為の目的は、例えば自益的規準のような一つの規準から見て、当人にとって善いものであっても、その規準よりもっと重要な他の対立的規準があることを自覚していれば、その人物はこの善さゆえに自分にはその行為を行う権利があるなどとは考えない。例えば、ある人物がラジオを買うために貧しい未亡人から金銭を巻き上げるといったケースである。この場合、その行為者は最終的に、もっと権威があると見なす規準に従い、自分にはその行為を実行するいかなる権利もないと認めることになろう。

行為者は自分には類的善すなわち自由と福利に対する権利がある、と考えるはずだとする議論を支える最終的根拠は、類的善が行為のための特殊的善や特殊的目的とは異なり、ある特定行為の必要条件であるだけでなく、すべての成功的行為の必要条件でもある、という点に存する。このように権利要求は本質的に行為と結びついている。その証拠に、行為自体が動能的かつ評価的であるのと同じく、権利要求は行為者の側から行為の本質的必須条件が最低限妨害されないことを求めたものである。ジェファーソンが人間の不可譲の諸権利の内に生命と自由と幸福の追求を含めたのもこうした理由からであろう。「幸福」を福利と捉えれば、これらの権利はすべての行為に不可欠であり、したがってそれらを放棄したり剥奪されたりした場合、行為者はもはや行為者ではありえないから、それらはまさしく不可譲なものである。

行為者の必然的権利要求が直接的には当人が自由と福利をもつことに限定されるのも、主として前段のような理由からであろう。もちろん特定の行為者はあらゆる種類のものを自らの権利対象として要求できる。しかしそれらの対象は、当の要求者が行為者であることと必然的に結びついてはいないため、本書が議論の内容に合理性をもたせるためにこだわっている、合理的必然性に反するある種の恣意性を帯びざるをえない。この論点は前に触れた必然的内容と偶然的内容の区別と密接に関係する（1-9）。偶然的内容は当の主体の恣意的な思いつきに応じて変わるのに対して、必然的内容は、必要性には前述した度合いの違いがあるものの、いかなる行為者も行為者であることをやめない限り関わらざるをえない物事である。そうした内容にこだわるのは、自然科学者が最後は経験的事実に固執するのと同じく、きわめて合理的である。必然的内容は、その正否が行為者の判断、そして最終的には道徳哲学者の判断に依存する内容とは異なり、そうした種々の判断にとってそれらからは完全に独立した純然たる独立変数となる素材を提供するからである。

2-10 この項では、もっと直接的な方法で、すべての行為者は自分が自由と福利に対する権利をもつとの考えを少なくとも暗黙に抱くか受け入れる、という命題に関する私の考えを明らかにしてみたい。さて、こうした権利要求は、前に指摘した通り、他の人々は当の行為者の自由と福利に最低限干渉しないようにすべきであるとの厳格な「べし」判断と相関するだけでなく、論理的に同等である。仮にこの二つのあいだに論理的同値性どころか相関性すらないとすれば、この権利要求はその明確な意味を失うであろう。その場合、この権利要求は、自由と福利がその行為者の行為にとって必要不可欠であるとの理由に基づいて、他の人々に向けてなされた要求である、との解釈はもはや成り立たない。その行為者が、自分には自由と福利の権利があるとの考えを抱きながら、同時に、他の人々がそれらに干渉することは許されると考えているとすれば、自由と福利が自らの必要善であるとするその行為者の確信は、完全に失われるとは言えないまでも、大幅に希薄化するであろう。実際には、自由と福利を自らの行為者性に不可欠のものと見なすことは、それらは侵されてはならず、それらに対する干渉は許されないと考えることである。反対に、その行為者は当の「べし」判断を他の人々に制限を課すもの、言い換えれば、他の人々が行為に際して自分に配慮するようにさせる権原が自分にはある、と捉えているから、当の判断にはその行為者がそうした制限の対象に対する権利をもつということが内含されている。

右の論点は次のように言い換えられよう。その行為者が自由と福利は自らのあらゆる行為にとっての必要善であると考える以上、その行為者は、自分が自由と福利をもつことが他の人々によって最低限干渉されないことが必要である、とも考える。もしその行為者がそのような干渉を受けたとすれば、その行為者は行為する上で欠かせない物事をもつことができないからである。ところで、こうした必要性の帰属、つまり善や不干渉に必要性を帰することは、純然たる「事実的」言明の一種である単なる手段－目的言明ではない。その行為者は自らの成功的行為の類的特徴に実践的・動能的に執着しており、それゆえこれらの帰属はその行為者の弁護か承認を伴う。自由と福利は自分にとっての必要善であると言うとき、その行為者は単に、自分が行為するためには自分は自由と福利をもたねばならないと語っているのではなく、自分は自らの目的的行為をすべて善いと考えており、自分が自由と福利をもつことに干渉するどのような物事にも反対し、自分がそれらの特徴をもつことを擁護する、とも語っているのである。この言明は、したがって、記述的であるだけでなく指令的でもある。同じく、自由と福利は自分にとって必要善であるから、自分がそれらの善をもつことに他の人々は最低限干渉しないことが必要であると言うとき、その行為者は単に、自分がXをもつことと他の人々がそのことに最低限干渉しないこととの「事実的」繋がり、言い換えると、自分がXをもつことが必要である事実と他の人々がそのことに最低限干渉しないことが必要である事実との繋がりについて言明しているのではない。その行為者は、さらに加えて、自ら承認する実践的要求、すなわち他の人々は自分が自由と福利をもつことに干渉してはならない、との要求を表明しているのである。

こうした要求は、当の行為者の観点では、厳格な実践的「べし」を構成する。このような「べし」を誰かが他の人に向かって申し入れる必要・十分条件は次の四つである。第一に、その行為者は自分が承認する他の人の実践的行為要件を明示している。第二に、その行為者はその要件を根拠づける合理的理由をもっている。第三に、その行為者は、その要件と理由が相手の要件違反をともかく防止するか制止するだけの正当性を有する、と考えている。第四に、その行為者は、その要件の実現結果は自分自身かその受益者とされた人物に帰すべきものである、と考えている。ここで言う諸々の理由や正当化は、厳格な実践的「べし」が道徳的であるとは限らないように、必ずしも道徳的なものではない。自益的なもの（今問題にしているケースがそうである）や法律的なものなどさまざまな規準が考えられる。なお、ある人物Aの別の人物Bに対するある「べし」判断が自益的であるとは、その判断がBの目的ではなくAの目的に役立つために意図されたものであるという意味である。一方、その行為者が他の人々に自らの自由と福利への不干渉を求める際の根拠は、繰り返し述べてきた通り、それらが自らのあらゆる目的追求行動にとって不可欠であるということであり、この事実はその行為者にとって当の要求に対する違反を防止する正当な根拠を与えるものでもある。したがってこのとき、その行為者は、自由と福利は自分にとって必要善であるから、他の人々は自分がそれらの善をもつことに最低限干渉しないよう厳格にすべきである、と言っているのである。しかもこれは、自分にはそれらに対する権利があると言っているのに等しい。その行為者は、他の人々がそうした最低限の不干渉という厳格な義務を自分に対して負っていると考えるからである。ここで注意したいのは、当の行為者が目的的行為者の立場から、その自分自身の見地にとどまったまま物事を推し進めている点である。そこで標榜される権原という考えもそのようなものとして受け取らねばならない。

以上で示されたように、いかなる行為者も、自らが類的権利をもつことを否定すれば、自己矛盾に陥る。この点をより明瞭にするため、問題を別の観点から論じてみよう。今、判断（1）「私は自由と福利に対する権利をもつ」を否定するか、受け入れようとしない行為者がいたとしよう。類的権利と厳格な「べし」が同値であることから、この（1）の否定はその行為者による判断（2）「他のすべての人は私の自由と福利に最低限干渉しないようにすべきである」の否定を論理的に帰結する。その行為者は（2）を否定する以上、判断（3）「他のすべての人は私の自由と福利に最低限干渉しないようにすべきであるわけではない」を受け入れるしかない。しかし、（3）を受け入れると同時に、判断（4）「私の自由と福利は必要善である」を受け入れることは、いかなる行為者にとっても不可能である。一方で、前述した通り、（4）はどの行為者も受け入れねばならない。行為者は自らの目的を善いものと見なし、それゆえ自らの自由と福利についてはなおさら、いかなる目的の達成にも欠かせないものとして、高く価値づけねばならないからである。その行為者が目的的行為者である限り、言い換えれば、目的のために行為し、その目的を達成したいと思う行為者である限り、その行為者は自らの自由と福利が侵害されないままであること、したがってそれらが他の人々によって干渉されないことを欲していなければならない。しかも、その行為者はそれを単なる他人からの好意として欲しがるのではなく、他の人々が従わねばならない不干渉要求として、つまり、目的的行為者としての自らの見地からすると、違反した場合には厳しい問責どころか強制すら許可される要件として、それを欲していなければならない。かくしてその行為者は（2）を受け入れねばならず、結果的に、（2）は（1）と論理的に同等であるから、（1）を否定する行為者は自己矛盾をきたすことになる。行為者は以上の通り、さもなければ矛盾をきたすため、自分が類的権利をもつことを受け入れざるをえない。

問題をさらに別の角度から捉えてみよう。前述の通り、自らの自由と福利を必要善と見なすことは、行為者にとって、それらが侵害されていない状態が維持されるべきだと考えることである。ところが、（1）を否定したことの論理的帰結として、（3）を受け入れたとすると、その行為者は、他の人々がその行為者自身の自由と福利を妨害したり排除したりすることは許される、と認めたことになる。この場合その行為者は、自らの自由と福利に無頓着であること、あるいは少なくともそれらが不可欠ではないことを自ら公にしており、判断（5）「私の自由と福利は必要善であるわけではない」を承認しているのである。（5）の「必要」は、従前通り、手段－目的的意味合いに加え、指令的効力を含む。自分に自由と福利の権利があることを否定する行為者は、この場合もやはり、自らの自由と福利が必要善であること、すなわち当人がすべての行為の必要条件であると評価し、それゆえ他人によって妨害されてはならない善であることを肯定しつつ否定する、矛盾的立場に陥る。

この矛盾は、「必要」と「べし」の双方をあらわすために実践的－指令的「マスト（ねばならない）」を使うと、さらに鮮明になろう。その場合、（4）は判断（4ᵃ）「私は自由と福利をもたねばならない」であらわされる。この判断は、その行為者が目的的行為に携わる上で欠かせないと認める物事をもとうとする、当の行為者の決意を表現している。同じく（2）は、判断（2ᵃ）「他のすべての人は私の自由と福利に最低限干渉しないようにしなければならない」であらわされる。（2ᵃ）の「マスト」も、目的的行為に携わる上で欠かせない条件が妨害されてはならないとする、その行為者の決意を表現している。（4ᵃ）は（2ᵃ）を論理的に帰結する。行為者が自由と福利をもたねばならないとすると、その行為者の見地から見る限り、それらをもつことに対する妨害は他人からの干渉を含めすべて斥けられねばならない（紛争の問題については後に改めて触れる）。自分が自由と福利をもたねばならないこと（マスト）と、他人は自分がそれらをもつことに干渉してもよいこと（メイ）をともに受け入れれば、その行為者は矛盾をきたす。ここでは「マスト」も「メイ」も行為者自身の行為者性要件に準拠しており、両者の規準がまったく変わらないからである。こうしてその行為者の見地からすると、自分が自由と福利をもつ必要性には、他人がそれに最低限干渉しない必要性が内含されている。この後者の必要性は、その行為者が他の人々全員に向けて暗黙裡に発する厳格な実践的「べし」と同等であり、それゆえ、自分には自由と福利という必要善に対する権利がある、とする要求とも論理的に同等である。

ところで、行為者が前述した矛盾に陥るのは問題の善が必要善である場合に限られる。必要善以外の善に対する権利をもつことを否定したとしても、その行為者は自己矛盾をきたすことはない。前記の「マスト」、ならびに当該の善が侵害されない状態の持続という要件は必要善についてのみ当てはまるからである。他の善は、定義からして、不可欠なものではないため、行為者の見地からすると、議論のこの段階では、それらに対する干渉は許されざるものであり、したがって、他の人々はそれらに干渉しないよう厳格にすべきである、とはならない。これに対して、自由と福利という必要善は各々の目的的行為に関わる条件として真に根拠のある一般的な要件である。その一般性に鑑みれば、合理的な行為者が類的権利を要求する場合と同様の根拠に基づいてもっと特殊な権利を要求しない理由も明らかである。例えば、合理的な行為者は判断（4^{b}）「私はバイクをもたねばならない」から判断（2^{b}）「他の人々は私がバイクをもつことに少なくとも干渉しないようにしなければならない」に移行することはない。ある人物が自由と福利をもつことはその人の行為者性の一般的条件と結びつくから、そのことは、行為という文脈において、その人の特殊的で不可欠ではない欲求の対象にはない不可避性を帯びる。かくして行為者が必然的に権利を要求するのは、その行為者の行為全般あるいは成功的行為全般にとって真に必要な善のみである。

2-11 前項に関しては、早速、(3)から(5)への、またそれゆえ(4a)から(2a)への推論は妥当な推論ではない、との反論が予想される。普遍主義的な利己主義者であれば、(5)を拒否しながら(3)を受け入れても矛盾はないからである。確かに、各人はそれぞれに固有の自己利益のためにのみ行為すべきである、と考える普遍的倫理的利己主義者の場合、人は誰しも、利己主義者を含む他人の自由と福利に干渉しないようにすべきであるとの判断を、そのような干渉が当人の自己利益となる場合には拒否するはずであり、したがって(3)——「他のすべての人は私の自由と福利に最低限干渉しないようにすべきであるわけではない」——を受け入れるであろう。同時にこの利己主義者は、自らの自由と福利は自らの自己利益かその手段であるとの理由で、それらを必要善として捉えるため、(5)——「私の自由と福利は必要善であるわけではない」——を斥けることになろう。

この反論については、関連する諸問題とともに、詳細に吟味する必要がある。行為者が自分のために類的権利を要求するという本書の論点は、表面上、ある種の利己主義者の立場とよく似ているからである。最初にまず、前段の普遍的倫理的利己主義者の立脚点は、ある個人内部の目的的行為者としての見地から導出されたものではないことを確認しておきたい。この利己主義者の見地は、言わば、すべての行為者がいかに行為すべきかを規定する、ある普遍的原理の提唱者のそれである。そこで、まず問わねばならないのは、この原理の正当化理由は何か、なぜ行為者である個人が自らの行為者としての動能的関心をさしおいてこの原理を受け入れるべきなのか、といった点である。普遍的倫理的利己主義はそうした関心と矛盾するどころか、それを支持さえすると思われるかもしれない。しかしこれは完全な誤認であり、以下でその事情を詳らかにするつもりである。いずれにせよ、行為者の関心は（どのような目的にも使われる）自由と福利という必要善を自らもつことに関わらざるをえないため、それに他人が干渉することを許容または要求する原理を承認することはなかろう。しかも、利己主義者の普遍的原理をこの段階で受け入れることは弁証法的必然的方法の要求する手続きにも反する。この方法では、行為および行為者の必然的信念の概念分析から論理の筋を追って明らかになる命題しか受け入れられないからである（1-14）。

ところで、普遍的倫理的利己主義者が（3）を受け入れるとの表現は、先に（3）が当該の行為者によって斥けられた際とは異なる意味で用いられている。自分が自由と福利をもつことに他のすべての人は最低限干渉しないようにすべきである、とその行為者が言うとき、この「べし」の規準はその行為者自身の一般的な行為者性ニーズか自益的目的である。これに対して、普遍的倫理的利己主義者が他のすべての人は少なくともそうした干渉を控えるべきであるという点を否定するとき、この利己主義者の「べし」の規準は、当の「べし」判断の主語とされるすべての個人の目的か自己利益である。しかし、当該の行為者が自らの目的的行為者としての見地から支持せねばならない規準があるとすれば、それは前者であって、後者ではない。それゆえ、その行為者が普遍的倫理的利己主義者の規準を受け入れる根拠は一層怪しくなる。

利己主義者の狙いに譲歩して、（3）の解釈を改め、そこに含まれる「べし」の規準を当の判断の主語とされるありとあらゆる諸個人各自の自己利益においたとしても、前述した普遍的倫理的利己主義者の論点にはよく知られた重大な難点がある。（5）を斥けた場合、あるいは同じことであるが、（4）を受け入れた場合、その倫理的利己主義者は自らの自由と福利が誰にも邪魔されず守られるべきであると考えていることになるからである。このとき同時にその利己主義者が、再解釈された（3）を受け入れ、結果的に、他の人々は、それが各自の自己利益に資する限り、当の利己主義者の自由と福利に干渉してもよい、または干渉すべきである、と認めたとすると、その利己主義者はこうした干渉に対する反対を引っ込めたことになる。この利己主義者の立場は、一方で自らを目的的行為者たらしめる条件を支持しながら、他方でその条件を支持しない、または拒否するものであり、当の条件は干渉されるべきでないと同時に干渉されてもよい（さらには干渉されるべきである）、と考える立場である。

普遍的倫理的利己主義者からは、早速、実践的矛盾をまったく犯すことなく（3）を受け入れることができる、との反論が予想される。例えば、A、B二人の人物がいて、AがBを殺すことはAの自己利益であり、BがAを殺すことはBの自己利益であるとすれば、AはBを殺すべきであり、BはAを殺すべきである、というのがこの利己主義者の最終的見解である。確かにここにはまったく矛盾はない。この場合、可能でありさえすれば、A、B各々の立場でそれぞれの殺人を実行すべきである、言い換えると、二人の人物がそれぞれの殺人をするよう試みるべきであるということに過ぎないからである[13]。しかし、この場合もやはり同じ問題が生じる。AにせよBにせよ、自らの自由と福利は必要善であると考えながら、いかにして他人が自らの自由と福利に干渉して（例えば自分を殺して）もよい、または干渉すべきであるとの考えを受け入れることができるのであろうか。実はこの問いに対する応答は考えられるが（2-13参照）、それは利己主義の枠には収まらない。普遍的倫理的利己主義は、利己主義者に対して、各人各様の自己利益に従って行為するそれぞれの人物に中立的立場を貫くよう要求するとともに、「べし」の規準についても、そうした各人各様の自己利益を反映させることを求め、たとえ自らの自由と福利をもった行為者としての自己利益に反することがあっても、その規準を貫徹するよう求める。しかしこの利己主義者は、行為者として、同時に自らの自由と福利を必要善と見なさねばならず、それゆえ、他の人々の自己利益を自らの「べし」規準とし、自らの自由と福利に反する場合もそれを一律に受け入れるということは実際には不可能である。要するに、人が行為者であると同時に普遍的倫理的利己主義者であることは矛盾なしには不可能である。目的的行為に携わる以上、その人物は行為者であるから、普遍的倫理的利己主義者の立場を首尾一貫して貫くことはできない。かくして行為者は、論理の筋道に従い、（5）は認めず（3）を認めるという倫理的利己主義の規準を斥けねばならない。

以上に対する応答として、次のような相互に関連するいくつかの議論が考えられる[14]。それが当人の自己利益である限り、確かに普遍的倫理的利己主義者は、自らの自由と福利に他の人々が干渉すべきであると信じていなければならないが、これはこの利己主義者が他の人々にそうして欲しいと思っていることではない。この利己主義者は、自らの自己利益への関心から、自らの必要善を維持したいと思う反面、他の人々がそれらに干渉することを望んでおらず、したがって、この利己主義者が両立不可能な複数の目標を欲しているとの見方は当たらない。しかも、この利己主義者の自らの行為をめぐる諸々の実践的自己決定も、当人の欲望と合致しており、互いに矛盾することはない。この応答をさらに補強するのは、人間の暮らしを競争と対立に彩られた競技場になぞらえる利己主義者の見方である。人は、競争ゲームにおいて、競争相手が（当のゲームの目的と規則に応じた）ある手立てを講じるべきだとの信念を抱きつつ、同時に他方では、自分は可能な限り相手の動きを封じるよう行為すべきである、とも考える。この二つの「べし」信念には実践的矛盾は何一つ含まれていない。当人の欲求とその結果である行為が従うとすれば、それは後の方の「べし」であって、前の方の中立的「べし」ではないからである。このように普遍的倫理的利己主義者は、一方で、自分は自らの自己利益のみを追求すべきであるとの考えを抱きつつ、他方では、各人は、たとえそれが誰であれ他人の利益を損なうことがあっても、それぞれの自己利益のためにのみ行為すべきである、と何の矛盾もなく考えることができる。実際、この利己主義者の暮らしでは、その欲求であれ結果としての行為であれ、同じように、自らの自己利益のために行為するよう指令した「べし」判断にのみ従うことになって、他の人々が各自の自己利益のために行為するよう述べた「べし」判断にも従うということにはならないであろう。

右の応答には深刻な問題が孕まれており、それらは一対のジレンマに集約される。まず、この普遍的倫理的利己主義者は、一方で他の人々は全員各自の自己利益のためにのみ行為すべきであるとの信念を抱きながら、同時にそれらの人々がそのように行為することを望んでいない、という論点から第一のジレンマが生じる。この利己主義者は、普遍的倫理的利己主義の立場にある以上、各人が専ら自分の自己利益のためにだけ行為すべきである、と考えるだけでなく、「べし」を同じ意味で使用しなければならない。もし他人の行為に適用する場合と自分自身の行為に適用する場合でその「べし」の意味や発語内の力が変わるのであれば、その利己主義者の立場は普遍的利己主義のそれではないし、少なくとも発語内の力に関する限り多義的で曖昧であるとの批判は免れない。

しかし、この非普遍性や多義性は、むしろ、利己主義者という立場そのものから生じている。実際、この利己主義者が自分自身の行為に適用する際の「べし」は、自らの行為に最終的要件を課しており、無条件に指令的である。この利己主義者は、それを裏づける公式発表の類いが一切なく、そこには自らの真摯な思いや私的な弁護しか含まれていないにせよ、自分が自らの自己利益のために行為する点については、それを確定的なものとして承認する。それこそ利己主義者の「べし」が意味するものである。一方でこの利己主義者は、他の人々がどう行為すべきかに関する自らの「べし」信念と、それらの人々の行為に対する自らの望みや欲求を分けて捉えようとする。これは、他の人々の行為に適用する「べし」は無条件に指令的ではなく、たかだか「仮言的」で一応のものでしかないということである。人々は自己利益のために行為する、というこの利己主義者の承認はもとより確定的なものではなく、私的な弁護にすらなっていない。むしろそれは、「利己主義のルールに従って人生ゲームを演じなければならないとすると、人々は自らの自己利益のために行為すべきである」といった形式の言明である。ところが、この利己主義者は人々がそうしたルールに従ってプレイすることを望んでいないのであるから、この利己主義者が他の人々の行為に関して使う「べし」は、些かも確定的ではなく、せいぜい擬似的に指令的であるに過ぎない。このように普遍的とされる倫理的利己主義者の立場は実際には決して普遍的ではなく、利己主義者自身に適用する際と同じやり方で他のすべての行為者に適用することはできない。また、他の人々の行為に対して使われる「べし」とその利己主義者自身の行為に対して使われる「べし」の意図的意味や指令的力が異なる点で、その立場は少なくとも発語内行為に関して曖昧である。

一方、倫理的利己主義者が、普遍性を確保し多義性を回避すべく、（私的な信念としてではあれ）自分自身を含むすべての人々に関して、各人が各々の自己利益のために行為することを最終的に保証する無条件の確定的「べし」を掲げたとしたら、どうであろうか。その場合、この利己主義者は両立不可能で自己破滅的な命令という前に触れた問題に直面するであろう。この利己主義者は一方で、自らの自己利益が他の人々によって明確に侵害されるべきであるとの信念を抱きつつ、他方で自分はその人々の自己利益を明確に侵害すべきであると信じているからである。これは前に触れた第一のジレンマに他ならない。そうした両立不可能な自滅的命令を避けようとすれば、この利己主義者は少なくとも多義性を負わねばならず、その利己主義は普遍的ではありえない。逆に多義性を避け、普遍性を保とうとすれば、両立不可能な自滅的命令に服さねばならない。

しかしこの利己主義者は、他の人々の行為に適用した「べし」の特殊的な発語内の力はその一般的な行動指針的性格とは無関係であり、以上のジレンマは普遍的利己主義者の立場には何の影響も与えない、として、次の通り反論する可能性がある。「私は依然として他の人々が各々の自己利益のために行為すべきだと信じている。この『べきだ』は十分行動指針的である。彼らのそうした行為に関する私の保証の強さといった特殊的事情はどうあれ、他の人々が行うべき物事を指示しているからである」。しかし、この利己主義者の立場がたとえ自称にせよともかく行動指針的なものであるとすれば、この利己主義者はやはりその限りで両立不可能な自滅的目標という問題を抱えることになる。普遍的利己主義者がその立場を両方のやり方でもとうとすれば、必ず矛盾に陥る。要するにこの利己主義者が、一方で自らの普遍的利己主義的「べし」信念はすべての人々がそのために行為すべき目標を指し示すとしながら、同時に他方で、自らの望みと単なる「べし」信念の違いを強調することで両立不可能な目標をもつ困難からは抜けだせる、と考えることは不可能である。前の考えを守ろうとする限り、それをいかなる水準で保持するにしても、実践的矛盾に逢着する。

普遍的倫理的利己主義者が直面する第二のジレンマを理解するには、まず、人間の暮らしを競争ゲームになぞらえる見方について検討せねばならない。競争ゲームという文脈では直前に触れた「べし」をめぐる多義性の問題は、決してとは言えないまでも、まず招来しない。例えば、競争者Aが「私の競争相手はXを行うべきであり、私はその競争相手にXをさせないようにすべきである」と考えている場合、二つの「べし」は当のゲームのルールに対するAの全般的で明確なコミットメントの下で登場しているからである。この二つの「べし」は、「この競争ゲームはそのルールと関連する諸目的に従ってプレイされるべきである」との前件からその後件として論理的に生じるものであり、両方とも条件つきの、または仮言的な「べし」である。Aの無条件ないし最終の承認を支えるのはこの後の方の「べし」である。ゲームは要件や「べし」を定めたルールによって構成され、各競争者はそのゲームに参加する限り、それ以外の特殊的な自己利益的欲望にかかわらず、当の規則を受け入れねばならない。このケースで、Aが対立する二つの「べし」の両方を信じ、しかも、この二つの「べし」が同様の条件つき承認を伴い、したがってその力に曖昧さがないのはそのためである。これらは、結局、各競争者はゲームの目的に従い（そのルールの範囲内で）相手に勝つために最善を尽くすよう努めるべきである、との信念に行き着く。

次に、この競争ゲームの考え方を用いて、普遍的倫理的利己主義者が第一のジレンマから脱却する方途を探ってみよう。この場合、その利己主義者は、自らの全般的で無条件のコミットメントは普遍的利己主義的人生ゲームの「形式的」基本ルール（「あらゆる個人は各自の自己利益のためにのみ行為すべきである」）に対するものである、と主張することによって、前記の「べし」をめぐる多義性を回避しようとするであろう。この利己主義者が何よりまず忠誠を誓うのはこの普遍的利己主義的人生ゲームの競争と対立に対してであり、この利己主義者の無条件の承認を得るのはその「べし」である。

ところが、このような承認は、この普遍的倫理的利己主義者に、前に指摘した自己破滅的「（二つの）べし」に対する献身を確約させてしまい、結果的に、自らの利己主義的目的の侵害に対する承認を確約させることになろう。かくしてこの利己主義者は第二のジレンマに直面する。この利己主義者が普遍的利己主義的人生ゲームの形式的ルールに対する中心的かつ確定的なコミットメントによって普遍的利己主義の立場を堅持しようとする限り、この人物は、自らの自己利益を侵害する指令を承認しているのであるから、実際には、中心的で確定的なコミットメントが自らの自己利益の追求と最大化にある人物という意味の、利己主義者ではないことになる。反対に、この人物が後者の利己主義的な傾倒を自らの中心的で確定的なコミットメントとして堅持するのであれば、闘争と対立の普遍的人生に対する中心的で確定的なコミットメントを伴う普遍的利己主義の立場を維持することはできない。

競争ゲームのモデルは利己主義者にとって危険な考え方である。フットボールの監督のよく知られた言葉に「勝つことは一番大事なことではない。勝つことしかないのだ」というのがあるが、ゲームのルールは特定の「勝ち方」を禁じ、ある特定の条件下で競争者の一方が必ず負けることも定めている。これに対し利己主義者は、できる限りの方法で勝つこと、すなわち自己利益を増進することに傾倒している。こうしたコミットメントは確かに普遍的倫理的利己主義の規則の一部と合致する。しかしそれは、まさにその同じ理由で、競争ゲームの制限ルールやコミットメントと対立するばかりか、普遍的倫理的利己主義の規則の他の部分、すなわちそうすることが当の人々の自己利益となる場合はいつでもその利己主義者の自己利益を妨げるべきである、と指令する規則とも食い違っている。

自らの自由と福利を行為者性にとっての必要善と捉える行為者は、これらのジレンマとその考えに潜む自己利益に対する危険な見方を察知し、当然、普遍的倫理的利己主義の受け入れを拒むであろう。自由と福利は競争ゲーム――この中にはロシアンルーレットや決闘など死を孕んだ「ゲーム」も含まれる――や利己主義の想定する紛争状態の参加・関与にも欠かせないことを併せて銘記しておきたい。人が行為者であり続ける限り、その人は、隠然とではあれ、自由と福利に対する権利を要求せねばならず、そうした必要善の保有に他の人々が最低限干渉しないようにすべきであることを正しく理解していなければならない。

また、前述のジレンマは、すべての行為者が自由と福利に対する権利を必然的に求めるとする本書の考えと普遍的倫理的利己主義との決定的な違いを浮き彫りにする。議論のこの段階では二つの相違点が指摘されよう。まず第一に、本書の分析対象である合理的行為者の観点は、目的的行為者としての立場から論理的に正当な根拠に基づいて要求できる物事に絞られており、その要求は必要善すなわち行為者性の必要条件に限定されている。これに対し、倫理的利己主義者は広く自らの自己利益全体に対して制限なく要求や「べし」を発する。しかし、こうした限定のない要求は前の要求とは異なり合理的正当化を伴っていない。「合理的」とは、この場合、行為という文脈において自己矛盾なしには否定できない事柄のみを容認する厳格な立場をあらわす。人は自己利益の一部をなすと見られる諸要素の多くを欠いたままでも行為者となりうる（例えば、キャデラックや広範囲に及ぶ政治的権力、書物や絵画など）。一方、自由と福利を欠いたまま行為者であることはできない。本書がこの段階で、各々の行為者を特徴づける多様で特異的とも言える欲求や自己利益を考察対象としないのもそのためである。すべての行為者は暗黙の権利要求をせねばならないとの論点が成立するのは、当の権利要求の対象が行為の必要善であるときに限られる。これらの善に対する権利があることを否定した場合、その行為者は、前述の通り、矛盾をきたすが、他の善に対する権利があることを否定しても、その行為者は自己矛盾に陥ることはない。

第二に、合理的行為者は、自由と福利をもつためには、相手である他のすべての人々に特定の制限か要件を課さねばならないこと、言い換えると、それらの人々はこの自由と福利に最低限干渉しないようにすべきであり、さらに当の行為者が自らの努力でこの自由と福利を確保できない状況においては、それを確保できるよう支援すべきであることを認識している（ただし、いくつかの理由によりこの行為者は、努力や能力の有無にかかわらず、そうした支援に対する権利を要求することはなかろう。何よりまず、以下で見る通り、この行為者は、合理的であるがゆえに、自分が論理的に他の予定的行為者による同様の要求に従わざるをえず、結果的に膨大な数の達成されざる支援要求を抱え込まねばならなくなる事情を心得ている）。自分には類的権利がある、と合理的行為者が言うとき、この要求を構成するのは、その行為者が他のあらゆる人々の行為に関して抱くこうした制限や要件である。これに対して、普遍的倫理的利己主義者は自らの自己利益や身勝手な行為の諸要素に関してまったく制限を考えていないのと同様、他の人々の身勝手な行為についても一切制限を想定していない。それゆえこの利己主義者は両立不可能な複数の命令に縛られ、進退きわまるのである。

2-12 本項では、すべての行為者は自己矛盾の咎を免れるためには自らが類的権利をもつとする考えを抱くか、受け入れねばならない、という本書の議論に対する別種の反対意見を取りあげよう。問題の行為者は、肯定的なものであれ否定的なものであれ、権利要求も「べし」判断もまったく必要としない、との意見がそれである。自らに対して道徳的観念や義務的観念を用いることを一切拒絶する無道徳主義者であれば、確かに、言明（2）もその否定である言明（3）も受け入れる必要はない。したがって、無道徳主義者である行為者は、（1）そしてそれゆえに（2）の受け入れを拒んだからといって、（3）を受け入れる必要はなかろう。実際にはこの行為者は、自らのすべての目的追求に欠かせないとの理由で、（4）を受け入れるかもしれない。ただその場合も、この行為者は当の評価的想定において、肯定的か否定的かを問わず、権利要求や「べし」判断の類いは一切行わないはずである。したがってこの行為者の立場は、例えばこの行為者の自由と福利に対する干渉のような特定の行為を人々が行うべきであるとか、控えるべきであるといったことを要求はおろか否定すらしないであろう。この行為者は無道徳主義者として、少なくとも自分自身に関しては、「べし」や「権利」といった観念の有効性を否認するからである。この行為者が責任関与するのは、唯一、（6）「私は私が欲するものを得るためにできる限りのことをする」といった決意的言明である。この行為者は、例えばカリクレスやトラシュマコス、ニーチェのように、重要なのは力だけであり、権利の規範的要求や正当化は無益で不必要である、と考えるタイプの人間である。（6）のような言明はこの行為者を前述した諸矛盾に巻き込むことはない。それらの矛盾は例外なく否定的「べし」判断（3）を受け入れねばならないところから生じるからである[15]。

この反対意見を吟味するにあたっては、まず、（1）、（2）、（3）はいずれも規範的・義務的判断であるとはいえ、道徳判断ではなく、自益的判断である点に注意が必要である（2-8）。無道徳主義者の反論によって提起されるのは、したがって、無道徳主義者は自益的な義務的判断についてもその使用をすべて拒めるかという問題である。その答えが否定的な答えになることは、無道徳主義者が合理的で動能的に正常な人間であると想定すれば直ちに判明する（この想定をおかない場合、無道徳主義者について論じる意味はない）。ここで「合理的」とは、その無道徳主義者が経験的事実の証拠性ならびに演繹的推理と帰納的推理を受け入れるという意味であり、「動能的に正常な」とは、その無道徳主義者が多くの人間に共通する自己利益的動機をもち、それらを達成するために必要な努力支出を厭わない人物、一言で言い換えれば、少なくとも予定的行為者であることを意味する。そうした合理的で動能的に正常な人間であれば、自らのために少なくとも手段的な自益的「べし」判断を行うか、受け入れねばならない。この無道徳主義者の基本的善それゆえ基本的福利を脅かす何らかのものZがあって、当人は自らXを行うことがZを回避するための必要・十分条件である、と信じているとしよう。このとき、最小限の限定の下で、この無道徳主義者は次の自益的で指令的な判断を自ら行うか、受け入れねばならない。(7)「私はXを行うべきである」。その限定とは、この人物が、自分にはXを行う能力があり、しかもXを行うことに優先する留意事項は何もないと信じている、との留保条件である。この後者の条件は、問題の優先的留意事項はこの無道徳主義者の基本的福利に優先するものでなければならないという意味で最小限のものである。この人物は、無道徳主義者である以上、いかなる道徳的信念ももちあわせておらず、そうした信念がこの人物にとって自らの行為を制約する優先的留意事項になることはない。

さて、(7)は前に指摘した意味での義務的判断である。これは、ある特定の目標すなわち自らの基本的福利の維持という正当化理由に基づいて、行為に関わる指令的要件を表明したものである。この判断の示す要件が指令的であることは、無道徳主義者とされるこの人物が動能的に正常な人間として当の目標を能動的に欲望するとともに、それを確保するために必要と見なす物事を進んで行おうとしている事実によって明らかにされよう。それゆえこの「べし」判断(7)は、当の無道徳主義者にとって、何らの実践的・指令的愛着もない、一つの因果関係を指し示しただけの単なる理論的手段‐目的言明ではない。むしろ(7)があらわすのは、この無道徳主義者が自ら欲するものを得るために何をせねばならないかを自覚し、必要とされるやり方で行為すると決意している点である。この人物が(7)を受け入れられないとすれば、合理的でないか、動能的に正常でないか、あるいはその両方であろう。

無道徳主義者といえども、前述の意味で合理的かつ動能的に正常な人間である限り、実践的な「べし」観念を用いざるをえない。他の人物にではなく当の行為者自身に向けて発せられた点を除けば、この「べし」は（2）や（3）で使われている「べし」とまったく同一の観念である。この観念を用いない人物は、自らの自己利益的欲求を含む何らかの理由により自らの行為に課せられたさまざまな要件や制約についてまったく自覚していないことになろう。その場合、この人物は、自己利益的欲求のみが唯一の欲求であるにしても、その欲求を充足するために何をすべきで、何をすべきでないかを見分けることができないであろう。目的達成のために行動方針の検討が必要となり、複数の選択肢の中から取捨選択を迫られれば、誰であれ「べし」観念を使わざるをえない。

では、（7）のような自益的「べし」判断が無道徳主義者によって下されたとして、そうした判断は、（2）や（3）のような権利要求とさまざまな形で相関するもっと複雑な「べし」判断とどう関係するのであろうか。これらの「べし」の規準はいずれも行為者の目的や自己利益からなるという意味ではすべて同一であるが、（7）が自分向けの判断で、当の行為者またはその福利が直接問題となっている人物に向けてのみ実践的要求が突きつけられているのに対して、（2）と（3）は他人向けの判断であり、当の行為者の福利に最低限干渉しないよう他の人物に向けて実践的要求を課している点において、（2）と（3）は（7）よりも複雑であると言える。行為者の権利要求（1）と相関するのはこのより複雑な他人向け「べし」判断のみであり、したがって、この行為者が（7）のような自分向け「べし」判断を使わざるをえないことを証明しただけでは、この行為者が（1）のような権利要求を行ったり受け入れたりせねばならない事情を明らかにしたことにはならない。それゆえ問題は、この行為者が（7）のような自分向け「べし」判断から（2）のような他人向け「べし」判断に移行せざるをえないか否か、また移行せざるをえないとすれば、それはいかなる事情によるかである。

この問題に対する答えは、この行為者の自分向け要求に他人に対する相関的要求が内含される点を考察することによって得られる。ある人物が何らかの「べし」規準に基づいて、自分はXを行うべきであるとの判断を受け入れたとしよう。このとき、その人物は、その同じ規準に従い、自分にはXを行う自由があるべきだ、すなわち、自分がXを行うことが他の人によって防止されたり妨害されたりすべきではない、との判断を受け入れざるをえない。これをもう少し形式的に言いあらわすと、判断（7）は判断（8）「私はXを行う上で自由であるべきである」を論理的に帰結する、となろう。ここで、自由であるとは、他の人々によって少なくとも制止されたり妨害されたりしないという意味であり、「べし」の規準に変更はない。そうした不介入や不干渉は当人がXを行うための必要条件であり、その限りで、自分がXを行うという要求を自ら受け入れることは、少なくとも、自分がXを行うことに対する妨害があってはならないとの要求を暗に受け入れることを意味する。合理的な人間であれば、なされるべき物事を受け入れると同時に、それがなされるために必要な条件を拒否することはできないから、後者の要求を拒絶するのは恐らく、それが自覚されている限り、前者の要求も拒絶することであろう。この繋がりには前述した計算－転移と価値－転移が絡んでおり（1－14）、確かにここでもその際触れた問題のむずかしさは頭に入れておかねばならない。ただ、Xを行うことからXを行う自由があることへの推論はかなり直接的である。何らかの行為をするための必要条件が気にくわないとは言えないまでも受け入れがたいと思っているとすれば、そうした条件が当の行為の実行にとって真に必要なものである限り、その人物はその行為自体がなされるべきであるとの要求を受け入れることもなかろう。

（7）が（8）を帰結するとの論点に対しては、人が何かをすることに対する干渉が期待されるか承認される状況、そして広く競争的状況では、この考えは当てはまらない、との反論が予想される。次のような発言に即して考えてみよう。「私はこの銀行に押し入るべきである」、「私はこのテニスの試合に勝つべきである」、「私はこの受注競争に勝つべきである」。ここではいずれの発言も、「べし」は単に叙述的ではなく、それぞれの話者が正当化理由と見なす何らかの根拠に基づいて自らの行為に対する指令的要求として受け入れたものを表明していると想定しよう。加えて、後の二つの発言にある「勝つ」は、帰結的行為か、一連の行為をあらわすものと考えよう。ところが、いずれの話者も、各々の計画に対する反対や干渉、具体的には、それぞれにその正当化理由をもつ警察や対戦相手や競合他社の担当者からの干渉があること、もしくはあるかもしれないことを認識している。この認識に鑑みたとき、それぞれの話者が自分には当の行為を行う自由があるべきであると考えることは不可能ではないか。そう考えるのは警察や対戦相手や競合他社の担当者が当の行為に干渉すべきではないと考えることであり、それぞれの話者が対立する相手にはそれぞれに干渉すべき正当化理由があると認識している事実に反するからである。それゆえ、少なくともこのような競争的状況では、(7)が(8)を帰結するというのは間違いである。

以上の反論は、しかし、(7)が(8)を帰結するとき、二つの「べし」は同一の規準によるものでなければならない、との但し書きを見落としている。「私は銀行に押し入るべきである」とする強盗候補者の言明は、金に対する必要や欲求であらわされる当人の自己利益を規準にしており、警察が受け入れている法律的規準はこの人物にとっては的外れである。この人物の規準では、確かにこの言明は「私には銀行強盗する自由があるべきである」を帰結し、それゆえ警察をはじめ他の人々はこの人物による銀行強盗を妨害しないようにすべきである、となる。一方、テニス選手の言明「私はこの試合に勝つべきである」では、当の自己利益に加え、スポーツマンシップという要件を含むテニスのルールが規準となっている。このテニス選手はこうして複数の規準を受け入れているため、その言明は、相手の選手が当の選手の勝利を邪魔しないようにすべきである、を帰結することはなく、相手の選手は当の選手がルールに則って勝とうとすることを邪魔しないようにすべきである、を帰結するに過ぎない。このテニス選手の言明は、したがって、「私はこの試合に勝つよう努めるべきである」を意味し、この後者は「私にはこの試合に勝つよう努める自由があるべきである」を帰結する。言明「私はこの受注競争に勝つべきである」の場合も、「べし」の規準が企業間競争をめぐる法律的規則や産業権益をめぐる経済的ルールにある点を除けば、テニス選手の言明と同様のモデルに基づいていると見られる。ただし、他社の契約入札を妨害するために当の人物が脅しや威嚇を使う可能性もあり、その場合には、この言明は第一の銀行強盗の言明に近いものとなろう。こうして明らかなように、同一の規準が維持される限り、(7)は(8)を論理的に帰結する。

関連する反対意見として前に触れた利己主義によるものが考えられる。普遍的倫理的利己主義者であれば、(7)を受け入れつつ、(8)を拒絶するであろう。他の人々が当人の行為は彼らの利益を脅かす、あるいは、当人の行為に干渉することによって彼らの自己利益は増進される、と信じているときはいつでも、他の人々は当人のいかなる行為にも干渉すべきである、とこの利己主義者は考えるからである。普遍的倫理的利己主義者にとって、(7)から(8)は帰結しないというわけである。しかし、この論点には前述した普遍的倫理的利己主義批判がそのまま当てはまる。また、普遍的利己主義という同一の規準が(7)と(8)の「べし」を根拠づけているが、この二つの規準は特殊的には異なる点も併せて指摘したい。利己主義者がさらに「私はXを行うべきである」と言うときの規準は当人自身の自己利益である。それに対し、この利己主義者が他の人々は可能ならば当人にXをさせないようにすべきである、と言うとき、この「べし」の規準は他の人々の自己利益だからである。この場合、普遍的利己主義の原理という同一の一般的規準が両方の言明を根拠づけている、となお主張しても恐らく間違いではなかろうが、逆に、原理に合わせようとして、一般的規準が異なる人間を扱うことを通じて特殊化されるという事情を見逃していると言える。かくして、それぞれの「べし」使用に当の利己主義者自身の自己利益という同一の規準を保持した場合、この利己主義者の言明(7)は間違いなく言明(8)を帰結する。

以上の批判的論点は、(7)と(8)に含まれる「べし」と「行う」に種々の異なる限定を加えようとする他の反対意見にも拡張できる。例えば、「私は(一応)Xを行うべきである」は「私には(最終的に)Xを行う自由があるべきである」を帰結せず、「私は（法律的に）Xを行うべきである」は「私には（道徳的に）Xを行う自由があるべきである」を帰結しないし、「私はXを行う（よう努める）べきである」は「私にはXを（思い通りに）行う自由があるべきである」を帰結しない、といった反論である。この種の反論にはさまざまな限定を無効化することで対処できよう。（7）と（8）の「べし」の規準は、目下のところ、自益的なものに過ぎず、直ちに道徳的規準や法律的規準としてあるのではない。また、いずれの「べし」も、対応する「行う」の使用と同様、単にそう行うことを試みるだけでなく、Xを行うことを達成するという最終的要求を指し示している。この行為者がXを行うことを自らの福利を維持する上で欠かせない物事と捉えている点を想起すれば、そのことは明らかである。

他の反対意見にも適切な限定に配慮するという同様の方法で対処できる。例えば、「行う自由がある」は素性的概念であり、単なる「行う」より大きな時間幅を指し示し、したがって、（8）は（7）で主張されているものの範囲を超える、との反論である。この反論には二つの応答が考えられる。まず、（8）は（7）と同じく一時的なものと解釈される、というより直接的な応答である。この解釈では、「私にはXを行う自由があるべきである」は、時期規定可能なある特定の状況において人がXを行うことに対する障害は存在すべきではない、を意味しよう。特定の状況とは人がXを行うべき状況を指しており、（8）は確かに（7）の範囲を超えていない。（7）と（8）をともに素性的なものと解釈するより媒介的な応答では、（7）は、人がそうすることを選んだときにはいつでも、人はXを行うべきである、と語っていることになり、（8）は、そのようなときはいつでも、人にはXを行う自由があるべきである、という意味になろう。

さらに、同一の規準が各々の「べし」を根拠づけねばならないという条件が満たされることはそもそも不可能である、との反論も予想される。（7）は、自益的な判断であるから、少なくとも部分的には、（7a）「私にとってXを行うことは恐らく自益的である」であらわされよう。しかし、（8）は、部分的にであれ、それと類似の（8[a]）「私にとってXを行う自由があることは恐らく自益的である」であらわされることはなかろう。実際、人にXを行う自由があることには当人がXを行うことに対する他の人々の不干渉が含まれ、したがって、（8[a]）は（8[b]）「他の人々にとって私がXを行うことに干渉しないことは恐らく自益的である」を意味しよう。ところが、（8[b]）では、自益的であるか否かの判断は本質的に「他の人々」の自己利益や目的に基づくのに対して、（7[a]）では当の行為者自身の自己利益や目的に基づいてそれが行われている。要するに、まったく同一の規準が（7）と（8）のそれぞれの「べし」を根拠づけることはないというのである。

　この反論に答えるために、まず、一連の言明がすべて当の行為者自身の目的的行為者としての見地からなされている点を想起しよう。この点に留意すると、（8[b]）は明らかに誤った表現であり、その主旨を正しくあらわせば、（8[c]）「私がXを行うことに他の人々が干渉しないことは恐らく私の自益的目的にとって助けとなる」であろう。（8[b]）でその趣旨が正しく表現されないのは、主に、「他の人々にとって（…）干渉しないことは（…）自益的」の「にとって」が「他の人々のために（ないしは自益的目的のために）」という意味を示唆するからである。むしろ、ここで求められているのは、他の人々の不干渉が当の言明を行った人物の目的に資するという意味である。（8）の意味を損なわないようにするには、いかなる翻案も、それが当の判断を行った人物自身の目的的見地からなされたものであるという、その判断の主旨を保持していなければならない。つまり、（8）のような「べし」判断を行う場合、その行為者は、自分自身の自益的目的のために、他の人々の行いに対する要求や制限を提示しているのであり、それゆえ、同一の自益的規準が（7）と（8）の二つの「べし」を根拠づけると言えるのである。

　ここで、（7）と（8）の含意関係を踏まえ、前に取りあげた、（7）のような自分向け判断から（2）のような他人向け判断への移行という問題に答えておきたい。というのも、（8）は「自由である」という概念を用いており、この概念は、少なくとも人が他の人々から干渉されていないという否定的意味をもつ点からして、他人向け概念であると言えるからである。(8)はそれゆえ、(9)「他のすべての人々は私がXを行うことに最低限干渉しないようにすべきである」を論理的に帰結するが、この二つの「べし」の規準は同一である。ところで、この行為者が自らXを行うという要求を受け入れた唯一の理由は、仮定により、この行為者がXを行うことを自らの基本的福利を維持するための必要・十分条件と見なしていることである。したがって、(9)は(10)「他のすべての人々は私の基本的福利に最低限干渉しないようにすべきである」を論理的に帰結する。(9)と(10)の「べし」判断は、当の判断の相手の利益や目的ではなく、それらの対象者に向けて当の判断を発するこの行為者の利益や目的を増進することに関心を払っており、その意味で、これまでと同様、自益的判断である。ここでこの行為者は、自らの基本的福利に対する不干渉は、自分が少なくとも目的を達成できる予定的行為者であり続けるために必要不可欠であり、それゆえ、他の人々は全員そうした不干渉の要求を履行する責めを自分に対して負う、と考えている。そうすると、権利要求と厳格な「べし」判断との相関性により、(10)は(11)「私は基本的福利に対する権利をもつ」を帰結する。これはもちろん(1)「私は自由と福利に対する権利をもつ」の基本部分をなす。無道徳主義者が(1)の残りの部分も受け入れねばならない事情は、この無道徳主義者が(11)を受け入れねばならない事情とまったく同じである。このように無道徳主義者といえども、自分が自由と福利に対する自益的権利をもつことを認め、そのことを少なくとも暗黙裡に要求せざるをえない。

権利を自益的権利に限定する以上の見方は、もとより、標準的な権利概念から逸脱するものではない。権利の主張がしばしば個人的自由の尊重と結びつけられることはよく知られている。マルクスによれば、権利談義は、フランス人権宣言を含め、基本的に利己主義的ですらある[16]。いずれにせよ、個々の行為者が自分自身のために自由と福利に対する類的権利を要求するとき、その行為者はまず当の要求の根拠を自分の行為者としてのニーズにおくが、そのせいで、従来から言われてきた権利の発動に伴う規範的・指令的力が完全に殺がれることはない。

2-13 利己主義者や無道徳主義者に加え、「狂信者」も、すべての行為者が類的権利をもつとの考えを抱くという命題には反発するであろう。ここで狂信者と呼んでいるのは、真剣に守護する何らかの理念をもつとともに、当の理念と当人の自己利益が衝突した場合、前者を優先し、後者を無効化することに同意する人物である[17]。極端な例として、黒人の子孫である人間は全員、奴隷化されるか抹殺されるべきである、と真面目に信じる狂信的人種主義者がいて、自分が黒人の血を引く事実を知った際に、自分を抹殺するよう申し出たとしよう。この狂信者の立場は次の発言であらわされる。「もし私が黒人の子孫であるとすれば、私は自由と福利に対するいかなる権利ももたない」。しかしこれは、すべての行為者が類的権利をもつとの考えを抱くという私の命題とは矛盾する。

この種の狂信者については、余りに不合理な人物か動能的に異常な人物であり、真剣に受け取ることはできない、と主張するのが最も簡単な対処法だと思われるかもしれないが、これはきわめて真剣に受けとめられねばならない人物との重要な類似点を看過する見方だと言える。この狂信者をあらわす別の言葉があるとすれば、「理想主義者」や「信念の人」がそれである。いかなる人物も、例えば、理不尽な殺人や脱税といった特定の行為に対して法的処罰など何らかの反意向的処遇を求める一般的原則を承認しているのであれば、信念の人である限り、自らそうした行為を行った場合、自分自身がそのような扱いを受けるべきであることを承認するからである。「狂信的」の意味をこの身近な事例に則して捉えれば、自由や財産を剥奪されることが人の通常の意向に反するにしても、この承認に特段「狂信的」なところはない。

「狂信的」行為者の存在が私の命題といかに両立するのかという前記の問いについては、この命題は行為者性に類的に関係する物事を扱う、言い換えれば、類的権利は行為そのものの至近的必要条件であるという理由で正当化され支持される、と答えるのが最も直接的な応答となろう。人種主義者であれ他の狂信者であれ、自らの理念を支持して行為する覚悟がある限り、達成したいと思う目的はもっている。したがってこの人物は、合理的であれば、その目的が最終的に自分自身の行為者としての存続を危うくする計画にあるにしても、目的達成的行為に欠かせない類的権利をもつと考えざるをえない。

一方でこの人種主義者は、他の狂信者と同様、既に一つの特殊な原則をもち、それに基づいて行為しようとしている。自分にある特質が備わっている場合、自分には自由と福利に対する権利はない、と考えることでこの狂信者は、そうした権利の保有をめぐってある特殊な規範的規準を優先させようとする。この原則はしかし、すべての行為者が各自の自由と福利に関して抱かざるをえない信念、すなわち、各行為者がある特殊な規範的原則をもった一人の人間としてではなく、一人の行為者として、行為者である自分自身に関連する物事にのみ関心を向けている限り抱かざるをえない信念とは水準を異にする。行為の原則はこれ以外にも多くあるから、この狂信者の原則についてはその合理的正当化が問われよう。ところが、本書のこれまでの合理的推論に従うと、それらの原則の中には論理的に必然的なものは何一つとして含まれていない。今のところ、何らかの特殊的原則が行為概念から論理的に帰結することは証明されておらず、どの行為者も自己矛盾を犯さずにそれらをすべて斥けることができる。ここで今一度、道徳の最高原理に至る本書の一連の論証は、どの段階にあっても、弁証法的必然的方法からの要請として、行為概念から必然的に導かれる命題のみが正当なものとして承認される、という限定に配慮せねばならない点を確認しておきたい。一部の行為者が抱く権利保有の規準をめぐる偶然的な信念や原則はこの一連の論証には受け入れられない。本書の大きな狙いは、そうした信念や原則を批判的に評価できる眺望のきく合理的に必然的な立脚点を獲得することにあるからである（1-14）。それらの信念や原則は、その特殊的内容がどうあれ、それが正当化されるべきものとしてある以上、行為そのものの条件に基づく規範的合理的要求を満たしていなければならない。したがって、人種差別的狂信者が特殊的な規範的原則に訴えて、自分自身に関してであれ、他の人物に関してであれ、類的権利を拒絶しようとするのは早まった考えである。この狂信者の原則や理念は、行為に類的に関わる事柄の究明という観点からすると、これまでのところ、正当化に資する意義はまったくもっておらず、現段階では、当の狂信者を含め、誰かを強いたり害したりするための可能的根拠、あるいはすべての行為者は自らが類的権利をもつと考えねばならない、という命題を論駁するための可能的根拠として認められることはない（2-19、22、23も参照）。

2-14 次に、すべての行為はその時代の邪悪な社会秩序を反映している、と考える社会批判家の反対意見を検討しよう。諸々の行為は孤立して起こるのではない。行為には少なくとも安定性と予測可能性という条件を与えてくれる社会的母体が必要であり、それらの条件なしにはそもそも目標と計画を兼ね備えた行為の動態的目的性は不毛である。ところが、そうした母体が不公正で殺人的ですらあるとすれば、諸々の行為は、当の母体を変革することに捧げられない限り、それによって支えられると同時にそれを支えることになり、結局のところ、当該社会の道徳的悪徳を引き受けざるをえない。社会に関してこのような考えをもち、社会の行為に対する汚染作用を問題視する人々は、恐らく、自分たちが行為の類的特徴に対する権利をもつことはおろか、自らの自由と福利が必要善であることとすら認めないであろう[18]。同様の結論は、人間の本性は根源的に邪悪であるとする見方からも導かれる。この見方をとる行為者は、自らの目的を善いと見なしたり、自分が行為の必要条件である自由と福利の権利をもつなどと考えたりはしないであろう。

こうした極論は重要な問題点を提起するとはいえ、行為が自発的で目的的である事実や、行為の目的性が行為者の側の善ないし相対的善に関する一つの判断を内包する事実まで打ち消すものではない。自分自身が支配不可能な精神的・社会的力の受動的被害者である点を強調して、自らの行為者性をどれだけ否定したとしても、やはりこの人物は、自らのふるまいを曲がりなりにもコントロールする至近的支配力を有し、自分が行う物事を、少なくとも相対的な意味で行う価値があるものと見なしている。そうでなければ、そもそも行為することもなかろう。また、因果的・環境的背景が邪悪であるとの見方を論拠に、特定の行為を批難するにしても、自分が最低限自由と福利に対する権利をもつことには賛同できよう。事実、これらは社会や自らの悪性を説く当の主張の前提条件であり、そうした悪を克服したり緩和したりするために求められるさまざまな行為の前提条件でもある。

2-15 次に、行為と行為者性は人類が存在する限りほぼどこにでもあるが、権利という観念はかなり最近になって生まれたものである、とする歴史的観点による反論を検討しよう。権利は諸個人にそれぞれのデューとして与えられる善であり、諸個人が他の人々や政府に対して正当に要求できる善である、というのがこの反論の根拠である。その考えによると、そもそも権利は、諸個人の自由と福利が最高度に重視されているところでしか発想されたり所望されたりすることはない。ところが、前近代の西洋社会や非西洋社会では、最高の価値をもつのは集団や部族、あるいは社会的秩序や宗教的秩序であり、諸々の個人は従属的地位を占めるに過ぎない。そのような社会では、したがって、権利という観念が存在する余地はない。この否定的結論はローマ法にすら当てはまる。かくしてこの反論は、自由と福利に対する権利をもつとの要求や判断を前近代の行為者に帰そうとするのは時代錯誤もはなはだしいと難詰する[19]。

ここでは、いくつかの区別に注意せねばならないが、その手がかりとして、まず、前に触れた権利概念に関わる五つの変数を思い起こそう（2-7）。前近代の社会や法体系には権利という観念はまったくないと断定することは、権利の観念がその正当化の根拠として個々の人間を社会的・自然的・宗教的秩序と対照させる、ある特定の崇高な見方と繋がっている事実を否定することと同じではない。権利主体としての諸個人が権原や権利に関わる要求なり力なりをもつとの発想は、そうした権原が人間の本性に起因するのではなく、さまざまな社会的条件に従属するか由来するものであったとしても、問題なく擁護できよう。

ある観念を抱いたり用いたりすることとそれを明示的に承認したり説明したりすることの違いも重要である。ある言語を使う人全員が言語分析者でないのと同じく、抱かれたり用いられたりする観念がすべて明確に分析されているわけではない。権利に当たる言葉がまったくないにしても権利の観念をもったり用いたりすることはできるし、もっと複雑な表現が権利観念を意味している可能性もある。例えば、誰かが別の人物に対して不履行時の制裁を伴う厳格な義務を負う場合や、人々が特定の物事をもったり行ったりすることを許される、または禁じられる場合がそうである[20]。

さらに、権利を正当化するさまざまな根拠を見分けることも大切である。法律的承認がまったくない場合でも道徳的規準に基づいて権利が支持されることはあるし、法律的承認を伴ったとしても、権利の保護や施行に関する限り、厳格さや優先性はもとより一様ではない。法律的権利と道徳的権利の区別に加え、対象の違いもある。契約や他の私法的領域に根拠をおく権利のように特殊的で比較的狭い権利もあれば、憲法に関わる権利や他の公法上の権利のように一般的で広い権利もある。一方、各権利に相関する応対者の方も特定の諸個人から人類全体に至るまで実にさまざまである。最後に、権利の主体も、前に触れた道徳の配分的問題のあらゆる次元と絡んでおり、それに応じて、特定の諸個人、さまざまに分類される諸集団、さらには人類全員と、文字通り多種多様である（1-1参照）。このように権利は「人」権や「自然」権でなくとも発動されたり行使されたりする。特定の諸個人や諸集団に限定されていたとしても、それらはやはり権利である。

　以上の区別を念頭におくと、権利は近代に特有の観念であるとの見方は一層疑わしいものとなる。その見方によると、近代以前の諸社会には、所有や契約に関しても、罪の禁止や罪に対する罰に関しても、諸個人に帰せられる権原という発想は一切なかったことになるからである。この発想がなかったというのは、突き詰めれば、それらの社会では、一部の人々をめぐってすら、身体的攻撃やその他の危害から自由である権利を有するとか、財産を所有して拘束力のある契約を結ぶ権利を有するとか、その他の取引に従事したり何らかの政治的権限をもったりする権利を有するといった考えは一切もたれなかったことになろう。しかし、「一部の」は全員という意味でも大多数という意味でもない。このことが示唆するように、権利観念の歴史的普遍性は著しく不平等な社会や権利配分の大幅な制限が存在したという歴史的事実と何ら矛盾するものではない。また、多くの社会、いや大多数の社会で自由と福利の権利を事実上有していたのはごく一部の行為者だけであるという事実は、すべての行為者がそれらの権利をもつと暗黙裡に考えるとする本書のテーゼにも抵触しない。確かに権利を「もつ」との観念は、実効的か規範的か、実際に社会的に承認されたり法律的に施行されたりしたものか、あるいはそのようにされるべきものか、といった点をめぐる曖昧さを帯びている。本書のテーゼは、繰り返し指摘した通り、権利保有の規準を今のところ道徳的なものではなく自益的なものにおいているとはいえ、後者の規範的内容を伴っている。

　権利観念を近代に限定する否定的見解が歴史的命題として間違っていることは簡単な文献調査から明らかになる。まず、権利観念がローマ法に見られることを否定する歴史家の一人は、それにもかかわらず、「曖昧」で「未分化」ではあったものの、ローマ人はこの観念にかなり「接近していた」とはっきり述べている。別の歴史家も、ローマ法の条文解釈に際して、権利という概念を明示的に用いて説明し、同様の解説を何度となく繰り返している[21]。この点については、こうした概念の使用はローマの法令に権利観念があったことを物語るのではなく、そのような考えがまったく登場しない法文の解釈にも当の概念使用が役立つということでしかない、との反論も予想される。しかし、その解釈で使われた概念が隠然たる形ではあれ原文にまったく含まれていないのであれば、その解釈は、当然、曲解との誹りを免れないであろう。この場合、前に触れた区別が絡んでいると考えるのが妥当である。ローマ人は権利の観念を抱き、それを使ってはいたが、近代法の条文にあるように、それを全面的で明示的な形で発動したり分析したりすることはなかったのである。このように権利観念は、それを正当化する根拠に関する限り、すべての諸個人が等しい価値をもつとする近代に特有の考え方に限定されるものではない。

同様の点は封建制との関連でも指摘される。領主と臣下の合意は両方の側に権利と義務を生じさせる点にその要諦がある。マッキルウェインは次のように述べている。「封建的関係は儀式的な相互的誓約を通じて生みだされ、一方の側の誓いの言葉によって確約されるとともに、両方の側を同じように拘束する。この関係は契約的であるが、この契約で両方の側に生まれた権利は法律的権利であり、その法律上の解釈は、当の領主によってではなく、当該領地の全貴族によってのみ可能である。理論的には、権利というものがここまで強く主張された時代はそれまでなかった」[22]。

確かに、有機体説的発想に基づくプラトンやアリストテレスの非平等主義的社会哲学には、権利がすべての人間に帰属するとの主張はほとんど見られない。しかし、前述の通り、権利要求は必ずしも平等主義的－普遍主義的立場に限定されるわけではない。位階的な政治的秩序を支持する彼らの教説は、賢人が愚民を統治する自然権をもつとの発想によるものである、と解釈して特に問題はないし、財産をめぐる彼らの議論には権利概念が潜んでいる。アリストテレスは、国家内で諸集団が政治的権限をめぐって、まさしく正当に対立的要求を行う際の種々の根拠について分析しているが、そこにも隠然たる権利概念が認められる。また、すべての自由人は自分が好きなように物事を行う権限（エクスーシア）をもつべきだとする民主制論者の要求をめぐるこの哲学者たちの論述に、平等主義的権利の反響や予見を見ることもできよう[23]。もっと直接的な証拠を挙げると、文字通りには「法の平等」を意味する古代ギリシアのイソノミアという概念は、従来から、「国家の立法的・行政的・司法的力における平等な権利」を内包するものと解釈されてきた[24]。エウリピデスの次の一節も同様の証拠と言える。「法律が書き記されると、貧者も富者も平等な権利に与る」[25]。

権利観念はいわゆる未開社会にも認められる。これらの社会も法体系をもつことが認識されるにつれ、権利と義務のネットワークで編成される社会関係の詳細も次第に明らかになってきた。例えば、マリノフスキーはメラネシア人について、「各人の諸権利に関して厳格な区別と定義が存在するが、これを見る限り、所有形態は共産主義にはほど遠い」と述べている[26]。これらの権利は相関する義務を伴い、そこには義務を履行しない共同体成員に対する制裁をめぐる複雑な定めも含まれていた。「いつであれ過去に義務怠慢という罪を犯した人物は、自分が何らかの形で厳しく罰せられることになるのを思い知る。それぞれの共同体には、したがって、共同体の諸権利を各成員に強要するための武器がある。互酬性という武器がそれである」。これらの権利は所有物にとどまらず、結婚、母性、経済取引、身体攻撃からの保護など、他のさまざまな関係にまで及び、そうした関係は法律的規則によって規制された。一方でそれらの規則は、共同体の個々の成員によって認識されると同時に、内面化もされていたが、常に守られたわけではなく、時として破られることもあった。これは個々の人間が自らの権利と義務、言い換えれば、当人および他人がどのような権原を有するかを理解していたということであり、「各成員の権利と義務は、専ら集団的な事柄であるどころか、個々の人間にとっての中心的関心事であって、各人は自らの利益を守る術も、自らの義務を果たさねばならないこともよく心得ている」。

権利という観念は、以上の通り、近代西洋社会にのみ限定されるものではない。したがって、自分には自由と福利に対する権利がある、という暗黙の判断をすべての行為者に帰そうとするのは決して時代錯誤ではない。この権利の対象は、前述の通り、きわめて一般的であるとはいえ、原則として、近代西洋社会以外のさまざまな時代や地域で権利に付与されてきた内容とかけ離れてはいない。自らの権利に関する行為者の判断は、行為者性および成功的行為に至近的要因として求められる物事をめぐる自益的根拠によっており、異なる社会的秩序の歴史的特異性を超える実践的必然性を反映している。

2-16 権利概念は基本的に行為と関連するというのが本節の中心的論点である。言明「私は目的EのためにXを行う」は、当の行為者の見地からすると、「Eは善いものである」と「私の自由と福利は必要善である」のみならず、「私は自由と福利に対する権利をもつ」を帰結する。このことからわかる通り、行為の分析は、記述的概念と事実的言明を起点に、そこからいかにして評価的・義務的判断が論理的に導出されるかを明らかにする。確かにこの導出は、弁証法的必然的方法の要請に従い、この行為者の見地の内部でのみなされている。当の判断は今のところ独立的な実然的判断や必当然的判断としては提示されていない。しかしここでは、義務的判断が行為概念から必然的に帰結する経緯を、以上の通り的確に捉えることが肝要である。これまでの一連の考察から導かれる重要な結論は、行為の論理的構造において事実と価値のギャップならびに「ある」と「べし」のギャップがともに埋められる点である。この後者のギャップを埋めるために、約束のような慣習行動を支配する制度的規則に訴えることは特に必要としない。権利の要求ならびにそれと相関する「べし」は、論理的に見れば、あらゆる目的的行為に既に含まれている。

もう一つの重要な結論は道徳的議論の必然的内容に関わる論点である。多くの哲学者は、すべての道徳的論議が個人的感情に訴えるものである、言い換えれば、互いの言い分に食い違いが生じた場合、誰であれ、対話相手が道徳的に正しい事柄や間違った事柄について述べた言明の意味に対応することによってしか、その不一致の解決をはかる術はない、と考えてきた[27]。この見方によると、対話相手が道徳的言語の使用を拒んで、道徳的論議の土俵にあがるのを渋った場合には、対処不可能な障害が生じる。しかし、本書が明らかにした通り、目的的行為には例外なく権利要求が論理的に内包されており、いかなる行為者も道徳的言語の使用をそのような形で拒否するやり方を合理的に支持することはできない。確かに、すべての権利要求が道徳的であるわけではなく、それゆえ、規範的自益的言説から規範的道徳的言説へと移行するにはもう一段の工夫が必要である。それでも、規範的権利言語からどの行為者も逃れられない事情が明らかにされたのであるから、さらなる仕掛けに向けた手筈はほぼ整ったことになる。その次の措置が首尾よく講じられた際には、行為者が自らの自由と福利の権利を要求する理由は自ずと一般化され、他の人々にも同じように当てはまることが証明されるであろう。

さらに指摘したいのは、以上の議論で強調された行為の価値づけ的で正当化要求的な特徴が人権の本質的基盤を与える点である。これまで哲学者はそれらの権利の論理的・存在論的根拠について、それらはどこから来るのか、権利要求の身分はどのようなものか、などとさまざまに問うてきた。人は生まれながらにして足をもつというのと同じ意味で、人は生まれながらにして人権をもつわけではない。権利が実定法によって与えられる場合もあるが、この基盤が人権を根拠づける上で余りに偶然的で慣習的であることは直観的にはよく理解されている。権利の根拠を人間の価値や尊厳におく説の方が見込みはあるものの、しばしばそれは、人間は権利胚胎的存在者である、といった曖昧表現の単なる言い換えに過ぎない。権利は人々によって表明された要望か要求であると言ったところで、その要望を保障するいかなる根拠があるのかは不明である。ハートは、自由に対する「自然」権を約束のような特定のやりとりの諸前提から導きだそうとしたが[28]、彼の議論には、約束が既に一つの規則（または制度）を前提にするという難点が含まれており、それが結果的に、特定の文脈で「私は約束する」と述べることが権利と義務を発生させる効果を生んでいる。

そうした前提は、当の権利が類的権利の一部をなすと見なされない限り、特殊的権利に適用できる。しかし、類的権利の場合、何らかの規則を同じやり方で前提とするわけにはいかない。類的権利は、その対象がすべての行為の必要条件である以上、すべての実践的な法律的規則の基盤を提供するものでなければならず、そのような規則に根拠をおくことはできないからである。一方、約束や類似の特殊的制度に付随する権利の場合、それらの根拠をなす規則自体がいかに正当化されるかという問題は未解決のままである。そうした正当化が与えられない限り、その権利の導出は最終的な結論とはならない。以下で明らかにする通り、自由と福利に対する権利から約束をめぐる権利と義務が導出されるのであって、その逆ではない（4-14以下参照）。

本節の議論によれば、権利は人間であることと偶然的にではなく必然的に結びついている。すべての行為者たる人間は、目的をもち、善を追求するがゆえに必ず、行為の必要条件に対する権利があるとの確信を抱くが、権利の基盤はこの信念の内に潜んでいる、というのがその基本的な考えである。もちろん、生得の権利をもつと確信することとはそうした権利を本当にもつこととは大きく異なる。とはいえ、この後者の真理性を論証することが議論の目的であるとすれば、その議論はまず、すべての行為者が自らの行為に関わる権利をめぐって必然的に抱く信念から出発せねばならない。この信念が事実として確立されると、弁証法的必然的論法の以下の展開が示すように、問題の行為者は、同様の権利が他のすべての行為者および行為者候補にも等しく帰属することを認めねばならず、それゆえ最後は、道徳の最高原理を論理的に受け入れざるをえない。しかし、その論証にはまだ多くの課題が残されている。次節では、行為者の権利判断のそうした拡張の根拠について詳しく吟味しよう。

2-17 すべての権利要求や権利帰属要求は、ある個人か集団を利するために、その要求を正当化するとされるある特定の記述に従って、ないしは特定の理由に基づいて、行われる。その理由は必ずしも明確に表明される必要はないが、当の権利を支持する人物は、少なくとも暗黙の内に、自らの要求を正当化する根拠として、それを考慮していなければならない。そうした理由がまったくない場合、その人物は権利要求をしているのではなく、強盗の命令にも似た強制的要求を突きつけているに過ぎない。権利要求のための理由は最終的に、十分理由として、すなわち当の人物が権利をもつことを正当化するその十分条件を与える理由として提示する必要がある。一般に、「XはYの十分条件である」は、Xが起これば必ずYも起こらねばならないことを意味するが、同様に「XはYの十分な正当化条件である」は、Xが起これば必ずYは正当化される、すなわち正しいと確証されることを意味する。「X」はAがBに一〇ドルを貸すと約束したことであり、この約束を所与としたとき、BがAから一〇ドルを受け取る権利をもつことは正当化されねばならないとすると、このとき、Aの約束はBがこの権利をもつことの十分な正当化条件である。

権利要求に与えられる理由が正当化の十分条件ではなく、必要条件としてしか提示されないときや必要条件でも十分条件でもないときは、当の理由はその権利要求を正当化するに足るか否かが常に問われる。要するに問題は権利要求の正当化根拠の真意をしっかりと把握することであり、そのためにはそれらの根拠を周到に展開させる必要がある。周到にとは、この場合、それらを正当化の根拠に挙げる人物が当の正当化は首尾よく果たされたと確信するまでという意味である。それらの根拠がこの意味で合格とされたあかつきには、それらは問題の権利要求の十分理由か十分根拠となろう。逆に、何であれ十分条件を欠くものは、たとえ妥当なものであったとしても、定義からして、その権利要求が正当なものであるか否かは依然として不明である。

ある権利要求の正当化理由は、その要求で当の権利の主体とされる人物の何らかの記述的特徴を、当の権利の根拠として明示的に挙げる場合もあれば、そうでない場合もある。しかし、いずれの場合も、その理由はそうした記述的特徴を暗に指し示しており、そうした記述を与えるものとして、意味の変更を伴わずに書き換えられる。例えば、前述の約束に起因する権利の場合、その正当化理由は、当の権利をもつ人物Ｂに関する記述を明白には述べていないものの、ＢはＡがその約束をした相手の人物であるという記述的特徴を有するがゆえに当の権利をもつ、と暗に語っているのである。

さて、誰かが、特定の記述か十分理由ゆえにある人物は何らかの権利をもつ、と要求したとしよう。このとき当の要求者は、その承認を拒めば自己矛盾に陥るため、問題の記述や十分理由が何であれ、それらが当てはまる他のいかなる人物にもこの権利は同じように帰属すると認めねばならない。この必然性は道徳の分野に適用した普遍化可能性、すなわちある人物に関して正しいことは同様の状況下にある同様の人物に関しても例外なく正しくなければならない、という形式的原理の例証である。同じくこの形式的道徳原理は、何らかの主語Ｓがあり、Ｓが特性Ｑをもつがゆえに（この「がゆえに」は十分理由か十分条件をなす）、何らかの述語ＰがＳに帰属するとき、ＰはＱをもつ他のすべての主語S_1、S_2、…S_nにも帰属せねばならないという、より一般的な論理的原則である一般的普遍化可能性から論理的に導かれたものである。仮にこの含意を、Ｑをもつある主語、例えばS_1に関して否定したとすると、自己矛盾に陥る。ＳはＱをもつがゆえにＰはＳに帰属する、と言うのは、ＱをもつことはＰをもつことの十分条件である、と述べることであるが、S_1に関してこれを否定するのは、ＱをもつことはＰをもつことの十分条件ではない、と述べることだからである。普遍化可能性の原理は、たとえ道徳分野への応用形態であっても、関連類似性すなわち特性Qを捉えるために用いる規準に大きく依存するため、道徳的にはきわめて多様で対立的ですらある諸結果をもたらすだけでなく、十分理由をあらわす「がゆえに」概念に何が含まれるかを説明するものでしかない、という二つの事情により、それ自体として見れば、実質的な規範的道徳原理ではない。したがって、道徳の最高原理を打ち立てるために普遍化可能性の原理を用いるにしても、本書ではそれを実質的道徳原理として用いるつもりはない。

ところで、与えられた理由が実際には十分理由ではなかった場合、一見したところ論理的な普遍化可能性の原理の例外とも言える事態が生じる。例えば、SはQをもつがゆえにPをもつ、という文言が、Sは他の特徴Rをもっており、それがQと結びつくと、そのRはSがPをもつことの十分条件となる、という意味をもつ場合がある。この「がゆえに」の解釈では、他の主語がRをもっていない可能性があり、しかもQはそれがRと結びついたときに限りPの十分条件であるから、Qをもつ他の主語がPをもつ、との論理的結論は導かれない。このRのようなケースを指して「追加的条件」と呼ぼう。例えば、車は凍結した道路を時速六〇マイルで走行したがゆえに横滑りしたとの言明も、もしそこに当該の状況でその車が横滑りしたのは車両重量の軽さ、タイヤの摩耗、気象条件に配慮しない運転といった要因のせいである、とする暗黙の想定が含まれていたとすれば、凍結した道路を時速六〇マイルで走行する車はすべて横滑りするとの一般化を正当化することはなかろう。追加的条件に関わるこうした複雑さは、十分条件をその証拠と見なす因果的説明に広く見られる特徴である[29]。

しかし、一般性の度合いという点から見ると、追加的条件は一様ではない。先の例はその一種に過ぎず、そこでは、車、運転手、道路の諸特徴からなる一つのきわめて特殊な集合が問題の横滑りの十分条件とされている。その対極は極度に一般的な追加的条件であり、例えば、そこに特定の普遍的物理法則が作用していると考えられる場合がそうである。確かに、これらの法則なしには前記の条件が問題の横滑りを引き起こすに十分であるとはれることはない。

言えない。ただ、こうした法則はあらゆる状況で成立するため、暗黙の内に想定され、明確な言明が別に求められることはない。

普遍化可能性の原理が義務的分野や道徳的分野に応用されるとき、前述の様式における述語Pは義務的述語や道徳的述語と解釈されるが、最もよく知られているのは次の定式化である。ある一人の人物Sが属性Qをもつがゆえにある特定の権利をもつ（この定式の「がゆえに」も前と同じく十分条件のそれであるが、ここでは正当化に関わるものとして捉えられる）、とすれば、Qをもつすべての人物はその権利をもたねばならない。これ以外にも、一つの状況で正しいことはすべての同様の状況で正しくなければならないとか、人はどのような規則であれ自分自身の事例に当てはめるものはすべての同様の事例に当てはめるべきである、といった定式もよく知られている。これらの定式は時に「形式的正義」の原理と呼ばれる[30]。いずれの場合も、形式的正義に内容を与える関連類似性の規準は、ある人物がそれゆえにある特定の権利をもつとされる、十分理由か記述的特徴と同じものである。他の人々がこの十分理由を満たすというのは、この人物がその権利をもつことを正当化するとされる当の記述的特徴をもつ点に関して、それらの人々がこの人物と同類だということである。

道徳的な普遍化可能性原理の一見きわめて平等主義的な意味合いは、内容に関しては極度の可変性を許容するという事情により、著しく限定される。例えば、正しいとされる行為が、この原理による限り、行為者の可変的な嗜好や理念に応じて見境なく変わりうる点がそうであるが、これは最高道徳原理に求められる定言性という要件に反する。ただ、当面の議論にとってより興味深いのはそれとは別種の内容的可変性である。普遍化可能性の原理は、さまざまな行為を行う権利をもつための十分理由すなわち関連類似性の規準については一切の制限を課さないため、結果的に行為者や他の参加者はそれらの理由や規準を自らの可変的な欲求や偏見に合わせてうまく仕立てあげるかもしれない、という問題である。したがって、この原理に関する限り、ある人物が、自分や自分の贔屓する集団のみに備わった属性を自分がもつことを根拠に、あるいは自分の相手が自分とはまったく異なる属性をもつことを根拠に、矛盾をまったく犯さず、他の人々にさまざまな被害を及ぼす権利を要求する事態も想定される。例えば、自分は白人である、男である、優秀である、労働者である、資本家である、さらには、名前がワーズワース・ドニソープである、生年月日と出生地はかくかくしかじかである、といった理由で、その人物がそうした権利をもつことを要求する場合である。しかも、その人物が権利要求の十分理由と見なす特性によっては、その人物に論理的に要求されるのは、それらの有害な権利が当の特性をもつ他の人々全員——とはいっても、極端な場合、当のクラスの構成員はその人物ただ一人のこともある——に属することを承諾することだけという可能性もある。確かに、この原理を適用するには、その行為者は自分が受け手の立場にあることを想定せねばならないとの見方もできるが、それでもなお、狂信的行為者であれば、そうした有害な行為の受け手となることをまったく厭わない可能性も考えられる。このように関連類似性の規準をめぐる可変性には、さもなければ普遍化可能性原理を特徴づけたであろう内容的平等主義を取り除く働きがある。

2-18 一部の哲学者は、関連類似性の規準をめぐる可変性は避けられない、と考えている。すべての人間は、ある面では似通っており、別の面では相違しているため、多くの異なるやり方で分類されうる以上、何が適切な属性すなわち類似性と見なされるかは、各人のもつ特殊的な目的や道徳原理に対して完全に相対的なものとならざるをえない、との見方である。この立場をとる一つの極端な見解によると、そもそも道徳原理に証明や正当化を受け入れる余地はなく、したがって、関連類似性の規準が道徳原理に対して相対的であることは、そうした規準自体が結局は恣意的なものでしかないことを意味する[31]。もう少し穏健な一般的意見は一部の功利主義者に見られる。その見方によると、人間や行為の属性が正義に関わるのは、それらが功利的な意味で善い結果や悪い結果の産出に因果作用を及ぼす限りにおいてである。ここで功利主義の正義論が例外なく抱える周知の難点を問うつもりはない。しかし、仮にこの一般的立場が正しいとすれば、明らかに本書の研究計画は不可能になる。本書の狙いは、関連類似性の規準の合理的正当化を目論む当面の議論を含め、最高道徳原理の合理的正当化を提示することにあるからである。それゆえ私が、道徳原理はそもそも正当化に馴染まないから、関連類似性の規準は例外なく恣意的である、との意見を受諾すれば、自己矛盾に陥る。反面、関連類似性の規準を正当化するために、私が個人的に抱く何らかの道徳原理に訴えるとすれば、循環論法は避けられない。

一方で、前述の恣意性や相対性を回避する関連類似性の規準を模索した哲学者も存在する。その一つに、行為や人物のどの属性が正義や道徳的正しさに関連するかは、そのために当の属性が選ばれる何らかの立場や規則や制度の特定の目的によって決定されるべきであるとの提案がある[32]。この見方の難点は、当該の目的自体が不正であったり、そうでなくとも不道徳的であったりする可能性があり、そうした目的に基づいて人物や行為を区別することが正義を奨励するどころか、かえって不正義を助長してしまう危険を孕む点である。また、正義や道徳的正しさにふさわしい属性は相互受容性によって決められるべきである、とする方針も提案されている。それらの属性に基づく差別的待遇は、各人がそうした属性をもつか否かにかかわらず、またそれゆえ各人が当の待遇を決める規則に応じてこの取引のどちらの側に立つかにも関係なく、人々に広く受容されるかどうかを検討するというやり方である[33]。ただ、この規準では、さらに別の方法で特定しない限り、刑罰や学歴による格付けなど、通常は正義とは言えないにしろ道徳的に正当と見なされる行為や規則を禁止する恐れがある。逆に、通常は不正義とは言えないまでも道徳的に不当と見なされる行為や規則を許容する危険もある。例えば、「狂信者」が、問題となる属性をもつ場合には、自らの利益に有害な影響を及ぼすにもかかわらず、種々の差別的理念を支持する可能性である。

これらの難点を回避するためにロールズが考案したのが、人々は規則の内容や関連類似性の規準に関して、各人が自分自身の相対的な権力や能力を含む個人的な特殊的属性のすべてにまったく無知である「原初状態」において、予め言質を与えておかねばならない、との重大な条件規定である。確かにこうした規定は一部の規準に絡む自己偏向性を取り除くよう働く。人々から各自の個人的な特殊的特徴に関する知識をすべて奪い去れば、それらの人々が平等主義的な正義の諸原理を選ぶであろう、というのはもっともらしい想定である[34]。ただ、平等主義的原理の妥当性や合理性を明らかにする理論として捉えた場合、彼の議論は果たしてどれほど説得力をもつであろうか。それらの原理は、当然、実際には権力の面でも能力の面でも不平等であるだけでなく、自分自身の特性についてはよく知る人々からなる、現実の世界で機能せねばならないからである（1-8参照）。ロールズも彼が導出した正義の諸原理を実在の世界に生きる合理的な人々に適用しようとしている。ところが、自らの特殊的属性に関して完全に無知な人間というのは、事実として虚偽であるばかりか、合理的とはほど遠い仮定であり、そうした人々にとって決して合理的に正当化できる想定ではない。ロールズの議論は単純化された抽象モデルと多くの点で一致するものの、この点に関する限り、少なくとも一部のモデルとは大きく異なる。これらのモデルでは、諸々の個人が分析単位とされ、その二次的産物である「社会選択」や「憲法」や「厚生関数」ではそうした諸個人の選択か選好に同一の重みが与えられ、倫理的価値前提がおかれていることがはっきり意識されているからである[35]。ロールズの合理性と無知という二重仮定を不確実性下の危険負担行動に関するゲーム論的モデルや経済モデルに取り込もうと試みる人はいるかもしれない。しかし、そうしたモデルが、自らの特殊的性質に対する完全無知という想定に見られるような徹底したやり方で、その不確実性要因を拡張することはなかろう。

2-19 前項で見た関連類似性の規準に関する諸見解の難点は次の通り要約される。それらは何らかの実体的可変性や道徳的可変性を容認するか、疑わしく受け入れ難い想定を前提するか、そのいずれかである。以下、これらの難点の解決策を示すが、ここでは議論の本筋に立ち戻り、すべての行為者によって暗黙裡になされる、自分には自由と福利の権利があるとする要求に焦点を合わせるところからはじめよう。さて、これらの権利を要求する正当化理由は、当の行為者にとって、自由と福利がすべての目的的行為の至近的必要条件である点に存する（2-7以下参照）。ところが、自由と福利がそうした必要条件であることは、その行為者にとって、単に自分が実現したいと思う目的をもった現実的・予定的行為者であるという理由で、それらの権利保有を正当化する役目を演じるに過ぎない。仮にこの人物がそのような目的的行為者ではなく、自らの目的の達成に何の関心も抱いていないのであれば、自らの自由と福利を必要善とも権利とも見なさないであろう。逆に、この人物が実現すべき目的をもった目的的行為者であるという記述的特徴を満たす限り、自由と福利に対する権利をもつとの考えを抱かざるをえない。こうして明らかなように、この行為者の見地から見て、問題の権利要求を正当化する十分条件を構成するのは、この行為者という記述である。また、この行為者は、普遍化可能性の原理に従い、自らに関して要求した権利が自分と関連類似性を有する他のすべての人々にも同じように帰属することを論理的に認めざるをえない、と言われる場合に、関連類似性の規準を構成するのも、やはり、この行為者が自らに与える当の記述である。この行為者が十分理由として挙げる合理的権原をもつのはこの記述のみであり、したがって、この行為者の関連類似性の規準は実体的可変性や道徳的可変性を免れている。

その行為者が自らを予定的目的的行為者と特徴づけるこの記述は、その行為者が自らの類的権利保有の要求に対して提示せねばならない正当化理由の必要条件であるとともに十分条件である。それが必要条件であることは、すべての行為者が行為を行うのはそれを実現することが善いと思われる目的をもつためである、という事実から明らかになろう。しかも、すべての行為者が自由と福利といった行為の類的特徴に対する権利を要求するのは、それらがそうした目的的行為に欠かせないからである。行為者が目的をもたないのであれば、行為者は行為することに対しても、自由と福利をもつことに対しても、いかなる権利も要求しないはずである。それゆえ、すべての行為者の類的権利に対する要求の正当化理由は、行為する目的を含む当の行為者に関する記述、すなわち当の人物が実現したいと思う目的をもった予定的行為者であることを指示していなければならない。

この行為者の記述はそうした正当化理由の十分条件でもある。仮にその行為者の申し立てる理由がこの記述に何らかの限定的条項をつけ加えるものであり、したがって単なる予定的目的的行為者といった一般的なものでないとすれば、その行為者は自己矛盾に陥ることを認めざるをえないであろう。その限定的記述をDであらわすと、Dの事例として、例えば、「私の名前はワーズワース・ドニソープである」、「私はとても優秀（善良）である」など、前に触れたさまざまな記述が想起できる。そこで、その行為者には次のように問わねばならない。行為者である限り、たとえDでなかったとしても、なお自分には自由と福利に対する権利があると考えるか。その答えが「はい」だとすれば、その行為者は、Dである限りにおいてそれらの権利をもつ、とする自らの申し立てに矛盾することになるから、自分が正当化の記述をDに限定する過ちを犯したことを認めざるをえない。反対にその答えが「いいえ」だとすれば、つまりその行為者が、行為者であっても、自分がDでなければ自分にそれらの権利があるとは考えない、と述べたとすれば、その行為者は行為の類的特徴に関して矛盾をきたすことを認めざるをえない。というのも、繰り返し見てきた通り、行為者が行為するためには自由と福利が欠かせないことと、それゆえ行為者が自由と福利をもつ権利を暗黙裡に要求することは、いずれも、すべての行為者に関して必然的に真だからである。これらの権利を要求しない行為者は、本音のところでは、自分が善いと思う目的のためには行為していないし、自らの行為の必要条件を必要善とも思っていない、と少なくとも暗黙裡に語っているのである。しかしこれはその人物が実際には行為者ではないことを意味し、最初の仮定とは矛盾する。かくしてその行為者は、自己矛盾を避けるためには、自分がDでなくとも自由と福利に対する権利をもつと考えることを認めねばならず、これらの権利を要求する根拠である当の記述ないし十分理由は、その行為者が実現したいと思う目的をもった予定的行為者であること以上に限定的なもの、あるいは一般性を欠くものであってはならない、という点も認めねばならない。

以上は、当人が実現すべき目的をもった予定的行為者であるという事実は、いかなる行為者にとっても、自分が類的権利をもつとする暗黙の要求に関して、その（必要かつ）十分な正当化理由を与える、との主張である。以下ではこの主張を、行為者性の十分性を根拠とする議論（Argument from the Sufficiency of Agency）と呼び、ASAと略記しよう。ここでは特に、ASAがそれ自体としてはより特殊的な諸権利に対する要求の正当化には対応していない点に注意しておきたい。それらの要求にはさらなる留意事項が必要とされるのであり、その点は後に改めて論じる。しかし、自由と福利は、各行為者の特殊的行為目的の違いを問わず、すべての行為者がもたねばならない公分母として、あらゆる行為者性に至近的に必要とされるものであるから、それらを権利としてもつとする行為者の要求は、当の行為者が予定的行為者として目的をもつ、という一般的留意事項にのみ基づいている。要求される類的権利の包括的範囲は、それに対応する当の権利の保有を正当化するために行為者が挙げる属性の一般性と合致していなければならない。もし権利保有を正当化する属性がもっと限定されたものであれば、それらの属性は各行為者が各々の行為の至近的必要条件として自分のために要求するに違いない諸権利をまるまる正当化することはなかろう。

右の点は合理的正当化の要件すなわち恣意的なものが入る余地を与えないという要件とも関連する。実際、類的権利に対する要求の正当化を試みる際に、当の権利要求に絡む記述や内容や関連類似性の規準がさまざまある中で、その行為者が自らの好みに合わせて適当に取捨選択してもよいのであれば、その手続きは恣意的にならざるをえない。そうした恣意性を排し、要求の根拠を合理的に正当化されたものとする唯一の方法は、行為者が任意に選びうる物事は取り除き、当の要求対象と必然的かつ普遍的に関連するものだけに正当化を絞ることである。行為者は権利要求をするにあたり、選びさえすれば、さまざまなやり方で自らを記述したり自らの行為の十分理由を与えたりすることができるが、自分が実現したいと思う目的をもった予定的行為者であるとの記述ないし十分理由だけは拒絶することができない。なぜなら、行為の類的特徴と必然的かつ普遍的に、それゆえ不変的に関連するこの記述こそが、すべての行為者によって要求される類的権利の対象の内容を与えるからである。したがって、行為者の必然的な権利要求が合理的な正当化根拠に基づいて要求される物事に限定されている限り、自分は自由と福利に対する権利をもつ、というその行為者の要求が指示せねばならないのは、実現したいと思う目的をもった予定的行為者としての自分自身である。類的権利の対象に備わった一般性は、ここでもやはり、それに対応する権利主体の一般性を要求する。

　この一般性は、一方で、行為者の類的権利保有に関する必要記述ないし十分理由において、私が「実現したいと思う目的をもった予定的行為者」に言及した理由を明らかにする。行為者はこれらの権利を、特定の目的をもった現在の行為においてだけでなく、すべての行為において要求するからである。自由と福利の権利を要求する理由を現在の目的に限定することは、当の行為者にとって、自由と福利が現在の行為にとどまらずすべての行為に関わる善であると見なす自分に気づいていないことを意味しよう。それゆえ、予定的行為者であることは必ずしも現実的行為者であることではない。むしろそれは、欲しいと思ったり、行為を通じて実現したいと思ったりする、欲求や目標をもつことである。予定的行為者は単に当人の見込みからそう呼ばれるのではない。当人の見込みが大した意味をもたない場合もある。しかし、当人が何かを見込んでいれば、つまり何らかのやり方で自分が善いと見なす目的のために行為することを現行的・素性的に見通していれば、その人物は予定的行為者と呼ばれる。

このように行為者は、自己矛盾を避けようとする限り、自分が実現したいと思う目的をもった予定的行為者であるとの十分理由に基づいて、自分には自由と福利に対する権利があると要求せねばならない。したがってその行為者は、論理必然的に、実現したいと思う目的をもったすべての予定的行為者には自由と福利に対する権利がある、とする一般化を受け入れねばならない。この一般化は普遍化可能性原理の直接的応用であり、その承認を拒んだ場合、その行為者は、前述の通り、自己矛盾に陥る。その行為者は一方で、論理的にそうせざるをえないため、予定的行為者であるとの理由で自分には自由と福利に対する権利があると考え、予定的行為者であることがそれらの権利をもつ十分条件である点を承認しているが、この一般化を拒否した場合、その行為者は、予定的行為者であることはそれらの権利をもつ十分条件ではない、と考えていることになるからである。

2-20 次に、行為者が自らの権利要求をすべての予定的行為者に広く適用する一般化を回避するとして、その試みが成功するかどうかを検討しよう。まず、その行為者が自らの権利要求にまったく正当化の理由を与えない場合である。確かにこの場合、その行為者はなおのこと他の人々に一般化される正当化の理由を与えない。ただ、この可能性については既に本節の冒頭で取りあげ、却下した。行為者が暗黙にであれ正当化の理由をもったり与えたりしないとき、その行為者は権利要求をしているのではなく、強制的要求を突きつけているに過ぎない。ところが行為者は、前節で明らかにした通り、本書がその行為者に帰属すると見なした権利要求に関しては、必ずそれを行う必要がある。したがって、その行為者は必ず暗黙に当の権利要求に関する正当化の理由をもつとともに与えねばならない。

注意したいのは、ここでの中心的関心事が、単に他人への明白な意思伝達としてその人物に理由を与えることではなく、同時に自分自身の権利要求に関して理由をもつことに存する点である。問題の中心は、他の人に何を言うべきかという修辞的問題ではなく、むしろ、自分には自由と福利の権利がある、とする確信をめぐる当の行為者自身の合理的理由づけという論理的問題にある。行為者は、自ら善いと見なす目的のために行為することを意図し、しかも、そうした行為のために自由と福利を必要とするのであり、この必要条件は、自分にはそれに対応する権利があるという行為者の要求の根拠として、いかなる行為者も決して回避できない理由を構成するであろう。

行為者が自らの権利要求の一般化を回避する策として、自らの権利要求に十分理由をもったり与えたりしないというやり方以外の方法も考えられる。一般化を逃れるためにその行為者は、自分の正当化理由はせいぜい必要条件であり、自由と福利に対する権利を要求した際も、その権利要求の全面的正当化に必要とされる他の理由は除いている、と言い張ることもできる。例えば、自分が予定的行為者であることは自分がそれらの権利をもつ必要条件でしかない、自分が優秀で善良であることは追加的な必要条件である、しかしこれらもまだ正当化するに足る十分条件とはならない、といった主張である。この場合、確かにその行為者は、自由と福利の権利をもつ者はすべて優秀で善良な予定的行為者である、と論理的に考えざるをえないが、その考えに反する一般化を受け入れる必要はない。そして、この一連の手続きは、その行為者が類的権利をもつことを正当化する十分条件にはまだ達していないと主張する限り、どこまでも続くであろう。

では、十分な正当化条件を与えることがうまくいかないのはなぜであろうか。この点に関しては少なくとも三つの考慮すべき問題があると言える。第一は歴史的事件を説明する場合にも同じように関わってくる問題である。ある歴史的事件の生起に関して、その十分条件を確定することは、通常、因果的背景の複雑さゆえにきわめてむずかしい。このため歴史家は必要条件を示すことに専念するのが普通である[36]。歴史的事件の説明と権利要求の正当化は、一つないし一群の命題・判断が別の命題・判断によって意味される物事の理由や合理的解釈を与えるものとして提示されるという点で似通っており、その限りで、歴史的事例において十分条件を与えることのむずかしさは、権利に関する事例における同様の制限性を支持するように見える。第二は特殊的権利の正当化に絡む問題である。前述の約束に由来する権利を例にとると、この種の権利は、よく知られている通り、もっと切迫した福利の要求があれば、容易に覆される。BにはAとの約束により一〇ドルを借りる権利があるにしても、Aが妻の薬代としてその金額を必要とするのであれば、その権利は少なくとも一時的に無効化されるであろう。結果的に、AのBに対する約束は、それを最終的権利や現実的権利として見る限り、Bが当の権利をもつことの十分な正当化条件ではないことになる。他の特殊的権利の正当化にもちだされる理由や条件にも同様の十分性の欠如が認められる。法律的権利に関して、それらはさまざまな方法で終わらせることができるという意味ですべて「解除条件つき」であり、したがって、それらが有効であるための十分条件を与えることは不可能である、と言われるのもその類例である[37]。第三に、行為者が自らの類的権利保有に一般的な十分条件を与えられないのは、行為者がそれらの権利を行使する場面である特定の状況は多種多様で予測不可能であるため、権利行使の正当化にはそれに伴う多様性と予測不可能性がつきまとうからである、との見方がある。

以上は確かに重要な留意事項であるものの、いずれも当面の議論には当てはまらない。ここでの私の関心は特殊的権利ではなく類的権利にあり、しかもそれらが行為者によって保有される、または要求される一般的条件にあるからである。また、繰り返し指摘してきた通り、ここでの関心は、弁証法的必然的方法に従い、行為者自身の内的見地から捉えた類的権利正当化の十分条件にあり、そうした見地の外部にあって正当化するものとしての地位はまだ確立されていない法律的規準やその他の規準によって決まる条件を論じようとしているのではない。当の行為者の見地からすると、自分が自由と福利に対する類的権利をもつことは、自分が実現したいと思う目的をもった予定的行為者であることによって十分正当化される。実際、これらの権利はその行為者のあらゆる目的的行為とその行為者が行為を通じて獲得しようとするあらゆる善の至近的前提条件である。こうした行為者の内的見地による正当化の十分性は、したがって、当の見地にとっては外的な規範的規準をめぐる複雑さにも、因果的状況やその他の背景的事情に起因する複雑さにも影響されない。

ただ注意したいのは、こうした行為者の内的見地による類的権利の弁証法的正当化がまさにそれゆえの限界を有する点である。本章ではこれまで、行為者自身の見地からすると、当人が予定的行為者であることは類的権利をもつことを正当化する十分条件である、と述べてきた。しかしこれは、それらの権利の行使が正当に覆されることはない、との考えを示すものではない。そうした無効化は当然起こりうるが、そこで注意すべきは、権利の無効化を正当化する規準として二つのタイプが考えられる点である。一つは、その規準が行為者の内的見地からは完全に独立したものとして導入され、両者間の積極的関係については一切それを示す努力がなされない場合である。このやり方では、少なくとも当の行為者にとって、その規準の正当な根拠は不明瞭なままであり、どうして自分はそれを規範的・拘束的規準として受け入れねばならないのかという疑問も払拭されない。もう一方のタイプは行為者の内的見地と積極的に関係づけられた規準であり、言い換えれば、当の行為者が自らの個人的見地をその規準の下に組み込むことを、合理的根拠に基づいて承認せねばならない事情が明らかにされる場合である。それらの合理的根拠は第4章と第5章で検討する予定である。そこから導かれるのは、行為者の個人的見地からすると、当の行為者の類的権利保有を正当化するに十分であった正当化条件が、それらの権利をある特定種類の状況において行使することを正当化するにはもはや十分ではない、との結論である。もちろん何より大切なのはこうした議論を一歩ずつ前に進めていくことである。当面の関心は行為者の目的的行為をめぐる内的見地から正当化される事柄にあり、行為者自身が合理的に承認せねばならない追加的規準の導入についてはもっと先で取り組む。

2-21 次に、自由と福利に対する権利要求の一般化を回避する第三の方法に関して、これまでよりも少し詳しく吟味してみよう。その行為者が類的権利保有を正当化する十分条件を示すとしながらも、その条件は、実現すべき目的をもった予定的行為者という特徴に加え、他の追加的特徴も含んでいなければならない、と主張する場合がそうである。その行為者によってこの追加がなされる以上、予定的行為者のすべてがその行為者の考える十分な正当化理由に含まれる特徴をもつことは不可能になる。またこの追加は、その行為者の与える十分理由が他の各行為者によって与えられる類的権利保有要求の理由と一致しないこと、そして論理的に一致する必然性がないことを意味する。

では、制限を課す狙いでもちだされる追加的特徴にはどのようなものがあるだろうか。大きく二つの種類がある。一つは、当の特徴がある一人の人物、通常はその行為者自身にのみ帰属するという意味で純粋に個別的なものである。もう一つは、当の特徴が複数の人物、しかし予定的目的的行為者のすべてではなく一部の特定の集団のみに帰属するという意味で特殊的なものである。前述した行為者の権利要求の普遍化に対する反論も、これに応じて、個別化可能性によるものと特殊化可能性によるものの二種類に分けられる。ＡＳＡはいずれの反論にも十分応答できるというのが私の考えであるが、議論を補強するためにこの問題を少し慎重に取り扱ってみたい。

さて、個別化可能性による反論の考えでは、行為者が自らの類的権利保有に対する十分な正当化理由を与える際、その理由は余りに個別化されているため当の行為者自身にしか当てはまらない。要するにその行為者は、自分一人のためにその要求をしており、その行為者がこの要求をする理由は、その行為者自身が自らのために実現したいと思う自らの目的をもつこと以外にはありえない、と言っているのである。したがって、その行為者によって定式化された当の権利要求の理由には、「自己中心的な特称」――「私」や「私の」のような、その指示するものが話者自身が誰であるかに応じて変わる表現――が含まれていなければならない。その行為者の立場は次の言明であらわされよう。「私は私自身の目的を実現したいと思うがゆえに、私は類的権利をもつ」。他の人物はその行為者の目的を実現する必要はなく、実現したいとも思わないから、その行為者の権利要求の理由は、他の人物にはない当人自身の特徴で成り立つことになり、その理由は他の人々がそれぞれの権利要求に与える理由とも一致しない。この場合、行為者の権利要求の普遍化は、「実現したいと思う目的をもったすべての予定的行為者は類的権利をもつ」ではなく、「私が実現したいと思う私の目的をもったすべての予定的行為者は類的権利をもつ」となろう。

この個別化的制限をさらにはっきりさせるため、その行為者（「Ｘ」と呼ぶ）は、自分が自らの権利要求に与える十分な正当化理由には、固有名のような当の行為者自身を一意的に指し示す他の指標的表現が含まれていなければならない、と主張して次の通り述べたとしよう。「私はＸという名の予定的行為者であり、Ｘの目的を実現したいと思うがゆえに、私は類的権利をもつ」。この場合の普遍化は、「『Ｘ』という名の、Ｘの目的を実現したいと思うすべての予定的行為者は類的権利をもつ」となる。こうしていずれの場合も、その行為者の権利要求の普遍化は著しく制限され、論理的に帰結するのは当の行為者自身が類的権利をもつということだけであり、すべての予定的行為者が類的権利をもつとの帰結は得られない。

権利要求を個別化する以上のやり方に対する直観的反応として、その行為者がもちだす固有名のような属性は、当人に関してであれ、他の誰かに関してであれ、類的権利の要求や保有の理由にふさわしくない、との所見が考えられる。この場合、ＡＳＡが適用可能であるから、その行為者に次のように問うことができる。「あなたは、あなたの名前が『Ｘ』ではないとしたら、自由と福利に対する権利を要求しないのか」。これに対しその行為者が、「要求しない。高貴な名前『X』をもつことだけがそうした権利をもつことを正当化する」と答えたとすれば、その行為者は、自由と福利に対する権利は当人が善いと見なす目的のために行為するすべての行為者によって少なくとも暗黙裡に要求されねばならない、という前述した検討結果によって反駁される。つまり、Xはたとえその名前が「X」でないとしても、正当化理由に基づいてそれらの権利保有を要求することになる。「X」という名前であることは、当人が類的権利保有を要求する正当化理由の必要部分でも必要条件でもない。言い換えれば、その人物の名前が「X」であることを含んでいなくとも、あるいは背景にもっていなくとも、当人の正当化理由は十分なものとなりうる。

では、前の方の、「私」や「私の」といった話者に対して相対的な表現を用いた個別化可能性による反論に関してはどうであろうか。この型の反論は「X」のような指標的表現を用いたものと同じやり方で応対することはできないと思われる。例えば、その行為者に「あなたは、あなたが実現したいと思うあなた自身の目的をもっていないとしたら、自由と福利の権利をあなた自身のために要求しないのか」と問うたとしよう。このとき、そうした権利要求はその行為者が自らの目的をもち、行為を通じてそれらを実現したいと思っていることをその理由としているのであるから、この状況ではその行為者は自分のためにそれらの権利を要求することはない、という答えになるに違いない。

しかしそれでも、その行為者が類的権利要求に関して他のすべての行為者と同一の十分理由をもっている場合もありうる。あらゆる行為者はそれぞれに自らの目的を実現したいと思っており、したがって、その行為者が与えた「私は私自身の目的を実現したいと思う」という理由は、他のすべての行為者がもつか、与える理由でもあるからである。その結果、その行為者の権利要求の普遍化は他のすべての予定的行為者へと拡張されねばならない。ところが、これに対しては、「私の」とか「自らの」といった言葉は、各人の目的を指し示すために用いられる場合、何を指し示すかが曖昧であり、それゆえ、最初に権利要求をした行為者の理由が他の行為者の理由と同じであることはない、とする反論が予想される。この曖昧さを防ぐには、最初の行為者の理由を、「自らの」目的を実現したいと思うことではなく、Xという目的か、「X」という名前の人物の目的を実現したいと思うこととして与えなければならず、その場合、この理由は他の人々が自分のために類的権利を要求する理由と同じものではない、との見解である。かくして議論は、ある程度まで、固有名による個別化可能性という論点に舞い戻ることになるが、それに対しては既にＡＳＡで応答している。ただ、この議論は、Xの名前にではなく、その人物が唯一無二の人間としてあることに依存していると解釈することも可能であろう。確かにこの場合、Xが唯一無二の人間Xの目的を実現したいと思っていないとすれば、Xが自分のために類的権利を要求することはないであろうし、これは、当然、他の人々が自らに類的権利を要求するための理由と同じ理由ではない。

以上の議論に関しては、Xが類的権利を要求するために他の各行為者がもつものと同じ理由をもつ、という点を肯定したり否定したりする際の、「同じ理由」が何を意味するかをはっきりさせることがきわめて重要である。「同じ理由」という概念はさまざまなやり方で細分化できる。例えば、いかなる人物も何らかの物事を同じ理由で二度することはない、と断言することもできよう。昨晩の歯磨きと今晩の歯磨きに関してすら、前の状況でそう行為した当人の理由を構成している意図や欲求の状態は、後の状況でそう行為した当人の理由を構成しているものとは数値的に異なる、と言えるからである。また、こうした心理学的・現行的「理由」解釈を斥け、当該理由の中身に焦点を合わせる解釈をとったとしても、なお、二人の人物が同じ理由で何事かをすることはない、と主張できる。競漕で勝利をめざす一つのボートの漕ぎ手のように共通の目的のために協力する者たちであってもそうである。漕ぎ手Wが唯一無二の人物Wの目的を実現しようとするのに対して、漕ぎ手Xは唯一無二の人物Xの目的を実現しようとするからである。

このような細分化の発想によると、同じという概念を理由に正しく適用した場合、当の理由はそれをもつ一人の個人——の意識の一つの状態か脈動、とは言えないまでも——に付属する数値的同一性をもたねばならないことになるが、これは誤った想定である。この想定が正しいとなれば、同じ理由で多くの数値的に異なる行為を行う一人の個人の持続的な性格特性についても、同様の持続的性格特性をもった多くの諸個人がそれゆえに同じ理由で行為することについても、理解はできないであろう。また、異なる諸個人が共通の目的を実現するために協力し、同じ理由でそれぞれ異なる行為を行っている事情も理解できないであろう。これらすべてのケースで、「同じ理由」という概念は一人の個人や意志の一つの状態に限定された唯一無二性を意味するのではなく、異なる時点にある一人の個人にも多くの異なる個別的行為者にも共通する、目的や動機の一般性あるいは類似性を意味する。

この一般性や類似性は競争のケースにも当てはまる。XとWが競走をするとき、Xが走る理由はXを勝たせることであり、Wが走る理由はWを勝たせることである。それにもかかわらず、この二人は類的に同じ理由か類似の理由で、つまり競走で勝利を収めること（S）を目的に競走するのである。したがって、Xがその競走の理由や目的を「私は私がSをもつことを欲する」と言いあらわすとすると、この言明はWや他の競走者によっても虚偽なく言表されうるタイプのトークンだということになる。これらのトークンは、「私」に関する限り、それぞれ異なる指示をもつものの、（数値的ないし類的に）同じ対象に対する質的に同じ願望的態度を表明している点で、これらはすべて共通の意味をもつ。それゆえ、他の人々が各々の行為を行う理由はXの理由と同じである。

異なる人々が行為する理由の質的な同様性をさらに吟味するために、XとWがともに個人的利己主義者であり、「Xは Xの利益になることを望む」と「WはWの利益になることを望む」がそれぞれに関して真である、と想定してみよう。このX言明がXの行為する理由についての言明であるのは、それが当人の願望的態度や奮闘と当人が利益を受けることとの事前関係をあらわすからである。この関係自体は一般的なものであり、Xを指示していない。その同じ関係はWの行為理由に関する言明であるW言明の場合にも成立する。いずれの場合も、その理由は二つの固有名関係項とそれらの関係に分解されよう。その理由はそれぞれの関係項（XとW）において異なっているが、「利益になることを望む」という関係においても、各関係の反射性においても同じである。それぞれの理由が当の態度をもつ人物の利益になるという質的に同じ願望的態度をあらわすからである。ここでXが、この反射的関係は、特殊的関係項であるX同士を関係づけるもの——つまり「XはXの利益になることを望む」——でない限り、行為するいかなる理由も与えない、と主張したとしよう。その場合も、この人物は、その同じ反射的関係がXの理由のみならずWの理由の基本的成分となっており、それらに大きく寄与しているから、その限りでその理由は同じである、という点まで否定することはできないであろう。それぞれの関係項や指示対象が異なるという事実は、その理由がまったく同じでないことを意味するのではなく（なぜなら関係自体は同じであるから）、単に、XがX自身のために類的権利を要求する（すなわち、XはXの利益になることを望む）ことに対してもつ関係ならびに理由が、WがW自身の類的権利の要求に対してもつ関係ならびに理由と同じであることを意味するに過ぎない。このように個人的利己主義と個々の行為者の唯一無二性という仮定をおいたとしても、それぞれの行為する理由と類的権利を要求する理由は同じでありうる。以上により、ある行為者が自らの類的権利保有に与える十分な正当化理由は、著しく個別化されるために当の行為者にしか当てはまらない、とする個別化可能性による反論は、その根拠として固有名をもちだすか他の固有属性をもちだすかにかかわらず、誤った考えであることが明らかになった。

2-22 次に特殊化可能性による反論を吟味しよう。この反論によると、行為者が類的権利をもつのは、ただ単に予定的目的的行為者としてではなく、予定的目的的行為者のすべてではない一部の集団だけに帰属する特殊的特徴をもつ限りにおいて、またそれゆえにのみである。厚遇される特徴として、何らかの特定の人種、宗派、民族、経済階級に属すことや、知能や慈善心といった精神水準の高さ、特定の知識や目的をもつことなどが挙げられよう。したがって、その行為者が普遍化可能性の原理に従って論理的に受け入れねばならないのは、こうした特定の集団の成員は類的権利をもつとの考えだけである。

右の論点に対してはＡＳＡが十全な答えを用意している。その行為者にそれらの好ましい特徴がないとしても、その行為者はなお類的権利をもつと考えるであろう。というのも、行為者が類的権利は目的追求に欠かせないとの根拠に基づいて自らのためにそれらの権利を暗に要求することは、すべての行為者にとって必然的に真だからである。このため、その行為者がその権利を要求する十分理由は予定的目的的行為者であるという特徴のみを引証していなければならず、結果的にその行為者は他のすべての予定的目的的行為者も同じようにその権利をもつことを認めざるをえない。

この平等主義的で普遍主義的な結論は行為者性概念の含意から導かれたものと言える。したがってこの結論を受け入れる前に、それが行為者性概念から出てくる反論に対処できるかどうかを吟味しておく必要があろう。仮に行為者性自体に種々の非平等主義的分化が内包されているとすると、行為者性から推論された平等主義にとっては大きな問題である。まず最初に指摘したいのは、目的を追求しているか、追求しているように見える存在者のすべてがここで言う行為者ではない点である。人間以外の動物には、大概、強制なき選択に基づいて自らのふるまいを支配する能力も、五感で捉えられる物事を超えて関連する諸環境に関する知識をもつ能力も、とりわけ自らの目的を理性的に反省する能力も欠けている。これらの能力は、子供や精神異常者、知的障害者などの場合もある程度欠けていると言える。その意味で、これらの人々は、除外の度合いや根拠は一様でないものの、予定的行為者のクラスからは除いて考える必要がある。子供は可能的にはそのような行為者であるが、知的障害者の場合、必要な能力の一部しか獲得できない。

ところが、完全な行為者性への接近度にこうした違いが存在するのであれば、行為者性そのものにも度合いの違いがあって、「正常な」成人の行為者も行為者としてはそれぞれ不平等なのではないか。ある人物が実践的知性の面で別の人物より優れていることは当然ありうる。その場合、前者の方がより効果的に、しかもより多くの目的実現のための行為を行いうるという意味で優れた行為者である。この優越性は、それらを欠くとの理由で動物を行為者のクラスから除外した当の諸特徴——自己支配の能力、諸環境に関する適切な知識、目的の理性的反省——と少なくとも部分的に関係している。

行為者としての人間を差別化するこうした違いを念頭におくと、次の二つの推論が成り立つ。一つは、類的権利の保有を正当化する記述ないし十分条件は、すべての正常な成人に付随する予定的行為者であるとの非限定的特徴に限られるのではなく、むしろ、行為者性に関わる能力を高い度合いでもつという限定的特徴である、との推論である。アリストテレスが自由と完全な福利を人間の一部の集団に帰属させた際に依拠したのもそのような排除的規準——合理性を実行できる能力、とりわけ結果を熟考し予測する能力——であり、彼はそうした能力を欠く者たちを自然的な奴隷と呼んだ[38]。こうして優れた行為者のみが類的権利をもつことになる。もう一つは、すべての行為者が類的権利をもつが、それらの権利は優れた行為者の方により大きく帰属する、との推論である。その考えによると、類的権利保有を正当化する諸属性は不均等に分布しており、それらの権利もそれに応じて不平等に配分されるべきである。こうして優れた行為者は、より大きな自由と福利の権利、すなわち、他の人々と関わりをもつ行為への関与を選択したり支配したりするより強い力と、自らの目的を実現するより多くの手段をもたねばならない。

後者の推論が依拠する前提は一般的な意義を有しており、ここではそれをより明確に捉えてみたい。その考えを定式化すると、次のようになろう。ある属性Ｑが特定の権利Ｒの保有を正当化し、しかもＱがＲの保有を正当化する関連事項に関してＱの具有の度合いが異なるとき、Ｒの保有度は、Ｑの具有度に比例する、またはそれに応じて変わる。以下、これを比例性の原則（Principle of Proportionality）と呼び、ＰＰと記そう。その考えによると、x単位のＱの具有が当人のx単位のＲの保有を正当化するのであれば、y単位のＱはy単位のＲの保有を正当化する。こうした比例性は配分的正義に関する伝統的理論に広く見られる特徴である[39]。

さて、ＰＰは、正しく解釈される限り、事実に反していないが、誤った解釈がなされやすいのも確かである。主な誤解は正当化する属性Ｑに関係し、そこにはその具有度の違いを左右する関連事項が含まれる。例えば米国では、市民の法律上の選挙権は主に当人の年齢によって決まり、この年齢は選挙権保有を法律的に正当化する属性の少なくとも一部をなすと見なされる。ところが、米国市民は年齢に関して多様であるにもかかわらず、年上の市民が年下に比べより大きな選挙権をもつとか、より多くの票をもつといったことは起こらない。この例でわかる通り、ＰＰが正しく解釈されるには、正当化する属性Ｑは正確に述べられねばならない。米国市民の選挙権保有を法的に正当化する、または決定するのは、年齢が最低一八歳であるという属性か特性である。人が最低一八歳であることは人が一八歳よりどれだけ年をとっているかによっては影響されないから、この属性の具有は絶対的であって、その度合いが変わることはない。この状況では、Ｑに度合いの違いはなく、Ｒも同様であるから、ＰＰはそぐわないことがわかる。この原則が当てはまるのは、唯一、限界的ケースにおいてである。

以上の考察を類的権利に適用してみよう。すべての行為者が類的権利をもつことを正当化するのは、繰り返し述べてきた通り、当人が実現したいと思う目的をもった予定的行為者であるという事実である。この属性を「Ｐ」であらわそう。Ｐは度合いの点で違うことがあるだろうか。この問いに正しく答えるためには、それが（ａ）Ｐ

であることに近づいている度合いに違いはあるか、（b）実際にPである度合いに違いはあるか、という二つの異なる意味をもつ点に注意せねばならない。（a）の答えは（b）の答えを決めないし、（b）の答えが（a）の答えを決めることもない。事実、（a）の答えは「はい」であるのに対して、（b）の答えは「いいえ」である。

この点を理解するために、先に挙げた米国市民の選挙権の例をもう一度取りあげよう。一六歳の子供は一〇歳の子供に比べ一八歳であることにより近づいているから、（a'）最低一八歳であることに近づいている度合いに違いはある。このとき、PPに従うと、市民が選挙権保有に接近する度合いにもそれに応じた違いがあることになろう。こうした接近度の違いは、例えば、有権者向け教室や青年諮問会議などへの参加資格に関係づけることもできる。一方、一八歳になれば、その人は最低一八歳という属性を絶対的に具有することになるから、（b'）実際に最低一八歳である度合いに違いはなく、したがって、実際に選挙権を保有する度合いにも違いはない。これとは対照的に、何らかの属性をもつことに近づくことと、当の属性を実際にもつことの双方に度合いの違いが見られるケースも中にはある。例えば、（a''）背の高い人間であることに近づいている度合いには違いがあり、（b''）実際に背の高い人間である度合いにも違いがある。

予定的目的的行為者（P）であることは、少なくともこの属性が類的権利保有の正当化に関わる点に即して見れば、前段の選挙権の例と同様、それに近づいている度合いに違いはあるものの、現実にそのような行為者である度合いに違いはない。ここでは、前に触れた子供や知的障害者や動物をめぐる論点に立ち返って、Pであることに近づいている度合いの違いについてさらに吟味しよう。Pすなわち予定的目的的行為者であるためには、行為の類的特徴である特定の実践的能力を有する必要がある。自らの強制なき選択によって自らのふるまいを支配したり、関連する諸環境の知識をもったり、自らの目的を内省したりする能力である。子供の場合、これらの能力は徐々に発達していき、最後になって十分に獲得されることになる。知的障害者の場合、そうした能力の具有がさまざまな仕方で損なわれ、動物の場合は、一部に部分的で未発達ながらもそうした能力をもつ動物がいるとはいえ、その大部分が欠落している。類的権利をもつか否かを決めるのは、Pであるという属性であるから、こうした度合いの違いは、比例性の原則に従うと、次のことを意味する。子供や知的障害者や動物は、正常な成人のように、類的権利を全面的にもつわけではないが、これらの集団の成員は、必要な能力をどれほど具有するかに応じて、異なる度合いで類的権利保有に近づく。この比例性の理由は、行為の類的能力と実現したいと思う目的をもつことの関係性の内に見いだされる。これらの能力が低ければ低いだけ、人が自分や他人を危険にさらすことなく自らの目的を実現する可能性は低くなるからである。

しかし、実際に予定的目的的行為者であることに度合いの違いはない。少なくとも類的権利保有の正当化に関わる事項についてはそうである。アリストテレスやその他の論者に譲歩して、一部の行為者が前述した能力の面で秀でている点を認めたとしても、各行為者にとって類的権利保有の要求を決定づける属性にふさわしいのはそれらの能力ではない、と答えれば済むからである。確かに優れた実践的知恵をもつ人物であっても、何も目的がないのであれば、行為する権利にしろ、自由と福利の権利にしろ、その保有を要求することはなかろう。反対に、優れた実践的知恵を欠く人物も、予定的目的的行為者である限り、前述の通り、それらの権利を要求することになる。したがって、優れた知恵を有する人物がこの権利要求を行うとすれば、自らの目的を実現したいと思う予定的行為者としてそうするのである。そしてその限りで言うと、その人物は、他の予定的行為者とのあいだに立場の違いはなく、単なる知恵に優れた人物としては、いかなる行為の権利についても、合理的正当化を要求することはできない。類的権利保有の要求に関しては、実際に実現したいと思う目的をもった予定的行為者であることが絶対的な属性であり、そこに度合いの違いはないからである。また、問題となる目的性に関してもそれ自体に度合いの違いはない。例えば、目的の多寡や熱心さの違いや系統性の有無などによって目的性の度合いに違いが生じることはない。

以上との関連で重要なのは次の二つの問いを明確に区別することである。（c）人は行為者であるためにはどのような特徴や能力をもたねばならないのか。（d）行為者であるどのような相面が類的権利保有の要求を正当化する根拠となるのか。本項で検討している特殊化可能性による反論の想定では、実践的効力に違いはあるにしても、（c）に対する答えは基本的に（d）の答えでもある。しかし、前述した通り、これは真実ではない。（c）に対する答えの規準が行為の類的能力を指し示すのに対して、（d）に答えるための規準はそうした能力をもつ人々のあいだにある自らの目的を達成せんとする欲求を指し示す。この場合、（c）と（d）に答えるために、二つのまったく異なる規準が用いられるのではなく、むしろ、（d）に対する答えが（c）に対する答えの一成分か一相面を決定的に重要なものとして受けとめるということである。この規準の特定化を正当化するのは、行為者であるために要求される特徴の決定自体は、行為者の考えや要求や欲求には影響されないという事実である。この点については、行為者性のどの相面が各行為者にとって類的権利保有の要求を正当化する働きをもつのかを考えた際の決定を想起されたい（1-13）。かくして（c）に対する答えは、（d）に対する答えとは異なり、弁証法的必然的方法の枠組みからは外れる。ひとたび何が行為者であることを構成するかが決まれば、弁証法的必然的方法がそれを引き継ぎ、すべての行為者は目的的行為者性をめぐる自らの内的見地から何を要求したり支持したりせねばならないかという観点で議論を進める。すべての行為者が暗黙裡に類的権利保有を要求するのはこの内的見地からであり、その要求が根拠をおく規準や属性は同時に、全体として、子供や知的障害者や動物を異なる度合いで除外することを正当化するのである。

以上の通り、類的権利保有の正当化という観点から捉える限り、予定的目的的行為者であることへの接近度に違いはあるにしても、現実にそうした行為者であることに度合いの違いはない。行為者をして直接、自由と福利の権利をもつと考えるに至らしめるのは、全体的な行為の類的特徴や能力ではなく、むしろ行為者に自分が善いと見なす目的を追求させている当の特徴や能力の特定の相面である。行為者が得ようと努力する価値があると見なす物事を獲得すべく行為するためには自由と福利が必要不可欠であるという事実は、その行為者に、それらは必要善であり、自分はそれらに対する権利をもつとの考えを抱くよう促す事由である。類的権利保有の正当化に関しては、それゆえ、行為者であることは絶対的すなわち非相対的な条件である。どこであれ、行為者——自分が善いと見なす目的を追い求めながら、環境に関する適切な知識をもって、強制なき選択により自らのふるまいを支配するか支配できる人物——が存在するところには、類的権利をもつという暗黙の要求が存在する。当の行為者の立場からするこの要求は実践的能力すなわち行為者性の度合いによって影響されることはない。したがって、比例性の原則はこの要求には適用できず、類的権利保有要求の正当化的十分条件と取り組む際の根拠を与えるのは、依然として、ASAである。

以上の点を念頭において、もう一度、優れた実践的知性を有する人物は優越的な類的権利や排他的な類的権利をもつべきだと主張する特殊化可能性による反論を検討しよう。優越的権利の要求が論破されれば、排他的権利も同様に斥けられるから、ここでは前者のみを取りあげる。行為者が自由と福利に対する権利をもつとすれば、優れた行為者（仮定により、知性に優れた人物）は自由と福利に対する優越的権利をもつ、というのがその基本的な論点である。さて、この議論では誤った推論が行われている。少し敷衍すると、この議論の前件は、人が自由と福利の権利をもつ理由は当人が自らの目的を実現したいと思う予定的行為者であることであると述べている。一方、その後件は、ある予定的行為者XがXの目的を実現する能力が他の予定的行為者YがYの目的を実現する能力より優れていれば、Xは自由と福利に対する優越的権利をもつ、と述べる。しかし、この後件が優越的類的権利保有に与える理由は、その前件が類的権利保有に与えている理由とはまったく異なっており、この後件はその前件から帰結しない。行為を通じて自らの目的を実現したいと思うことは、行為を通じて自らの目的を実現する能力をもつことと同じではない。行為するためには特定の能力が必要であるのは間違いないが、どの行為者にとっても、行為する理由で重要なのは、その行為者の能力ではなく目的である。

優れた知性を根拠に優越的権利を要求する議論は、その要求を正当化するために、結局、次の追加的主張の一方か両方を取り込まねばならないであろう。（a）優れた知性を有する人は必然的にその知性を自分の目的のためだけでなく、他のすべての、または多くの予定的行為者の目的のためにも使用する。（b）優れた知性を有する人は同時に、より高い価値のある目的をもつ。これらの主張はいずれも説得力を欠く。しかも、主張（a）に含まれるのは、知性に優る行為者の行為に関わる権利は、それらの行為者が知性に劣る人々の目的を実現させると主張する限り、そうした目的に照らして評価されねばならない、との暗黙の了解である。しかし、知性で劣る行為者の側に何の基本的支配力もないまま、それらの行為者の目的がより知性的な行為者によって十分に与えられる、とは考えにくいから、この後者に優越的権利を要求する議論はさらに疑わしいものとなる。

2-23 次に特殊化可能性による反論の別バージョンを取りあげたい。さて、仮に自分がある限定的特徴Dを欠いていたとしても自分は類的権利を要求するであろう、と認めながら、その場合にこのような要求をする自分の立場は正当化されないと考える行為者がいたとしよう。この行為者は、Dをもつことともたないことの違いを名実ともに認識し、Dが類的権利保有を正当化する必要条件であることを自分は確信しており、それゆえ単に予定的目的的行為者であるだけでは十分ではない、と主張していることになる。Dとして、例えば、最低限の教養や善意、社会的諸力に関する虚偽意識ならぬ真の理解、それ以外の道徳的特徴や知的特徴、さらにそれらの合成物などが想定されよう。この行為者が際立たせるのは、Dの有無にかかわらず自分には類的権利があると考えざるをえない（現実的ないし予定的）行為者の立場と、DおよびDと類的権利保有との必然的関係に自覚的であることで得られた高く眺望のきく地点から自分自身や他の人々を見つめる仮想的知覚者の立場という二つの異なる見地の違いである。後者の優越的立場からこの行為者は、（類的権利を必然的に要求する）行為者としての自分と、Dを欠いた自分自身や他人を観照する自分とのあいだに仮想的な距離を設けるのである。Dを欠く場合、この行為者は、自分が行為者として類的権利をもつことを否定することもできよう。Dが欠ければ、自由と福利の権利をもつための必要条件を欠くことになるからである。こうして明らかなように、すべての行為者は自分には類的権利があると必然的に考えるというのが事実だとしても、一部の行為者が譲歩して、Dを欠くのであればそうした権利はもつべきではない、と認めることを妨げるものではない。

この反対論は、前に検討した「狂信者」の反論とよく似た論拠によっており（2-13）、それと同じように応答できる。この反対者は行為者性以外か以上の見地を採用するとともに、Dの支持で示されるその追加的見地が行為者性それ自体の規準に基づく見地に優先すると考えている。優れた知識や善意といったDの項目は行為者性の要件に対立するのではなく、むしろそれらの上に築かれるものと言えるが、それでもやはり、現実的行為者や予定的行為者はそれらの追加的要件をなぜ自らの類的権利保有に欠かせない規準として受け入れねばならないのかという疑問が残る。当の諸規準は、自由と福利とは違い、行為者であることと必然的に結びついていないからである。いずれにせよ、Dが類的権利保有の必要条件であると考えるための合理的正当化が与えられねばならず、この反対者は今のところそれを与えうる立場にはない。

行為者的立場と仮想的知覚者的立場の分化という見方に関しては、行為者性の文脈で可能になる視野よりも幅広い視野が得られるとして、その考えを擁護する意見もあろう。しかし一方では、仮想的観照的見地を行為者自身の見地に優先させないことにはやむをえない理由がある。類的権利は行為の至近的必要条件に対する権利である以上、それらの権利に直接関連するのは行為の要件によって規定される見地であり、したがって行為に携わる現実的行為者や予定的行為者の見地である。他方で、より限定的な特徴Dと類的権利保有の正当化との関連性はいまだ論証されていない。Dを有する人物がいても、目的をまったくもたないのであれば、その人物が類的権利保有の要求をすることはなかろう。しかし、もし予定的行為者として目的をもてば、その人物は類的権利保有を要求せざるをえない。さもなければその人物が目的をもつことは無駄だからである。その人物がおかれるのは、一方で何らかの目標を達成したいと思いながら、他方でその目標達成の必要条件には無頓着であるという不可能な立場である。したがって、Dを具有するその人物が自分のために類的権利を要求するとすれば、それはDを具有するからではなく、自らの目標を実現したいと思う予定的行為者であるからである。当の権利要求を正当化するこの十分条件は、類的権利に直接関連する行為者性の文脈内で導出されたものであり、それゆえ正当化の十分条件に関する対抗的意見を圧倒する。

以上の考察は、すべての行為者が類的権利保有を要求するにせよ、それらの権利を自らの努力によって獲得した者だけがその要求を正当化できる、などと述べる反対意見にも応用可能であろう。類的権利は、当該の行為者が自由と福利をもつことに関連して、相手である他のすべての人物に相関的な義務を課すことになるため、この類的権利保有にはその行為者がそれらの義務を相手に課す権利も含まれていなければならない。ところが、この後者の権利は他のすべての人々に関わっており、それらの人々がその権利保有を合意しない限り、あるいは当人が自らの生産的活動を通じて獲得したものでない限り、それをもつことは不可能である、とこの反対論は主張する。

他の人物との合意については、当面、考慮しないでよいというのが本書の回答である。そうした合意の証拠として、今のところ、他の人全員が自分に対して相関的な義務を負う、とするその行為者の普遍的要求を根拠づけるに十分な証拠はまったく見あたらないからである。もう一方の論点に関して注意したいのは、仮にその行為者が他の人全員に義務を課す権利を自らの生産的努力を通じて獲得すべきであるとすると、正当化すると称する当の権利を予め想定していることになり、議論は破綻する点である。というのも、人が自らの努力によって何らかの権利を獲得すべきであるとすると、人は既に自分には類的権利があると考えているに違いないからである。努力して獲得するには行為が求められ、その行為には同じく行為の必要条件が求められる。これらは行為者にとっての必要善であり、したがってその行為者は、自らそれらを獲得するために努力することとは独立に、またそのことに先立って、それらに対する権利を要求せざるをえない。しかも、Xを「獲得する」という発想自体、Xに対する権利を取得したとの考えを内包しており、既にして規範的である。ところが、そのような取得に対する要求は、当の獲得へと至った努力の本質が行為にある以上、その行為の必要条件に対して権利をもつとの要求を予め仮定しているのである。類的権利保有を支持するためには予定的目的的行為者であること以外の正当化根拠が求められるとする反対意見には、こうして何の根拠もないことが明らかになった。

2-24 以上の議論から導かれる立場は一種の平等主義的普遍主義である。問題の行為者は、自分が予定的目的的行為者であるという十分理由に基づいて、自分には類的権利があるとの考えを抱くから、すべての予定的目的的行為者にはこれらの権利があると認めざるをえない。一部の予定的行為者を差別化する追加の制限的特徴は、精神的・経済的・社会的・歴史的要因を含むいかなるものであれ、少なくとも現段階では、類的権利の保有には無関係であるとして悉く斥けられた。この普遍主義は、古典的な道徳理論や政治理論の中にもよく似た考えがあるが、一方で、歴史主義や有機体論からは、過度に抽象的であるとの批判を受けやすいのも周知の事実である。ところで、本書の普遍主義だけでなく、他の古典的普遍主義や現代的普遍主義にも当てはまる一つの典型的な批判がエンゲルスのデューリング批判の内に見いだされる。

二人の人間と彼らの意志が互いにまったく平等であり、いずれも相手に対して命令することはできない、という根本公理を打ち立てるためには、二人の人間を無作為に用いるわけにはいかない。その二人はあらゆる現実から、つまりこの世界にあるすべての民族的・経済的・政治的・宗教的諸関係やすべての性的・個人的差異から完全に切り離された存在、それゆえ、ともに人間という観念以外には何も残されていない存在でなければならない。そうなれば確かに、この二つのものは「完全に平等」である。しかし、それらは呪文で呼びだされた完全な幽霊としてそうであるに過ぎない[40]。

ここでエンゲルスが矛先を向けているのは、力をめぐる人間の事実上の平等を想定する学説であるが、彼の批判は、権利の規範的平等の正当性を唱える本章の議論のような理論にも妥当する。この正当化は諸個人間の現実的差異は類的権利の配分とは無関係である、と主張しているからである。

もちろんそのような差異が類的権利の配分に与える影響については、別途、合理的で精密な道徳的探究が求められる。人々の現実的力関係に作用を及ぼす具体的歴史状況は、他の多種多様な個人的差異と同じく、道徳原理の正当化をめざす議論にとって、究極の独立変数とは見なされない。したがって、そうした状況やそこから生まれたさまざまな差異を捨象しながらも、それらの違いを否定したり無視したりすることなく、それらの違いやその想定される道徳的含意を道徳的評価にかけうる、一つの立脚点が見つけだされねばならない。そのような立脚点こそ、当の理由および前述した他の理由で本書が採用した行為者の見地である。行為の類的特徴に視軸をおく本章のアプローチは、それゆえ、エンゲルスの批判を完全に免れるものではないが、重要な正当化根拠をもっている。それは、人々の現実的力関係やその他の差異を道徳的与件として受け入れることのない、道徳的に中立的な出発点を据えるものだからである。それらの関係や違いを道徳的に評価するための合理的に正当化された原理を獲得しようとすれば、それらの背後にあるものに迫らねばならない。本章では、すべての行為者は、行為に携わるという事実により、自らが類的権利をもつばかりでなく、他のすべての予定的目的的行為者にも妥当する十分理由に基づいてそれらの権利をもつことを論理的に受け入れざるをえない事情を明らかにしたが、その狙いもそうした原理がいかに確立されるかを示すところにあった。

第3章　類的一貫性の原理

原理の導出

3-1　前章では主に個人としての行為者とその行為の類的特徴について論じた。この議論には他の人々も登場したが、それは、これらの特徴に内包された、その行為者には自由と福利の権利があるという暗黙の要求に関わる限りにおいてであった。言い換えれば、この権利要求が他の人々はその行為者の自由と福利に最低限干渉しないようにすべきであるとの相関的判断を帰結するからであった。この否定的関係を別にすると、問題の行為は、想定される当の行為に対する干渉を除き、他の人々には一切影響を与えない純粋に私的か個人的な行為とされたのである。ところが、道徳性が関わりをもつのは主に諸個人間の行為、すなわち当の行為者以外の人々に影響を及ぼす行為である（1-1）。以下ではそのような行為を対他行為（transaction）と呼び、それらによって影響を受ける相手の人物を、行為者と対照させて、受動者（recipient）と呼ぼう。また、行為者と受動者は、前者は能動的に、つまり影響を与える立場で、そして後者は受動的に、つまり影響を受ける立場でという違いはあるものの、ともにこの対他行為に参加・関与すると捉えよう。なお、ある人物が他の人々に影響を及ぼさない行為に携わる場合は、その人物を単為行為者（actor）と呼んで、対他行為に関わり受動者のある、行為者（agent）と区別する。

ある人物が他の人物に「影響を及ぼす」といっても、偶然の出会いから親密で持続的なつきあいに至るまで、その種類や程度はさまざまである。ただ、それらは一つの連続体をなしており、はっきりした区分けはむずかしいものの、影響の多様な様式の中で、とりわけ道徳性と深く関連する相面を特定化することは可能であろう。それらの相面は、影響を受けるものが受動者の自由と福利、すなわちその受動者の行為能力である場合に見いだされる。特に、ある人物の他者に対する行為が対他行為となるような強いインパクトを及ぼす場合である。偶々の影響やそう思われるだけの作用しか及ぼさない行為とは異なり、対他行為においては、その行為者たる人物は、他の人が自由にふるまったり、行為に必要な他の条件を維持・獲得したりする至近的能力に対して影響を及ぼすか、及ぼしがちである。そうした対他行為における影響の様態が特にわかりやすいのは、例えば、ある人物が別の人物を強要して、その対他行為に自由ないし自発的に参加できないようにする場合や、ある人が別の人に危害を加えることで、その対他行為に目的をもって、あるいは福利を伴って参加することを妨害する場合のような否定的な形態である。この二つの影響の様態については次章で詳しく分析する。

対他行為のこうした特徴づけは行為者と受動者の差異の明確化にも役立つ。両者の相違は、冒頭の説明によると、行為する人物とその行為によって影響される他の人物との違いである。この違いと対他行為をめぐる前段の論点を結びつければ、他の人物への影響はそれらの人物の至近的行為能力に対する影響という形で作用すると言える。こうした両者の特性の違いは、次の点を考慮に入れても、やはり除去されない。社会を構成するのは相互依存的諸個人であり、各人はそれぞれ他の諸個人の行為や無為によって影響され、すべての諸個人はその意味で互いに行為者であるとともに受動者でもあるという点である。この見方によると、個人間のあらゆる人間関係を捉えるための適切な言葉は、対他行為ではなく、相互行為（interaction）である。ある大局的観点からすれば、確かにこの有機体論的発想にも一理ある。しかし、人々のあいだに、ある人（たち）が行為者で他の人（たち）は受動者であるという関係がほぼ安定的な相互関係として成立することも間違いない。さて、ある標準的な対他行為を考えよう。この対他行為では、二人の人物（XとY）が次の条件を満たす相互関係に関与している。（a）Xは、ある目的を促進して何らかの加算的善を獲得する狙いで、自らこの相互関係へ参加し、その関与を支配している。Xの福利――Xが基本的善、非減算的善、加算的善をもつために必要とされる能力と条件――はこの相互関係への関与を通じて最低限維持される。Xの自由についても同様である。（b）Yの関与の性格――Yもまた自らの福利を最低限維持しながら、この相互関係への関与を自ら支配しているかどうか――はXに依存する。つまりXはYに何かを強要したり、危害を加えたりする可能性がある。（c）Yは、（a）と（b）で示される通り、Xとの相互関係を保っているあいだ、またはその関係に入る直前において、Xに対しても第三者のZに対しても、この関係でXがYに対するような立場にはない。

このような相互関係の事例として、Xが周到な計画の下、Yから金銭を奪うため、Yの頭を棍棒で殴るケースと、XがYに借金を申し込み、それに対してYが金を貸すか貸さないかを決めるケースを想定してみよう。いずれのケースでも、Xは自発的かつ目的的にYとの相互関係に関与している。しかし、第一のケースでは、Yの関与は非自発的で反目的的であり、Yの意向的願望や意図的願望と合致しないのに対して、第二のケースでは、その関与は自発的で目的的である。しかも、こうしたYの関与の対照的性格はXに依存する。Xはいずれの場合も自発的行為を行っており、Yに対してどう応対するかはXの支配下にあるからである。一方、いずれの場合もYはXとの相互関係を始動させたり決定づけたりはしておらず、Yの関係関与の性格はXに依存するのと同じようにはY自身には依存していない。Yを強制したり、Yから非強制的合意を得たりするかどうかはX次第である。Yの福利を下げたり上げたり（最低限維持したり）することもXの意志による。したがって、これらの類的様態のどちら――自発的か非自発的か、目的的か反目的的か――がXとの相互関係へのYの関与を特徴づけるかは、結局、Xによって決まる。このような相互関係の下では、Xが行為者でYが受動者となる純然たる対他行為が成立する。Xは行為者であるから、XがこのYとの対他行為に自発的かつ目的的に関与しているのは、Xに関して必然的に真である。しかし、Yの関与についてはせいぜい、Yが自発的または非自発的に、そして目的的または反目的的に関与しているのは、Yに関して必然的に真である、としか言えない。これらの内のどの関与様式がYに当てはまるかを決めるのはXである。こうした区別は自発性にも目的性にも程度の違いがあるという事実によっては左右されない。

以上の対他行為の説明では、行為者がその対他行為を始動させるとともに、他方で行為者は自らの関係関与と受動者の関係関与の類的性格の双方を支配ないし決定しており、行為者と受動者との関係の二つの相面は混ざり合っている。しかし、この二つの面は分けて捉えることもできよう。特に、対他行為を始動させる人物と、相手が福利を得たり保ったりすることを支配したり決定したりする人物とが異なる場合が考えられる。わかりやすい例を挙げると、Aが溺れそうになり、大声でBに助けを求めたところ、BはロープをAに向かって投げるだけで助けられるにもかかわらず、Aを放置し溺れさせてしまうケースである。このケースでは、実際には、二つの対他行為、すなわちAがBに救助を求める対他行為とBがAの救助を拒否する対他行為がある、と考えることもできる。しかし、当該の状況で問題となる行為者性の条件という観点から見る限り、そうしたやり方でこの出来事を分けて捉えるのはかなり不自然である。この事件を分解して、Aは第一の対他行為の行為者であり、Bは第二の対他行為の行為者である、と捉えるにせよ、BがAの救助を拒んだのは助けを求めるAの叫び声に対する反応行為である以上、Bが第二の対他行為を「始動させ」たと述べるのは筋違いであろう。ともかく、対他行為はさまざまなやり方で個別化されうるにしても、道徳性に関する限り、何が決定的かと言えば、それらが自由と福利、そしてさらに広く、行為者性に及ぼす効果である。そうした観点からすると、前の例では、Aが溺れている以上、Aの救助要請からBの救助拒否に至る一連の出来事は全体としてAの福利に劇的な影響を及ぼすという意味で、そこにあるのは単一の対他行為である。AのBに対する救助要請は、それを他と区別される一つの対他行為として受け取った場合、Bの自由と福利に対して特別の効果を及ぼしていない。しかも、Aに向かってロープを投げたとしても、Bは自由と福利を保持し続けるであろう。それゆえ、この単一の全体的対他行為では、Aが始動者であり、Bはこの対他行為への自らの関与の性格とAの福利に対する重大な効果の双方を支配ないし決定している。この支配ゆえに、この対他行為における行為者はAではなくBであり、Aは受動者である。

行為者と受動者は、以上の通り、明確に区別される。しかしこれは、当然、ある対他行為で行為者であった人物が別の対他行為で受動者になる可能性を排除するものではない。人間の相互関係は対他行為の連続として分析できるにしても、役割の交替は頻繁に起こる。以下ではごく普通に「その行為者」とか「その受動者」といった言葉を使うが、これらの語に付着する固定性は人物のそれではなく、道徳性にとって重要な意味をもつ対他行為的関係をめぐる役割や機能のそれである。

以上、行為者と受動者の相違を比較的単純な二者間関係に即して論じたが、この違いは、さまざまな制度的規則によって構造化された相互関係のようなもっと複雑な人間関係においても確認できる。行為が自発的であるためには、前述の通り（1-11）、その行為者は受動者や所産など当の行為をめぐる状況について適切な知識をもっていなければならない。対他行為の影響が行為者の直接的な知見を超える範囲にまで及べば、そのような知識を得ることはそれだけむずかしくなる。例えば、現代の多国籍企業がこの世界に及ぼす影響は、将来の地球環境への生態的効果を含め、空間的にも時間的にもきわめて大きく、そうした影響により、「私の受動者は誰なのか」という問いは、聖書の「私の隣人とは誰のことか」という問い以上に適切で困難な問題となってきている。一方で情報伝達の基盤も急速に拡大しつつあるが、これは、自由と福利の面で超国家的行為者の影響を受ける受動者の数を大幅に増大させる技術革新の一部をなす。米国の農業政策や通商政策がチリの銅鉱山労働者や南アフリカの農民の生活を脅かしたとしても何ら不思議はない。このように人々の対他行為の範囲が広がり、ますます複雑化しつつあるからといって、行為者と受動者の区別、言い換えると、決定や政策を実行する力をもつ者と、行為者性をめぐる能力とも関係する生活の諸相面を支配する力を大きく殺がれたまま、それらの決定や政策の影響を受けとめる以外にない者との区別がなくなることはない。

3-2 右の検討結果を第2章の最後に導いた結論と関連づけてみよう。まずそこで明らかにされたのは、すべての行為者が、少なくとも暗黙の内に、自分は予定的目的的行為者であるとの十分理由に基づいて、自分は自由と福利の権利をもつ、と要求せねばならない点である。次いで、この要求の内容から、普遍化可能性の原理に従い、すべての予定的目的的行為者は自由と福利の権利をもつ、とする論点が導かれた。行為者がこの一般化を否定した場合、その行為者は自己矛盾に陥る。この場合、その行為者は、一方で予定的目的的行為者であることは自由と福利の権利をもつことの十分条件であると認めながら、他方ではそれを否認していることになるからである。

前章で見たように、ある人間か人間集団が特定の権利をもつという言明は、他のすべての人々はその人か集団が権利をもつ物事に関して少なくとも干渉しないようにすべきである、との相関的「べし」判断を必然的に伴う。その結果、一般化された権利言明「すべての予定的目的的行為者は自由と福利に対する権利をもつ」を承認せねばならない行為者は、結局、それを拒むと自己矛盾に陥るため、判断「私はいかなる予定的目的的行為者に対しても、その自由と福利に最低限干渉しないようにすべきである」も受け入れざるをえない。この場合、「すべての」から「いかなる」への推移を保証するのは、前記の一般化における「すべての」が集合的なものではなく、分布的なものであるという事実である。つまり、この「すべての」がそれぞれの行為者を指し示し、したがって任意の予定的目的的行為者をあらわすからである。

さて、問題の行為者が行う行為の受動者も、適切な状況把握に基づき、自らの目的を実現するために強制なき選択により自らのふるまいを支配しつつ、自発的かつ目的的に活動できるとすれば、その限りで予定的目的的行為者である。受動者がそのように活動できると言われる場合、この「できる」は素性的なものであり、そのような活動様式の一部をなす長期的能力（遺伝性のものであれ環境由来のものであれ）を指す。したがって、ある行為者が以前に別の人物に攻撃を加えるなどしてその人物が自由に活動したり、基本的福利をもって活動したりすることを不可能にしたことがあったとしても、それを理由に、この被害者は予定的目的的行為者ではなく、またそれゆえに前記の一般化で言及されている権利ももたない、と述べるとすれば、それは見当違いの主張である。この一般化から論理的に帰結する「べし」判断は、当の行為者によって、他の予定的行為者に対するすべての活動を縛るものとして受け入れられねばならない。他の予定的行為者を抑圧したり傷つけたりすることは、それが誰であれ、合理的に受け入れねばならない要件に反する。

ある対他行為の受動者となっている人物は、現実的に、何らかの目的をもって自らの行いを選択または始動し、支配しているわけではない。それでもその人物は、少なくとも素性的には、すなわち自らの関心事である欲望や利害をもつという意味においては、実現したいと思う目的をもった予定的行為者である。行為者だけが目的をもつとして、受動者に目的的関与を帰することはできないと考えるのは間違った見方であろう。人は目的をもつからといって、必ずしも現実にその目的を達成しようと努める必要はないからである。まさに受動者がそうであるように、受け身的で不活発な状態にある可能性もある。人の目的には、したがって、遠くにある素性的なものから近くにある現行的で特殊的なものまで、さまざまな形態がある。ただ、いずれの状況においても、当の受動者は自らの目的とその対象を善いものと見なし、その善性は、行為者の目的と同じく、基本的善、非減算的善、加算的善に広く及ぶ。つまり、受動者もまた、行為の必要条件を維持すること、対他行為を通じて善いと思われる物事を失わないこと、そして対他行為を通じて善いと思われる物事を獲得することは、善いことであると同時に、自らの少なくとも素性的な目的であると捉える。そうした目的を実現するために必要な一般的条件と能力をもつことは、受動者にとってもやはりその福利の本質的部分をなすからである。

3-3 受動者も、以上の通り、実現したいと思う目的をもった予定的行為者である。それゆえ問題の行為者は、当然、前記の一般化が自らの受動者にも適用されることを承認せねばならない。すなわちその行為者は、受動者もまた自由と福利に対する権利をもつ、と論理必然的に認めざるをえない。受動者が自由の権利をもつとは、その行為者にとって、自分には対他行為に参加するか否かを自ら支配する権利があると考えたのと同じように、相手の受動者にも参加するか否かを自ら支配する権利があるということである。したがって、その行為者は強制によって受動者の自由を妨害しないよう努めるべきであり、受動者の対他行為への関与は、強制なき選択による同意に基づくものでなければならない。他方、受動者の福利に対する権利は、その行為者にとって、自分には目的行為に欠かせない条件と能力を保持する権利があると考えたのと同じように、受動者にもそれらを保持する権利があることを意味する。したがって、その行為者は少なくとも、相手である受動者のとりわけ総称的－素性的な基本的善、非減算的善、加算的善に対する干渉を通じて受動者に損害を与えないよう努めるべきである。そればかりではない。この福利に対する権利からは、受動者の福利が受動者自身の努力によっては保持できない状況においては、受動者がそれらの条件や能力を確保できるようその行為者は積極的に支援すべきである、との論点が論理的に帰結する。

以上の考察から、すべての行為者は論理必然的にある明確な類的義務を承認せねばならない、との論点が導かれる。消極的には、行為者はその受動者を強制したり害したりしないようにすべきである、という義務であり、積極的には、行為者は、その受動者が自分で必要善を確保できないとき、それが行為者自身に同程度の負担をかけない限り、その受動者が自由と福利をもてるよう支援すべきである、という義務である。こうした責任と権利の一般的原理は、すべての行為者に向けられた次の教えとしてあらわすことができる。あなた自身のみならずあなたの受動者の類的権利に従って行為せよ。この原理は首尾一貫性をめぐる形式的判断と行為の類的特徴や類的善に対する権利をめぐる実質的判断を結びつけたものであり、以下ではそれを類的一貫性の原理（Principle of Generic Consistency）、略してＰＧＣと呼ぼう。また、自由ならびに福利という受動者の類的権利に従った行為を要求するこのＰＧＣの二つの成分を類的規則と呼ぶ。

　ＰＧＣは二つの意味で必然的な原理である。第一にこの原理は、それを否定する行為者は誰であれ自己矛盾に陥る、という意味で形式的ないし論理的に必然的である。そのような行為者は、特定の属性を有するとの理由で自分自身のために求めた諸権利が同じ属性を有する他の人物によって保有されてはならないと考えていることになるからである。第二にそれは、他の原理とは異なり、いかなる行為者も、意向や利害や理念を変えたり、慣習によってその内容が決まる制度的規則に訴えたりすることで、ＰＧＣの義務を回避することはできない、という意味で実質的に必然的な原理、すなわち定言的原理である。行為の類的特徴は行為者性の必然的構造に内蔵され、しかもその行為者は、前述の通り、自分が予定的目的的行為者であるとの単純な限定に基づいて、自分にはそれらの類的特徴に対する権利があると考えねばならないから、合理的行為者である以上、その受動者もまた、予定的目的的行為者である限り、それらの権利を有すると認めざるをえない。この点でＰＧＣは、行為者の可変的な欲求や見解を反映するという意味でその内容が偶然的で規範的に回避可能な、他の道徳原理とは異なる。

　以下では、ＰＧＣの直接的内容についてさらに詳しく説明しよう。さて、誰かの権利に従って行為するというのは、可能な限りその権利と相関する義務を果たすよう責任を引き受けることである。権利には明確な対象がある――権利は何らかの物事Xをもつか、行う権利である――から、義務の内容すなわち応対者Bが何をなすべきかは、権利主体であるその権利の保有者AがXをもつか、行う際に何が求められるかによって決まる。BがAの権利に従って行為するといっても、往々にして、そこで求められるのは、例えば言論や政治活動の自由に対する権利のように、BがAの発言や活動を妨害しないようにすることだけである。この場合、相関的義務は消極的なものにとどまる。これに対し、例えばAが飢餓により餓死の危機に瀕している状況における食料確保の権利のように、積極的な義務が求められるケースも少なくない。そうした状況では、BがAの食料に対する権利に従って行為するためには、Bが可能な限りAに食料を与えることが必要になる。積極的行動を求める積極的義務は、消極的義務と比べると明らかに、応対者により多くの要求を突きつけるため、その履行条件は、相対的な能力、代償、大義といった変数をめぐって、消極的義務にはない多くの問題を提起する。また、関連する支援すなわち積極的行動は、応対者によって独立的に履行される可能性が高い消極的義務とは異なり、多くの場合、制度的合意という枠組みを必要とする。これらの留保条件については後に改めて詳述しよう。

では、行為者が自分自身の類的権利に従って行為するとはどういうことであろうか。この場合、その行為者は権利主体すなわちその権利の保有者であるが、その権利の応対者でもあるとは限らない。むしろその行為者は、行為を通じて、自らの自由と福利を少なくとも現行的に保持し、それらが自らの同意なしに他の人々によって干渉されることがないよう努める。行為者は、前述の通り必然的に、自らのふるまいを通して行為の類的特徴を顕在化したり具体化したりするだけでなく、自由と福利を自らの権利としてもつことを少なくとも暗黙の内に要求するが、それと同じく必然的に、その特定の行為においては、自らの類的権利に従って行為するのである。これはその行為者が、自らの行為者性の基本条件に対する他の人々による同意なき介入に対しては、いかなる企てであれ、少なくとも自分が行為するに際しては、それらの基本条件を維持しようと努めるということである。このような介入は実際に起こる可能性があり、それにより行為者性の基本条件が侵害されることになれば、その行為者はもはや行為者ではなく、行為しているとも言えない。

行為者が自らの福利の権利に従って行為するとは、その行為者が自らの目的達成に必要とされる物事を間違いなく確認するという意味でも、この確認に順応した行動をいつもしているという意味でもない。むしろ、その行為者が自らの目的を達成しようとして、そのような目的達成に、その行為者が意識する限りで、必要とされる諸々の条件を保持することに他の人々が同意なく干渉しないよう努めることである。それぞれの行為者によって知識や合理性や意志の固さの度合いが異なる以上、当然、この過程はさまざまな様相を呈する。しかし、この多様性は、目的や能力がどれほど違っていようとも、行為者は自らの目的追求的行為に必要とされる自由と福利に対する権利に従って行為する、との一般化を覆すものではない。また、人々が状況により強制や外的脅迫の下で動く可能性があることもこの一般化を排除しない。このような状況で見られるのは、厳密な意味の行為ではなく、強制された選択だからである。自殺のような極端な事例によってもこの一般化は左右されない。その自殺志願者が、自らのふるまいを自ら支配することを不可能にする内的原因の不在を含め（1-11）、厳密な行為の諸条件を保持している限り、その人物はやはり、他の人々が自らの自由と福利に同意もなく干渉することがないよう努めるからである。ただ、自殺は行為者であることをやめようとする限界的ケースであり、その人物は、実際には、自らの自由と福利を失うための最終的行為に必要とされる完全に一時的な枠組みにおいてそれらの必要善を保持するに過ぎない。自殺は行為者性の非典型的な事例であり、行為の標準的条件や類的特徴に妥当する諸事実には影響しない。

以上、誰かの権利に従って行為するとはどういうことかを明らかにしたが、その説明から、行為者が受動者の類的権利に従って行為することがどういうことかも明らかになる。その行為者がそのように行為するというのは、受動者の自由と福利に同意なく干渉しないようにするだけでなく、受動者がそれらの条件を助力なしには確保できない場合や自力で維持できない場合には、それらを保持できるよう受動者を積極的に支援するということである。また、そうした能力不足が広範囲にわたる状況では、その支援は、それを直接的に提供する制度や社会的取り決めに対する支持や寄与という形をとるであろう。その行為者は受動者となる他の人々との関わりの中でその行為を自ら始動し支配しており、その行為者が当の対他行為に自発的かつ目的的に関与していることも、同様の対他行為のすべてにおいて自分自身のために自由と福利の権利を要求することも、必然的に真である。他方、その行為者が受動者の類的権利に従って行為するとすれば、少なくともその行為に関する限り、相手の受動者も、自分の自由と福利が同様に保護されるよう、その行為者との対他行為に自発的かつ目的的に関与することになろう。受動者の関与が自発的か非自発的かを決めるのは行為者である。その行為者は受動者がその対他行為への関与を自由に同意しない限りその受動者に対する影響を手控えることもできるからである。受動者の関与が目的的か反目的的かを決めるのも行為者である。その行為者は、当の行為の受動者に対する意図され予見された効果に関する限り、少なくとも受動者の福利や目的達成能力を減退させないようにすることも、また場合によっては、受動者の福利を維持する手助けをすることもできるからである。

　ＰＧＣによって規定される義務は主に右のような行為の様式で成り立っているが、そこには相関的な敬意の様式も含まれる。すべての行為者は自らの自由と福利と同じくその受動者の自由と福利に対しても関心を払うべきである。そうした関心には行為のみならずそれに関連した特定の心性も組み込まれている。他人の権利の承認、それらの権利の対象に対する積極的気遣い、そして他の人々を自分と同等の権利や権原をもつだけでなく、それぞれの目的を反省し、その反省に基づいて自らのふるまいを支配する合理的能力をもった人間として尊重する精神といった心的態度がそれである。

これらの義務の履行は行為者の狭義の合理的自律性にとっても欠かせないものである。ところで、「自律」とは、語源的に、自分自身に基づく（auto）律（nomos）、すなわち自分自身のために自らの法を定めることを意味する。多くの異なる種類の自己が存在する以上、当然、それらによって定められる法の種類もさまざまであろう。そうした違いにもかかわらず、自律は広い意味ではすべて合理的であるが、広義の合理性と狭義の合理性との違いには注意が必要である。自らの法を定める、あるいは自分自身の行動原則を決める人物は、そのように定められた法や原則を一般的根拠ないし規準と捉え、特殊事例をその下に組み込もうとするから、広い意味ではすべて合理的である。しかし、当の根拠や原則は、虚偽の——ただし訂正可能な——信念や妥当でない推論など誤った理性使用に基づいている可能性があり、それ自体が合理的であるとは限らない。言い換えると、広い意味では合理的に自律的な人物も個人的偏見や古臭い慣習を反映した一般的規準を用いる可能性がある。例えば、人種主義者や国粋主義者などPGCに対立する非合理的原則に固執する人物がそうである。ただ、そうした人物もそれらの根拠や規準を自力で選択し、それに基づいて整然とした人生設計を築こうとしているとは言える。

これに対して、狭い意味で合理的に自律的である人物が自ら選んだ一般的原理は、真なる信念や妥当な推論など正しい理性使用を通じて得られたものであろう。つまり狭義の合理的な自律では、一般的原理の基盤をなす諸信念は対象の必然的特徴を反映したものとなろう。このケースに当てはまるのが前述した行為者、すなわちPGCを理解し受け入れるとともに、PGCを理性に基づく原理として尊重し、自らの受動者を合理的関心の対象であるべき権利の保有者として尊重するという付帯的義務を理解し受け入れる行為者である。すべての正常な人間にはこの厳密な意味で合理的であるための知的能力が備わっている。そこで問われる経験的・論理的能力は、初歩的な形ではあれ、誰もがもつものである。したがって、正常な人間であれば誰でも狭い意味で合理的自律的であることが可能であり、ＰＧＣはそのような人々全員に向けて提示されるのである。

このように、行為者がＰＧＣの課す義務や要件に従うとき、その行為者の自由や自発性が侵されることはなく、その行為者は依然として自らの強制なき選択によって自らのふるまいを支配する立場にある。しかも、その行為者に向けて発せられるＰＧＣの指令は合理的根拠に基づいており、その正しさはその行為者にとって直ちに了解できるものである。こうしてＰＧＣはその行為者に、合理的行為者として、複数の可能な選択肢の中から当の要件に従って行為することを選び取るよう指令する。そのような選択は、当の行為者が承認する、しかも定言的に義務的な行動指針として承認する合理的規準によっており、強制されたものではない。その行為者はＰＧＣに従うことを選択しているのであるから、まさに厳密な意味で合理的自律的であると言える。

ところで、「あなた自身のみならずあなたの受動者の類的権利に従って行為せよ」というＰＧＣの教えには、行為者が行為することをやめた場合、その行為者は常に当の教えに背くことになる、との含みはない。つまりこの教えは継続的行為や間断なき行為を指図しているのではない。受動者への言及が示す通り、行為者が他の人物に対する対他行為に携わる場合は、その行為者は自らの類的権利だけでなくそれらの人物の類的権利にも配慮すべきである、というのがこの教えの意味するところである。ところが、行為者には、そうした配慮とは別に、素性的な関心という義務がより一般的な務めとして課せられている。以下で見る通り、ある人物の無為自体がこの教えに反する行為の一種となる状況、つまりこの人物の側の不活動がその受動者の類的権利と衝突する状況が存在する。

ここで特に留意しておきたいのは行為と判断とのある繋がりである。行為者が受動者の類的権利を意図的に侵すことによってＰＧＣに違反したとき、その行為者は、受動者が類的権利をもつことを事実上否定しており、その限りで合理的行為者とはもはや言えない。「事実上否定している」とは、その行為者は何も語らずとも、その行為を通じて、受動者には類的権利はないと考えていること、または判断していることを示すという意味である。これは弁証法的必然的方法から導かれる論点である。行為者は自らのふるまいを支配し、自分が何をしているかを自覚しているから、その行為には少なくとも暗黙の判断が映しだされる。この関係はPGCの導出へと続く最初期の議論にも既に見られたものである。例えばそこでは、行為とは行為者が追求する価値があると見なす目的Eを追い求めることであり、当の行為は、その行為者が「Eは善いものである」と語っていること、または考えていることをあらわす、とされた(2-1)。その行為者は、議論の展開に伴い現段階では、合理的に受け入れねばならない先行的諸判断からの必然的帰結として導かれたPGCにまで到達している。それゆえ当の行為者は、この原理が自らのすべての行為に関して定める要件を自覚している。もちろん、その要件を自覚しているとはいっても、それを明確に考慮したり、すべての対他行為において必ずそれに従ったりするとは限らない。行為者がPGCの要件に従うとすれば、このときその行為者はそれを実践的に――つまり自らの行為を通して――承認しているのであり、合理的な行為者であると言える。この実践的承認にはその行為者の暗黙の主張ないしは判断が反映され、それはPGCをその内容とする判断か、当の行為の相手となる人物が関連する類的権利をもつとの判断である。反対に、その行為者が特定のケースで受動者の類的権利を意図的に侵すとすれば、その行為者はそうした特定の行為を通じてこの原理を実践的に拒んでいるのである。この拒絶は、受動者が類的権利をもっていないとするその行為者の暗黙の判断をあらわすものであるから、その行為者は受動者に類的権利があることを事実上否定しており、その限りで、もはや合理的行為者とは言えない。ただ付言しておきたいのは、その行為者が、自分もすべての人間と同じく自らの行為において合理的規準に違反する可能性があるという事実を認めること自体、その行為者の経験的合理性の不可欠の構成部分をなす点である。したがって、合理的行為者は、一部の行為者にそうした意志の弱さや合理性からの逸脱が起こりうる点に留意して、それに対処できる規則を織り込んだ規定を設けるか、少なくとも受け入れることになろう（5-7以下参照）。

3-4　ＰＧＣは、行為に関する最も一般的な権利の平等な配分を要求しており、その意味で平等主義的で普遍主義的な道徳原理である。この原理によれば、すべての行為者は、その行為を通して、必然的に行為の類的特徴――自発性と目的性――を顕在化または具体化するとともに、必然的に類的善を自らの権利として要求するが、それとまったく同様に、その受動者もまた同じ類的特徴を顕在化または具体化するとともに、その同じ類的善を自らの権利として要求することを受け入れるべきである。したがってその行為者は、他の人々の自由と福利が問われる場合、自分自身とそれらの人々に対して公平でなければならず、自らの自由と福利と同じように、それらの人々の自由と福利を尊重すべきである。つまりその行為者は、他の人々を、当の対他行為で自らの目的達成を容易にしてくれる関係しかない事物や対象としてではなく、自分と同じ人間として扱わねばならない。ＰＧＣに反するというのは、行為の類的特徴と権利に関して、またそれゆえ行為によって達成される目的や善に関して、自分自身とその受動者のあいだに不公平や格差を設けることである。ＰＧＣが要求する平等性は両方向に働く。この原理は行為者が受動者のために自らの自由と福利を犠牲にすることを求めたりはしない。受動者は行為者と同等の類的善に対する権利をもつが、不等な特別扱いに対する権利をもつわけではない。

ＰＧＣの適用対象である道徳的人口ないし道徳的コミュニティはすべての予定的目的的行為者である。前述の通り、子供や知的障害者や動物は、それぞれ異なる度合いと理由で、この予定的目的的行為者のクラスからは除かれるものの、そうした排除理由が類的権利の配分に対するさらなる制限規定を正当化することはない（2-22）。人が類的権利をもつためには、予定的目的的行為者でなければならず、それには特定の実践的能力が求められる。この前提さえ満たされれば、各行為者の能力の違いには関係なく類的権利が与えられねばならない。行為者が類的権利を要求する根拠は、それらの能力自体にではなく、それらを働かせて達成する目的がその行為者にとって善いものである点に存するからである。

以上に関連して二つの問題が浮上する。排除されたグループとPGCが擁護する権利との関係性、ならびに予定的目的的行為者のクラスの拡張という問題である。前者の問いは、比例性の原則に基づいて答えることができる(2-22)。各グループが、予定的目的的行為者と比べ行為の類的特徴・能力をどの程度有するかに応じて、つまりその具有度の違いに応じて、それぞれの類的権利を保有する度合いも決まる。こうした比例性原則の容認は、類的権利の保有に関しては行為者性が絶対的条件である、とした前の論点と対立するものではない。要するに、人はひとたび現実的行為者か予定的行為者となれば、類的権利を完全にもつが、行為の類的特徴・能力を完全に獲得していない場合、行為者性の到達度に比例して類的権利をもつということである。この比例性の根拠は、前述の通り、行為の類的能力と実現したい目的をもつこととの関係に見いだされる。この能力が低ければ、自分や他人の目的実現を危険にさらすことなく自らの目的を達成できる可能性はそれだけ低くなる。

子供は、正常に成長すれば、行為の類的特徴の成分をなす支配力、選択力、知識、反省的意志といった特性に到達できるという意味で、可能的行為者である。可能的行為者は予定的行為者と同じものではない。この後者は、現行的には行為していないにしろ、行為の類的特徴をなす至近的能力を既に有するからである。子供はそうした予定的行為者ではないから、その限りで、PGCが行為者にその自由の権利を最大限尊重するよう求めた受動者には数えられない。しかし子供も、可能的行為者である以上、全面的行為者性にふさわしい類的権利を引き受ける準備として予備的諸権利をもっている。PGCは、これらの予備的諸権利に沿う形で、子供に適切な教育が施されるよう要求する。子供たちを、自らのふるまいをPGCに従わせることができる行為者や、自らの類的権利が他の行為者によって尊重される予定的行為者に育てるための教育である。またこれらの予備的諸権利には、行為者性という目標に見合う自由と福利に対する十分な敬意が含まれていなければならない。それゆえ子供は、成長するにつれて、自らを左右する諸決定にますます積極的に関与していくことになろう。子供に影響を及ぼす教育や子育てやその他の政策・制度にルールが求められ、さらにその根拠が求められるのは、それらがこのような形で子供を育成し、行為の類的能力・権利の全面的保有を促すからである。

知的障害者の場合、身体的には大人であっても、正常な予定的行為者のようには自らのふるまいに対する支配力を働かせることができないため、自由の権利を同程度にもつ必要はないであろう。予定的行為者にとって類的権利をもったり尊重したりすることがなぜ必要かというと、それらが目的達成のための行為に必然的に寄与するからである。そのような行為を行う能力のない人物は、自由の権利をもつにしても、その自由な行いが当人の自由と福利の条件や他の人物の類的権利を妨害しない範囲内でのみそれをもつことになろう。しかし、知的障害者も、人間としての潜在能力を有する限り、それらの能力は保護されねばならず、正常な行為者性の獲得を促す条件改善に向けた最大限の取り組みが求められる。

子供や知的障害者の場合、比例性の原則は、これらの人々の当面の福利と全面的行為者性への成熟を保護するために必要な分だけ、類的権利の縮小を要求する。このとき、実践的能力が低い人ほど、保有する権利の制限も大きくなる。それを正当化するものがあるとすれば、それらの能力と各自の目的達成との関係以外にはない。一方、人間の胎児の場合、問題となるのは、胎児の死それゆえに類的権利の完全なる喪失を内包する妊娠中絶の正当化である。胎児の権利と母親の権利のあいだに何の対立もなければ、比例性の原則は、PGCに基づいて単純に、胎児には当然、自由に対する権利はないが、福利に対する権利、すなわち目的達成に向けて成長できる自らの潜在能力を発達させるために必要な権利がある、と要求するであろう[1]。

しかし、そうした対立がある場合、母親の類的権利が優先される。PGCに従う比例性の原則によれば、その理由ははっきりしている。類的権利保有を正当化する規準はその人物が実現したいと思う目的をもった予定的行為者であるということである。ある人物が完全な予定的行為者とは言えない場合、その人の類的権利は、そうした行為者性を構成する類的能力をどの程度具有するかに比例しており、この比例性の根拠は、権利の保有と目的達成に向けた行為に求められる類的能力の保有との関係に見いだされねばならない。もちろん胎児の場合、僅かな可能形態を除くと、そうした能力を欠くだけでなく、身体的に分かれた存在や記憶の初期的獲得が欠如しているため、最も原始的な種類を含め目的というものをもっていない。したがって、胎児の類的権利は、母親のそれと比べると、最小限のものである。

胎児に見られるこうした欠如は、嬰児も含む乳幼児には当てはまらない。乳児たちは母親からは身体的に分かれていると同時に、きわめて初歩的な形とはいえ、母親のものとは区別される目的や欲求を示す。それぞれの乳児は、成長とともに、欲求を実現しようとしたり、追加的目的や価値をもったりすることとも深く関係する記憶や経験を蓄えていく。また、中絶が何らかの配慮事項により正当化されたとしても、その配慮事項が嬰児殺しを支持することはない。乳児の権利と母親の権利のあいだには胎児と母親の対立に類する対立関係はないからである。

また中絶、それゆえ胎児の類的権利の剥奪の正当化には程度の差があることを、比例性の原則に即して確認しておこう。まず、前述の通り、胎児は類的実践能力および対応する目的や欲求を有する状態に近づけば近づくほど、類的権利の保有に近づく。したがって、六ヶ月の胎児は三ヶ月の胎児に比べ、また三ヶ月の胎児は六週間の胎児に比べ、より大きな福利の権利を有する。それゆえ、出産が近づくにつれて中絶正当化の根拠も乏しくなる。加えて、そこに大きく影響するのが胎児の権利と母親の権利の対立の性格である。この対立に絡んでくるのは、母親の目的達成に要する能力の使用をめぐる類的権利が胎児が満期まで懐胎されることによって脅かされる事態である。福利に関しては、母親の死や身体的・精神的健康へのきわめて、またはかなり深刻な被害といった脅威が想定される。自由に関しては、当の受胎が強姦など母親の支配力を超えた力に起因し、そのため在胎が耐え難い暴力や強制の延長となる事態が想定される。このようなケースではすべて、胎児の成長段階にかかわらず、中絶は正当化される。その母親は、目的的行為者として、既に類的実践的能力とその能力が向けられる目的を有しており、胎児のためにそれらが失われたり、脅かされたり、攻撃されたりすれば、当の諸権利を全面的に保有する者の類的権利を、当の諸権利の最小限保有者にそっくり従属させることになるからである。これに対し乳児の場合、母親の類的権利に対する同等の脅威は存在せず、乳児は母親とは別個の身体的存在として既に自分自身の欲求や目的をもつため、やはり胎児と同列には論じられない。

母親の権利に対する脅威がそれほど深刻でなければ、それだけ中絶正当化の根拠は弱まり、胎児の成長段階は配慮事項としてより適切なものとなる。その場合、母親の類的権利と胎児の目的達成に必要な類的能力の発達の見通しとの関係を併せて顧慮することが重要である。権利の対立がなければ、前述の通り、胎児も人間としての潜在的可能性を有するがゆえに、目的達成に向けて成長できる潜在能力を発達させるために必要とされる福利に対する権利をもつ。しかし、母親が身体的・心理的・社会的環境条件のせいで自分の赤ん坊に必要な育児的配慮をすることを怠ったり嫌がったりした場合、この権利が実現される見込みは僅かしかない。このとき母親の自由と福利の権利は脅かされ、それに伴い、前述した胎児の権利も脅かされることになる。ここで決定的に重要なのは、胎児の生存権への関心を、胎児の基本的福利である十分な栄養摂取やその他の諸成分に対する権利への関心と合致させることである。実際、前者の権利を擁護する論者が後者の権利に無頓着な態度を示すことも少なくない。この後者の権利が実現される見込みが乏しい状況では、この事実は、胎児には実践的能力と目的が欠けているという事実とともに、中絶を正当化する根拠となろう。そのような事実と方策は少なくとも痛ましいものであり、それらをもたらす環境やふるまいが可能な限り回避されるようにすることは最も道徳的緊要度の高い課題である。

　次に、人間以外の動物とPGCの適用される道徳的人口との関係について検討しよう。動物は行為者性の潜在能力を欠くとの理由で、その類的権利が予備的な形にしろ全面的に保護されねばならない受動者には含まれない。しかし、動物にも行為の類的特徴・能力の一部をなす感情によく似た感情はある。すべての合理的行為者は、一個の動物として、さまざまな感情を抱いており、それらの感情は目的の追求やそれを可能にする身体的背景に影響を及ぼす。痛みを感じることは衰弱させる経験であり、PGCは、他者に理不尽な苦痛を与えることは自由と福利の権利を侵すことであるとして、それを禁じる。痛覚受容器をもつ動物は痛みによって衰弱させられるという点ではすべて同類である。このPGCの禁戒はそれらの動物に例外なく適用される。ベンサムの有名な言明によると、「問題は、それらの者たちが論理的に考えられるか否かでも、喋れるか否かでもなく、苦痛を感じられるか否かである」[2]。この論点は比例性の原則を限界的ケースに当てはめたものである。動物が苦痛によって衰弱させられるという属性なり特性なりを人間と同じようにもつのであれば、その限りで動物もこの属性によって正当化される権利、つまり理不尽な痛みを強いられない権利をもつことになる。

　しかし、動物の自由と福利が人間のそれらと対立したときには、比例性の原則の指し示す理由に従って、後者の類的権利が優先される。動物に人間の支配を受けない能う限りの自由を許すことが人間や当の動物自身にとって危険であるところでは、動物の自由は人間の自由に従属させられねばならない。また、人間の身体的福利にとって動物の肉を食することが必要であるとすれば、必要な範囲内で動物の殺生も当の理由に基づいて正当化される。

　人間の類的権利保有に関しては、実現したい目的をもつ予定的行為者であることが絶対的な属性条件であり、その条件は、老人であるとか身体障害者であるといった各人を特徴づける可変的事情には左右されない。類的権利保有をめぐるこの絶対性は、ある一定程度の脳障害のケースについても、回復の見込みがあり、したがって前述した類的実践的能力が再作動する可能性がある限り、そのまま適用される。こうして類的権利を保有する道徳的コミュニティの範囲は、子供、知的障害者、胎児というそれぞれ異なる理由に基づく例外を除いて、全人類へと拡張される。なお、犯罪者の場合、ＰＧＣの最重要の要件に違反することで自発的にこの道徳的コミュニティから自分自身を排除した犯罪者には、当の原理に基づく刑罰が科せられることになるが、それは犯罪者のそうした排除を継続するための処置ではなく、むしろＰＧＣに基づいて当人のこの道徳的コミュニティへの復帰を促すためのものである（5-8）。

3-5　ＰＧＣは道徳の最高原理であって、個人対個人の行いに関する他のあらゆる道徳原理や実践的原理に優先する。その内容はすべての行為に必然的に含まれる類的特徴であり、したがって、ＰＧＣはすべての行為ないし目的追求、またそれゆえにすべての善の追求に関係するからである。これ以外の道徳原理は、ＰＧＣと矛盾するか、ＰＧＣの具体化である。前者の場合、それらの原理はＰＧＣと矛盾するがゆえに道徳的に誤っている。一方、後者の場合、特定種類の行為か目的追求のみを対象としており、それらの原理が規定する道徳的条件はＰＧＣのそれと比べはるかに限定されている。この場合、ＰＧＣの内容とそれらの原理の内容は類と種の関係にあるから、結局、ＰＧＣ以外の原理が道徳的に正しいとすれば、それらはＰＧＣに従うものでなければならない。この関係は第４章と第５章で詳しく見る。

　ところで、ＰＧＣを道徳原理と呼ぶことに不審の念を抱く人がいるかもしれない。確かに、ＰＧＣは行為者が自らのために類的権利を要求するという事実から論理的に導かれた原理ではあるが、その行為者は自らの目的を自ら追求するためにそれらの権利を要求しており、この権利要求の規準は自益的なものであって、決して道徳的なものではない。では、それ自体道徳的でない要求や判断から道徳原理としてのPGCが導出されることは、一体いかにして可能なのであろうか。

この問いに答えるためにまず想起すべきは、ここでは「道徳的」という言葉が、原理や判断に関して、その原理なり判断なりが、あるいはそれを支持する人物が、少なくとも当の行為者か話者以外の人物または受動者の福利や利益を思い遣る、という意味で使われている点である（1-1）。PGCは、自益的前提から導出されたものではあるが、そのような社会的配慮を反映している。つまりこの導出は自益的なものから道徳的なものへの移行を成し遂げるのであり、問題の行為者が、普遍化可能性の原理に基づき、自分のために要求した類的権利がすべての予定的目的的行為者によっても保有されることを論理的に認めざるをえない時点で、この移行は果たされる。その行為者はそこで、自らの類的権利保有を正当化するために挙げねばならない十分理由が、当の十分理由を満たす他のすべての人々の類的権利保有をも正当化する、と認めることになるからである。またこうした経緯により類的権利自体も道徳的権利となる。それらが道徳的権利であるのは、まさしくその行為者がそれらの権利を自らの受動者にも帰属させるという事実によって、その行為者は自らの受動者の自由と福利に配慮するよう求められるからである。行為者が類的権利を自分自身に帰属させることを道徳的と見なしてよいとすれば、唯一それは、その行為者に他の人々も同様の権利をもつことを承認する覚悟がある場合である。

このように自益的なものから道徳的で社会的なものへの移行は、まずもって、動機的推移ではなく論理的推移である。その行為者が受動者の類的権利を是認せざるをえない理由は、自分がそれらの権利を他人に保障しないか、保障できない場合、他人もそれらに対する自らの権利を侵害するであろう、との想定に基づくホッブズ流の自益的ないし偶然的理由ではない。正しくは、その行為者の類的権利保有を正当化する十分条件がある以上、それらの権利が当の十分条件を満たすすべての人々によって保有されることは正当化されねばならない、とする論理必然的理由である。以下で見る通り、自益的理由は、行為者がＰＧＣを受け入れる際の動機づけの問題を考える上で、かなり重要である（3-26）。しかし、道徳原理としてのＰＧＣの根拠が単に自益的なものに過ぎないとすれば、その妥当性や必須性は、行為者が他の人々の類的権利保有を保障しないまま自らの目的を追求することが実際にどの程度困難であるかという事情によって大きく左右されよう。そしてその場合、行為者が受動者の類的権利に関してまったく道徳的義務を負わない状況が数多く発生するであろう。ところが、これらの義務の根拠は論理的なものであり、したがってその妥当性は前述した事情には関係なく必然的である。

自益的なものから道徳的なものへの移行についてさらに詳しく見よう。さて、前述の通り、行為者の権利判断（１）「私は自由と福利に対する権利をもつ」は、その行為者が（２）「他のすべての人々は私の自由と福利を尊重すべきである」という考えを抱いていることを内含する。（２）における「べきである」の規準は、（１）における「権利をもつ」のそれと同一であり、その行為者が自らの目的を自益的に追求するという規準である。その行為者によって語られる（２）は、この判断の受け手である他の行為者たち（「他のすべての人々」）に対して、本人以外の誰かの利益に配慮するよう求めているが、前述の通り、道徳判断ではない。事実、話者であるその行為者は、他の人々に向けた当の要求を、それらの人々のためにではなく、当の行為者自身のために申し入れている。したがって、その行為者によって用いられる（２）は、たとえ相手方の人々がそれを道徳判断と見なすにしても、自益的「べし」判断である。

また本書では、普遍化可能性の原理と関連類似性の合理的に正当化された規準を通じて、（１）が（３）「すべての予定的目的的行為者は自由と福利に対する権利をもつ」を帰結することも既に了解済みである。（１）の「権利をもつ」の規準がその判断主体の自益的目的であるように、（３）の「権利をもつ」の規準は、当の判断主体である「すべての予定的目的的行為者」の自益的目的である。ところが、最初に権利要求を行ったこの行為者によって語られる（3）は、その規準がこの行為者自身の利益や自益的目的にではなく、話者である自分以外の人々の利益や自益的目的にあるという点で、まさしく道徳判断である。この行為者はこうして、自分以外の人々の自益的目的や利益を好意的に考慮すべきである、との判断を受け入れざるをえない。この行為者がそれを拒んだ場合、前に主張せねばならなかった点、つまり予定的目的的行為者であることが自由と福利の権利をもつための十分な正当化条件である点を否定する立場に立つことになるため、結局、この自益的判断から道徳判断への論理的推移を余儀なくされるのである。同様に、（3）が（4）「私はいかなる（すべての）予定的目的的行為者の自由と福利も（を）尊重すべきである」を帰結する場合、この「べきである」の規準は、（3）の権利主体すなわち権利保有者である、あらゆる予定的目的的行為者の利益や自益的目的である。それゆえ、この行為者によって語られる（4）も、この行為者に自分以外の人々の利益を好意的に考慮するよう求めており、まさに道徳的な判断である。こうしてこの個人的行為者の内的見地の展開をあらわす、（1）と（2）から（3）と（4）に至る帰結関係が、当の行為者に、自益的判断から道徳判断へと移行するよう論理的に要求し、その結果、当の行為者は、自己矛盾を避けようとして、自らの自益的目的を支持するための権利要求と「べし」判断から、他のすべての予定的目的的行為者の自益的目的を支持するための権利要求と「べし」判断へと移行せざるをえなくなる。

本節の議論は道徳の最高原理に関する合理的正当化の最終段階を提示するものである。もちろん、本書がこの正当化の最終段階に至るまで用いてきた複雑な哲学的分析と通常の合理的道徳的行為者が従う思考過程との違いには注意が必要である。ただ、行為者は大抵、哲学者ではないものの、これまでの分析の本筋は広く行為者に妥当する思考と行為の基本構造とかけ離れたものではない。本書が弁証法的必然的方法、すなわちすべての行為者に必然的に帰せられる言明や判断を起点に、概念分析を通じて、それらが論理的に含意するものを順番に追究していく方法を採用したのもそのためである（1-13、14）。その中心的論点は次の通り要約されよう。いかなる行為者にとっても行為の必要善である物事すなわち自由と福利は、その受動者たちにとっても同じく必要善であり、しかも、当該行為者がそれらの物事に対する権利を自分のために要求する際の合理的な根拠や理由は受動者にも属しているから、その行為者はそれらの受動者が当の必要善に対して自分と同じ権利をもつことを論理的に認めねばならない。この道徳理論の適用をめぐる多くの複雑な問題は、当の最高原理が正当な根拠に基づいて権利の平等からの逸脱を許容するさまざまな考え方を含め、以下の二つの章で検討する。

以上のPGCの正当化は、行為と理性という概念に必然的に内包されるものから導かれた論点であり、完全に合理的な正当化である。その議論は主として普遍化可能性の原理を含む演繹的推論によっており、そこで暴きだされたのは、権利要求の正当化に適用された十分理由という考えに基づく明確な帰結関係を否定することから生じる一貫性の欠如である。

では、この正当化の議論は、最高原理を何らかの上位的情報源から導出したり非道徳的なものから道徳的なものを導出したりすることが論理的に不可能であることや、それに伴う論点先取の危険といった、第1章で触れた形式的困難にどう立ち向かうのであろうか（1-7）。この問いに対する私の答えは次の三つの成分で成り立っている。第一に、私の正当化議論は、とりわけ論理的一貫性という要件からなる理性の一般的原理に訴えるものである。第二に、私の議論を前進させるのは行為と理性という概念の概念分析である。道徳的規則は人々がどう行為すべきかに関する教えであるという意味で、行為は道徳性の主たる上位概念であるから、この二つの点は、結局、道徳原理はあらゆる行為に必然的に関連する特徴をめぐる合理的洞察から演繹されることを意味する。また、道徳的なものが合理的なものや実践的なものの一部であることからすると、そのような洞察は道徳に固有の考察に論理的に先行するものであり、したがって、この議論に論点先取はなく、何らかの上位的原理から道徳原理を導出する困難もその限りで解消される。確かに道徳原理は論理的にはまず道徳性の領域にあると言えるが、この道徳性の領域はそれよりも広い合理性と行為の領域に包含されており、道徳原理はこの二つのより広い領域の諸原理から、循環論法に陥ることなく、しかも当の道徳性の領域における論理的優位性を失うことなく、演繹されるのである。同時にPGCは、行為の類的特徴と規範的構造から導出されたものであるから、行為の全領域に関する最高原理でもある。

第三に、以上の演繹は、「べし」を伴う道徳原理がいかなる「べし」も含まない上位的原理からどのように導出されるのかという問題も解決する。これまでの議論に見られる通り、私は「べし」を「ある」によって直接定義しているのではない。むしろ、「べし」の適用性は権利の保有という相関的概念から論理的に帰結する、というのがその考え方である。一方、行為者によるこの概念の適用性は、その行為者のあらゆる行為の必要条件である善の概念から、その行為者はそれらの善に対する権利を必然的に要求するとの理由に基づき、導出された。そして最後に、その行為者の善概念の適用性は、その行為者が目的のために行為するという事実から導出された。自分は目的のために行為する、というその行為者の主張は経験的で記述的な言明であり、それゆえ私は、以上の議論を通じて、間接的な方法で「ある」から「べし」を導出したことになる。あらゆる目的的行為には相関的な義務ないし「べし」を伴う権利要求が論理的に含まれることを論証したのである。行為から道徳への連なりは「ある」から「べし」に至る筋道であるが、この「ある」、すなわち類的特徴をもつ行為は、「べし」を暗に含んだ文脈と見なされ、一連の議論を通じて、この「べし」がいかにして明示的なものとなるかが示された。しかも、この「べし」は、すべての行為に関連するため、実践的規則として規範的に逃れられないだけでなく、行為者と受動者の自由と福利が互いに関係する場合に行為者は受動者の利益にどう配慮すればよいかをめぐる要件を含むという意味でも、まさに道徳的なものである。

ところで、普遍化可能性の原理の道徳的分野への適用はさまざまな困難を伴うが、本書ではそれらの困難を克服するやり方でこの原理を適用しており、右の論点はこの適用方法とも深く関係している。その困難とは、前に触れた通り、この原理が許容する内容の可変性に起因するものである。実行することが正しいとされる行為の可変性や関連類似性の可変性がそれである（2-17、18）。本書の議論がそれらの困難を回避するのは、そうした偶然的内容を合理的必然性に置き換えているからである。

第一に、実行することが正しいとされる行為に関しては、この原理の通常の適用方法では、行為者が、受動者の反応にかかわらず、自らの意向や理念に応じてそれらの行為を選んだり記述したりすることができるのに対して、私の方法では、問題の行為者による行為の状態記述は必然的内容、すなわち行為の類的特徴――自発性と目的性――および自由と福利という必要善に限定されている。その行為者は受動者のこれらの善に対する権利に応じて行為せねばならないのである。通常の普遍化可能性の考えで許容される行為とは異なり、こうした特徴や善は、自らの目的のために自由に行為する必要条件を体現し、それゆえ受動者にとっても必然的に受容可能なものである。

第二に、関連類似性の規準に関しては、通常の普遍化可能性の原理では、行為者が自らの欲求に合わせてそれらを選択したり記述したりすることが可能であるのに対して、本書ではその規準を、行為に必然的かつ普遍的に関係する記述、すなわち自らの目的を実現したいと思う予定的行為者という記述に限定している。この記述はすべての行為者と受動者に等しく関連するため、本書における普遍化可能性は、不平等主義的道徳や特殊主義的道徳を容認する通常の普遍化可能性の考え方とは異なり、必然的に平等主義的-普遍主義的道徳原理を帰結する。こうした内容の転換、言い換えると、行為の特徴や関連性の規準をめぐる可変的なものから必然的なものへの転換は、理性は矛盾の回避を求め、恣意的なものに反対する、との基本的観点から、理性を適用したことの成果である。この観点においては、普遍化可能性の論理的形式に内容を与える行為の特徴と関連性の規準は、当該行為者の偶然的嗜好に応じて変わりうるものであってはならず、それらの対象の必然的・普遍的相面を反映していなければならない。

さて、PGCは、以上の議論で示された通り、道徳哲学をめぐる三つの中心問題のそれぞれに合理的で根拠のある回答を与える（1-1、2）。配分的問題――行為において好意的に考慮されるべきは誰の利益か――に対しては、すべての予定的目的的行為者には等しく類的権利があり、それゆえ各々の行為者は自らの受動者全員の類的権利を尊重しなければならない、と答える。実体的問題――好意的に考慮されるべきはどの利益か――には、自由と福利は行為にとって必要不可欠であり、したがって、さらなる内的区別が可能であるにしても、この二つは第一義的な善でなければならない、と答える。権威的問題――人が自分以外の人々の利益に配慮するという意味で道徳的でなければならないのはなぜか――に対しては、自己矛盾の回避を旨とする厳密な意味の理性がそれを求め、いかなる人物の行為もPGCに反する限り合理的に正当化されることはないからである、と答える。この検討結果は同時に道徳の最高原理であるPGC自体の合理的正当化を要約的にあらわす。PGCはこの三つの答えとその論証を通じて、道徳の最高原理は行為や制度の道徳的妥当性に関する基本的な実体的・配分的規準を示しうる最高規準論として機能するものでなければならない、との要件を満たすのである。

3-6　類的一貫性原理の形式的必然性

PGCは、それを否定するか、その承認を拒む、いかなる行為者も自己矛盾に陥るという意味で、形式的または論理的に必然的である。この必然性について少し立ち入って論じてみたい。ところで、PGCは命法として提示された。命令法も否認されるし、矛盾のような論理的関係を含むこともあるが、ここでは議論を見やすくするために、ＰＧＣを次のような形の直説法に言い換えておこう。「すべての行為者は自分自身のみならずその受動者の類的権利に従って行為すべきである」。この再言明によって、ＰＧＣをめぐる議論は第2章で取りあげた権利と「べし」をめぐる考察へと引き戻される。また、「べし」による再言明は命題形式による言明であるため、ＰＧＣが少なくとも真偽の吟味を許容する利点もある。以下では、ＰＧＣが真であることを対応という観点に基づいて明らかにしてみたい。

これまでの議論で、すべての行為者は自己矛盾の咎を免れるためにはＰＧＣを受け入れねばならず、それゆえＰＧＣは必然的に真なる原理であることが明らかにされた。この必然的真理性の主成分は、前件をなす諸命題から普遍化可能性の原理と論理的首尾一貫性という形式的判断を通じて導出された点で、形式的なものである。ただ、この形式的判断がＰＧＣの必然性とどう関係するかはさらなる究明が必要であろう。ＰＧＣが必然的に真であることが明らかにされたといっても、これまでのところ、直接的に、あるいはそれ自体として論証されたわけではなく、二種類の懸隔を伴う間接的論証にとどまっているからである。ところで、ある言明が必然的に真であることの規準は、その命題の否定が自己矛盾を含むことにあるとすれば、同一律によりながら、その命題を直接構成する諸名辞の定義や意味の検討を通して、その命題の否定が自己矛盾的である事実を明らかにできれば、その命題が必然的に真であることを直接的に、あるいはそれ自体として論証したことになろう。例えば使い古された例であるが、命題「すべての独身男性は未婚である」がこの規準に照らして直接的な意味で必然的に真であるというのは、(存在仮定を前提にした場合)この命題の否定「ある独身男性は未婚ではない」が自己矛盾を含むことを、「未婚の男性」という「独身男性」の定義を通じて明らかにできるということである。確かに、この否定の「独身男性」を「未婚の男性」に置き換えれば、「ある未婚の男性は未婚ではない」となって、同一律、すなわち「すべてのＡはＡである」以上、あるＡがＡでないことはありえない、という論理的原則を破ることになる。

ＰＧＣも、それと同じやり方で必然的に真であることが直接示される、と思われるかもしれない。ＰＧＣが行為者に対して、自らの受動者の権利に従って行為すべきである、と言うとき、そこには、その行為者が「権利」という言葉の意味からすぐにわかること以外、何も言明されていないからである。その場合、「権利」という語は、少なくとも部分的に、人がそれに従って行為すべき事柄、あるいは人が干渉しないようにすべき事柄を意味し、類的権利とは類的善に対する権利であるから、ＰＧＣは次のように書き換えられよう。「すべての行為者は、人として干渉しないようにすべきである自分自身およびその受動者の類的善に対して、干渉しないようにすべきである」。この言明の否定が自己矛盾的であることは、当然、この言明の直接的構成要素である諸名辞の意味分析を通じて明らかにされるはずである。

右の議論は、しかし、ＰＧＣが必然的に真であることを直接的に論証するものではない。というのも、ＰＧＣは単に、人はその受動者が権利をもつ物事に最低限干渉しないようにすべきであると述べるだけでなく、行為者もその受動者も類的権利をもつと主張し、さらには、この事実に即してその行為者の義務が何であるかも明示しようとしているからである。このようにＰＧＣは、純形式的な正義の原理とは異なり、道徳的に正しい行為と道徳的に不正な行為を識別する実質的規準を与える。行為者にもその受動者にも類的権利があるという命題も実質的命題であり、それゆえ、同一律に基づいて当の命題の直接的構成要素である諸名辞の意味分析を行えば、それだけでこの命題の否定が自己矛盾的であることが証明されるわけではない。その意味からすると、ＰＧＣは公理というよりもむしろ定理のようなものである。その必然的真理性は、行為者の必要善に関する命題など、前件をなす諸命題から論理的に導かれるものであり、それらの命題を受け入れる限り、行為者にもその受動者にも類的権利があるとの主張を含め、ＰＧＣを矛盾なく否定することはできないということである。これはＰＧＣが必然的に真であることをめぐる第一の隔たりである。要するに、ＰＧＣの否定が自己矛盾をきたすことを明らかにしようとすれば、この原理の前提である諸命題の検討も欠かせない。

加えてもう一つの隔たりがある。ＰＧＣは必然的に真であることが論証されたが、これは今のところ（いかなる行為者であれ）当の行為者によって支持されねばならない定理として真であるということに過ぎない。ここで改めて想起したいのは、この原理の、さらに言えばどの定理であれその、実然的言明と弁証法的言明との違いである。一般に実然的言明が「ｐ」という形式であるのに対して、弁証法的言明は「Ｓはｐと考える（言う、認める）」という形式をとり、弁証法的必然的言明は、「Ｓは論理必然的に（自己矛盾を恐れて）ｐと考えねばならない（言わねばならない、認めねばならない）」という形式をとる。ＰＧＣに関してもそれと同じく、実然的形式の「すべての行為者は自分自身のみならずその受動者の類的権利に従って行為すべきである」という言明と、弁証法的必然的形式の「すべての行為者は、自らが自分自身のみならずその受動者の類的権利に従って行為すべきである、と論理必然的に認めねばならない」という言明を区別する必要がある。さて、ＰＧＣはすべての行為者が論理必然的に認めねばならない他の必然的に真なる諸言明から論理的に帰結したものであり、それゆえこの原理が必然的に真であることが論証されたというのは、厳密には、この後者の弁証法的必然的言明として論証されたという意味である。これは本書の弁証法的必然的方法の一環である。

3-7 ＰＧＣは、これまでのところ、直接的な意味でそれ自体として必然的に真であるわけでも、派生的な実然的定理という単純な意味で必然的に真であるわけでもない。むしろそれは、一つの複合的な定理、すなわち行為者は自ら論理的に受け入れざるをえない他の諸言明との矛盾を避けるためにＰＧＣを受け入れねばならない、と述べる弁証法的必然的定理の一環として、必然的に真なのである。ただ、そうすると当然、次の疑問が生じる。

必然的に真なるものは、実然的に言明されたＰＧＣではなく、弁証法的必然的言明であるとすれば、ＰＧＣをそれ自体として捉えた場合、その論理的身分はどのようなものであるのか。ＰＧＣが実然的または独立的に言明される場合――（１）「私は私自身のみならず私の受動者の類的権利に従って行為すべきである」――、ＰＧＣは、それがその行為者によって言われた場合に限り、またそのようなものとしてのみ、必然的に真である。これに対して、ＰＧＣが、すべての行為者が言わねばならない、または受け入れねばならない事柄について述べた複合的定理の一環として、弁証法的に言明される場合――（２）「すべての行為者は、自らが自分自身のみならずその受動者の類的権利に従って行為すべきである、と論理必然的に認めねばならない」――、その複合命題全体は必然的に真である。

以上で明らかなように、本書のこれまでの議論で示されたのは、ＰＧＣの必然的真理性がその行為者の言明や信念とこの原理との弁証法的連関に直接的または間接的に依存する点である。そこで次に、ＰＧＣは、それがこの連関とは離れて実然的に言明された場合――（３）「すべての行為者は自分自身のみならずその受動者の類的権利に従って行為すべきである」――も、必然的に真である、とする見方を取りあげ、その論拠を検討してみよう。さて、この（３）と前に触れたＰＧＣの弁証法的必然的言明（２）を並べて見れば、行為者は自分がすべきであると論理的に認めざるをえない物事をすべきである、との前提をおく限り、（２）から（３）への論理的推移は疑う余地のないものであると言える。また、誰かがある義務を負う根拠として、当人が自分はその義務を負っていると論理的に認めざるをえないことほど有力な根拠はないから、この前提の方も明らかである。当の人物は、自分がその義務を負うことを論理的に認めざるをえない以上、それを否認した場合、自己矛盾に陥る。そして、この事実から帰結するのは、この人物には必然的にその義務があるということである。それゆえ、次の実然的言明は必然的に真であり、すべての行為者がそれを自らのものとして受け入れねばならないことになる。「私は私自身のみならず私の受動者の類的権利に従って行為すべきである」。

右の結論は、ＰＧＣや道徳判断が向けられる相手の行為者は合理的な行為者、言い換えると、合理的検討事項に関心を向け、それに感化される能力のある（といっても、もちろん、状況次第でこの能力は実際には使われないことも間違って使われることもある）行為者である、との想定を思い起こせば、さらに説得力を増す。ここで合理的検討とは、先述の通り、演繹的論理と帰納的論理という規範によって要求される熟慮のことである。ところで、合理的行為者が行うべき物事とは、少なくともその行為者の確定できる範囲内で言えば、その行為者が合理的な根拠に基づいて自分はそれを行うべきであると考えるもののことである。ところが、その行為者が自分はそれを行うべきだと合理的な根拠に基づいて考えるものは、その行為者が自分はそうすべきであると論理的に認めざるをえないものである。というのも、その行為者が論理的に認めざるをえない事柄とは、それを認めない場合、その人が自己矛盾に陥る事柄であり、しかも、自己矛盾に陥れば、その人は合理的正当化の必要条件を失うからである。一方、既にかなり詳しく見てきた通り、いかなる行為者も自分が行うべきこととして論理的に認めざるをえないものとは、ＰＧＣに準拠して行為する――つまり自分自身のみならず自分の受動者の類的権利に従って行為する――ことである。ここから、合理的行為者が行うべきことは、自分自身のみならずその受動者の類的権利に従って行為することである、との結論が導かれる。かくしてＰＧＣは、実然的に言明された場合もやはり、必然的に真であることが示された。以上の二つの議論はともにＰＧＣの弁証法的必然的言明「すべての行為者は自らが自分自身のみならずその受動者の類的権利に従って行為すべきであることを論理必然的に認めねばならない」からはじまった。しかし、その後、それぞれの議論は、「論理必然的に認めねばならない」という表現であらわされる事柄の論理的意味を追究し、論理的結論として、傍点を付したこれらの語句が省略可能であることを明らかにしたのである。

3-8 前項のPGCの実然的分離可能性をめぐる議論には重大な問題が伏在している。ここでは、PGCの弁証法的形式と実然的形式とのいくつかの類似点に留意しながら、それらの問題点を探ってみたい。まず、次の二つの言明を比べてみよう。一つは「すべての合理的な広告主は、自分が宣伝する製品は善いものである、と要求せねばならない」という弁証法的必然的言明である。もう一つは「その広告主が宣伝する製品は善いものである」という実然的言明である。その広告主が、当の製品が善いもの——値打ちがある、有益である、楽しみを与える、有用である、など何らかの意味で善いもの——であることを要求しないのは、少なくとも非生産的で自滅的であるという意味で非合理的であるから、前者の弁証法的言明は真であると承認される可能性がある。この言明をもっと強く、広告主であることは、何らかの製品か対象物の販売や販売促進をめざすことである、と言い換えてみよう。このとき、当の製品が善いものであることを否定したり、それが何らかの適切な意味で善いものだとする要求を引っ込めたりするのは、この目標に背いており、その意味で広告主ではないという性質を構成することになろう。したがって、弁証法的言明「すべての合理的な広告主は、自分が宣伝する製品は善いものである、と要求せねばならない」を否定するのは自己矛盾的であり、それゆえこの言明は必然的に真である。ところが、ここからは、それとは切り離された実然的言明「その広告主が宣伝する製品は善いものである」が必然的に真であることはおろか、それが真であるとの結論すら得られない。それどころか、この言明はまったくの虚偽である可能性があり、実際にしばしばそうである。この例が示すように、複合的な弁証法的言明の必然的真理性はその構成要素をなす実然的言明の必然的真理性を内含するものではない。この論点からは、一見すると、弁証法的言明「すべての行為者はPGCを論理必然的に承認せねばならない」の必然的真理性は、実然的形式をなすPGCそれ自体が必然的に真であることはおろか、それが妥当であることすら論理的に帰結しない、との結論が導かれるように見える。

類比による議論をさらに展開してみよう。ＰＧＣがどの行為者にとっても否定しえないものである点は、次のような暗黙の前提さえあれば、ＰＧＣに従って行為することの道徳的正しさを証明するために利用できるように思われる。（４）「すべての行為者によって論理的に受け入れられねばならないものは正しい」、あるいは（５）「すべての行為者は行為者であるという概念から帰結する事柄に従って行為すべきである」。実際、本書の議論の起点におかれていたのは、行為者が行為者であるという概念から帰結するため論理的に受け入れざるをえないものの弁証法的必然性であった。ところが、（４）や（５）が想定されねばならないとなると、ＰＧＣを論証する議論全体は、事実的・論理的前件のみに基づくのではなく、規範的前提や価値的前提に依存することになってしまい、そうした前提の真理性や根拠が新たに問われよう。そればかりか、行為者であることになぜそのような高い地位が与えられねばならないのかも改めて問われる。仮にＰＧＣの前提「すべての行為者によって論理的に受け入れられねばならないものは正しい」に関して、それは行為という文脈内で、あるいはその行為者の見地から真実として受け入れられている、と言えるのであれば、それとまったく同じように、先述の広告主の言明――「すべての広告主によって論理的に受け入れられねばならないものは正しい」――を根拠づける同類の前提に関しても、それは広告という文脈内で、あるいはその広告主の見地から真実として受け入れられている、と言えるからである。いずれのケースも、その前提と派生的な言明や定理の双方に真理が含まれるとすれば、それは絶対的真理ではなく、所与の文脈や見地――前者では行為か行為者、後者では広告か広告主――に応じて決まる相対的な真理でしかない。そうすると、ＰＧＣの真理性は、そのような前提に依存するため、この原理が実然的に言明された場合には、同じくその前提に依存する実然的言明「私が宣伝する製品は善いものである」の真理性以上に大きいわけでも確かなわけでもないことになろう。それどころか、この広告主の言明はしばしば虚偽であることからすると、それはこの原理の帰謬性を示しているとすら言える。

同様の困難は（5）「すべての行為者は行為者であるという概念から帰結する事柄に従って行為すべきである」のような前提をおいた場合にも発生する。この場合、他の概念に関しても同じような主張はできるのではないかとの疑問が生じよう。例えば、「すべての暴君は暴君であるという概念から帰結する事柄に従って行為すべきである」とか「すべてのサディストはサディストであるという概念から帰結する事柄に従って行為すべきである」といった類似の言明を想起してみよ。これらはまさに徹底して自分の思い通りに行為するケースであろう。一方、そのような類例を排除するために、行為者であるという概念から帰結するのは善いことか、正しいことだけであると主張した場合、この排他的命題の正当性をどう証明するのかという問題が再びもちあがる。

行為者性およびPGCのケースと広告主や暴君やサディストのケースとの明白で重要な違いは、前者にはより大きな必然性と普遍性が付着している点である。行為者であることの不可避性と広汎性は他のどのケースをも大きく凌駕する。ただ問題はこの違いをどう解釈するかであり、それには細心の注意が必要である。さもなければ、そのような規準が同じく必然性と普遍性の熟慮に基づく他のもっと疑わしい原理や言明をいかに排除するかを見極めるのが困難になるからである。例えばフロイトに従い、すべての人間が必ず影響を被るある神経症が存在し、誰もが「私は私の父（あるいは母）を殺すべきである」のような言明を受け入れる必要に迫られる、と考えてみよ。あるいはマルクスに習って、ある特定の時代の人間が例外なく従わねばならない「虚偽意識」、例えば「すべての人々はその支配者に服従すべきである」といったイデオロギー的信念が存在する、と考えるのもよい。このような信念の必然性と普遍性がその信念の真理性や正しさを保証するものではないことは明白であろう。

3-9

この項では前項で取りあげた諸々の問題点の解決を試みる。早速、前項の最後に触れた問題からはじめよう。さて、ＰＧＣと「フロイト的」教えや「マルクス的」教えとの大きな違いがどこにあるかと言えば、後者が明確に病理的なものとして提示されている点に加え、結論として、それらの教えが適用されるそれぞれの文脈に応じた真の代替策をもっている、とそれぞれの論者によって想定されている点である。エディプス・コンプレックスをもつことや「虚偽意識」の被害者であることは対処されたり破棄されたりせねばならない条件である。実際、それらの条件は衝動や無知の所産であり、ひとたびそうした事情がその影響下にある当の人物によって認識されれば、その必須性は否定されることになる。これに対して、ＰＧＣはすべての行為者性、またそれゆえにあらゆる善の追求に欠かせない類的特徴から導かれたものである。ＰＧＣは無知の所産どころか、行為者であることから論理的に帰結する事柄に対する合理的自覚から生みだされたものであるため、その基盤が合理的に認識されても、それによってこの原理の必須性が乗り越えられることはなく、むしろ逆に確立・強化されるのである。行為という文脈には、規範として合理的に支持できるＰＧＣ以外の選択肢は存在しない。行為の類的特徴とそこから導かれる結論はすべての合理的行為者にとって認識可能であり、そのようなものとして、フロイトやマルクスの類例とは異なり、基本的に行為者の自己認識の問題である。

右の説明で明らかなように、「すべての行為者によって論理的に受け入れられねばならないものは正しい」の「正しい」をすぐ前に触れた意味で合理的ないし論理的であると解釈しない限り、本書の議論はこの前提に依拠するものではない。逆にそう解釈した場合、この「前提」は規範的・道徳的前提などではなく、論理的思考を行う際には必ず想定される前提であると言える。

行為者性のケースと広告のケースには他にも重要な違いがある。それは前述した類比に基づく結論を覆す次のような種々の違いである。行為者性およびＰＧＣを含むその論理的帰結は、広告主や他の特殊な行為者などには妥当しない合理的な必然性と普遍性を帯びる。人は広告主ではなくとも合理的行為者であることは可能である。

しかも、状況によっては、経験的真実性という意味の合理性に対する配慮から、ある人が広告主であることをやめるといった事態すら想定される。広告主、さらに言えば合理的広告主であることと「私の製品は善い」と言ったり考えたりすることとの繋がりは、このように、決して必然的な関係ではない。広告主は自分の製品が善いものであるとの言明を公表せざるをえないと感じながら、良心に従ってそれを否定する場合もあり、善いとは思えない特定の製品については、その広告をやめる選択肢もある。加えて、広告主であることは、実践的教え一般に従うことと必然的に関連するわけではない。広告主でなくとも、そうした教えに従う人はいる。これに対し、行為者でありながら、自らの自由と福利を自らのあらゆる行為に欠かせない善と見なすことはやめるというわけにはいかない。そのため行為者は、合理的である限り、自分が自由と福利に対する権利をもたず、したがって、PGCをはじめその行為者性の他の論理的帰結とも関わりをもたない、と考えることはできない。確かに行為者はある特定の行為を控えることはできるが、このことはその行為者とその行為者性の類的特徴との論理的関与には何ら影響しない。その行為者は、途方もない犠牲を払わない限り、行為者であることをやめることはできない。たとえそれができたとしても、そのためにその行為者が意図的にとる手立てはそれ自体行為であり、行為者性の類的特徴をあらわにするであろう。行為者であることは、必然的かつ普遍的に、実践的教えの影響下にあることと関連する。すべての実践的教えは行為者に向けて発せられるからである。PGCは、そうした特徴の論理的帰結として、広告主や他の限定的クラスの行為者によってなされる規範的言明など到底及ばない必然性と普遍性を備えている。自己矛盾を犯すことなくPGCを否定できる行為者は誰一人としていないから、PGCは実践の全領域において必然的に真である。

右の考察は先に触れた暴君のケースにも該当する。このケースに関わるのは、行為者であるという概念から帰結する事柄は暴君であるという概念から帰結する事柄に優先せねばならない、との論点である。行為者性は、暴君性に対して必然的かつ普遍的であるため、暴君性という選択肢がその下で機能せねばならない一般的要件を決定するからである。暴君も行為に携わる以上、暴君的に行為するか否かを選択でき、したがって、暴君であるか否かも選べる。ところが、行為者であるか否かに関しては、前述した通り法外な代価を支払う場合を除くと、選択の余地はない。このように行為者であることは規範的含意を伴い、暴君といえども、それらの含意から規範的に逃れることはできない。それらの含意がこの暴君に課す義務は、この暴君が要求するであろうもっと特殊な権利や義務に先立ってこの暴君を拘束する。

3-10 PGCは、前項の議論からもわかる通り、行為者が述べたり受け入れたりしなければならない物事との弁証法的連関から完全に切り離して捉えることはできない。PGCと行為者であることや行為者性に必然的に付随する規範的判断との繋がりがいかに必然的で普遍的なものであるかがそこでの中心的論点であった。この繋がりはPGCが一定の相対的身分を有すること、言い換えると、PGCの真理性や正しさは行為者が受け入れねばならない事柄と完全には分離できないことを示す。この相対性は、しかし、PGCの道徳原理としての身分に何らかの深刻な制限を課すことはない。PGCは、すべての行為者によって論理的に認められねばならないものである以上、行為をめぐる文脈では必然的かつ普遍的であり、しかも道徳性にふさわしいのはこの行為という文脈である。こうして明らかなように、実質的・規範的な道徳原理や実践的原理の中で、PGCほど大きな必然性と普遍性を獲得しているものは他にない。

ところで、PGCは行為と目的に関する「ある」言明から導出されたが、この導出方法は果たして、定言的であるはずの道徳的「べし」判断を与えるという条件に合致しているであろうか。前段の論点はこの疑問とも関係する。ここで予想されるのは、定言的なものと弁証法的なもののあいだには対立があるとの論拠に基づく、この問いに否定的に答えようとする反対意見である。その見方に従うと、本書は、行為者の価値づけや権利要求を含む内的見地に基づいて議論を展開する弁証法的方法によっており、そこから導出されたPGCや相関的「べし」判断は、当の行為者の見地に関してのみ妥当し、決して絶対的な妥当性をもつわけではない。その行為者が当初、自分は目的のために行為すると述べたことから、特定の「べし」判断を下すよう論理的に強いられるにしても、この事実はその判断が本当に正しく拘束力があることを確証するものではない。要するに、この「べし」は定言的なものではないとの見方である。

この反対意見に対する私の応答は、本書の方法は、その弁証法的に必然的な相面の働きにより、PGCの「べし」に偶然的ないし仮言的身分以上の地位を与える、というものである。道徳的「べし」は偏に、または主に、行為という文脈それゆえ行為者に適用されるものであり、したがって、特定の「べし」判断が、違反すれば自己矛盾に陥るとの条件の下で、すべての行為者によって論理的に許諾されねばならないことが明らかにされるというのは、その妥当性が当の判断の適用される文脈の全域において論理的に逃れられないものとしてあるということであるから、その判断に絶対的地位が与えられたことを意味する。ここで想起したいのは、私が本書の冒頭で「べし」判断について述べた次の条件規定である。「べし」判断が定言的であるためには、それによって与えられる実践的要件はいかなる行為や制度によっても正当に回避できないものでなければならず、その拘束性は行為者の可変的な自己利益的欲求や道徳的正当化を欠いた社会的諸制度に左右されるものであってはならない（1-1）。PGCの「べし」はこの定言性の条件を満たしている。

以下の議論において私は、通常、PGCを独立的な実然的言明として取り扱う予定である。しかし、これはねじ曲げた解釈でも誤った議論でもない。道徳的議論はいずれも合理的な現実的・予定的行為者に向けてなされると想定されており、それゆえ、問題の道徳原理がすべての行為者によって論理的に承認せざるをえないものとしである点をその都度改めて論じる必要はないからである。

しかし、弁証法的必然的方法という特殊な定式化が、これ以降、免除されうるのであれば、そもそも本書でこの方法が採用されねばならない理由はどこにあったのであろうか。PGCの立論の全行程を、目的の善さをめぐる行為者の言明を起点に、その行為者が論理必然的に述べるか、認めねばならない事柄を順番に探っていく複雑なやり方ではなく、実然的言明を用いたもっとわかりやすい議論にすることはできなかったのであろうか（2-1）。

この問いに答えるために、まず思い起こさねばならないのは、自然主義的な道徳哲学者の多くが、すべての人間行動はその行為者が善いと見なす目的をめざすとの考えや、価値概念は人々の欲求や関心や努力といった自然的事実から論理必然的に導かれるとするもっと一般的な考えを受け入れてきた事実である。一方で、これらの学説の解釈に重大な相違が見られるのもまた確かである。自然主義者は善を直接そのような欲求や努力の対象と等置または同一化しており、同様の見方は、善とはあらゆる物事がめざすもののことである、というアリストテレスの格言から、価値とは何であれ関心の対象である、といったR・B・ペリーの定義に至るまで、広く認められる[3]。しかし、この自然主義的同一視にはいくつかの重大な難点がある。その一つは、価値づけをまったく含まない出発点を土台にして価値概念と道徳概念の使用を正当化しようとしている点である。何かが欲求されるという事実は、いかにして、その何かが善いものであることを確証するのか。また、人はあるものを必然的に欲求するからそのあるものに対する権利をもつとか、ある特定の「べし」は、その対象が当の行為者によって欲求されるものであるから、すべての人々を規範的に拘束する、といった考えを保証するものは何か。こういった問いにうまく答えられないため、自然主義者は不当な推論を行っているとしばしば咎められるのである。確かに、少なくとも部分的な意味では、「善いもの」を「目的的行為の対象」と定義づけたり、「Xに対する権利をもつこと」

を「Xは行為にとって必要である」と特徴づけたりするのは可能であろう。しかしこの自然主義的アプローチには、これらの定義の妥当性や適用範囲という問題（これらの定義を「善」や「権利」の他の使用法とどう関連づけるか）に加え、行為者自身の目的に対する態度を特徴づけるだけでなく、その行為者による善や権利の帰属を根拠づける際の助けともなる、動能性を切り捨てる欠陥がある。

これと密接に関係するのが相対主義の問題である。異なる行為者は互いに異なる目的、さらには対立的な目的をもつから、その対象のすべてが善いものであるはずはなく、前段の自然主義的定義ではその内のどれが善いものであるかを決めることもできない。自然主義者の中には、この問題を解消しようとして、すべての人間が追い求め、それゆえ普遍的に善いと言える特定の対象物が存在すると考える者もいる。そのわかりやすい候補として、快楽や幸福のようなきわめて一般的な対象物に加え、生存、健康、身体的尊厳といった生物学的条件が挙げられよう。しかし、前にも見た通り、「狂信者」や空想家や知識人の場合、自然主義者が擁護する生物学的条件ではなく、身体的苦痛や視力喪失や殉教による死を選ぶ可能性があるとも言われる（1-1、4、2-4）。しかも、快楽や幸福に関しては、余りに一般的であるため、明確な内容をもたないか、逆に明確な内容が与えられた場合には、すべての人間がそれらを欲求するという命題は虚偽と化すであろう。すべての人々が欲求するとされる特定の対象物から善なるものへと論理的に移行しようとする自然主義者の試みはこうして失敗せざるをえない。

弁証法的必然的方法を用いた本書の議論ではこれらの難点を回避することが可能である。自然主義者が善を単純に人々の目的達成的努力の対象と捉えるのに対して、弁証法的方法は問題の行為者の動能的見地の内部で展開され、その行為者が合理的行為者としての自らの見地に基づき、何を考え、語り、要求するかを記述し、分析する。自然主義者の方法は、外部にある観察者の見地から行為とその対象を記述すると称しており、その意味で外部的かつ理論的である。一方、弁証法的方法は、行為とその対象を当の目的的行為者自身の動能的見地において捉えられたものとして描こうとしており、内部的であると同時に、動能的かつ実践的である。しかも、この描写は、すべての目的的行為者がそうした内部的見地から論理的根拠すなわち合理的理由に基づいて要求できる物事に限定され、その限りでこの方法は弁証法的に必然的である。こうして、自然主義者のように「Aは目的Eのために X を行う。それゆえ、Eは善いものである」と論述することと、前述の通り「Aは目的Eのために X を行う。それゆえ、AはEが善いものであるとの考えを抱いている」と論述することには、根本的な違いがある。後者の言明は、前者とは異なり、限定的な事実的前提から価値的結論への不当な移行が行われるため、証明にはなっていない、との嫌疑をかけられる危険はない。別の言葉で言い換えてみよう。行為者の目的的行為からは、その行為者の価値やその行為者が善いと見なす物事に関する何らかの事柄が、その行為者自身の内的見地に基づいて、支障なく推論できる。ところが、この見地から離れた外的見地による限り、その行為者が価値づけている物事の価値や真の善さに関して、それと同等の直接性と安全性をもった推論を行うことはできない。この後者すなわち外部的推論は証明の範囲を超えているのに対して、前者の内部的推論はそうではない。同様に、「Aは行為するために自由と福利を必要とする」（あるいは「自由と福利はAが行為することの必要条件である」）から「Aは自由と福利に対する権利をもつ」は帰結しない。前の方の言明を受け入れる人物が後の方の言明をはねつけたとしても自己矛盾をきたすことはない。他方、「AはAの自由と福利が必要善であると見なしている」や「Aは暗黙の内に『私の自由と福利は必要善である』と語っている」からは、「AはAが自由と福利の権利をもつと合理的に考えている」や「Aは『私は自由と福利の権利をもつ』と合理的に語っている」が帰結する。Aが前者の言明を受け入れ、しかも後者の言明を受け入れないとすると、Aは前述の通り自己矛盾に陥る。この推論においても、事実的前件によって保証された物事を超える不当な価値的拡張を回避しようとすれば、やはり、弁証法的に必然的な内部的要素が欠かせない。

本書の議論はこのように行為者の動能的見地に基づいてその内部で展開していく弁証法的方法によるとはいえ、反面で相対主義に伴う困難は克服している。もっと一般的に言うと、本書の議論は、行為者の内部的な見地から、定言的で客観的に妥当するPGCの外部的な合理的正当化への移行を可能にするのである。その方法は弁証法的に必然的であるがゆえに、それが行為者の内的見地から導出した価値判断や権利要求は、不合理を避けようとするすべての行為者によってなされねばならない、あるいは受け入れられねばならない判断や要求として提示される。これは必当然的方法とか実然的必然的方法とされる自然主義者の方法との大きな違いである。自然主義者の場合、特定の状態なり性質なりがすべての人々によってただ単に欲求されること――これが誤った命題であることは前述した通りである――を論証しようとするのに対して、以上の弁証法的必然的議論が論証しようとしたのは、そのような状態や性質が、合理的な行為者と言えるすべての人々によって欲求されるものか、価値づけられるものでなければならないということである。

弁証法的必然的立論の起点におかれたのは、すべての人々が欲求するとされる対象物ではなく、行為者性によって課せられるとともに、合理的行為者によって承認される要件である。しかし、行為者性は道徳性ならびに実践一般の文脈であるため、その議論を合理的行為者によって受け入れられねばならない事柄に限定したからといって、その議論がすべての道徳や実践に適用できなくなることはない。弁証法的必然的方法はこのように相対主義と事実から価値への不当な推論の双方を回避するためには絶対に欠かせないものである。しかも、以下で見る通り、この方法は議論の各段階に応じて逐次合理的行為者を取り込んでいくため、刑法上の要件をはじめ、この方法が課すことになるさまざまな要件に対する行為者の合理的同意を予め準備しているとも言える（5-10、11）。

類的一貫性原理の実質的必然性

3-11 ＰＧＣの論理的構造は形式的正義に関する伝統的諸原理と類似しており、不偏性、相互性、互酬性といった要件を共有している。こうした原理のすべてに共通する中心的な論理的特徴は、ある人物に関して正しいことは何らかの適切な規準で見て似ているどの人物に関しても正しいとする、普遍化可能性の一環としての諸個人間の首尾一貫性である。これらの原理が人に求めるのは、他の人々と応対するときも自分自身のために受け入れる規則とまったく同じ規則に従って行為することである。いずれの原理もそれに違反すれば自己矛盾を犯すことになる。そうした違反は、あるケースで正しい行為や応対の様式――これを決めるのはその人が承認した規則である――が別の類似のケース――この関連類似性を決めるのもその規則である――では正しくない、と考えていることを意味するからである。

ＰＧＣも他の一貫性原理と同じように普遍化可能性を適用し、行為者とその受動者とのあいだに対称的関係を想定する。それは、ＰＧＣの場合、他の誰かとの類的権利保有をめぐる対称的関係であり、行為者がその受動者に対して類的権利をもつとすれば、その受動者もまた当の行為者に対して類的権利をもたねばならないという関係である。Ａにとって、Ｂに対して類的権利をもつというのは、ＢがＡの自由と福利を尊重すべきである、またはを妨害しないようにすべきであることを意味する。したがってＰＧＣは、当の行為者がその受動者たちは当の行為者の類的権利を尊重すべきである（当の行為者が類的権利をもつのはその受動者たちに対してである）、と必然的に考えるのとまったく同様に、その受動者たちの類的権利を尊重すべきである（その受動者たちが類的権利をもつのは当の行為者に対してである）、と言っているのである。

類的権利保有をめぐる他の誰かとの関係は、以上からわかる通り、定義からして対称的であるわけではなく、その意味で兄弟姉妹の関係や平等な者同士の関係とは異なる。類的権利をめぐる人と人との関係が対称的であるためには、いくつかの実体的条件が満たされねばならない。その最も明白な条件は、二つの関係項――行為者と受動者――が関連する特徴において互いに類似していることである。PGCとそこに至る論証手続きはこれらの関係項がこの条件やその他の条件を必然的に満たすことを明らかにする。PGCの支持する対称性が他の一貫性原理や形式的道徳原理に見られる対称性にない不変性をもつのはこうした理由による。その点を確認するために、両者の比較対照をさらに続けよう。

PGC以外の代表的な一貫性原理は次の二つに分けられる。一つは単純一貫性の原理である。この原理は、同様のケースには同一の規則を適用すべきである、あるいはもっと細かく、規則が正しいか、遵守されるべきであると考えるのであれば、その規則に当てはまるすべてのケースに偏りなく適用すべきである、と述べる。もう一つは欲求的‐互酬的一貫性の原理すなわち黄金律である。この原理によると、人は他の人々に対して、相手に適用してもらいたい規則と同じ規則に基づいて行為すべきである。これらの原理と、自分自身のみならずその受動者の類的権利に従って行為すべきであるというPGCの要件のあいだには明らかな類似性がある。確かに、PGCを規則という観点から言い換えれば、人は他の人々に対して、自分自身に適用したものと同一の類的権利擁護の規則に従った行為を行うべきである、となる。いずれの原理にも、人は、他の人々が関連する特徴において自分と似ている限り、自分自身に適用したその同じ規則を公平にそれらの人々にも適用すべきである、との発想が見られる。他の人々に関しては斥けた行為の規則を自分自身に関して受け入れたり、逆に自分に対して却下した規則を他の人々に認めたりすると、一貫性は損なわれ、矛盾が生じる。

ここで注意すべきは、こうした一貫性の要件が対他行為にのみ関わる点である。ある人物の行為が別の人に作用しないのであれば、その人物は一貫性を失うことなく他の人々に適用しない行為の規則を自分自身に適用できる。例えば、ある几帳面な人物の「一口三〇回噛んで食べる」という規則である。この人物は噛む行為で他の人々に影響を与えることはなく、自分自身と他の人々に適用する諸規則の関係に関する限り、他の人々には何の規則も適用しないから、諸個人間の一貫性という問題は起こらない。

いずれの一貫性原理についても、その原理の向けられる行為者と受動者が関連の特徴に関して互いに類似するとの前提が受け入れられている限り、原理違反は自己矛盾を招く。それぞれの原理は同一の規則を関連類似のケースに適用するよう要求し、その原理の侵害は、当該規則で指示された関連の特徴を満たし互いに似ているすべての人物に特定の待遇を要求する一般的規則を、受け入れると同時に斥けることを意味するからである。そのような原理違反者は、(1)「すべてのQは待遇Pを受けるべきである」と(2)「このQは待遇Pを受けるべきであるわけではない」という、互いに矛盾する一対の判断の両方を支持する立場に立つことになる。単純一貫性の原理の場合、(1)はその行為者によって受け入れられた一般的規則の内容をあらわしており、この原理に違反すれば、その範囲内にあるすべてのケースに適用されるべきこの規則がその範囲内にある一部のケースには適用されなくてもよい、と言わざるをえないであろう。また、欲求的-互酬的一貫性の原理の場合、(1)があらわすのは、その行為者が自分自身のために望み、しかも、自分は一般化可能な属性Qをもつがゆえにそれを受けるべきであると考えている限り、他の人々にも適用されることを論理的に認めねばならない、特定の待遇を具体化する一般的規則である。この原理を否認した場合、その行為者は、この属性Qをもつ一部の人々は必ずしもそのような待遇を受ける必要はない、と考えざるをえなくなる。一方、PGCの場合、(1)があらわすのは、その行為者が予定的目的的行為者である自分自身のために必然的に支持するだけでなく、「すべての私の受動者はそれぞれ私によって尊重されるべき自由と福利を有する」として、自らの受動者に対しても論理的に容認せねばならない類的権利で規定される規則である。特定のケースでその行為者が一部の受動者の自由や福利を必ずしも尊重する必要はないとの考えを抱くとすれば、その行為者はＰＧＣに違反する。

3-12 ＰＧＣと他の原理には右のような共通点がある反面、いくつかの点で重要な違いがある。それはＰＧＣが必然的形式のみならず必然的内容をもつことに起因する。この必然的内容には三つの関連する相面がある。第一の相面は各原理が要求する行為や待遇の規則に関わる。単純一貫性の原理はこれらの規則の内容を完全に不確定的なものとして閑却する。規則が正しい場合の実体的規準をまったく示さないからである。その意味では、この原理はたかだか司法的不偏性の原理に過ぎず、そこからもたらされるのは全面的な実体的・道徳的可変性である。要するにこの原理は、その内容にかかわらず、いかなる規則とも両立可能である。一方、欲求的－互酬的一貫性の原理は、一般的規則に従って判断・行為することだけでなく、当の規則が、それらに従って判断・行為する行為者にとって単に行為者としてのみならず受動者としても受け入れ可能な、特定の不偏的内容をもつことを要求しており、司法的不偏性に加えてある種の行政的不偏性を示すと言える。しかし、この僅かな点を除けば、実体的・道徳的可変性に関わる問題はほぼそのまま放置される。実際、その行為者が受動者として受け入れられる規則であっても、他の受動者にとってはまったく受け入れ難い種類の規則である可能性がある。極端な事例として、行為者たちが「狂信者」であるため、たとえそこからその行為者たちの自己利益的意向に反する結果がもたらされるにしても、特定の「理念」を支持するといった事態も考えられる。このように、その行為者が受動者としてそれを望んだということだけで規則を正当化した場合、人種差別や集団虐殺といった苦難をその受動者に強いる規則を正当化したり、逆に他の人々がきわめて望ましいと思う社会的規則を不当なものとして斥けたりする恐れがある。

ＰＧＣは、以上の二つの原理とは異なり、道徳的規則にそうした可変性を許さない確定的内容を与える。ＰＧＣの要件、すなわち行為者が自らの受動者の類的権利に従って行為することは、その行為者がたまたま受け入れた物事やその可変的で自己利益的な欲求や理念によっては左右されないからである。ＰＧＣの要求する行為の規則も同様に非偶然的である。受動者の類的権利も、行為者自身のそれと同じく、ＰＧＣ自体の導出元である行為の必要条件からなる確定的内容を有するため、ＰＧＣから導かれる規則も同じようにその内容は確定的である。これらの規則ではそのような権利尊重を促進するための特殊な手立てが講じられ、その行為者がそれらの手段を自らの可変的意向に合わせて調整することはそもそも不可能である。また、他の一貫性原理に由来する規則とは違い、行為者が受動者の類的権利に従って行為するとの要件は、それらの権利の対象が必要善であること、つまりそれらが目的的行為に直接関連する自由と福利を具体化するものであることからして、その受動者にとっても、当然、受け入れ可能である。一方でＰＧＣは、行為者がその受動者の類的権利のみならず行為者自身の類的権利に従って行為することを想定しており、その要件は行為者にとっても受け入れ可能なものである。なお、行為者と受動者のあいだにはさらなる対立が起こる可能性もあるが、これについてはＰＧＣによるその解決策を含め、第４章と第５章で検討する。

3-13　ＰＧＣと他の原理との内容をめぐる第二の違いは関連類似性の規準に関係する。一つのケースで正しいことは関連性のある特徴で類似する他のケースでも正しい、というのが三つの原理に共通する考えである。ところが、単純一貫性の原理では、関連類似性の規準を決めるのは、完全に不確定的な内容しかもたない多少とも一般的な規則のみであり、それゆえ、何を関連類似性と見なすかについても同じく不確定なままである。欲求的－互酬的一貫性の原理では、その規準を決めるのは互酬的受け入れ可能性、すなわち待遇の差別化が、関連性をもつとされた属性から見て、行為者であると同時に受動者でもあるその行為者にとって受け入れ可能なものであるかどうかの判断である。しかし、この規準は、規則自体に関して指摘した問題点と同様の困難を抱えている。その行為者が受動者への影響を無視したまま自らの可変的欲求に応じて規準を仕立てあげることを許容する難点である。

こうした実体的・道徳的可変性はＰＧＣには見られないものである。この原理は、前述の通り、その行為者が行為者であるために必ず具有せねばならない属性に基づいて関連類似性を決めるからである（2-19）。この必然性が意味するのは、その行為者が自らの類的権利保有を正当化する十分理由として、この属性よりも一般性の低い属性を挙げた場合、それが何であれ、その行為者は自己矛盾に陥るということである。他の原理によって容認される可変的規準が、行為者の自己利益的欲求に従うことで人々の自由と福利に差別的な影響を及ぼす著しく反平等主義的な規則を基礎づけてしまう可能性があるのに対して、ＰＧＣにはそのような反平等主義の基礎を許容する余地はない。ＰＧＣにおいて類似性に関連するとされる属性は、行為者も受動者も平等に具有している。一方で、ＰＧＣが正当化する特殊的規則の一部は、裁判官と被告人、審判員と競技者、教師と学生といった違いに見られるように、行為者と受動者の立場の違いを容認する。ただ、そこでもやはり関連類似性や関連相違性の規準は確定している。それらの規準は、以下で見る通り、ＰＧＣによって正当化されるはずの諸規則に、当然、従わねばならないからである。

3-14 他の一貫性原理と対照されるＰＧＣの必然的内容をめぐる第三の最も重要な相面は、当の原理がそれを否定すれば自己矛盾に陥るとの理由で必然的であることの正確な意味合いに関係する。すべての一貫性原理には、健全な単称的道徳判断とそれに対応する全称命題を組み合わせた適用方法がある。それは次の形式をとる。

「私はQであるがゆえにXを行う（またはもつ）べきである。それゆえ、すべてのQはXを行う（またはもつ）べきである」、あるいは「私はQであるがゆえにXを行う（またはもつ）権利を有する。それゆえ、すべてのQはXを行う（またはもつ）権利を有する」。さて、PGC以外の一貫性原理の場合、こうした組み合わせの各命題はもう一方の命題を併立するから、自己矛盾を犯さずにその組み合わせを否定することはできないという意味で、必然性は単称命題とそれに対応する全称命題との結合にのみ付属している。しかし、いずれの命題もそれ自体として論理的に必然的であるわけではない。つまりこの場合、前件をなす単称判断は偶然的であり、前件の「Xを行う（またはもつ）」に代えて何でも好きなものを書き込むことができるが、ひとたびこの前件が与えられると、全称的後件を受け入れねばならないということである。

これに対して、PGCとその適用は必然的な前件を有し、必然性は、前件をなす単称命題とそれに対応する全称命題との結合だけでなく、前件そのものにも付属している。行為の類的特徴と規範的構造により、すべての行為者は自分自身のために「私は予定的目的的行為者であるがゆえに自由と福利に対する権利をもつ」を受け入れざるをえないからである。この権利要求とそれに付帯する理由はPGCとその適用の前件であり、したがって当該行為者は後件であるPGCとその適用を、当の前件を仮定したとの理由に加え、行為者として当の前件自体を肯定せざるをえないとの理由でも受け入れねばならない。かくしてPGCは形式的にのみならず実質的にも必然的である。

この点をさらに詳しく論じよう。さて、いずれの一貫性原理においても、それに違反すれば、その違反者は、命題（1）「すべてのQは待遇Pを受けるべきである」のような一般的規則と、命題（2）「このQは待遇Pを受けるべきであるというわけではない」のような、それとは一貫しない特称的判断をともに承認する立場をとることになり、自己矛盾に陥る。しかし、この三原理すべてに共通するものに限れば、一般的規則（1）自体は必然的に真であるわけではなく、したがってその否定が必然的に誤っているわけではない。むしろ、必然的に真であるのは（1）の肯定と（2）の否定との同時主張であり、必然的に誤っているのは、（1）の肯定と（2）の肯定の同時主張である。ところで、二つの判断が互いに矛盾するとき、その両方の判断に従って行為することは論理的に不可能である。しかし、その場合も、矛盾する二つの判断のどちらを受け入れ、どちらを拒否するかという問題は残る。矛盾が回避され、結果的に一貫性が維持されるか回復されるためには、相互に矛盾する二つの判断のどちらかを却下せねばならないからである。

単純一貫性の原理と欲求的‐互酬的一貫性の原理の場合、矛盾した組み合わせの一方の命題を受け入れ、他方の命題を斥けることにより、自己矛盾を回避することは論理的にも事実的にも依然として可能である。例えば、ある人物が（3）「黒人の血を引くすべての人々は奴隷化されるべきである」と（4）「私は、たとえ黒人の血を引くことが判明したとしても、奴隷化されるべきではない」の両方の考えを抱いているとすると、自己矛盾を犯さないためには、この矛盾した一組の命題のどちらか一方を斥けねばならない。しかし、その人物が「狂信者」であるとすると、（3）を受け入れ、（4）を拒む可能性がある。このときその人物は、黒人の血を引くことが判明すれば自分も奴隷化されるべきである、と認めることになる。そのような考えは人々の通常の意向には反するものの、論理的にも事実的にもまったくありえないことではない（2‐13、23）。

このように単純一貫性や欲求的‐互酬的一貫性では、矛盾した一組の判断のいずれか一方を受け入れることができるが、この可能性はそれらの原理の正当化能力に重大な限界があることを示している。それらの原理は、いかなる行為であれ判断であれ規則であれ、行為者や判断者が他の人々に適用（しようと）するものと同じ種類の行為や判断を進んで受け入れる場合、それが他の人々にどれほど厳しい苦難を強いようとも、また他の人々がそれを受けることをどれほど嫌がったとしても、その行為や判断や規則が道徳的に誤っている点を証明することはできない。したがってそれらの原理は、黒人の血を引く人物は奴隷化されるべきである、といった規則についても、そうした規則を自ら進んで受け入れる人物のようなケースでは、その道徳的不正を明らかにするのは不可能である。

ＰＧＣは、他の一貫性原理に見られる道徳的議論の様式とは異なり、矛盾した一対の判断のどちらの命題を斥けるべきかという問題の解決を行為者や判断者の恣意に委ねることはない。ＰＧＣは、前述の通り、行為者である自分には類的権利があると考えることと、すべての受動者にも同じ権利があると論理的に認めざるをえないこととの必然的繋がりから導きだされた必然的内容を伴うからである。提案された道徳的規則がどのようなものであっても、その規則を支持する行為者には、自分が類的権利をもつことを否定したり、自ら類的権利を拒んだりすることは許されない。したがってその行為者は、この前件から帰結する後件の正しさ、すなわち自らの受動者もまた類的権利をもつということの正しさからも逃れられない。この必然性ゆえに、ＰＧＣから派生する規則は自己矛盾に陥ることなくそれを却下することはできない。要するに、それらの必然的真理性は、他の一貫性原理の下におかれた規則のそれとは異なり、単に規則とそれとは矛盾する単称判断の否定との組み合わせにのみ関連するのではなく、当の規則それ自体に関連するのである。その行為者は、(5)「すべての予定的目的的行為者は類的権利をもつ」を受け入れねばならず、したがって、(6)「私は私の受動者の類的権利に従って行為すべきである」も受け入れねばならないし、そのような行為に関する特定の規則を拒否することはできない。しかし、行為者Ａがある受動者Ｂに、ＰＧＣによっては正当化されない何らかの方法で、強制や危害を加えたり、強制や危害を加えても当然だと考えたりしているのであれば、Ａは、(7)「予定的目的的行為者のＢは類的権利をもたない」に加え、(8)「私はＢの類的権利に従って行為すべきであるわけではない」を受け入れねばならない。その場合、(5)と(7)は互いに矛盾し、(6)と(8)もそうである。しかし、(5)と(6)は行為の必然的構造から導出されたものであるから、Aはそれらを矛盾なく斥けることはできない。それゆえ、Aは（7）と（8）、そしてそれらに伴いBに強制や危害を加えることの正当性を棄却せねばならない。このようにPGCは、他の一貫性原理とは異なり、行為者がその行為において自らの類的権利に従いながら受動者の類的権利には背くという非道徳的な行為や規則に対しては、絶対的却下という裁定を下す。

以上の通り、PGCによると、（3）「黒人の血を引くすべての人々は奴隷化されるべきである」のような規則は直ちに論破される。このような規則を受け入れる人物は自己矛盾に陥らざるをえないからである。この自己矛盾はその人物が（4）「私は、たとえ黒人の血を引くことが判明したとしても、奴隷化されるべきではない」のような判断を受け入れるか否かには左右されない。というよりもむしろ、（3）が（5）「すべての予定的目的的行為者は類的権利をもつ」と矛盾し、すべての行為者が論理必然的に（5）を受け入れねばならない以上、（3）を受け入れる行為者は、誰であれ、必ずそのことで自己矛盾を宣告される。

PGCのこうした必然性は、「あなた自身のみならずあなたの受動者の法的権利に従って行為せよ」のような一見よく似た原理との違いを探ることで、さらに明確になる。ここではこの類似の原理を「法的一貫性の原理」と呼ぼう。さて、「類的」が「法的」に置き換えられたため、法的一貫性の原理からはPGCに帰属する実質的必然性が取り除かれている。PGCを斥ける人物は、この原理を拒否する以上、その前件である言明「私は類的権利をもつ」も論理的に拒まざるをえず、もはや行為者とは言えない。類的権利は行為の必要条件に対する権利であるから、それらの権利を拒むことは自分自身から行為に関する能力を奪うことであり、またそれゆえに行為者ではなくなることである。一方、法的権利に関しては、少なくともその一部、さらに言えばその多くを拒んだとしても、その人物は行為者でありうる。そのような権利として、例えば、奴隷所有権、初夜権、種々の役得など他の人の犠牲によって成り立つ権利が挙げられよう。こうした却下の可能性ゆえに、言明「私は法的権利をもつ」は、法的一貫性の原理に対して、言明「私は類的権利をもつ」がPGCに与えるものと同等の必然的前件を与えることはない。こうしてどの行為者も自己矛盾を犯すことなく法的一貫性の原理を斥けることができる。

3-15 ここではPGCと黄金律すなわち欲求的-互酬的一貫性との関係についてさらに立ち入って論じよう。さて、この二つの原理はいずれも、行為者に対して、自分をそう扱ってもらうための規則と同一の規則に従ってその受動者を扱うよう求めており、それが重要な共通点である。例えばPGCの場合、その行為者は、必然的に自らの類的権利を評価し、他の人々が自分に対してはこの類的権利を踏まえて行為することを望むのと同じように、他の人々に対しては彼らの類的権利を踏まえて行為すべきである、と定めている。一方、両者の重要な相違点は、前述の通りPGCが、その行為者は自分がどう処遇されるべきかに関して、言い換えれば、自分がその類的権利に応じた待遇を受けるべきであることに関して何を必然的に重んじたり望んだりするかを集中的に問おうとするのに対して、黄金律はその行為者が自分のために何を望むかについては一切問わず、その内容を不確定なまま放置するところにある。しかも、この相違には、各原理の要求する行為がどのような水準で記述されるかという問題と関連するもう一つの側面がある。黄金律では、いろいろある一般性の水準のどの水準で当の行為を記述するかはその行為者に任されている。例えば、その行為者が他の人からしきりにジンを勧められたがっているとすれば、その行為者も他の人にジンをしつこく勧めるべきである。あるいは他の人から酒や飲み物、食べ物などの飲食のもてなしを受けたいのであれば、その行為者はそれと同様のものを他の人に与えるべきである。では一体、一般性のどの水準が正しい水準なのであろうか。この問いにはさまざまな答えが想定されるが、そこから生まれるのは、例えばマゾヒストの人が、自分は他の人々から苦痛を受けることを望んでいるから、他の人々に対して苦痛を与えるべきである、と考えるような受け入れ難い状況である。

ＰＧＣは、行為が記述される際の一般性の水準を、最大限に一般的な水準である類的水準、言い換えれば、行為の自発性と目的性あるいは自由と福利、および対応する諸権利に限定することでこの問題に対処する。この水準は、黄金律で言及される諸行為に見られる可変性や多元的記述可能性を免れている。それらの類的特徴・権利はすべての行為者と受動者にとって必然的に受け入れ可能なものであり、それゆえ他のもっと特殊的な行為記述の水準が与える不正や苦痛の可能性を含んでいない。

ＰＧＣが行為の記述をその類的水準に限定することには、黄金律の可変性にはない合理的正当化がある。行為者がどの水準で自らの行為を記述するかがその行為者に任されるとすれば、常に偽りなく記述するにしても、その行為者は、自分が他人からどう処遇されたいかについて、自分の好み、さらには勝手な思いつきに頼って記述する可能性すら考えられるからである。ＰＧＣの場合、その行為者が否応なく強いられ、したがって当人の勝手な選択には影響されない水準で行為が記述されるため、そうした恣意が働く可能性は封じられる。行為者がその行為をどれほど多くのやり方で記述しようとも、それが自発的で目的的であるとする記述は避けられない。これらの類的特徴は、あらゆる行為に欠かせないものであり、その行為者にとって、偶々そのために行為しただけの特定の目的よりも優先する。行為の必然的特徴はあらゆる特定種類の行為に対してその限界を規定するからである。もちろん行為に関してもっと特殊な記述を与えることも可能であるが、それが許されるのはそれ自体ＰＧＣによって正当化された規則という文脈においてのみである。

ＰＧＣの適用は、一貫性や普遍化可能性に訴える他の原理の適用とは違い、その前件において、受動者の類的権利に対する配慮を欠いたまま、行為者のさまざまな意向や理念に合わせることはできないため、非道徳的なものとはなりえない。したがってＰＧＣはその適用において、行為者にも受動者にも、互酬的公平性に関する破棄不可能な保証を与える。ＰＧＣは司法的不偏性や行政的不偏性の原理であるだけでなく、立憲的不偏性の原理でもある。単純一貫性の原理や欲求的－互酬的一貫性の原理とは違い、ＰＧＣは単に、内容を問わない特定規則の適用の不偏性を規定しているのでも、受動者としての行為者が必然的に受け入れられるような規則の内容の不偏性を規定しているのでもない。この原理は同時に、当の規則の内容はその影響を受けるあらゆる受動者の類的権利に合致するものでなければならないという、より完全でより実体的な意味における不偏性を規定している。ＰＧＣから導出される特定の諸規則を全面的に捉えるためにはそこに絡む多くの複雑な問題を究明する必要がある。その課題は次章以降にもちこすが、ＰＧＣから浮かびあがってくる個人と社会の一般的概念がどのようなものであるかは、これまでの議論からも明らかである。それは、一言で言うと、各自の自由と福利を互いに尊重し合う人々からなる協同的組織である。以上で検討した他の一貫性原理とは異なり、ＰＧＣを受け入れた場合、いかなる形態であれ、罪もない人々に対する強制と危害――すなわち影響を受ける人々の類的権利にまったく配慮しない強制と危害――を無条件で加える人種主義や専制政治を正当化できないどころか、その不当性を明らかにすることがまさしく義務的に要請される。ＰＧＣが何より重視するのは自由ならびに福利の相互調整である。この二つを社会的・政治的領域に適用したものが、容易にわかる通り、平等的自由の原理と共通善の原理である。いかなる道徳理論も、ＰＧＣのように中枢的意義をもつこれらの規範を提示することができなければ、それだけ疑わしいものとなろう。

分析的真理と道徳

3-16 以上の議論で示された通り、ＰＧＣの必然性には次の諸論点が含まれる。（ａ）ＰＧＣの述部は、いくつかの中間段階を経由してではあるが、合理的行為者であるという概念から論理的に導かれたものである。ここで「合理的」とは演繹的論理と帰納的論理という規準に忠実な姿勢をあらわす。論理的な帰結関係はこの原理の弁証法的言明にも実然的言明にも適用される。言い換えると、ＰＧＣの述語の意味は、隠在的にではあれ、その主語の意味の中に完全に含まれている。議論の流れを簡単にまとめてみよう。行為者とは、さまざまな目的を達成するために、知識に基づく強制なき選択を通じて自らのふるまいを始動したり支配したりする人物のことである。行為者は自らの目的を実現したいと思っており、自らの成功的目的追求の必要条件である自らの自由と福利を必要善と見なす。それゆえ行為者は、自分には自由と福利に対する権利があるとの考えを抱く。さらに行為者は、自己矛盾を避けるため、自分が予定的目的的行為者である限りにおいて自分には類的権利がある、と考えねばならず、またそれゆえに、すべての予定的目的的行為者が類的権利をもつことを承諾せねばならない。このため行為者は、自分が受動者の自由と福利に最低限干渉しないようにすべきであること、したがって自分が自分自身だけでなく自らの受動者の類的権利に従って行為すべきであることを認めねばならない。

（ｂ）本書でこれまで用いてきた「行為者」という言葉は、ある程度までは専門的な術語すなわち専門用語であり、例えば「独身男性」などとは違い、日常言語として普通に用いられるものではない。この用語に定義を与えたのは、理性に基づくとされる実践的教えの潜在的受け手である人物に付属すると見られる特徴をめぐる考察である。（ｃ）「行為者」という用語や概念は、単にこの用語や概念がそれを定義づけた特徴を具有するすべての人物を指し示すだけでなく、大部分の成人はそれらの特徴をもつ、またはもちうるという意味で、客観的な指示を有する。さらに、それらの人々は「合理的」という言葉であらわされる特徴をもつこともできる。（ｄ）それゆえ、ＰＧＣの述語もまた大多数の成人を指し示している。言い換えれば、その全員が前に定義された行為者である大多数の成人は、間違いなく、ＰＧＣの述語で言明された義務を負うのである。もちろん、行為者であっても、これらの義務を果たすことに違反したり失敗したりする可能性はある。しかし、行為者でありながら、これらの義務を負わないことは不可能であり、合理的行為者でありながら、これらの義務が正当化された義務であることを承認しないのも不可能である。

右の諸論点は、それぞれに、また互いに相まって、さまざまな困難をもたらす。ここでは「意味」や「概念」といった言葉をめぐる問題には触れないでおこう。そうすると、まず第一の論点から導かれるのは、PGCは分析的に真である、すなわちそこに含まれる名辞の意味により真であるとの結論である。ところが、道徳判断が分析的であるとする考えには、周知の通り、多くの厄介な問題がある。さらに一般的な問題で言えば、分析的命題と総合的命題を対照させる発想自体、根強い反対があり[4]、哲学的分析の成果を分析的命題と見なしたり、通常のヒューム的規則性や経験的相関性とは異なる「概念的繋がり」の発見と見なしたりする解釈に対しても、多くの反対意見がある[5]。PGCは、前に見た通り、直接的にではなく派生的に分析的である。つまりその述語はその主語の意味から何段階にもわたる中間的ステップを踏むことではじめて誘導されたものである。しかし、この中間過程の各段階は「行為者」の意味から継起的に続いている。PGCの否定が自己矛盾を招き、結果的に合理的行為者であることを妨げてしまうのはそのためである。

この派生性は、(b)の論点、すなわち「行為者」という語に一部含まれる専門的意味合いと結びつけられることで、PGCの分析性と「すべての独身男性は未婚である」のような分析的真理の枠組みとの違いを浮き彫りにする。後者が分析的である証しとされる意味は日常言語で使われるものとしての慣習的語義である。これに対して、PGCが分析的であることの証しとなる意味はむしろ、部分的にであれ、体系的で経験的な考察に基づいて精巧につくられた理論的概念に近いものである。本書の議論の出発点をなす二つの概念「行為」と「行為者」は、人間行動が実践的教え、特に道徳的教えの可能的対象であるためにもたねばならない特徴を詳しく調べることによって定義された。この吟味は、実践や道徳の文脈で提示される種類の教えに関する考察と、それらの教えに関わりをもつタイプの人間行動の類的特徴をめぐる考察から成り立っている点で、経験的かつ帰納的であった。しかし、それは同時に、「道徳的教え」という考えやそのような教えによって条件づけられる「行為」概念についても取りあげており、その意味では概念的な吟味でもあった。これらの概念はそれらの言葉が日常言語でもつ意味と完全に異なるものではない。一方で、本書における「道徳的教え」や「行為」といった用語は、「独身男性」、「未婚」などの言葉とは異なり、最後は経験的に根拠づけられる全般的理論に基づいて日常的用法を系統立てる体系化の動きを反映し、「独身男性」などには見られない概念的複雑さを伴う。

（c）と（d）の論点をさらに展開した以上の考察は、直面する諸困難をさらに際立たせる。実のところ、PGCは分析的であるとともに経験的に裏づけられているとか、意味の点でも客観的指示性の点でも真であるといったことが果たして可能なのであろうか。分析的命題に関する伝統的な定義によると、それらは意味によって真なのであり、事実の問題からは独立している。にもかかわらず私は、PGCがその両様において真であることを望んでいるように見える。PGCが意味によって真であるとすると、確かにそれは必然的に真である。しかし、この必然性は、まさしく当の命題がその真理性に関して、この世界をめぐる事実にではなく、まったく任意に決められた、または伝統的用法で決められた、言葉なり概念なりの意味にのみ依存している（あるいは条件づけられている）という事情によって得られたものである。反対に、PGCがこの世界の事実や客観的対象に関して真であるとすれば、届く範囲に限界のある経験を通してしかそれらを見極めることはできないから、PGCは帰納的に導出された、それゆえ蓋然的か偶然的な原理にとどまり、必然的な原理とはなりえない。

3-17 ここでは以上のよく知られた議論について検討しよう。最初に確認しておきたいのは、あらゆる分析的真理が、「すべての独身男性は未婚である」のような直接的で伝統的な種類のものであるとすれば、確かにPG

Cは分析的ではないとの結論が得られる点である。ただこの場合、分析的でも総合的でもない言明がありうるとの結論も同時に導かれる[6]。しかし、分析的言明が真である証しとされる意味や概念には、経験的探究と一貫性の論理的規準の双方に基づく一連の体系的理論的考察を通じて定義されたものも含まれるとすれば、PGCを分析的なものと見なすことも可能である。諸々の概念にそれらの客観的指示を与えるのは経験的探究である。ところが、最終的にPGCとしてまとめられる派生的な諸定義や諸命題は、少なくとも二つの理由で経験的知識を特徴づける暫定性を伴っていない。まず第一に、それらの経験的基礎は、行為すなわち道徳的教えや他の実践的教えの対象となるような種類の人間行動であり、かなり限定されている。PGCに至る一連の議論はそうした人間行動の定義から出発したが、経験に関わるのは、それらの教えが現に存在することやそれらの教えが導こうとする人間行動が、そのようなものとして、特定の特徴をもつことくらいである。こうした観点から見ると、それらの定義は、例えば、実験と体系的理論から得られる複雑な観察事実に依存する、「運動量」や「運動エネルギー」のような物理学の用語に関して確立された等式とは大きく異なる。ただ、本書の議論の出発点となった実践的教えや人間行動には多くの複雑な問題が含まれるものの、そこから導かれた行為概念と行為者性概念に、それを根拠づける経験的現実を反映するだけでなく、一連の議論を通じて不変であり続けるような固定的定義を与えることは可能であろう。実際、本書で取りあげた種類の現象は、研究という目的にとって、十分に理解されうる対象と見なされている。(例えば形而上学と心理学のように)研究の種類が異なれば、人間の行為には十分に理解されていない特徴のような曖昧な部分が多くあるため、様相という点でその結論が著しく制限されるにしてもである。研究目的に関するこうした制限は、しかし、定義や結論の客観的指示を取り除くものではない。それらは、実践的教えの要求と前提によって経験的に範囲規定された行為と行為者性に関わりをもつからである。

暫定性と対比される、そうした固定性が正当なものであることは次の考察からも明らかである。PGCの分析的真理性を帰結する意味や概念には規範的成分が含まれる。最後はPGCに行き着く諸々の言明がより直接的に導出されるのは、演繹的論理と帰納的論理を忠実に守って判断を行う行為者、すなわち合理的行為者という概念である。合理性の規準もやはり多くの困難を伴うが、それらは主に自己矛盾の回避という意味の首尾一貫性に対する基本的配慮に基づいており、本書の研究目的に応じて限定して捉えることができる。この基本的成分は、(当然、直ちに道徳的な意味で規範的とは言えないものの)論理的な意味で規範的であり、後続する定義や命題に多様な経験的観察事実には左右されない不変性を付与する。しかも、合理性に対する能力という要件は、現実的行為者であれ予定的行為者であれ、いかなる正常な行為者にとっても決して排除しえないものである。

PGCは、その必然的真理性が特異的意味さらには慣習的意味のみに由来するというより、客観的特性をあらわす概念に由来する点で、他の多くの分析的言明に似ている。例えば、XはYより長く、YはZより長ければ、XはZより長い、という言明は分析的に真であるが、この真理性の基盤である「より長い」の推移的意味は言語的慣用法にのみ由来するのではなく、この関係特性自体の事実的特質に由来している。どうして「より長い」がその言語的慣用法において推移的関係をあらわすかというと、それは、あるものが別のものより長いという関係が推移的であり、しかも人々がこの推移性を知っているからである。それと同様に、道徳的規則や他の実践的規則によって範囲を画されるすべての人間行動は自発的で目的的であるとか、行為者は自らが自由と福利の権利を慣習的な用語法にのみ依存するのではなく、むしろそれぞれの概念によってあらわされた関連する行為と行為者のもっと暗黙の内に要求するといった私の言明が分析的であるにしても、この分析性は私の特異的決断、さらにはその特性に依存するのである。このように分析的真理の中には、人々が概念によって言語外的特性を理解し、その理解に基づいて言語的分類を行うことができるからこそ生まれる真理もある。もっと一般的に言うと、ある言明を分析的と特徴づけたからといって、その言明は「純粋に言語的」であるとか、その言明を構成している名辞の意味を分類するための適当な言語外的根拠は存在しないなどと考える必要はまったくない[7]。

ＰＧＣに関しても他の分析的言明に関しても、その諸概念が言語外的経験から導出されたことは必ずしも偶然性を帰結しない。違う色があることや相対的長さが存在することは経験を通して知るしかないが、この場合もやはり次のような必然的真理を許容する。「完全に赤くて緑色のものは存在しない」、「赤い色のすべてのものは延長をもつ」、「ＸがＹより長く、ＹがＺより長ければ、ＸはＺより長い」。このような真理は総合的真理ではない。それを構成する名辞の意味からその真理性が帰結し、しかもそれらの意味は、知性的な心によって、関連する経験的な特性や関係をあらわす概念として固定されているからである。ところで、どのような実践的教えや道徳的教えがあり、それらの教えに相関する人間行動はどのようなものであるかを考えるためにＰＧＣが依拠した経験は、もちろん、色や長さといった経験に比べると、はるかに複雑であり、理論依存的でもある。これはさまざまな事態をもたらすより多くの可能性が潜んでいるということであり、したがって、結果として得られる一般化にも修正が必要である。しかし、それらの教えや人間行動の分類は、何を適切な教えや人間行動と見なせばよいのかという問題に関する概念的な考察からもやはり影響を受ける。こうした考察は恣意的でも「言語論的」でもない。それらは、「行為」、「行為者」などの名辞に特定の意味を付与することになるが、一方では、本研究の出発点である実践的教えの諸性質であることに関わる複雑な要件と、合理性という追加的条件によってしっかりと固定されている。

3-18 以上、ＰＧＣとこの原理が伴立する道徳判断は、それらの述語が合理的行為者であるという概念から論理的に帰結する点において分析的に真である、と述べてきた。その説明によると、道徳判断の主たる狙いは、行為者に義務や責務を帰し、受動者に相関的権利を帰属させることであり、それらの帰属が、合理的行為者であるとはどういうことかに関する概念的考察から前述の通り導かれた場合、それらは真である。この点は対応という観点から次のように表現できよう。ＰＧＣとそこから帰結する道徳判断は、行為の規範的構造に関わりをもつ合理的行為者という概念に対応しているがゆえに、真である。それらは、どのような義務が自己矛盾を避けようとするすべての行為者によって論理的に承認されねばならないかを示すことを通して、すべての行為者に必然的に関係する義務が何であるかを明らかにするからである。合理的行為者という概念は、ある程度は、前述したような意味の経験的概念である。それは、三角形という概念と同様、経験とは関わりをもたない次元にある理念的概念ではない。

この対応をさらに展開すればわかるように、ＰＧＣとそこから帰結する道徳判断が単に分析的に真であるだけでなく、対応という意味でも真であるとする考えにはさらに複雑な見方が含まれる。前にも指摘した通り、道徳判断と事実的経験的言明のあいだには、後者は、経験的事実に訴え、それと対応しているか否かを示すことで、その真偽を検証できるのに対して、前者はそれができない、という大きな違いがある（1-2）。ところが、ＰＧＣを擁護する本書の議論は、全体として、行為の類的特徴が道徳判断の真理や正しさを検証するための客観的で不可避的な内容を与える、言い換えれば、それらは観察可能な事実が経験的・科学的命題の検証のために与える内容と同等の客観性と不可避性を備えている、とする考えを打ち立てようとしている。行為の類的特徴は、直接、道徳判断の対応-相関物となることで、こうした機能を演じるのではない。むしろ、行為の規範的構造を通じて、道徳判断に特定の要件、すなわち自己矛盾を避けるためにはそれらの特徴に適合せねばならないとの要件を課すことによって、その機能を果たす。行為の類的特徴は道徳判断がそこから論理的に導かれるための必然的前提を与えるからである。繰り返し述べてきた通り、すべての行為者に関して、行為者が自らの特定の目的は善いものであり、自らの自由と福利は自らの目的行為にとって欠かせないものである、と考えることは必然的に真であり、したがって、その行為者が自分は自由と福利に対する権利をもつと考えることも、結論的にＰＧＣを論理的に含意する特定の「べし」判断を受け入れねばならないことも、必然的に真である。行為と行為者性はこのような形で、道徳判断の真理性や正しさを演繹的に検証する客観的な内容ないし対象を提供する。実際、すべての道徳判断は、それが真であるためには、ＰＧＣから演繹可能なものでなければならず（ただし、以下で見る通り、この演繹可能性はさまざまな間接的形態をとる）、ＰＧＣが真であるのは、それが行為の類的特徴の規範的含意から帰結するからである。かくして道徳判断をめぐる独立変数の問題は解決された。

この演繹的関係はＰＧＣが前に述べた意味で分析的に真であることの根拠であるが、そうすると、ＰＧＣはさらに行為者概念や行為の類的特徴に対応しているがゆえに真である、と述べるのは誤解を与える表現のように思われる。その関係はある演繹的体系において一つの定理が公理や定義に対してもつ関係に類比できるとすれば、その定理は、経験的言明がその真偽を決める事実と対応するような仕方で、それらの原素に「対応している」とは言えないであろう。一方で、ＰＧＣが論理的に導出された行為概念と行為者概念は、実践的教えの対象をなす現実的・予定的行為ならびに現実的・予定的行為者という客観的な経験的相関物をもっている。それゆえＰＧＣもまた客観的相関物をもち、それらの相関物に当てはまる。ＰＧＣが対応により真であるのはこの意味においてである。つまりそれは、すべての行為者が自らの義務であると論理的に承認せねばならない物事と対応しており、すべての行為者に必然的に付属する義務を言明する原理として真である。

ところで、道徳判断は時に、人々が自己利益的志向や公平無私の理念に基づいて進んで受け入れる事柄に適合しているとの理由で、真であるとか、少なくとも検証された正しさをもつとか言われる。この主張は、ＰＧＣの真理性の基礎が行為の類的特徴にあるとする前段の主張とは明確に区別されねばならない。この主張の場合、その基礎には行為の類的特徴が与える不変性と必然性が欠けており、黄金律を取りあげた際に見た通り、対立する道徳判断のいずれに対しても一律に、真であるとか、正しいといった判定を下してしまうからである。道徳判断の真理性や正しさの基礎を「優れた人物」の「熟慮された判断」や「適格な心的態度」におこうとする考えにも同様の難点がある（1-8）。これらの考えから生まれる相対主義や循環論法を回避するには、行為の類的特徴から導出されるPGCに頼るしかない。

3-19 PGCのこうした分析性に対して、分析的道徳原理は行動指針や命法として働くことはないとの反論が予想される。分析的なものとは意味の分析に基づくもののことであって、一つの言葉がある特定の意味をもつ事実からは、たとえその言葉が「行為」であれ、人がなすべき物事に関して何らかの事柄が出てくることはないからである。別言すると、意味の分析は言葉や概念に関する直説法を生むだけで、命令法や行動指針を生みだすことはなく、PGCを命令形や実践的「べし」判断として提示できるだけの基礎を与えるものではない。

この反論に対処するには、行為者の立場と行為者であることの意味を分析する哲学者の立場との関係を正しく理解する必要がある。哲学者の分析は確かに直説法しか生みださないが、それらの直説法の中には、行為者が自分は特定の権利をもつと論理的に要求するか受け入れるかしなければならないことを指摘した言明が含まれており、そのような権利の要求は命令法として再定式化することができる。哲学者は権利要求を弁証法的言明または間接的言説の形――例えば「すべての行為者は自分には自由と福利の権利があると考えねばならない」といった言明――で提示する以外にないという事実が、権利要求は論理的には、隠然たる形ではあれ、行為者による直接的言説または実然的言明――例えば「私には自由と福利の権利がある」――としてなされるか受け入れられる、という追加的事実に悪影響を及ぼすことはない。したがって、行為者の立場からすると、その行為の概念分析は、その行為者が特定の権利要求、それゆえ特定の「べし」判断および（PGCとして総括される）命令法を、自分自身によってなされたものとして論理的に受け入れねばならない事情を明らかにする。哲学者の立場からすると、その分析結果は直説法か「認知的命題」という形で示す他ないのではあるが。

当該の行為者は、それらの権利要求とそこから帰結する「べし」判断を、それらの自分への帰属はその哲学者の言語論的用語法や言葉の慣習的意味を反映したものに過ぎない、と言って斥けることはできない。それらの帰属を合理的に却下しようとすれば、その行為者は自分が自ら善いと見なす目的のために行為することや自由と福利に対する権利をもつことを否定せねばならなくなる。ところが、そうした否定はその行為者の行為を特徴づける目的性やそうした目的達成にとって自由と福利が必要不可欠であることには反する。したがってその行為者は、自分が自らの行為に関して肯定的な規範的要求を行うか、受け入れることを認めざるをえない。概念分析によって明らかにされるのは、行為がそうした規範的な要求や判断を必然的に伴う事実であり、PGCは、前述の通り、それらの要求や判断から論理的に帰結する。さらに、哲学者自身が行為者であることと、行為者が合理的であると想定されることには、哲学者の直説法を行為者の命令法に同化させる働きがある。

3-20 分析的な道徳原理や道徳判断の行動指針的機能については、以上とも関連する次のような反対意見がある。それらは分析的であるがゆえに、実質的内容を伴わない空虚なものとならざるをえず、「Aとは何か――Aである」といった形式に単純化できるとの意見である。それらは人に他ではなくそのことをするよう命じることはできないというわけである。行為を導くには、原理にせよ判断にせよ、人々に対して何らかの独立的に識別可能な行為がなされるべきであるとか、なされるべきでないとかを知らせるという意味で、教育的なものでなければならない。行為についてこうした独立的識別が可能でないとすれば――つまり、その判断が当の行為に帰す道徳的述語を当の行為がもつことを予め知っていないとき、当の行為を同定することはできないのであれば――、人が行うべき行為や行ってはいけない行為はどのような行為であるかを知ることはできない。例えば、「殺人は悪いことである」のような分析的道徳判断は、「殺人」が単純に人を不正に殺める行為を意味することからして、問題の行為が悪いことを人が既に知っていることを要求する。したがって、この判断は結局、人がしてはいけない殺しは人がしてはいけないことである、と言っているに過ぎない。ところが、この判断では、人は自分がしてはいけない殺しがどの種類であるかを特定できないため、行動指針としてはまったく役立たない[8]。

　ＰＧＣの主部－語があらわすのは行為ではなく、行為者である。一方、その述部－語はその行為者が行為者であるがゆえに負う義務をあらわす。たとえそうだとしても、ＰＧＣが分析的である限り、それを「自らの受動者の類的権利に従って行為すべき人物は、自らの受動者の類的権利に従って行為すべきである」に単純化できるし、これはやはり「Ａとは何か――Ａである」という形式である。

　ＰＧＣはこの形式をもつにもかかわらず、内容的に空虚ではない。その点を見るには、陽表的分析的言明と陰伏的分析的言明との違い、ならびに、論理的空虚性と心理的空虚性との違いに注意せねばならない。例えば、「すべての（ユークリッド）三角形は二直角に等しい内角をもつ」のような陰伏的分析的言明では、述語は主語の定義から演繹されるといっても、その演繹法は何段もの中間的ステップを踏むことではじめて可能になる。これは心理的にきわめて教育的である。この種の言明においては、主語の指示対象を例えばＡやＢといった概念によって同定することができるが、その場合、当の主語がさらにＸやＹやＺといった概念を論理的ないし陰伏的に含むことを予め知っている必要はない。このことからわかるように、ＰＧＣは陰伏的な意味でのみ分析的であり、それゆえ、実践的指針を与えることができる。実際、ＰＧＣの主部－語の指示対象、すなわちその行為者は、前に見た通り、当の道徳的述語がその行為者に適用されることをわれわれが知っていることとは独立に同定されうる。この点は道徳判断の主部－語が行為者ではなく行為をあらわす場合にも成り立つ。その判断が陰伏的な意味でのみ分析的であれば、当の言明が正しいとか不正であるとか述べる種類の行為は、そうした道徳的述語がそのような種類の行為に適用されることをわれわれが知っていることとは無関係に、同定可能だからである。特に、ＰＧＣに関して言うと、われわれは、例えば、ある対他行為がその受動者を強制したり、傷つけたりする種類の対他行為であることを、そのような対他行為が少なくとも一見して不正であることを認識することとは独立に、知ることができる。もちろんこの場合、そうした行為が一応不正であることを論理的に帰結するのはＰＧＣであり、この原理自体は、前述の通り、「行為」や「行為者」、「理性」といった概念の働きにより陰伏的な意味で分析的である。

以上の議論に対しては、そのような見方ではＰＧＣがすべての行為者に適用できなくなるとか、ＰＧＣやその他の、対立的なものも含む、道徳原理や道徳判断で用いられる「行為者」という概念は多様な解釈を許すとか、ＰＧＣに同意できないような道徳原理はそもそも現実にはありえないのではないか、といった反論も予想される。前段の見方によれば、「行為者」の意味自体に、その人が自らの受動者の類的権利に従って行為すべき人物であることが含まれているからである。しかし、ＰＧＣを否定する人物はこのような「行為者」の意味には同意しないであろう。そうなると、ＰＧＣが行為者はその受動者の類的権利に従って行為すべきであると述べ、他の道徳原理は行為者がそのように行為すべきであることは真実ではないと考えている場合、これらの道徳原理は、「行為者」として同じ人物を指示しているわけではないから、互いに意見が食い違うこともない。

この反論は、「行為者」が少なくとも陽表的な形では道徳的に中立的な名辞によって定義されるため、その定義にＰＧＣの道徳的述語を明示的に組み込むことなく「行為者」が定義され、またそれゆえに行為者がそのように同定されうることを看過するものである。この事実からもわかるように、行為者とは、望ましい帰結を実現したいとの思いを抱き、そこに絡む至近的環境条件をも斟酌しつつ、自らの強制なき選択に基づいて自らのふるまいを始動させたり、支配したりする人物である、という点に関してはPGCの支持者も反対者も完全に合意できる。この両者の違いは、後者がこうした「行為者」の定義に陰伏する論理的含意を徹底的に追究しようとしないところにある。これは、完全なるとは言えないまでも、大いなる合理性の怠慢であろう。

3-21 さらに、PGCという道徳原理の分析性に関しては次のような反論も考えられる。いかなる原理であれ、道徳原理や他の実践的原理である限り、それが向けられる相手の人物にとって従うことも破ることもできる原理でなければならない。当の人物に両方の選択肢が与えられていないとすると、その原理をもったり示したりしても意味はない。ところが、分析的道徳原理を破るのは論理的に不可能である。ある原理が破られるというのは、その原理が求めているものとは正反対の何事（行為か行為の手控え）かが起こることだからである。一方では、分析的道徳原理が求めるものの正反対の物事は自己矛盾的であり、自己矛盾的な物事は起こりえない。とすれば、分析的道徳原理の侵害は起こりえないはずである[9]。

右の論点に関しては、「分析的道徳原理が求めるものの正反対の物事は自己矛盾的である」という言明がきわめて曖昧である点をまず指摘したい。確かに、この「道徳原理が求めるもの」がその原理自体の内容全体を意味するのであれば、この言明は正しい。例えば、「人は不正な殺人を犯さないようにすべきである」とか「行為者はその受動者の類的権利に従って行為すべきである」といった命題の否定は自己矛盾的である。しかし、「道徳原理が求めるもの」がその原理で言及されている行為を意味するのであれば、不正な殺人をしないことや受動者を強制しないことの正反対はそれ自体自己矛盾的であるわけではない。前に見た通り（3-3）、PGCに違反する行為者は、事実上、その受動者が類的権利をもつことを否定しているが、その行為者が犯す自己矛盾はそうした否定的判断に関連するのであって、当の判断に基づいてなされる行為に関わるものではない。それゆえ人は、分析的道徳原理を否定したり、その対当命題を主張したりした場合には自己矛盾に陥るにしても、その原理を破ることはできる。

以上の点に関しては、ある原理や規則とその違反との関係を明確にしておくことが特に重要である。例えば、「人はXを行わないようにすべきである」とか「Xを行うことは悪いことである」といった形式の規則の場合、その違反とはXを行うことであって、Xを行うことは悪いことではないという事実を明らかにすることではない。したがって、この規則はXを行うことのみで成り立っており、規則の違反はXを行うことと不正行為であることとの関係には影響されない。一方、ある道徳的規則を分析的なものにするのは、行為者または行為とその行為者またはその行為の義務的述語との関係であり、当の関係はその行為が実行されるか否かには影響されない。したがって、「悪い殺人は悪いことである」や「悪い殺人はなされるべきではない」といった陽表的に分析的な規則の場合も、その規則の違反は悪い殺人を行うことであり、悪い殺人が悪いことではないという事実を明らかにすることではない。自己矛盾的な事態とか論理的に不可能な事態とは、ある行為を行うべき行為者がその行為を行うべきであるわけではないとか、悪いことである行為が悪いことではないといった事態であって、その不正行為が実行される事態のことではない。また、人が悪い行為を実行したからといって、それでその行為が悪いことではなくなるわけではない。それゆえ、不正行為の実行にせよ、分析的な道徳的規則の違反にせよ、矛盾的物事すなわち論理的に不可能な物事を行う事例ではない。

以上の考察はPGCにそのまま当てはまる。PGCを否定したり否認したりする行為者は、自分がある特定の記述を満たす限り自分に帰属すると考え、それゆえ当の記述を満たすすべての行為者に帰属すると考えるある権利がその記述を満たす他の人々に帰属しない、と考えていることになるから、自己矛盾を犯している。反面、この矛盾は、論理内容をなす、その行為者の信念の中身に関係し、その行為者の行為すなわち当の権利をそれが正当に帰属する人物から剥奪する行為が起こるという事実には影響しない。その行為が不正な物事を正しい物事すなわち不正でない物事にすることはない――そのような事態が起こればまさに自己矛盾である。しかし、その行為者がこの原理に反する行為を行う場合、たとえその行為者が自分の行為は正しいと主張するにせよ、この違反行為は、誰かからその人に正当に帰属する権利を奪うことにその本質があり、当の権利がその人に正当に帰属しないという事態をもたらすわけではない。言い換えると、道徳的規則や道徳原理の分析性が関わるのは、その経験的内容ではなく規範的内容であり、そこに絡んでくる経験的事実ではなく、その正否である。規則や原理に違反するのは、例えば、誰かに暴行を加えたり、誰かを救助しなかったりと、特定の経験的事実をもたらしたり、もたらさないようにしたりすることである。しかし、規則や原理に関して分析的である事柄は、事実の現存性にではなく、特定の道徳的述語と事実との関連性に依存している。

道徳的述語とその主語とのこうした関係ゆえに、分析的道徳原理の違反には別の解釈を加えることもできる。その意味は、人がその原理の禁じる行為を実行したり、その原理の求める行為の実行に失敗したりすることにではなく、その原理の否定に従って行為することにある、との解釈である。しかし、これは同一の行為に適用される二つの相互排他的な道徳的述語に従って行為することを意味しよう。分析的道徳原理の否定は自己矛盾的であるため、その原理の否定や否認に従って行為することは実際には不可能である。それは同じ行為を実行すると同時に、実行しない、または実行できないことを意味するからである。例えば、「人は不正な殺しをやめるべきである」の否定は、「人は不正な殺しをやめるべきであるというわけではない」となる。この場合、殺しを「不正な」こととする述定に従って行為するのであれば、殺しを絶対にやめねばならないし、一方、そのような殺しを「人はやめるべきであるというわけではない」に従って行為するとすれば、人がその同じ殺しを実行する余地は残ったままである。しかし、人が同じ行為をやめると同時に行うことは論理的に不可能であるから、結局、分析的道徳原理の否定や否認に従って行為することは論理的に不可能である。ただしこの場合、この違反行為はその原理の否定の内容全体に関係しており、したがって、その否定が同じ行為に二つの相互排他的な道徳的述語を適用し、そうすることでその同じ行為に関して二つの対立的な実践的条件を課すことに関係している。これは、違反行為がその原理で直接言及される行為のみからなる、先に取りあげたケースとは異なる。前者の意味では分析的道徳原理の違反は起こりえないが、その事実はこの後者の意味における違反が起こる可能性を排除しない。

以上の考察はＰＧＣにも当てはまる。ＰＧＣの否定に従って行為するという意味でＰＧＣに違反することは論理的に不可能である。この否定は結局、自らの受動者の類的権利に従って行為すべき人物がそうした権利に従って行為すべきであるというのは真実ではない、と述べることだからである。仮にある人がこの否定が述べる通り行為できるのであれば、その人は受動者の自由と福利に対する干渉を控えねばならないと同時に、そうした干渉を行ってもよいことになろう。ＰＧＣの違反がこのような意味で起こることはないが、先述した別の意味では起こる可能性があり、それゆえ、ＰＧＣの分析性はこの原理が実践的道徳原理となりうる可能性を排除するものではない。

3-22 別の批判によると、道徳原理・判断が分析的であり、それゆえ論理必然的であると見なすのは、自然科学に見いだされる様相よりもさらに厳格な様相をそれらの原理や判断に帰そうとする見方である。しかし、この見方は異様である。どの研究分野でも厳密さを追い求める必要はあるが、アリストテレス以来、哲学者が繰り返し強調してきた通り、厳密さの度合いはそれぞれの研究対象が許容するものでなければならない。倫理学の対象は人間の行為や制度であり、それらには、(数学はもとより)自然科学の対象と比べ、はるかに大きな変動が含まれ、それゆえ倫理学が提唱する道徳原理・判断は可変的で偶然的である。

こうした批判に対しては、まず、哲学には、道徳判断を必然的に真であると見なす、以上とは別の考えがあること（この考えをもつ論者には、ロック、カント、そして恐らくプラトンなど、他の点では考え方を異にする哲学者が含まれる）を指摘せねばならない。また、この二つの伝統のあいだには和解不可能な対立はないとの見方もできる。アリストテレスの強調した偶然性が、あらゆる可能性の想定される状況下における特定事例に道徳的規則が適用される場合の事情に関連するのに対して、もう一方の伝統が強調する必然性は、特定の判断がそこから導出される究極の原理に関連するからである。例えば、道徳的徳の本質は、「ロゴスによって規定され、しかも実践的知恵のある人がそれを決める」[10]中庸にある、としたアリストテレス自身の道徳原理に関して言うと、この原理は間違いなく彼にとって、特定事例における方法を決めるさまざまな試みにはない厳格な様相をもつものであった。それと相関的に、ＰＧＣとそこから派生する規則は、時と所の違いを超越する必然的様相を備えているが、一方で、その規則を特定事例に適用する際には、当の規則の要件の実現可能性を条件づけるさまざまな歴史状況を勘案しなければならない。しかも可変性は、問題の事例がその規則で言及される特性をもつか否か、またどの程度もつかを確かめようとする際にも生じる。ところが、そうした確認作業は、それ自体、研究対象の客観的特徴によって規制される合理的過程である。したがってこの考えは、道徳的規則の妥当性はその規則の向けられる行為者の自己利益的欲求や可変的制度的背景によって左右されるとする、相対主義や仮説性の考えとは明確に区別される。

3-23 ＰＧＣの分析性に関しては、分析性が保証する自己矛盾の不在は合理的正当化の必然的で基本的な条件ではあるものの、そのことと道徳的正当化や道徳的正しさとのあいだに特別の関係はない、とする反論もある。自己矛盾をきたすことは、知的な過ちを犯すことではあっても、道徳的に不正な物事を行うという意味で道徳的な過ちを犯すことではない。不道徳な人間だからといって、論理的思考が苦手で、矛盾回避の方法を理解する力が乏しいとは限らない。むしろその人物は性悪で他の人々に対する共感の情を欠いているのである。たとえある行為者が類的一貫性に適う（または反する）と見なす行為の範囲が道徳的に正しい（または不正である）行為の範囲と外延的に一致する点が示されたとしても、そうした特徴づけと行為の規準との内包上の大きな違いがなくなることはない。

この反対意見は、合理主義的道徳哲学に対するヒュームの批判に基づいて[11]、次の通り展開できよう。PGCを否定する行為者は自己矛盾を犯すとともに道徳的に不正なことを行っているとする本書の議論は、「自己矛盾的なものは不道徳である」との大前提を想定しているように見える。ところが、この前提は自明であるどころか、それ自体証明を必要とする。したがって、PGCは分析的であり、それゆえこの原理の否定は自己矛盾的であるとする私の議論は、この段階ではまだ、PGCが道徳的正しさや道徳的義務の原理であり、それに反するのは道徳的に不正であるという点を論証したことにはならない、との結論が得られる。

まず、共感や親切さといった道徳的行為者の個人的特性は、それ自体としても、道徳的に正しい行為を促すという意味でも、確かに称賛すべきものである点を指摘しておきたい。しかし、そのような性質を有することは道徳的正しさの必要条件でも十分条件でもない。これらの性質はその意味でPGCが求める他の人々を尊重する精神のような属性や素性とは異質である。こうした気遣いの心は、同情心や親切心といったきわめて望ましいものであるが不可欠とはいえない属性とは異なり、PGCの不変的な要素ないし付属物としてこの原理自体と直接結びついており、この点に両者の決定的な違いがある。道徳的行為者を特徴づけるとされる精神的属性や他の可変的な属性がどのようなものであれ、道徳原理にとっての最大の関心事は、行為や制度が道徳的に正しいか不正であるかを見極める合理的規準や正当な規準である。人間の道徳的善さに関して言えば、その本質は当の人格の一部をなす特定の性格のことであり、それを定義づけるにはそうした性格が習慣的に実行しようとする道徳的に正しい行為を参照する他ないという意味では（5-18）、道徳的正しさの規準はそれに論理的に優先する検討事項である。

以上の反論が何よりも問うているのは、ＰＧＣの内容と形式がどう関係するかである。ＰＧＣは受動者の自由と福利、またそれゆえにすべての行為の必要善に対する権利に関わっており、その内容と道徳との関連性は明らかである。この場合、一つの道徳原理として、当の内容を要求すれば、それで十分なのではないか。どうして一貫性という形式的成分、あるいはもっと正確に言うと、この原理の否定から帰結する矛盾という形式的成分を追加的に導入する必要があるのだろうか。例えば、ある人が乱暴するなどして、他人を強制したり傷つけたりした場合、この内容さえあれば、ある人物が別の人物から特定の基本的善を剥奪している、とする道徳判断を行うための十分な根拠となるのではないか。一貫性にせよ分析性にせよ、一体これに何をつけ加えるのであろうか。

一貫性と矛盾に関する形式的検討事項は少なくとも二つの理由で欠かせない、というのがその答えである。第一に、既に見た通り、行為者が受動者を強制したり害したりする場合に犯す論理的矛盾が明らかにされない限り、そうした行為をしないことの定言的義務性は（単に主張されるだけで）立証されたことにはならないからである。これを立証するには、そうした行為を控えることが誰にとっても正当に回避できない要件であることを論証せねばならない。一方、この後者を論証するには、そうした行為が不正であるとする判断が必然的に真であることを論証せねばならず、この必然的真理性を論証する唯一の方法は、その判断を否定すると自己矛盾に陥る事情を明らかにすることである。第二に、この形式的検討事項なくしては善の正当な配分という重要な道徳問題を適切に取り扱えないからである。人が他人を攻撃する場合、その人は当の対他行為における自由と福利の配分、すなわち自分とその受動者のあいだの善の配分に不衡平を生じさせる。この格差が道徳的に不正であることを確証するには、内容的事項の検討以外の考察が欠かせない。なぜなら、自由と福利という内容に関する限り、行為者は受動者からその一部を取り除きながら、他方ではその一部を自分自身に追加するため、結局、内容の総計はまったく変わらない可能性が高いからである。しかも、何が行為を不正なものとするかに関して、行為の内容や効果そのものではなく、それらが人間に降りかかる事態として引き起こされたという事実である、と言えるのであれば、人間をそのように処遇することがどうして不正なのかが改めて問われる。その場合、人間や合理的人間といった概念のみに基づいて答えようとしてもうまくいかないし、ましてや本能に訴えたところでこの問いには答えられない。

身体的暴行などの傷害が道徳的に不正であることを確立するには、すべての人間が自由と福利に対する平等な権利をもつとの原理は欠かせない。一方、この配分的権利を確立するには、前述した行為の類的特徴と規範的構造という実体的背景を前提とする限り、一貫性に関する形式的判断があれば十分であり、その判断は欠かせない。改めて述べるまでもなく、この形式的検討事項の十分性こそが最終的にPGCを導く一連の議論の要諦をなすものである。前述の通り、行為者は自分が予定的目的的行為者であるがゆえに自由と福利に対する権利をもつとの考えを抱かざるをえず、したがって、論理的矛盾を避けるためには、すべての予定的目的的行為者がそれらの権利をもつことを承認せざるをえない。この場合、矛盾すなわち一貫性の欠如に関する検討・判断は、行為者が論理的である限り、その行為者は、自分がある特定の記述を満たすとの根拠に基づいて自分自身に適用する権利要求の述部を、当の記述を満たすすべての人物に拡大適用せざるをえない以上、自分自身に対して擁護する権利を自分の受動者に対して与えないことは正当化できない、という事実を明らかにしており、その意味で配分的機能を演じている。

ＰＧＣの一貫性と非一貫性に関する検討・判断がこの配分的目的にとって十分であるだけでなく必要でもあることは、この点への配慮なしには人々の諸権利を互いに比較して決着をつける術がないことから明らかである。

しかし、権利の平等が確立されねばならないとすれば、当然、そうした確定的な比較がなされない限り、平等性は証明できないし、確定性が欠ければ、当の比較によって権利の平等が不可欠である事情が示されることもない。ところが、前述の通り、類的権利保有に関して人々を適切に比較しようとすれば、予定的目的的行為者であることがそうした権利を要求するための十分条件として決定的関連性をもつ属性である点を証明せねばならず、そのためには、行為者がその決定性を否定した場合、自己矛盾に陥ることを論証せねばならない。この十分性が確立されると、今度は、すべての予定的行為者は類的権利保有に関して平等である、との結論を導くために再び一貫性が発動されねばならない。このように一貫性に関する論理的検討・判断は、ある人物が他の人物に身体的暴行を加えたり傷害を負わせたりする場合に侵すことになる、権利と善の正当な配分がどのようなものであるかを確立する上で欠かせない。

一貫性や非一貫性に関する形式的検討・判断がこの配分的目的に欠かせないことは帰納的にも導かれる。この考察を欠いたまま、平等主義を経験的相関に基づいて根拠づけようとしても、結局、そのような試みは失敗せざるをえないからである(1-8)。他の平等主義的道徳原理擁護論も、一貫性の決定的意義を考慮しない議論である限り、同断である。例えばある議論によると、すべての人間は、別々あるいは不平等に扱われるべき何らかの正当な理由がある場合を除き、同じように、つまり平等に扱われるべきである、というのは理性の基本原理である。この原理は、同一種類の事例は同一の方法で取り扱われるべきであり、人間であるとはそのような種類であることを意味する、とのさらに一般的な原理に基礎をおいている。ところが、この後の方の原理は、一見すると前に取りあげた形式的検討事項によく似ているものの、実はそれ自体疑わしい原理である。しかもそこでは、人々を別々に処遇する「正当な理由」が何であるか、言い換えると、異なる処遇に関連する亜種がどのような類別であるかは明示されないままである。過去においては、功績、知力、性別、人種などさまざまな違いがそうした処遇の違いに関連性をもつ類別とされてきた。この原理は極端な不平等主義へと容易に転じるのである。なぜそのような結果になるかと言えば、人々の処遇に決定的な意味で関連している、つまりその関連性を否定すると自己矛盾に陥るという意味で関連しているのは、平等に配分された特定の属性のみであるということが明らかにされていないからである。

人はその価値や尊厳においてすべて平等であるとか、人は皆等しく目的そのものである、ないしは神の子であるといった理由で、すべての人々は平等な権利をもつと主張することもできよう。しかし、このような規範的特徴づけは、正当化されるべき学説、すなわちすべての人間が平等な基本的権利をもつとする考えを繰り返しているに過ぎない。その証拠に、人間が平等な権利をもつことに懐疑的な人物であれば、そのことを正当化するためにもちだされる特徴づけに対しても、最低限、異議を唱えるであろう。一貫性の欠如に対する訴えがなければ、このような主張を受け入れる論理的必然性はない。「人間存在」や「合理的人間」、さらには「合理的行為者」といった概念から平等主義的な道徳的教えを導きだそうとする試みに対しても、同様の批判が当てはまる。そのような概念がいかにして道徳的要請を最終的に根拠づけるかを前述したようなやり方で明らかにしない限り、決定的問題の先送りでしかない。特に、この種の概念によってあらわされる人間の道徳的平等性を最終的に確立しようとすれば、人々が、その権利保有に関連して決定的に重要な経験的属性に関して、平等であることを明らかにすると同時に、人々の平等な権利保有の否定が合理的に正当化できないことを論証する以外に方法はない。こうした配分的目的のためには、前述の通り、一貫性の考察に頼らざるをえないのである。

類的一貫性はその概念上、論理的要件であると同時に道徳的要件でもあり、ＰＧＣの二つの要件が外延的に等しいのは単なる偶然ではない。実際、ＰＧＣが関係するのは、孤立した一人の人物の信念や行為の一貫性ではなく、対他行為に関わる、それゆえ権利と善の配分と直結した対人的性格をもった一貫性である。類的に一貫しないとは、人が自分に関して必然的に要求する行為の基本条件と他人に対して譲歩してもよい物事とのあいだに、ある不均衡を維持することである。それは、ある人物が他人との対他行為において最も基本的な行為の権利を自らに対して擁護しながら、他方ではその行為によって影響を受けるとともにその人物と関連する属性において類似する人物に対して当の権利を否定することである。つまり、目的達成の必要条件に関して自分だけを例外的に優遇し、他の人々を不公平に扱うことを意味する。したがって、PGCに違反すれば、論理的にも道徳的にも間違ったことをしているのである。論理的一貫性の規準は、あらゆる原理・判断の正しさの必要条件を与えるものであるから、PGCの違反が論理的にも道徳的にも間違っている点は、最終的に、PGCに反する行為者が諸個人間の行為という文脈で自己矛盾に陥らざるをえない事情を明らかにすることによって証明される。確かに諸個人間の行為はあらゆる道徳性の中心的文脈であり、行為の類的特徴と規範的構造という実質的内容に一貫性という論理的形式が与えられると、この結合から帰結するのは論理的かつ道徳的に必然的な原理である。最高道徳原理はこのように理性の使用によって突き止められるのである。

3-24 さらに、道徳性と諸個人間の類的一貫性との関係という問題も残されている。PGCの禁じる類的非一貫性に前述した形式的要素と実質的要素との結合が含まれる事実が認識されたとしても、自分より他人を優先するという意味の非一貫性を示すことはありえないのであろうか。例えば、自分自身の善を他の人の善に従属させたり、その犠牲にしたりする聖人や英雄の例を考えてみよう。「あなたの身代わりに私が人質になりましょう」。「救命ボートに乗る最後の一人は、私ではなくあなたです」。これらの例では、当の行為者とその受動者が予定的目的的行為者であり、前者がそうした属性に基づいて判断を下しているとすれば、この行為者は自己矛盾をきたしていると見なされよう。この行為者は、受動者である他の人々には自由と福利の権利があるとしながらも、当の権利保有を根拠づける属性に関してそれらの人々と変わるところのない自分に対してはそうした権利がないと言っているように見えるからである。また、そこまで言えないにしろ、少なくともこの行為者は他の人々の類的権利に従って行為すべきであるとしながら、他方では自らの類的権利に従って行為する必要はないと考えているように見える。この行為者の場合、自由や福利を自分には不利に、他人に対しては有利に配分しようとしており、その非一貫性は前に指摘したものとは逆向きになっている。ところが、そのような非一貫性は、それに付随する行為ともども、決して道徳に反するものではなく、それどころか、義務を超越する道徳性の最高形態をあらわす。そうすると、対人的に一貫しない善や権利の配分は道徳的に不正であるとする命題は論破されたことになるのではないか。

この疑問に答えるためには、聖人や英雄の超義務的原理とＰＧＣとの関係をさらに詳しく吟味する必要がある。行為者が自らの類的権利に従って行為しながら、受動者の類的権利に従って行為しないのは、ＰＧＣを導出した際に見た通り、自己矛盾的である。超義務的原理はその裏返しであり、同じく自己矛盾的であると考えられる。一方で合理的な解釈による限り、この聖人ないしは英雄が、受動者の類的権利には従うべきであるとしながら、自分自身の類的権利に従う必要はないと考えることはありえない。この人物にとって、自らの類的権利に従って行為しない、言い換えれば、自らの類的権利に反して行為するのは、その行為において他の人々が自らの自由と福利に同意なく干渉することを容認するという意味であろう。ところが、こうした類的権利の合意なき放棄は無意味であるばかりか、不可能でもある。その場合、この人物の行為が自発的で目的的である以上、この人物は特定の行為において自分自身が不本意に処遇されることを自発的に容認した、あるいは、自らの行為の必要条件が同意なく取り払われることを承諾したことになるからである。しかし、人が前述のような英雄的行為を行う場合、その人物は自らの生命や自由が奪われることに同意しているのであるから、それらは自らの類的権利に反して行為するケースではない。それどころかこの人物は、できる限り自らの自由と福利が同意なく干渉されないよう心しており、やはり自らの類的権利に従って行為している。

また、この聖人か英雄は、そうした行為において自分が受動者の類的権利に従って行為している、と主張しているわけでもない。そうした行為が受動者の類的権利に反しておらず、その意味でこの人物が受動者の権利に従って行為しているのは確かにその通りであるが、同時にそれらの権利が当人に要求する物事以上に行為しているのであり、そのことが当の行為を超義務的なものにするのである。この英雄的人物が受動者のために自らの命や自由を犠牲にする場合、それは、厳密に言うと、受動者の権利の問題ではなく、したがってこの人物の義務の問題でもない。確かに受動者は生命や自由の権利を有するが、これは単に、他の人々はその生命や自由に干渉すべきではない、あるいは相応の負担で収まる範囲でその生命や自由を維持するために支援すべきであるということに過ぎず、他の人物がそのために自らの生命と自由を犠牲にせねばならないということではない。そうした犠牲は、当の行為者が自由と福利に関して自分自身とその受動者のあいだに、受動者に有利な格差すなわち不平等を設けることを意味しよう。これに対して、PGCが厳格な義務として要求するのは、問題の行為者が自らに有利なやり方でそのような格差を設けないことである。この点からわかるように、聖人や英雄のケースは、自らの命を危険にさらすことなく他の誰かの命を救えるケースとはまったく異なる（4-7以下参照）。英雄的人物の自己犠牲は、それ自体としてみれば、崇高な行為ではあるが、PGCとその派生的規則・判断が要求する物事とは違い、厳格な義務に関わる行為ではない。したがって、この場合、その行為者は類的一貫性には違反していない。

では、PGCはそうした超義務的行為の是非を判断したり、それらの道徳的価値を評価したりするための根拠を提示できるのであろうか。少なくともPGCは、自由や福利の配分に関して、行為者が何らかの対他行為において、受動者には自分の取り分より少ないものしか与えないなどの方法で、受動者に不利な配分を行わないよう求めており、この点にその根拠は見いだされよう。事実、ＰＧＣの関心は、その行為者が行為者である以上、自らの類的権利に従って行為することは必然的に真であり、受動者の類的権利を侵さないことによって公正な配分の条件を維持する、という点に存する。超義務的行為はこうした帰結を過剰に請け負う行為であり、その限りでＰＧＣにも適合する。問題の聖人や英雄は、受動者の自由と福利に対する同意なしの干渉を手控えるばかりか、それらの保有を積極的に支援しようとしており、その意味では受動者の類的権利が指し示す方向性に沿って行為しているだけでなく、それらの受動者の類的権利に従って行為している。反面、こうした人物は自らの自由と福利を失う危険を冒してまで受動者を助けようとしている点で、当の行為はそうした不干渉や受動者の厳格な権利の枠をはるかに超えている。

動機づけと合理性

3-25 道徳判断の動機的力や指令的力をどう説明するかは、周知の通り、道徳を理性によって根拠づけようとする学説にとって決してなおざりにできない問題である。その点は次の事実を想起すれば、直ちに判明する。人が道徳判断を行う場合、単にある特定の事実を述べたり、特定の論理的関係を指示したりしているのではなく、何らかの行為がなされるべきであると主張しているのであり、聞き手が特定のやり方で行為するよう誘導したり、感化したり、動機づけたりしようとしている。また当の判断を自分自身が受け入れる場合、その人は、当の判断が求める行為を行うための、あるいは控えるための何らかの動機を有している。ところが、ヒュームが述べるように、「理性それ自体は」、行為を導いたり促したりする上で、「まったく無力である」[12]とすれば、理性のみではいかなる道徳原理・判断も根拠づけられないであろう。この結論は、その原理を否定する行為者が自己矛盾に陥らざるをえないことを論拠に、ＰＧＣを正当化しようとした本書のこれまでの議論に対して、新たな問題を提起する。確かに本書の議論は、論理的一貫性、したがって演繹的理性に基づいて道徳原理を根拠づけようとする試みである。

ここでヒュームの立言の含意には立ち入らないが、前記の問題は本書の議論に即して捉えれば、特に次のような形で提起できよう。まず、動機的力や指令的力がＰＧＣを正当化する論証手続きの一部に含まれるのは明らかである。行為者が「私には自由と福利の権利がある」と述べるとき、この行為者は自らの自己利益的理由、あるいは少なくとも自分自身の目的追求に関係する理由に基づいて、そうした言明を行うか、受け入れるのであり、これらに対する自らの権利保有を明確に主張し支持している。同様の動機的効力は、この権利要求が伴立する「べし」判断――「他の人はすべて私が自由と福利をもつことに少なくとも干渉しないようにすべきである」――にも帰属させることができる。この「べし」も当の行為者の自己利益のため、あるいは自らの目的追求を可能にするとの理由で守られねばならないからである。ところが、行為者の権利要求が「すべての予定的目的的行為者は自由と福利に対する権利をもつ」という一般化を帰結する、それに続く論証手続きの場合、事情は異なる。確かにこの一般化された判断は、その行為者が自らの目的追求のために、あるいは自己利益的理由に基づいて提示するものではなく、それどころか逆に、当の行為者がそれらの目的や理由のために行為することを制約するものである。この場合、その行為者がそうした理由の一般化を支持するはずはなく、「権利をもつ」という表現を用いたとしても、この言葉が当の行為者に対して個人的な権利要求のケースと同様の指令的力や動機的力をもつとは考えにくい。しかも、ＰＧＣは一般化された権利判断から論理的に導出されるものであるから、同様の問題はこの原理にも当てはまる。行為者に自らの自己利益、あるいはより広く、自らの目的追求に基づいてそう行動する動機がないとき、どうしてその行為者はＰＧＣを受け入れることになるのであろうか。

以上から推察されるように、こうした動機的力や指令的効力を欠く限り、ＰＧＣは、それを否定すると必ず自己矛盾に陥るという意味で合理的原理であることは言えたとしても、道徳原理や実践的原理とはなりえないであろう。しかも、行為者の受諾や擁護がなければ、個々の行為者の内的見地にとどまったまま、その行為者が受け入れねばならない事柄に即して立論していく弁証法的必然的方法によっている以上、私の議論には重大な空白が生じるであろう。そればかりか、ＰＧＣの承認は理性によって要求されるとする私の回答は（3-5）、行為者の動機づけに関してはいかなる示唆も与えておらず、なぜ人は道徳的であるべきなのかという権威的問題に本書は依然として答えていない。

右の問題に取り組もうとすれば、まず、ＰＧＣの制限に注意する必要がある。ＰＧＣは、前述の通り、自己利益を慎重に取り扱い、それに対する反対をある限界内にとどめる。この原理は行為者に対して他の人々の自由と福利のために自分自身の自由と福利を犠牲にするよう求めているのではなく、自分自身の自己利益のために他人の自由と福利を排除することがないよう求め、また、他の人々が自らの努力によって福利を確保できないときは、その行為者にとって相当の負担にならない範囲で、それらの人々を助けるよう求めているに過ぎないからである。つまり、ＰＧＣは当の行為者とその受動者が自由と福利に関して対等であることを規定しているのである。それゆえ、行為者の自己利益への訴えとは別に、次のように問わねばならない。ＰＧＣがその行為者の行為に課す制限は、ＰＧＣがその行為者に対して指令的効力をもつことや、逆にその行為者がそれを受け入れるだけの動機をもつことと、いかに整合するのであろうか。

3-26 この問いに関してまず思いつくのは、ＰＧＣは、その行為者にとって間違いなく指令的力をもつと見られる個人的な権利要求から論理的に帰結する原理であり、当然、その行為者に対して指令的効力を有していなければならない、との応答である。確かに、ＰＧＣが行為者の指令的な権利要求から導出されることはこの原理の動機的根拠にとってきわめて重要な意味をもつ。また、以下で見る通り、この回答は、適切な解釈を与えた場合、間違ってはいないが、しかし、前記のような条件規定なしの形ではうまくはいかない。発語内の力（指令的力はその一種である）の維持が論理的帰結関係に求められることはないからである。例えば、「Ｘが善いものであれば、私はそれを買うであろう。Ｘは善いものであり、したがって、私はそれを買うであろう」といった立言を想起してみよう。最初の文で使われている「善い」には称賛の意味も指令的力もないのに対して、後の文の「善い」は指令的である。にもかかわらず、この議論は妥当である。このことからわかる通り、ＰＧＣが行為者の指令的な個人的権利要求から論理的に帰結するからといって、ＰＧＣがそれ自体として当の行為者に指令的力をもつことの証明にはならない。実のところ、その行為者は、当の権利が自分の権利であるからこそ、それらの権利を擁護するのであり、したがって自分の権利要求が他の人々の権利を論理的に帰結するか否かにかかわらず、そうする動機がない以上、自分が他人の権利を支持することはない、と考えたとしても不思議はない。

ただその場合も、行為者が自らの個人的権利要求に対して無条件の承認を与えながら、一般化された権利判断や個人的権利要求から帰結するＰＧＣに対してはまったく承認しないか、条件つきの承認しか与えないとすれば、前に発語内行為をめぐる曖昧さと呼んで問題にした事態が起こるであろう（2-11）。そこで指摘したのは、自分が自己利益に従って行為することを無条件に承認しながら、他の人々がそれぞれの自己利益に従って行為することを限定的にしか承認しない普遍的倫理的利己主義者の難点であったが、この場合も、それと同一とは言えないまでも、類似の問題が生じる。したがって、当面の問題の解決にとっても普遍的利己主義者のジレンマをめぐる論点が参考になろう。まず想起されるべきは、競争的ゲームにおいてはそれぞれの行為者が、競争相手は何らかの行為を仕掛けるべきであり、自分はその動きを阻むべきである、と考えている点であろう。この二つの

「べし」は、前述の通り、行動と対抗行動に関する要件を伴う当のゲームの規則と目的という原理または背景の下で守られるものであるから、限定つきの「べし」であると見なされねばならない。要するに、この二つの「べし」が与える指令は、同一のより一般的な指令的原理から導出されたという意味で適正な承認性を備え、いずれの「べし」も類似した発語内の力をもつ。

こうした発語内行為をめぐる曖昧さを回避するための方法は、行為者のさまざまな権利判断やそれと関連する「べし」——行為者自身の権利を支持する「べし」だけでなく、同様の権利を他の予定的行為者にも広げる「べし」——にも当てはまる。これらの権利判断はすべて、その行為者が前に述べた意味での合理性を全面的に受け入れている背景の下で行われるからである。行為者は、前述の通り、論理的に当の判断を自らの予定的行為者としての内的見地から行わねばならず、したがって、このことは、その行為者が自分自身のために自由と福利の権利を要求する個人的判断にも当てはまる。確かに、この手続きはその行為者が自らの一般的な目的達成を高く評価することに基づいているが、そうした評価自体、同じく前述した通り、その行為者が目的的行為に従事していることの論理的帰結である。つまり、その行為者の合理性に対するコミットメントと動能的な目的追求のあいだにはいかなる乖離も存在しない。またその行為者は、他のすべての予定的目的的行為者も自由と福利に対する権利をもつとする一般化された権利判断についても、その判断が自らの個人的権利要求から論理的に帰結するとの理由で、同じ合理的根拠に基づいてこれを承認する。以上の権利判断と「べし」判断はすべてその行為者が無条件で認める最小限の合理性から不可避的に導かれる判断であるため、その行為者はそれらを例外なく指令的なものとして受け入れる。このように、それらの判断の承認を適正なものとするのは、合理性という一般的背景であり、したがって、その行為者にとってそれらはすべて同一の指令的力をもち、そこには発語内行為をめぐる曖昧さは見られない。一方で、その行為者の合理性に対する信奉は、前に述べた通り、恣意的な「コミットメント」などではなく、それが恣意性を避け、客観性と真理を獲得するための唯一確実な方法であるとの考えに基づいている（1-9）。

以上の議論はさらに次の通り展開されよう。その行為者は、合理的行為者として、矛盾律をはじめとする特定の基本的論理的規準を理解するとともに承認する。行為者がこうした規準を受け入れるのは、その行為者がそれらの規準をそこから導かれる結論の正当化的根拠として承認することであるから、結局、その行為者は、何らかの前提を承認している以上、その前提から帰結する特定の結論も承認せねばならないことを当の規準に従って認めることになる。言い換えれば、結論が当の規準によって根拠づけられていることを認めるのは、それが当の合理的行為者にとって指令的力をもつということであり、その結論を論理的に正しい、あるいは妥当か正当な結論として承認することである。こうしてPGCが行為者の個人的な権利要求から論理的に帰結するものである以上、その行為者はPGCを承認し支持せねばならない。問題の核心は、個人的な権利要求から帰結するPGCが個人的な権利要求と同様の指令性をもたねばならないかどうかにあるのではなく、PGCは行為者が承認する別の言明から帰結するがゆえに、合理的行為者としては、それを承認せざるをえないという点にある。

それでもなお、この論理的指令性は前述した行為者の自己利益的理由に基づく指令性とどう関係するのかと問うことができる。この後者は、その行為者の自らの目的追求のために要求し実行したいと思う物事と直接関連しており、明らかに実践的である。これに対して前者の指令性は、論理的に妥当な推論の承認に基づくものであり、それが起こる背景として行為の類的特徴という実践的背景があるにせよ、理論的なものに過ぎない。したがって、この論理的指令性はいかにして、人がその特定の内容に従って行為する理由、ないしは行為すべき理由という意味の、実践的妥当性をもつかが改めて問われる。

右の論点は次のような究極の問いとして読み解くこともできる。「なぜ私は自己矛盾をきたすかどうかを気に掛けるべきなのか」。「そもそもなぜ私は合理的であるべきなのか」。行為者の個人的権利要求が他のすべての人も同じように自由と福利に対する権利をもつとの判断を論理的に帰結するにしても、たかだかそれは、この後者の判断の承認を拒むと、その行為者が自らの個人的権利要求を一貫して擁護できなくなるということでしかない。しかし、そうした一貫性の欠如は、その行為者が自らの自由と福利を維持し、自らの目的を果たそうとする能力に悪影響を及ぼすとは限らず、当の判断の論理的正当化可能性に関係するのみで、その行為者の行為の実践的効力には影響しない。このように考えると、論理的一貫性への配慮に基づくＰＧＣは、特定の判断を行う理由を与えるに過ぎず、当の原理に従う行為の理由を与えるものではないということになろう。

この反論に対しては、「なぜ」を問う際には理由を問うのであり、その限りで理性という基準を受け入れているとの一般的論点に加え、判断の理由と行為の理由を分離させようとする試みは、結局、失敗するという点を指摘せねばならない。ある人物が自分はXを行うべきである（この「べし」は単なる一応の「べし」ではない）との判断を下す場合、その人物は自分にはXを行う決定的な理由があると判断している。この人物が当の判断をその理由とともに承認しているのであれば、その限りでこの人物は、自分がその理由を行為のための理由と捉え、またそれゆえ自分にはXを行う決定的な理由があることを承認している。自己矛盾を犯さないという論理的規準は他のすべての正当化規準に優先するから（その証拠に、論理的一貫性はすべての正当化の必要条件である）、その決定性がこの規準によっている何らかの求められる行為に関する「べし」判断は、その行為が行われるべきだとする判断にとっても、その行為の実行にとっても、決定的な理由を与える。それゆえすべての行為者は、ＰＧＣが求めるように行為すべきであるとの判断に関しても、ＰＧＣが求めるように行為することに関しても、一つの決定的な理由をもつことになる。

この論点は、行為の構造における正当化理由の中心性を考慮すればさらに補強される。行為者が行為する当の理由は、その行為者が善と見なすものであり、その行為者にとっては、少なくとも暫定的な意味で自らの行為を正当化する理由である。もっとはっきり述べると、自分には自由と福利の権利があるとするこの行為者の考えは、それらの類的特徴が自らの目的追求にとって欠かせないとの正当化理由に立脚している。ところが、正当化理由の最も基本的な規準は矛盾律、すなわちいかなる理由も自己矛盾的であれば正当化されないとの原則であるから、この行為者が自己矛盾をきたしている場合、正当化された立場には立ちえない――目的的行為に携わっている以上、自ら責任をもたねばならない正当化理由を固守できない――ことになる。それゆえ行為者は、行為に携わる限り、合理的な行為者として自己矛盾を避けるよう注意せざるをえず、自ら善と見なす目的のために勝手気ままにふるまえるわけではない。

合理的規準を固守する行為者の姿勢がＰＧＣの指令的性格とどう関係するかを見る上で、指令性の実証的意味合いと規範的意味合いの違いを明確にしておくことが重要である。実証的解釈によると、何が指令的であるかの問題は、ある人物が、例えば行為者として、理論的に妥当であるとか、実践的に要請されるといった理由で、何を受け入れたり受け入れようとしたりするのか、に関わる経験的問題である。この問題に対する答えは、その人物に特有の考え方や条件づけ、知能などの事情に左右されるため、ある程度、偶然的なものである。一方、規範的解釈によると、この問題は、その行為者が理論的かつ／または実践的な理由から何を論理的に受け入れざるをえないかという問題である。この解釈では、たとえその行為者が実証的事実として合理的に正当化される事柄を無視ないし軽視したとしても、そうした事柄が合理的に正当化されるというのは、それがその行為者にとって論理的に受け入れざるをえないものであるというのと同じことであるから、当の行為者はやはりそうした事柄を守るべきであり、したがって、それを自分にとって指令的なものと見なすべきである。ただ、この「べし」は、道徳的な「べし」ではなく、論理的な「べし」である点には注意が必要である。こうして明らかなように、その行為者が、自らの目的ないし自己利益的理由であるがゆえに自分にとって実証的な意味で指令的な個人的権利言明から一般化された権利言明とＰＧＣが論理的に帰結することを承認した場合、一般化された権利言明とＰＧＣはその行為者にとって規範的な意味で指令的なものとなる。

実証的指令性と規範的指令性の違いは、ハチソンによる「刺激化理由」と「正当化理由」の区別と一部重なるところがあり[13]、動機づけと正当化の区別にも似ている。さらにこの区別は、プラトンやアリストテレスによる（説得に関係する）レートリケーと（真理に関係する）ディアレクティケーの区別にまで遡ることもできよう[14]。ＰＧＣが合理的に正当化されるか否かという問題と、当該の行為者がこの原理を受け入れることを直接動機づけられるかどうかの問題は別の問題である。これは私が言いたいことの一つであるが、他方では、ＰＧＣは合理的に正当化されるものであり、合理的行為者であれば、当然、合理的に正当化される物事を受け入れるに違いないから、そうした行為者は事実上その受け入れを動機づけられる、とも主張したいのである。加えて、すべての行為者はＰＧＣを受け入れるよう動機づけられるべきであるとも主張したい。因みに、この「べし」の規準は、当初、道徳的なものではなく、合理的ないしは論理的なものである。規範的な指令性概念には、以上の通り、正当化と動機づけを結びつける狙いが込められている。

一方では、法律や教育を通じてＰＧＣを実証的な意味で指令的なものにすることもできるし、もっと直接的なやり方でＰＧＣの規範的指令性の根拠である合理性を、この原理が実証的な意味でも指令的なものとなるよう導くことも可能であろう。他の対抗的な道徳原理の場合、当の原理の効力を高めるためには人間の合理的性格を鈍らせたり歪めたりすることも必要になるが、ＰＧＣにはその必要がないからである。行為者の合理性を、その規準が当の行為者にとって事実上義務的なものとなる方向に、うまく成長させることができれば、行為者はＰＧＣを提唱ないし支持するだけでなく、それを自分にとって指令的なものと見なすであろう。しかも、ＰＧＣに立脚する社会制度は、（以下で見る通り）この原理を実践的に支援するよう機能するため、ＰＧＣは自己強化的なものとなりうる。

ＰＧＣに関しては、その導出過程からして、ヒュームらによる倫理的合理主義批判がまったく当たらない点も指摘しておきたい。こうした批判の矛先は、道徳原理が合理的な意味で自明であるとか、単に特定の論理的特徴をもつがゆえに正当化されるといった解釈に向けられており、そうした解釈は道徳原理がいかにして「行為や感情に影響を及ぼす」かを明らかにすることはできない、というのがこの批判の主旨である。しかし、ＰＧＣの場合、自明な原理として提示されるわけでも、専らこの原理を否定すると自己矛盾に陥るとの根拠により、道徳原理として正当化されるわけでもない。むしろ、この原理の正当化の本質的部分は、この原理が必然的内容を含み、それが行為者であれば例外なく自らの権利と見なさざるをえない自由と福利に帰属するという点にある。当の内容は人間的動機づけの直接の源泉であり、この原理はそうした動機づけを直接反映する行為者の判断から導出される。この論証では、自分は動能的働きかけの対象であるさまざまな目的のために行為する、という行為者の言明を起点にして、すべての行為者が特定の価値判断と指令的権利要求を論理的に受け入れねばならないこと、そしてそれが次にＰＧＣを帰結することが明らかにされる。したがって、行為者がＰＧＣを却下できるとすれば、それらの評価的判断や指令的判断を支持する論理的権利を放棄することによってのみ可能であり、その意味で、この原理の至近的な論理的根拠は、あらゆる行為者を必然的に特徴づける目的的営為を表現する判断の内にある。この根拠と内容ゆえに、ＰＧＣの導出は、理性がいかにして実践的なものとなりうるかを明らかにするのである。しかし、今や「理性」は論理的な形式のみならず、動能的な内容をも含んでおり、当の内容は、それ自身概念分析によって突き止められたものであり、この論証を通じて形式と必然的に結びつけられる。

3-27 最後に取りあげたいのは、ＰＧＣの動機的力ではなく、論理的一貫性と合理性との関係をめぐる反対意見である。自己矛盾を犯すことが合理的である場合もあるから、自己矛盾の回避はあらゆる合理的正当化にとっての必要条件ではない、との意見がそれである。例えばマキアヴェリ的為政者にしてみれば、互いに矛盾する言明を行うことも、それが自らの権力を最大限に高めるという目的に役立つ限り、きわめて適切な行為となろう。最も基本的な種類の合理性は目的達成のために効率的手段を用いることであり、その意味でこのような自己矛盾は合理的である。また、自己矛盾は、特定の条件下においては、道徳的に正しいとすら言える。例えば、ＡがＢの友人に「Ｂはこの家にいる」と述べた直後に、悪党のＣがやってきて、Ｂを見つけて銃で殺そうとしているのに気づき、Ｃに対して「Ｂはこの家にはいない」と言ったとしよう。この場合、ＡのＣに対する発言は殺人を予防するとともに、それを意図してなされたものであるから、Ａの自己矛盾は道徳的に正当化される。

マキアヴェリ的為政者の事例に対しては二つの応答が考えられる。この為政者が自覚的である限り、当人の相矛盾する発言を行う理由自体に首尾一貫しないところ、すなわち自己矛盾的なところはない。仮に当の理由が結果的にその為政者の権力を強化すると同時に強化できない事態を招くのであれば、この為政者が自らの理由を正当なものと見なすことはなかろう。つまりこの為政者は、個々の発言がその限りで首尾一貫しないものであるにしても、もっと上位にある自らの行動理由に基づいてそれらの発言を手段として正当化しているのであり、当の行動理由に関する首尾一貫性をより権威的な要件として暗に受け入れている。第二に、問題の発言はこの為政者によって他の人々に対する自らの権力を強める目的でなされたものであるから、そうした対人関係をめぐる目的やそのために着手した対他行為をどう正当化するのかが新たに問われる。この目的と対他行為が当の為政者を自己矛盾に陥らせる類いのものであれば、たとえ権力の極大化という目的に適ったとしても、それらを合理的に正当化することはできない。ＰＧＣの政治的適用には、第５章でその一端を見るように、多様で複雑な問題が含まれるが、このマキアヴェリ的為政者の目的は、一方で自分には予定的目的的行為者として自由と福利の権利があるとしながら、他方で同様の行為者である他の人々にはそれらの権利保有を認めておらず、それが首尾一貫しないのは明らかである。この人物が自分と他の人々との立場の違いを正当化するためにもちだすであろう相違点は、それが適切なものである限り、必ずPGCによって正当化されうるものでなければならず、それゆえ結局のところ、このマキアヴェリ的為政者はそうした正当化や合理性のテストに合格することはなかろう。

右の論点はAがBの命を救うために相矛盾する発言を行うケースにも該当する。AがCに「Bはこの家にはいない」と言うとき、Aは故意に間違ったことを言っているのであり、意図的に自己矛盾を犯している。しかし、Aは殺人を防止しようとしてその嘘をついており、それゆえこの行為は合理的に正当化される。ここで留意したいのは、PGCがその類的内容により、さまざまな度合いの道徳的緊急性に応じうる点である。殺人は、行為者が自らの類的権利に従って行為すると同時に、その受動者の権利を侵害し、対他行為をめぐる類的一貫性を完全に踏みにじる最も極端なケースである。殺人者は予定的目的的行為者である自分には自由と福利の権利を要求しながら、別の予定的目的的行為者からはそれらの権利を徹頭徹尾取り除こうとする。事実関係をめぐるAの自己矛盾は、そうした対他行為をめぐる極端な不一致を防ぎ、首尾一貫性を維持する働きがあるから、合理的に正当化され、結局はPGCに貢献するであろう。

AのCに対する嘘はAが自らの目的的行為能力を維持することを可能にする一方で、Cのそれを低下させる働きがあり、確かに嘘をつくこと自体はPGCに反する。しかし、前述のケースでは、合理的正当化の観点から見て、AのCに対する嘘に伴う自己矛盾は、その行為によってAがBを救うことよりも下位に位置づけられ、その根拠もPGCの類的内容の内に見いだされよう。殺人を防ぐことで達成される目的にしろ善にしろ、この状況で真実を語ったり命題的に首尾一貫したりすることで得られる物事に比べると、ずっと基本的である。しかも、A

は殺人を防ぐために嘘をつくのであり、この嘘はＰＧＣによって正当化されるため、その限りでＡとＣの立場は適切な意味で異なっており、Ａは自分には権利を承認しながら、関連類似性を有する他の人物にはそれを承認しない矛盾に陥ることはない。前に、首尾一貫性という形式的要件は内容的な類的成分と一体的に吟味されねばならず、理性の適用はこの両方に関わってくる、と述べた理由もこれで明らかであろう。

以上で、道徳的正しさの確かな規準が行為の類的特徴から論理的に導かれることを論証する本書の中心的課題は完了した。すべての行為者は、行為に携わるという事実からして、特定の評価的判断と義務的判断を受け入れねばならず、したがって最終的には、合理的行為者である限り、自らの権利として必然的に要求せざるをえない行為の類的特徴すなわち自由と福利を、自らの受動者に関しても区別なく尊重するよう当の行為者に求める、一つの道徳原理を論理的に承認せねばならない。この論理的必然性により、ＰＧＣは定言的に義務的な道徳原理として合理的に正当化されるのである。

第4章　類的一貫性原理の直接適用

適用の種類と種々の道徳原理

4–1　本書のこれまでの議論によって、類的一貫性原理が道徳哲学の中心問題に最終的で確定的な答えを与える道徳の最高原理の条件を満たすことが明らかになった。しかし、この原理が道徳に関連するあらゆる行為や制度を矛盾のないやり方で十分に説明し評価できることを証明するには、これまでの議論とは別に、アポステリオリな探究が求められる。ＰＧＣは行為者と受動者の両方の立場から自由と福利の権利を結びつけようとする一つの複合的な道徳原理であり、そうした組み合わせに絡む内在的一貫性という問題に直面するからである。しかも、道徳とはそもそも特定の問題状況において人々がどう行為すべきかを問うことであるから、ＰＧＣはその視野において極度に一般的であり、特定のケースでこの原理がいかなる行為を人々に求めるかを示さない限り、ＰＧＣの道徳原理としての実践的意義は明らかにならない。

こうした適用においては、最高道徳原理とその下位に位置づけられる道徳的規則をめぐる通念や常識的判断を帰納的に突き合わせる作業がきわめて重要になる。それらの通念は無謬であるわけではなく、互いに矛盾するところもあるが、道徳哲学を培った過去や現在の道徳論議を背景にして生みだされたものであり、その限りで道徳原理にとっては有益な追加的検証の材料となろう。人々は実際には、ＰＧＣであれ何であれ、最高原理よりもそれぞれの特定の道徳的信念により強い確信を抱き、そうした信念を捨てたり変えたりすることに対してはより強い抵抗を感じるものである、とする意見もある。この見方が正しいにしても、そのような態度をどう正当化するのかという問題は残る。ただ、ＰＧＣと他の道徳原理にはその導出方法からして基本的な違いがあるから、功利主義や他の極端に偏った道徳原理に対して向けられる態度の正当化という問題はＰＧＣには該当しない。

ＰＧＣ自体の内容と、きわめて多様な性格の道徳問題がさまざまな制度の内外で見いだされるという二つの理由により、特定の行為に関するＰＧＣの含意がすべて単純な演繹的なものになることはない。総じて言うと、この原理の適用には直接適用と間接適用の二つの種類がある。直接適用では、個人対個人の行為に対してＰＧＣの要件が課せられる。それによると、行為が道徳的に正しく、行為者が道徳的義務を果たすのは、受動者が自由と福利をもって対他行為に参加できるよう、その行為者がそれらの人々の類的権利に従って行為する場合である。一方、間接適用では、ＰＧＣの要件は多数の人間が絡む活動や制度を司るさまざまな社会的規則に対して課せられ、さらに当の規則要件が今度はそれらによって管理される活動や制度に参加する諸個人の行為に対して課せられる。ここではＰＧＣは社会的規則を介してのみ諸個人の行為に適用される。そうした規則が、行為者は自分自身と受動者の類的権利に従って行為せねばならないというＰＧＣの要件に準ずるとき、それらの規則は道徳的に正当化され、それらに従って行為する人々は道徳的義務を果たす。このように社会的規則がＰＧＣに適合する仕方にはさまざまな形態があり、以下ではそれらについても詳しく見る。

ＰＧＣの直接適用と間接適用の区別は、行為功利主義と規則功利主義の区別に似ている。行為功利主義では、効用原理が個々の行為に対して直接適用される。一方、規則功利主義では、効用原理が規則に直接適用され、その規則が個々の行為に適用されるが、規則が効用原理に合致しているとき、その規則は正当化される。それでも、この二つの原理にはいくつかの重要な違いがある。効用原理の適用は、行為功利主義の場合も規則功利主義の場合も、単純に集計的である。つまりそれらは、直接個々の行為においてであれ、間接的に規則を通じてであれ、効用を最大化するということでしかない。この最大化は配分的問題に関する独立の検討とは関わりなく進められるため、結果的に、配分的正義の要件が守られることはない。これに対してPGCの適用においては、PGC自体の複雑さゆえにいくつかの異なる適用形態が考えられる。そこで最も重視されるのは配分に関する検討事項、すなわち自由と福利の権利をめぐる行為者と受動者の平等という問題である。当然、この平等が最大化されねばならない適用状況はあるが、事情によってはそれとはまったく異なる様相を呈する場合もある。もう一つの重要な違いは、効用原理とその適用の論理的基礎が不確定なものにとどまるのに対して、PGCの適用は一貫してこの原理に固有の合理的構造を反映する点である。いかなる水準であってもPGC違反を擁護すれば、自己矛盾に陥る。

4-2 次にPGCの適用がどのようなものであるかを見るため、功利主義に他のいくつかの義務論を加え、比較対照してみよう。このような比較が特にPGCにとって何を意味するかは、PGCの適用に関する詳細な吟味をまってはじめてその全容が明らかになるが、そうした議論の手がかりを得るためにも、ここで考え方の大きな違いを明確にしておきたい。特に重要な相違点は三つある。第一の相違点は受動者、すなわち道徳的義務を負う相手の人物に関係する。功利主義の考えでは、この受動者は人類全体、あるいはもっと極端に言えばすべての感情をもつ生き物全体であり、各人はひたすら効用を最大化するようできる限り努めるべきである、というのがその基本的教えである。同じく、カントの定言命法が、行為の道徳的正しさはそれらの格率が普遍化可能であるか否かによって判別されると主張する際、そこに含まれるのも、当の行為者はその特定の行為に関わる特定の受動者に配慮するだけでなく、そうした行為が（例えば「嘘つき」といった）何らかの適切な状態記述を満たすすべての人物によってなされ、したがってそうした行為によって（例えば、「騙される人」といった）当の記述にとって補完的な関係にあるすべての人物が影響を被る点をも考慮せねばならない、との考えである[1]。これに対しPGCが力点をおくのは、約束を守るとか、身体的危害を加えないとか、危険回避の手助けをするといった行為者が特定の受動者に対して負う特定の義務である。PGCは行為者が全人類の類的権利ではなく受動者の類的権利に従って行為することを求め、その行為者が強制しない、傷つけない、さらに助けるという義務を負うのは当の行為の受動者に対してである。議論の途上で行為の一般的傾向や社会的文脈を考慮せねばならない状況もあるが、これは単にそれぞれのケースでそれらの道徳的意味をより明確にするためである。

特定性に着目するこうした見方は、他の見方に比べると、配分的正義の要件をはじめ行為者が現実に直面する多くの道徳的義務の本質ともより密接に対応している。その中心的妥当性は、全人類に向けられた不干渉の権利を意味する「物」権と「対人」権を分ける伝統的区分の影響を受けることもない[2]。この区分に関わる普遍性は、権利主体すなわち権利保有者である受動者ではなく、権利の応対者である行為者に関係するからである。ここで問われているのは、誰か特定の人物がすべての人間に対して何をしてはならないかではなく、すべての人間が誰か特定の人物に対して何をしてはならないかである。したがって、この区分においても、より広くPGCにおいても、行為者が義務を負うのはやはり個々の人物すなわち受動者である。もちろん、行為者の行為が周りの環境を超えて作用し、多くの人々の権利に影響を及ぼす状況も想定される（3-1）。そうしたより広い社会的次元が特に道徳的義務に影響を与えるとすれば、問題の行為者が特定の受動者ではなくもっと広い範囲の人々に対する行動要件を定めた道徳的に正当な法律やその他の規則に従って行為せねばならないときである。この社会的次元はPGCの間接適用である社会的適用において検討されるが、そこでも、配分的正義という要件を含め、行為者の特定の受動者に対する義務と社会的次元のそれとの違いは消去されない。

ＰＧＣと他の考えとの第二の相違点は道徳的義務の内容に関係する。形式的義務論は[3]、単に道徳的規則が首尾一貫性のような論理的特徴をもつことや平等性のような形式的要件を求めているに過ぎず、そうした規則の内容や行為者がなすべき、あるいは控えるべき行いの実体的特徴については、省略しないまでも等閑視するきらいがある。このため、道徳的要件と人々が現実に行う目的的営為がどう関係するかは曖昧なまま放置される。他方、実質的義務論の場合、確かに道徳的義務の内容は特定されるものの、そうした内容は価値論的成分、つまり欲求の一般的な対象として行為の動因となりうる非道徳的な善や価値などの要因から成り立っているわけではなく、それらを指示しているわけでもない。例えば、行為者は約束を守る義務があるとされるが、約束は守られねばならないというのがその理由であり、約束を守ることで何らかの善がもたらされるからではない。一方、功利主義では、道徳的義務に価値論的内容が付与されるものの、その内容は、多くの場合、善を行い悪を避けるといった単純なものでしかなく、それらの善や悪が何であるかについては詳らかにされておらず、それが示されるにしても、周知の通り特定化のむずかしい快楽や幸福といったきわめて一般的な事柄でしかない。また、功利主義が受動者に対する義務と見なす善が、受動者自身が善に関して抱く概念や欲求に一致する保証もない。

これらの理論に対してＰＧＣは、すべての行為者がその受動者の類的権利に従って行為するよう求めることで、道徳的義務に価値論的内容を与えるとともに、すべての行為に関わる目的達成に向けた動因をはじめとする特定の自由と福利という形で、その内容を明確に規定する。受動者は一般に、強制されたり、基本的善や非減算的善、加算的善をもつ能力が多少とも奪われたりすることを望まないから、それらの規定により行為者は受動者の願望を好意的に考慮せざるをえない。したがって、ＰＧＣによって提示される道徳的義務の実体的内容は、重要な不変的要素をもつと同時に、他方では受動者の願望に応じて変わりうる。また、功利主義の場合、他の目的論的理論と同じく、道徳的義務の内容が特定の行為や特定種類の行為の一般的なふるまいの全体的帰結に依存するのに対して、ＰＧＣの場合、道徳的義務は個々の受動者の自由と福利に対する配慮を求め、結果的に配分的正義をめぐる実体的要件がここでもやはり優先されるため、それらの義務は直接的な価値論的内容を伴う。

第三の違いは道徳的義務の正当化根拠に関係する。ＰＧＣも功利主義も善悪を引き合いに出して道徳的義務の根拠を明らかにしようとする。しかし、功利主義では、この価値論的内容がいかに義務を生みだすのか――善い物事がなされるべき物事とどう関係するのか――という肝心な点は、特定のケースにおいても、「一般的善」を達成する最大化の方法に関しても、曖昧なままである。ミルは、個々人が自らの幸福を願うことから、一般的幸福は究極の目標として望ましいものであり、善悪の規準である、との結論を導いたが、この議論にはそうした難点が見られる。「全人類の観点から」自分自身の幸福は善である、と考える利己主義者であれば、「自分の幸福が、全人類的な善の一部として、他の人間の同じような幸福以上に重要であるはずはない」と認めるに違いない、とするシジウィックの議論にも同様の難点がある。彼も指摘する通り、利己主義者が自らの幸福を全人類的観点から捉えるとは限らないからである[4]。

これに対しＰＧＣは、道徳的義務の価値論的な実体的内容と一貫性や相互性に関する形式的考察を結びつける。行為者は受動者の自由と福利に対する権利に従って行為せねばならないだけでなく、そのことに正当化根拠を与えるのは、当の行為者自身が必然的に自らの自由と福利に従って行為せねばならないという事実である。ＰＧＣによると、行為者と受動者は自由と福利の権利保有に関して互いに平等でなければならない。行為者の受動者に対する道徳的義務は、それゆえ、行為者が自らの類的権利に従って行為しながら受動者の類的権利を侵害して、この配分的相互性を破った場合、その行為者は必然的に矛盾をきたす、との観点から説明され、正当化される。ＰＧＣは、功利主義や実質的義務論とは違って、その必然性の根拠を自らの内に含んでおり、その意味で、自前で正当化する力を備えている。この理論は行為者に対して、その受動者にある特定の内容を当てはめること

——その受動者の自由と福利を尊重すること——を要求するだけでなく、その内容に行為者自身と受動者をめぐるある特定の配分形式ないし配分比率が伴われるよう要求する。行為者はこの内容を自分自身に適用せざるをえず、仮にそれを受動者には適用しないのであれば、自己矛盾に陥るため、行為者はＰＧＣの要求から合理的に、あるいは正当に逃れることはできない。そうした必然的な論理的合理性こそが道徳的義務の正当化根拠を与える(特に3-14)。

一方、形式主義的な義務論は、一貫性や平等性といった道徳的正当化にとって基本的な事項の形式的検討を通じて配分的正義の問題に対応しており、その点はＰＧＣに似ているし、逆に功利主義との相違点ともなっている。しかし、形式主義的な義務論の場合、ＰＧＣとは違い、同じく道徳には欠かせない内容がなおざりにされる。その結果、純粋に形式的な要件を満たす配分は、配分されるものの内容を問わず、例えば全員が等しく生命や自由や財産を奪われる状況であっても、道徳的に正しいとする議論が成立することになる。これに対しＰＧＣの場合、配分をめぐる平等性や相互性の形式的吟味と行為の類的特徴から導かれる自由と福利に関する実体的吟味とを結びつけるため、純粋形式主義が招くそうした困難は遠ざけられる。すべての道徳的義務には、それが行為に関係するという事情から来る価値論的に必然的な特定の内容とともに、論理的に必然的な特定の形式が備わっている。その基本構造は次のように書くことができよう。「私はＱであるがゆえに、他のすべての人々は私のためにＸを行うべきである。したがって、それらの人々もＱであるがゆえに、私は彼らのためにＸを行うべきである」。ここで、「Ｘを行う」の内容は、その人物の受動者の類的権利の何らかの成分に従って行為することで成り立っており、当人の任意の欲求にはまったく依存しない。同様にＱであることも、予定的目的的行為者としての属性を有するということであり、任意によるものではない。

ＰＧＣが道徳的正しさの中心に行為者と受動者の相互性を据えようとするのに対して、すべての道徳的義務がそのような相互性をもつわけではないとの批判や、正義は道徳性の全体どころか道徳的正しさや道徳的義務の全領域すらカバーしていないとの批判がある。当面、自分自身に対する義務という厄介な問題は脇において考えると、ＰＧＣの重視する相互性は、実体面の検討事項を伴うがゆえに、伝統的区分で想定されてきた道徳的義務よりもはるかに多くの種類の義務を網羅している。この点に関する詳しい議論はもっと先で行うが、次の事情を考慮すれば、その一般的妥当性は直ちに明らかとなる。他の人々の公平ないし正当な処遇にせよ、不公平ないし不当な処遇にせよ、政治的枠組みや法律的枠組み、さらにはより広い社会的枠組みでしか起こらないのではなく、ある人の行為が別の人に影響を及ぼす状況では、他者の類的権利に対する積極的配慮のあるなしにかかわらず、いつでも起こりうるという事情である。伝統的に正義論の中心問題となってきたのは、善あるいは権利の人々への配分関係や配分比率である。しかし、配分的正義という概念には必ず配分を取り仕切る社会的権力者や政治的権力者が内包されている、とする見方は間違いであり、本質的問題は配分関係それ自体である。ＰＧＣはこの配分関係がすべての道徳にとっていかに重要であるかを明らかにするとともに、行為者が受動者に対する行為の中で、その特定の関係を通じて善と権利をいかに配分すべきであるかを示す。その意味でこの配分をめぐる関係や運営は道徳性の全体構造と深く関係する。

　以上で見た三つの違いに加え、ＰＧＣには、行為の類的特徴から導出された原理であるがゆえに、道徳的権利・義務の全領域を根拠づける基底構造を分節化するという特徴がある。過去の道徳哲学者たちは、完全義務と不完全義務、自分自身に対する義務と他人に対する義務、倫理的定めと法律的定めといった区分を設けることで、この領域をめぐる議論を体系化しようとしてきた。ところが、ある人の受動者の相関的権利に対応する義務と規定される完全義務からして、その最も重要な領域ですらほとんど体系化はなされていないのが実状である。ＰＧＣが何よりまず関心を向けるのは、まさしく他者に対する義務の対人的次元をめぐるこの領域であり（5）

17も参照）、ＰＧＣの導出過程を想起すれば、その根拠も明らかである。行為の必要条件は、定義からして、それなしには行為を通じて他の善を達成することが不可能であり、それゆえ実践の全領域において他のあらゆる実践的善に優先する。たとえある人物Ａが特定の善を獲得するために自ら行為することなくその善を別の人物Ｂから受け取れるにしても、Ｂか他の人物がその善を獲得するための行為に従事せねばならず、それゆえ行為の必要条件を確保し利用せねばならないからである。このようにＰＧＣが問題にする完全義務は、そうした行為の必要条件に対する諸権利から導出されるのであり、それらの義務はすべての行為者にそうした権利を尊重するよう要求する。ＰＧＣの内容が想定される他のすべての義務に優先するのもそのためである。

導出方法をめぐるこうした特徴は完全義務の全領域を論理的に体系化する際の基盤ともなる。行為の類的特徴に根拠をおく行為の必要条件とは、前述の通り、自発性ないし自由と目的性ないし福利である。ＰＧＣは行為者がそうした条件に対する自らの権利と受動者の権利の両方に従って行為することを求めており、行為者の義務は論理的に大きく二つの種類に分かれる。自由に関する義務と福利に関する義務である。一方で福利には三つの種類――基本的福利、非減算的福利、加算的福利――があり、福利に関する義務はそれに応じて三種類に分かれる。こうしたさまざまな義務をめぐって起こりうる対立がいかに解決されるかは、もっと先でＰＧＣの形式や内容や導出方法に基づく考察を通じて明らかにする予定である（5-20）。

以下では、ＰＧＣ適用の主な事例を取りあげ、体系的に論じていくが、まず直接適用からはじめよう。その前に注意すべき点に触れておきたい。ＰＧＣの直接適用から導出される道徳的義務は、議論のこの段階ではまだ一応の義務に過ぎず、現実的ないし最終的義務とは見なされない。それらはいずれもＰＧＣの間接適用である制度的適用から導出される義務の影響を受ける。また後に、直接適用がその重みや必要性の面で間接適用に譲歩せねばならない理由と条件を吟味し、両者の相対的優先度をどう評価すべきかについても論じる予定であるが、そこでは常に、直接適用と間接適用はともにＰＧＣの合理的必然性を反映すること、そして、この原理の制度的要件がより直接的で対人的な要件に優先するのは、唯一、すべての人に対する類的権利の擁護というこの原理の考えを支持・拡張するためにそれが必要とされる場合であることを銘記しておく必要がある。

4-3　類的権利の平等

ＰＧＣはすべての行為者に自らの類的権利と同じく受動者の類的権利に従って行為するよう求めることで、ある指図を行う。その指令内容を指して類的権利の平等と呼ぼう。この平等性は自由に関して平等的自由の原理を、また福利に関しては共通善の原理を構成する。いずれも行為者と受動者が各々の行為者機能の必要条件保有に関して平等であることを意味する。この平等は、直接的には、個々の行為者が自らの行為において受動者の自由と福利に配慮するよう義務づけ、間接的には、社会的な規則や制度に対して、それらに属す人々に平等な効果をもたらす立案や維持・強化策を義務づける。ＰＧＣの違反は、さまざまな理由で目的的行為に必要な善に関して不平等や格差を設け、自分を優遇することを意味する。それは自らの行為を通じて、その影響を受ける他の人々と自分自身のあいだで自由や福利を不平等に配分することである。

ところで、平等概念の規範的帰属をめぐる種々の両義性はよく知られている。例えば、絶対的平等と相対的平等、一般的規則の下での形式的平等と規則の中身に関わる処遇をめぐる実体的平等、機会の平等と結果の平等、Ｘに対する平等な権利と平等なＸに対する権利、Ｘの保有における同等性と同等なＸの保有といった曖昧さである[5]。平等に配分されるべきＸが類的権利のような広汎性をもつ場合や、権利対象である自由と福利が現行的なものに限らず素性的なものを含む場合、この曖昧さはさらに増す。ただ、ここではそうした多義性についてはごく簡単に触れるにとどめ、以下でPGCを特殊的事例に適用する際に改めて平等概念の明確化に取り組みたい。

類的権利の平等に関して最も重要な点は、この平等が対他行為的平等や制度的平等を意味することである。つまりそれは、行為者がその受動者に対してどう行為するかに関わる平等であり、制度がそれに従う人々にどう作用するかに関わる平等である。誰かの類的権利に従って行為するというのはその人の自由と福利を尊重し、その人の同意なしにそれらに干渉しないようにすることである。行為者であれば当然、自らの類的権利を尊重するに違いないから、行為者がその受動者の自由と福利を尊重してそれらに干渉しない限り、行為者と受動者の類的権利は、事実上、平等である。では、そうした尊重と不干渉の本質がどこにあるかと言えば、当の行為者がその受動者に少なくとも強制や危害は加えていないところにある。逆に、それらに干渉した場合、その行為者は受動者が対他行為への自発的参加を支配することを妨害したり、目的達成的行為と何らかの形で必然的に関係する特定の善を受動者から除去したり、それらの善を受動者が保有することを妨げたりしているのである。そうした妨害や除去が生じない限り、類的権利の平等は、事実上、維持され、それが確保されるのも主にこのような状況においてである。その意味で類的権利の平等が最低限求めるのは強制と危害の相互抑制である。

この平等性は比較的単純なものと言えるが、さまざまな点を考慮に入れると、当然、もっと複雑になる。例えば、自由と福利に関して前述の通り現行的なものと素性的なものを区別した場合である。類的権利の第一義的な対象は、行為者が最低限干渉してはならない物事という意味では、特定の素性である。行為者は、自分には対他行為に自由かつ健全に参加する上で欠かせない一般的能力・条件に対する権利があると考えるが、それと同じように、その受動者にも同様の能力と条件に対する権利があると認めねばならない。それゆえ行為者は、少なくともこれらの点で受動者を妨害してはならない。つまり行為者に求められるのは、受動者がその行為に関して自発的で効果的な選択を行うために必要な能力を殺ぐことで、その受動者の自律性を蹂躙したり、搾取的な手法や他の有害な方法で受動者を犠牲にして自らの目的を促進し、その受動者の目的達成的行為に必要な潜在能力を弱めたりしないことである。一方では、ＰＧＣが指図する平等性の対象はそうした素性が特定化された現行の特殊事例であるとも言える。行為者は、自由と福利に対する類的権利保有により自分には受動者との特定の対他行為に自由かつ健全に参加する権利があると考えるが、それと同じように、その受動者もまた自由かつ健全にそこに参加することを容認せねばならない。その意味で行為者は、受動者が自由と福利に対する潜在能力を有することだけでなく、受動者が特定の対他行為においてそれらを保有することに対しても、敬意を払わねばならない。

こうした素性的要件と現行的要件は、以下で詳しく見るように、一体となって働くのが通例である。受動者による自由と福利に対する一般的能力・条件の保有は、当の受動者の特定の対他行為への参加を促進し、逆にそうした参加はそれらの能力・条件を発展させる傾向が見られるからである。この関係は、アリストテレスも着目した、道徳的徳が特定場面における有徳な行為を促し、逆に当の行為が道徳的徳を育てる経緯に似た相互的関係である[6]。したがって以下では、現行的平等にせよ素性的平等にせよ、多くの場合はその違いにかかわらずＰＧＣの適用を進めていこう。

類的権利の平等は、権利の行使や実効性に因果的影響を及ぼす歴史的・制度的要因を考慮すればさらに複雑になる。例えば、ある行為者は目下のところ受動者の自由と福利に一切干渉していない。しかし、この不干渉の背景に過去の大規模な干渉という遠因があるとすれば、どうであろうか。こうした背景は個人的であることも制度的であることもあるが、本質的には、かなり大きな社会集団の自由と福利を妨害するよう働く種々の社会構造から成り立っている。そのような干渉のせいで、一部の人々が他の人々に比べ、行為したり自らの自由と福利を守ったりする現行的能力の面で著しく劣っている可能性がある。そうした能力は遺伝的なものではなく、直接的で状況的なものである。類的権利の平等が特に深く関係するのはこうした能力の平等化である。それは経済的成果などの結果に関して絶対的水平化を求めるものではないが、それらの結果が、人々の行為能力をめぐる相互関係のあり方に影響を与える、ある特定種類の構造をもつことを強く要求する。この平等性は、各人が他者による強制や危害から守られる実効的能力をそれぞれに有すること、そして、すべての人がそれぞれの福利に影響する決定に自由に参加できるとともに、他人の権利を侵さずそれぞれの福利を増進する手段に接近できることを要求する。人々は互いに互いを尊重せねばならず、互いに互いを搾取してはならないし、自由と福利に対する各々の要求を互いに認め合わねばならない。

右の考察からもわかるように、類的権利の平等に関わる対他行為の文脈はさまざまな観点から多様化される。行為者が受動者を強制ないし妨害して平等性が破壊されるのが一方の極だとすれば、もう一方の極にあるのは、ある人物が他の人物に対して何の行為も起こさず、それゆえ対他行為が明確な形では生じていないにもかかわらず、一部の人々が他の人々に比べて不幸を避けたり実効的行為に従事したりする能力と条件の面で著しく劣り、はるかに少ない福利しか享受できない状態におかれているため、類的権利の平等が侵害されている状況である。貧困はそのような劣等性の、唯一ではないものの、最たる事例である。そこで考えられるのが、このような状況では、対他行為的文脈はまったく存在していないとする見方である。その場合、富者は単に貧者を無視して、それらの人々が苦しんだり飢えたりする状態を放置すればよい。

しかし、こうした不平等な関係が対他行為的関係となりうる状況が少なくとも二つある。第一に、人が貧しいというのは、定義からして、種々の外的な善や資源に対する支配力が裕福な人よりも劣るということであり、したがって、資源の所有と利用に関する限り貧困層は富裕層の力それゆえ行為に少なくとも間接的に従属していることになる。事実これらの人々は、決して平等な条件の下で食料、住居、医療、高等教育といった資源の獲得競争をしているのではない。第二に、貧しいというのは、一般に、自らの福利、そしてある程度までは自らの自由を保護したり向上させたりする力が相対的に弱いことを意味する。したがって、貧困層は他者とりわけ富裕層から強制や危害を受けやすい脆弱な立場にあり、その意味で類的権利の平等は潜在的には対他行為的なものであると言える。

これらの多様性を考慮すると、ＰＧＣの求める類的権利の平等が画一的に具体化されるものでないのは明らかである。例えば、前段の最後に触れた潜在的な対他行為関係の場合、貧困層に対しては、当然、余裕のある人々による支援が必要になるが、こうした支援は、通常、それにふさわしい社会制度を通じて行われ、単に直接的困難や物資不足を緩和するためのものではなく、貧困層が自力で財や資源を調達する能力を自ら発展させ、そうすることで実効的な行為者機能に必要な種々の能力を向上させることにも資するものでなければならない。ここで特に重要な点は、富それ自体、あるいは貧困それ自体が均等化されねばならないのではなく、基本的善に欠かせない最低限のものが満たされた後は、それぞれの人が実効的行為者機能に必要な当人の諸能力を発展させたり行使したりする平等な機会を可能な限りもたねばならないということである。そうした平等性の規定は生得の違いや必須の家族関係にも配慮せねばならないが、それらの制約の下で、関係する機会の直接的拡大から、前述のような支援を不可避とする種々の脆弱性の発現を減少させたり改善したりするための構造的変化に至るまで、さまざまなやり方で実行される。

本書の言う福利を自力で確保できない人々への支援は、施しとしての慈善の問題ではなく、権利に関わる問題である。そのような福利を既にもっていながら、このことを否定する行為者がいるとすれば、その行為者は自己矛盾をきたしている。その人物は一方で、予定的目的的行為者であることを根拠に、自分には当然、自由と福利の権利があると考えながら、他の予定的目的的行為者がそれらの権利をもつことを否定しているからである。

類的権利の平等は、以上の明細規定からもわかる通り、明確な内容を含み、その狙いはすべての人の目的達成の能力を十分な水準まで引き上げることにある。類的権利の平等は、こうした内容をもつがゆえに、時として純粋に形式的な平等概念に向けられる批判、すなわち平等化される内容の水準については一切の規定がないとの批判をかわすことができる。仮に求められるものが、人々が互いに強制したり妨害したりしない状況の確保という意味の平等であるとすれば、全員を等しく貧困で無力な立場におくことによってもそれは達成されるであろう。水準の引き下げも平等化の手段としては水準の引き上げと少なくとも同程度の働きがあるのではないか。しかし、そのような水平化は、他の人々を貧困で無力な状態にとどめおこうとする人々とその受動者との自由と福利をめぐる深刻な不平等をそのまま放置するものであると言える。前者は後者に強制を加えるばかりか、貧困状態に放置することで害をもたらす。これは自由と福利に対する権利の平等に反する。それゆえ類的権利の平等は、内容上、その傾向的な条件として、誰であろうと他の人々に自由と福利の不足を押しつける立場には立ちえない状態を求める。しかも、類的権利は行為者性の必要条件に対する権利であるから、その平等は行為者が関係する目的達成に向けられる。したがって、この内容に対する方向づけをまったく考慮しない純粋に形式的な関係によっては、このような平等の要件は満たされない。

共通善と基本的善に関する義務

4-4　以上の一般的考察を念頭において、次にPGCの指令する個別的な義務について検討しよう。この原理の直接適用からは類的権利の平等に関してどのような義務が導かれるであろうか。まず福利に関する義務から見よう。さて、行為者には少なくとも受動者が行為に欠かせない能力・条件をもつことに干渉しない義務がある。行為者は必然的に、自分には自分自身の福利をなすそれらの能力・条件に対する権利があると考えねばならず、行為者の福利とは総称的‐素性的な意味で基本的・非減算的・加算的善を有することであるから、福利に関するPGCの要件は、次のような共通善の原理として提示される。すべての対他行為は行為者のみならず受動者の善のためのものでなければならない。ここでは「共通」という言葉が配分的な意味で使われている。言い換えると、ある善ないしは善い物事が複数の人間によって共有されているとき、それは共通善である。ある対他行為が各参加者の善を尊重しているとき、その対他行為は参加者の共通善のためのものである。この場合の善はそれぞれの参加者にとって必ずしも同一種類のものである必要はないが、総称的‐素性的な意味で行為に必要な能力・条件をなすという点で一般的な善さを備えていなければならない。

参加者の共通善のための対他行為にはさまざまな形態が可能である。こうした違いには、前節で触れた類的権利の平等をめぐる多様性が反映されている。例えば、ただ行為者が受動者に害を与えないだけの対他行為も、受動者の善の水準を少なくともそのまま維持する限りで、共通善のための対他行為である。それとは逆に、行為者が自らの加算的善を増進させながら、同時に受動者がその加算的善を増やすことにも寄与するのであれば、これも共通善のための対他行為である。PGCが対他行為に求める共通善は、行為者が受動者の基本的・非減算的・加算的善の保有に対して悪影響を及ぼさないことに関係しており、それらの善は総称的で素性的なものとして、つまり、行為の前提条件ならびに目的達成の水準を維持したり高めたりするために求められる追加的な能力と条件として捉えられる。しかし、この否定的な要件には、以下で見る通り、個人のレベルでも制度のレベルでも、行為に関する積極的な成分が含まれる。本書の言う共通善はこのように控えめな概念であるが、実際に社会的・政治的部面に適用しようとすれば、意味の多様化は避けられないであろう。

4-5　基本的善は目的的行為に携わるための不可欠の前提条件であるから、この善に関しては特定の善とそれ

らの善を保有ないし維持するために必要な能力・条件との区分は一部にしか有効でない。基本的善を「前提条件」と呼ぶのは、それらがそのまま目的的行為の成分となることはなく、大抵は目的そのものを構成することもないからである。それらは言わば行為の因果的な背景か要件の一部をなす。その意味で生命、身体的尊厳、健康的状態、全般的自由、精神的安定といった事項は、それらなしにはまったく行為できないか、最低限の目的追求・達成のための行為しかできない、個々の人間に帰せられる属性である。因果的背景には、居住地の自然環境や自然資源、さらに治安や平和など個々の人間ではなく物質的・社会的環境に帰せられる属性もある。こうした基本的善を保有し維持するための能力・条件の中には基本的善そのものも含まれる。人が生命を維持するためには生存せねばならないし、健康や心の平静を保っていなければならない。しかし、それにとどまらず、他人が自分の生命を脅かすことがない状況や社会組織の特定のあり方など、他の条件も欠かせない。他の人々が基本的善をもつことに対する行為者の義務は、そのような善の保有を少なくとも妨害しないことであり、当の受動者はそれと相関的に「基本的権利」をもつことになる。

逆にそのような妨害がなされたとすれば、それらの人々が行為に欠かせない前提条件を保有・使用することは少なくとも傾向的に妨げられるから、そのとき当の受動者は「基本的害」を被ると言える。基本的害とは、したがって、殺人や傷害、さらには衣食住の剥奪などのさまざまな身体的損害のことである。また、洗脳やテロなどのように極度の精神的圧力を加えることも基本的害の一部と言えるが、そうした心理的圧迫は、基本的害などの危害を脅迫手段とすることで、目的達成のための行為能力に対する当人の自信を傾向的に失わせる働きがある。さらに技術進歩の結果、環境汚染や食品に含まれる発がん性その他の有害物質といった例が物語るように、基本的害の形態や規模はますます多様化し拡大してきている。

PGCはこうしたすべての基本的害を禁じる。例えば生産技術のように、さまざまな物質や政策の潜在的有害性を確定したり回避したりするための科学的知識が要請される文脈でPGCが求めるのは、科学的知識がそうした要求にできるだけ応える方向で追究されたり、利用されたりすることである。そのような知識をもつにもかかわらずそれを隠匿したとすれば、問題の基本的害に加担したことになる。類的一貫性の考えでは、すべての基本的害は不正であり、正当化できない。いかなる基本的害にあっても、当の行為者は一方で予定的目的的行為者として自らの福利に対する権利を主張しながら、他方では他の予定的行為者については同様の権利を拒み、事実上、他の人々に福利の権利があることを否定しているからである。そのような不正を行って害を及ぼすのは、善の最も重要な水準で自己矛盾を犯すことに他ならない。

ＰＧＣの類的内容は以上の形式的帰結にとって本質的契機をなす。例えば、ある行為者が受動者を殺害したか負傷させた直後に自殺するか自分を負傷させるケースでは、その行為者は、事実上、自分には基本的福利の権利はない、と表明することで自己矛盾を回避しようとしている。この場合、その行為者は自分自身を取り扱うのと同じやり方で受動者を取り扱っており——その行為者は「あなたの基本的福利の剥奪を受け入れよ」という共通の規則を自分にも受動者にも同じように適用する——、その考えはまさに一貫している。しかしこのような申し立ては、ＰＧＣの類的内容から帰結する二つの重大な検討事項を考慮に入れると、直ちに却下される。第一に、行為者はこの場合、受動者には強制を加えながら、自由ないし自発的に行為している。受動者も予定的目的的行為者である以上、行為者がその受動者に強制を加えるのは、行為者自身が同じように基本的害を被るか否かには関係なく、自己矛盾的である。その行為者は、予定的目的的行為者である自分には自由の権利があると当然のように考えながら、同じく予定的目的的行為者である受動者に対してはその権利を否定しているからである。第二に、前述の通り（2-10）、その人物が自ら追求するとともに善と見なす目的をもった行為者である限り、自己矛盾を犯すことなく、自分には福利に対する権利がないと考えることはできない。それゆえ問題の行為者は、自らの福利の権利を拒否したからといって、それによって受動者の福利に対する権利侵害を正当化できるわけではない。

4-6 PGCは、以上の通り、殺人をはじめとする基本的害を全般的に禁じるが、自己防衛に必要な状況ではそれらを許容し、場合によってはそれらを要求することもある。エームズがブレイクの身体に危害を加えたため、逆にブレイクが自己防衛のためエームズに危害を加えるケースを考えてみよう。純粋に形式的な観点からすると、エームズにせよブレイクにせよ、互いが互いの福利を尊重して侵害しないよう求めるこの道徳原理には背いている。しかし、PGCの実体的側面に即して見ると、この両者の違反はどちらも正当化できないという意味で同一の水準にあるわけではない。エームズはブレイクに基本的害を加えた、または加えようとしたことで、自らの類的権利に従って行為しながら、他方でブレイクの類的権利を侵害しようと意図したのであるから、エームズの意図は矛盾しており、その行為は道徳的に不正である。しかし、ブレイクの防衛的反撃は、直接的には基本的害を加えるためではなく、そのような被害を防いだり、エームズによって破壊された互いに危害を加えない均衡状態を回復したりするためのものであるから、同じ意味で不正であるとは言えない。類的権利の侵害防止と侵害それ自体を同列には扱えない。PGCは基本的害を加えることを禁止するがゆえに、そのような加害ができる限り阻止されることについてもそれを支持する。

この防止手段には、必要なら、攻撃者が加えようとした害と同程度に厳しい基本的害を加えることも含まれる。したがって、生命を脅かされた当人や他人を守るために殺人を犯すことは正当化されるが、これは他に命を守る手段がない場合に限られる。

前記の例に関しては次の点に留意する必要がある。ブレイクは一方で自分の福利の権利に従って行為しながら

――エームズの身に危害を加えているのであるから――、他方ではエームズの攻撃から自分の身を守るために、エームズの福利の権利に反する行為を行っている。しかしブレイクは、そのせいで自己矛盾に陥ることはない。前述の通り行為者は自らを予定的目的的行為者として記述せねばならないが、これは、その行為者にとって、自らの類的権利保有を正当化する十分理由である。その行為者の受動者もまたこの記述を満たすため、受動者の類的権利を侵害すれば、その行為者は自己矛盾を避けられない。しかし、そうした権利侵害が起こった場合、もっと限定された記述が関連性のある記述として重要な意味をもつことになる。例えばブレイクは正当な根拠に基づいて、「エームズは攻撃を仕掛けた人物であり、PGCに反して受動者の福利に対する権利を脅かしている」といった記述をエームズに帰することができる。この記述は、前半部分に関して、ブレイクには当てはまらない。それゆえブレイクがエームズの攻撃から身を守るためにエームズを攻撃したとしても、自己矛盾を犯すことはない。しかし、黒人であるとか外国人であるとか異教徒であるといった、エームズに該当してブレイクには該当しない他の記述をエームズに帰することは正当化されない。ブレイクがそうした記述を用いることは正当化されないのに、エームズを最初に攻撃した人物としてのみ記述し、その記述を、エームズの攻撃を撃退すると同時に自己矛盾を回避するために用いることが正当化されるのは、PGCの内容が当の記述を関連性のある記述にするからである。PGCは人々が互いに相手の類的権利に従って行為することを要求する。それゆえ一部の人がこの要件に違反している状況は、その人がどう取り扱われるべきかに関連する記述にとってきわめて重大な意味をもち、当の記述はPGCの最初の導出時に考慮された類的記述に優先する。これに対して、他の記述はそうした要件違反には無関係であり、関連性をもたない。PGCにはこのように、それが直接侵犯された場合の対応において何が関連性のある記述とされるかを決める働きがある。

ところで、前に、ブレイクのエームズに対する自己防衛的な攻撃は、一面ではエームズによって破壊された「均衡状態を回復する」試みである、と述べた。この均衡とは、エームズによる襲撃が起こる前の状況とされた類的権利の平等のことであり、より限定的に言えば、相互無加害の平等である。しかし、初期状況をそのような平等として記述するのは必ずしも現実的ではない。現状として、奴隷制や飢餓や圧政など、集団的強制を伴う基本的福利をめぐる極度の不平等が続く状況も考えられる。被抑圧集団が武装蜂起や隠匿食糧の強奪を成功させるために、抑圧集団の一部に基本的害を加えざるをえないとき、そうした現状の破壊は正当化され、抑圧者による現状の維持は正当化されないであろう。そのような状況はPGCに反するから、現状の維持や回復ではなくその転換が求められる。すべては現状の内容、特に現状が類的権利の平等にどう作用するかに依存し、目的や現状維持に対する相互尊重という形式的要件のみでは道徳的に不十分である。

抑圧的現状を打破する目的で基本的害を加えることに触れたが、この考察からは多くの政治的含意やそれ以外の含意を引きだすことができる。ただし、この論点にせよ、その具体的適用方法にせよ、きわめて慎重な扱いが必要である。基本的害自体の直接的内容からして、暴力が正当化されるのは、唯一、基本的福利をめぐる極度の不正を是正するために他の手段がないとき、そしてそれが当の不正を押しつけている行為者に向けられる場合のみである。不正に対する抗議行動で無差別の暴力が振るわれるとすれば、さらなる不正がなされるだけである。しかし、他国から攻撃された国が自衛のために正義の戦争を行う場合、相手国の戦闘員は不正な行為者に含まれる。暴力に訴える前に、問題とされる基本的不正を是正する他の非暴力的手段はないのか、その可能性を徹底的に検討する必要がある。一般に、そのような代替的手段は同意の順序に基づく立憲的民主主義を通じて与えられる（5-11）。そのような国家においては、当然、「都市ゲリラ」やテロリストによって唱道され実践される暴力は正当化されない。

基本的不正が非暴力的方法で是正されないことがきわめて明確であるとき、暴力が用いられる可能性が生じるが、その暴力は当の不正を取り除くために必要な規模に限定される。暴力を賛美したり、その帰結自体を称賛したりすることは許されない。暴力の行使は、合理的な意思疎通や議論の断絶、それゆえPGCの一次的適用の破壊の前兆となるものであり、きわめて残念な事態と言わねばならない。反面、ジェノサイドや奴隷化などのPGCに対する基本的侵犯を黙認するのは、それ自体、道徳的に不正であり、そうした侵犯を阻止ないし除去するための抵抗運動が展開されねばならない。極端な場合、殺人的攻撃すら正当化されるが、それは当の標的がこの極端な不正を指揮する中心人物に向けられた場合に限られる。暴力は、差し迫った深刻な被害を直接避ける場合を除き、警察官等に委ねられるべきである（5-8）。私人による暴力的行為が正当化されるのは、唯一、当該の国家が手続きの面でも実体的影響の面でも著しく腐敗し、極度の不正を是正する他の手段がない状況においてである。

以上の暴力正当化はいずれも功利主義的発想によるものではない。すなわち、暴力を用いないより用いた方が全体としてより多くの善をもたらす、との集計的規準に基づいて正当化が行われているのではない。そうではなく、基本的福利に対する、そしてそれのみに対する不正な攻撃が他の方法によっては防止できないかどうかという配分的規準に基づいて、しかもそれが当該の攻撃者に向けられる場合に限って、暴力は正当化されるのである。さらにここでは、想定される暴力が問題の不正を廃絶するのか、それとも増幅させるのかを明確に示すことが、それに劣らずきわめて重要である。そうした正当化の規準には当の暴力的行為の予想される諸結果に対する言及が含まれ、その意味でこれは「帰結主義的」判断であると言える。ただしここでも、功利主義的帰結主義と義務論的帰結主義の違いを明確にしておく必要がある。義務論的帰結主義では、他の人々に対する暴力的行為が正当化されるのは、その帰結（あるいはそのような行為を支持する一般的原則に及ぼす結果）が他のいかなる行為よりも多くの善を達成することに貢献するとの理由ではなく、重大な不正の加害者に対する暴力的行為がより深刻な不正をもたらすことなく当の不正を廃絶するか軽減し、しかもそうした不正を他の手段によっては除去できないことがきわめて明確である、という理由からである。そのような不正の規準は、次の通り、PGCによって与えられる。行為者が受動者の基本的権利を侵害している状況、すなわちそれらの受動者に基本的福利をめぐる深刻な不平等を押しつけ、しかもその圧制自体は既存の深刻な不平等を是正するために設計されたものではない状況においては、それらの行為や制度は不正である。

この規準を参照しながら諸々の帰結を吟味するには、不正な行為の度合いはその行為によって侵害される権利に応じてさまざまであること、そして特定の釈明事情を考慮しない場合には不正である行為が、より深刻な不正を防止するか排除するために必要とされる状況がありうることをきちんと理解しておく必要がある。また、権利は部分的に善によって定義されること、そして権利と義務はそれらが福利や目的的行為の可能性に与える効果の度合いに応じて異なる道徳的緊急性を有することも重要である（2-6, 9）。しかし一方で、PGCの帰結主義が行為の正しさを確認するために用いる規準は、ただ単に善を問題にするのではなく、影響を受ける当事者の善に対する権原にも触れており、そうした権原は行為者機能の諸条件を保障する平等な権利に関する検討を通じて究明されるのである。問題はこの権利の平等をいかに維持または回復するかである。この見解は、関係当事者の権利を無視してひたすら善の最大化を追い求める功利主義的帰結主義とは発想がまったく異なる。義務論的帰結主義が用いる計算の狙いも、専ら善を最大化し悪を最小化する目的で、それらの配分を閑却したまま、この二つのものの総計を測ることにあるのではなく、基本的善の不正な配分状態をより深刻な不正を招くことなく是正したり防止したりするところにある。

基本的不正を正す目的で暴力を用いることに何らかの制限はあるのだろうか。殺人が許容されるなら何でも許されるとの見方もありうるが、これは間違った考えであろう。正当な理由で殺害されることになっている人も、なお自分の行為には責任があり、ＰＧＣに具現される道徳原理を理解する能力がある、と見なされねばならない。ある人を不正行為者として取り扱うことは、当人の合理性、さらには狭義の合理的自律性を損ねることではない（3-3）。加害者だからといって、その人がＰＧＣの要件を理解する上で必要な最低限の合理性を欠いていると想定してよいわけではない。この論点からは暴力の行使に対する諸々の制限が導かれる。暴力の行使は、道徳の原理を理解し、それに従って行為することができる合理的行為者という規定に含まれる規準を決して破ってはならない。それゆえにＰＧＣは、この原理の合理的承認の根拠となる諸前提を崩壊させる拷問や洗脳などの手法を禁じる。

救助の義務

4-7 他の人々の基本的善に対する行為者の義務はこれまでのところ、次の通り、主に否定的なものとして姿をあらわした。行為者は他の人々に基本的害を加えないようにしなければならない。そのような被害を防止するか、除去する場合に限って、暴力的行為は正当化された。ＰＧＣが行為者に課す義務には、しかし、明確に積極的な行為も含まれる。確かに、ある人が特定のやり方で行為しない場合には他の人々が基本的害を受けることをその人が認識し、しかもその人が至近的に大した自己負担もなくそのように行為できるとき、そうした被害を防ぐために行為することは常にその人の義務である。ただしこれには、以下で見る通り、満たされるべきいくつかの要件がある。さて、行為者は必然的に、自分には行為の前提条件である基本的善に対する権利があると考えるが、それと同じく、他の人々にもそうした基本的権利があると考えねばならない。他の人々が基本的権利を有することから論理的に導かれるのは、その行為者は他の人々が基本的善をもつことに最低限干渉しないようにすべきであるとの論点である。ところが、ある特定の条件下では、それとともに、その行為者は他の人々がそれらの善をもつことを支援したり、他の人々がそれらの善を失うことがないよう行為したりすべきであるとの論点が帰結する。以下ではまず、馴染みのある事例に則してこの論点を明らかにし、次いでそこから派生する重要な問題のいくつかを検討しよう。

さて、人気のない海岸のはずれで日光浴をしていたカーをめぐる話である。彼は泳ぎが達者である。彼の近くには彼の所有するモーターボートがあって、長くて頑丈なロープが結わえられている。彼は突然、沖合数ヤードのところで一人の人物――以下デイヴィスと呼ぶ――がもがき苦しんでいることに気づいた。カーはその辺りの水深がおよそ三〇フィートであることを知っている。デイヴィスは大声で助けを求めており、すぐにでも溺れる危険があるのは明らかである。カーには、現場まで泳いでいくか、ボートにあるロープを投げるかすれば、デイヴィスを簡単に助けられることもわかっている。ところがカーは、自分が助けなければデイヴィスはたぶん溺れるであろうと気づいていたにもかかわらず、単純に煩わしいことをするのが嫌だったのである。そしてデイヴィスは溺れた。

カーがデイヴィスの救助に向かうべきであった点については一般的な賛同が得られるであろう。では、どうしてであろうか。その行為が傾向として全体的な効用を最大化するからであるという功利主義者の答えは重要でない点を重視する見方であり、義務が課せられた特定の人物についても義務の特定の性格についても、その理解は誤っている。事実、カーの義務はデイヴィスに対する特定の義務、つまりデイヴィスの命を救う義務であって、「一般的幸福」や善一般、全体的効用などの増大に資する義務ではない。それに比べると、人は誰であれ、このような状況で救助されないことを望む者はいないから、デイヴィスを救助しないというカーの格率はカー自身を「選択意志の矛盾」に巻き込むことになる、と考えるカント主義者の答えの方がはるかに有望である。確かにこの見解は、すべての行為者は必然的に自分には基本的福利の権利があると考え、またそれゆえに自己矛盾の咎を恐れて同様の権利を他の人々に対しても認めざるをえない、という本書の立場と合致している。ただ、その考えを、支援を必要とするときに他人から支援されないことを「望む」人間はありえないという命題で提示した場合、当の命題は必然的に正しいとは言えない、「ひどく落ち込んでいる場合、人は現実に」そうした願望を抱くこともある、独立心の旺盛な人なら他人による救済という一般的格率を却下する可能性がある、などとするシジウィックの反論に直面する[7]。同様の批判は黄金律をカーの義務の根拠と考える見方にも当てはまる。しかも、黄金律が不正な行為を正当化してしまうさまざまな事例を考え合わせると、ここで黄金律をもちだしてもあまり説得力はない（3-12、15）。

一方、PGCからは、この原理が行為者に命じる諸々の義務を前提にすると、当の義務が必然的に帰結するという意味で、カーのデイヴィスを救助する義務に関する十分根拠が得られる。その仕組みを次に明らかにしよう。最も直接的には、PGCは行為者に対して、受動者の自由と福利に最低限干渉しないことを義務づけるだけでなく、受動者がそれらを自力で確保できないときは、行為者自身の相応の負担なしにはそれが不可能である場合を除き、それらの必要善が確保できるよう支援することを義務づける。「相応の負担」とは、この場合、他人の命や基本的善を救うために自分の命や基本的善を危険にさらすという意味である。行為の必要善をなす他の成分についても同じことが言えるが、そのような危険を冒したり負担を負ったりすることには他人の命を救うために自分の命を犠牲にする可能性と現実性が含まれ、この事態は類的権利の平等を維持するよりもむしろ受動者の方に有利な不平等を生みだすことになるからである（3-24）。しかし、前述のケースでは、カーは自らの生命を危険にさらすことなくデイヴィスの命を救助できる。それゆえPGCはカーがデイヴィスの救助に向かうことを義務づけるのである。この点をもう少し敷衍すると、カーはデイヴィスを救助しようとしないことによって、P

GCが行為者と受動者の対他行為に関して指令する類的権利の平等を著しく侵害する。その証拠に、デイヴィスは問題の対他行為に非自発的かつ反目的的に関与し、しかも実際に基本的害を被るのに対して、カーの方はその対他行為を支配する立場にあり、しかもそこに自発的かつ目的的に関与している。カーは自分が何もしないこと、すなわち不行為を通してデイヴィスを溺れさせ、そうすることで福利の権利に関して最大限不利な不平等をデイヴィスに押しつけているのである。

4-8 以上の点をさらに詳しく見るために、関連する次の問題を検討しよう。

（a）問題の状況において、カーはいかなる意味で行為者であるのか。PGCは行為者に種々の義務を課す。しかし、カーが行為者であるためには、カーは行為を実行せねばならない。カーは何もしていない以上、彼が行為を実行しているとどうして言えるのか。

（b）カーはいかにしてその行為でデイヴィスに影響を与えるのか。カーはデイヴィスの危機に直面してもなお受け身的で不活性なままである。この状況で、カーとデイヴィスのあいだに前者が行為者で後者が受動者である対他行為が成立していると、どうして言えるのか。

（a）に関しては、まず、ある人物のふるまいが行為であるためには、その人物が目立った身体的動作どころか身体的動作そのものに携わる必要すらないという点に留意せねばならない。その人が自発的かつ目的的にふるまっており、何らかの目的のために、例えばその行いの性格などの近因的事情や予想される結果を自覚しながら、自らの自由な選択に基づいて当のふるまいをしているという意味で、自らのふるまいを支配しているのであれば、それで必要かつ十分である。その意味では、特定の行為を行わないこと自体、行為の一形態であると言えるし、不行為（inaction）と無行為（nonaction）を明確に区別しておくことも有用である。無行為とは単純な行為の不在のことであり、睡眠中やトランス状態で起こる場合に加え、幻覚、発作、氷中落下のような事故のせいで起こる場合などいろいろなケースが考えられる。それらのケースでは、当人はそのふるまいを自発的かつ目的的には行っていない。当人はその動作にせよ無動作にせよ、自らの支配下においているわけでも、自らの目的のためにそうしたふるまいを行っているわけでもない。不行為は、これに対して、ある人物がある特定の行為を控えること自体が自発的かつ目的的である場合に起こる。その不行為的行為者は、自らの目的を果たすために誰からも強制されず、そうしないことを選択し、当の不行為の近因的事情を自覚しながら、意図的にその行いに関与している。

前段の「ある特定の行為」への言及が示す通り、ある人のふるまいを不行為と特徴づける際には、その人が実行を怠る何らかの特定の積極的行為が常に想定され、その特徴づけが正しいか否かを決めるのはこの対応する積極的行為である。それゆえ、不行為の主成分として少なくとも、(i) ある人物Sが実行を怠る何らかの行為Xと、(ii) この不履行の自発性と目的性、の二つを区別せねばならない。(i) はSの側に身体的動作を伴う場合もあるが、必ずしもその必要はない。例えば、Xが歌を一曲思い出すことであったり、簡単な計算問題を解くことであったりする場合がそうである。(i) については、Xの自発的で意図的な不履行自体が身体的動作であることもあれば、その不履行が身体的動作を伴ったり、それによって実現されたりすることもある。例えば、X自体が身体的動作であるか否かはともかく、SがXを行わないよう自分の手をポケットに押し込んだり、自分の足を強く踏みつけたりする場合がある。そのような身体的動作を行うとき、Sは自分にXを実行させないために別の行為Yを行っていると言える。反面、Sは別の行為Yを行うことなくXに関して不行為的であることもできる。SによるXの不履行それ自体が自発的で目的的でありさえすれば、それで十分である[8]。

さて、問題の状況におけるカーのふるまいは自発的かつ目的的であるから、不行為の一形態であり、それゆえに行為の一種である。カーはゆったりして心地よい今の自分の状態をそのまま維持するためにデイヴィスの救助に向かおうとしない。カーは自分が何をしているかを知っており、その結果どういう事態が起こるか、すなわちデイヴィスが恐らく溺れるであろうこともわかっている。このとき、カーは単にデイヴィスの救助に向かわないことを選択しただけであるとは言えない。カーは自分が大した負担を負うこともなくそうできるのに、あえてデイヴィスの救助に向かわないことを選択したのである。

右の説明からは自ずと次の疑問が生じる。カーがデイヴィスの救助に向かわないことで一つの行為を行っており、その限りで行為者である、というのはよいとしても、カーが行為を通じてデイヴィスに影響を及ぼすとか、デイヴィスとの対他行為を成立させるとは、一体、いかなる意味であろうか。ここで注意すべきは、誰かが対他行為における行為者であるためには、その人物は必ずしも当の対他行為を始動させる必要はなく、当の対他行為の推移を支配し、それゆえ受動者となった人物の身の上に起こる物事に重大な影響を与える立場にありさえすれば、それで十分だという点である（3-1）。問題の状況では、カーはデイヴィスが基本的害を被る経緯の中で決定的な役割を演じている。彼は自らの不作為によってデイヴィスが溺れる余地を広げ、そうすることで、デイヴィスの溺死の因果的要因となっている。事実、カーがデイヴィスの救助を意図的に怠ったことはデイヴィスの溺死の必要・十分条件である。もしカーが救助に向かっていれば、デイヴィスが溺れ死ぬこともなく、問題の状況においては、デイヴィスの救助に対するカーの怠慢を前提にすると、そこからはデイヴィスの溺死が必然的に帰結する。デイヴィスが溺れることは本人にとって基本的害であり、PGCは行為者がその受動者に基本的害を及ぼすことを禁じるとともに、そのような害を受けないための支援を可能な範囲で行うよう義務づけることから、カーの不行為はPGC違反であるとの結論が導かれる。前に使った別の言葉で言い換えると、カーはそこに介入しないという自らの決定を通じて、基本的害をもたらすやり方で当の問題状況に関与している。こうしてカーは、窮地にあるデイヴィスを容易に救助できたにもかかわらず、その窮地が致命的局面に至る余地を与えることで、基本的福利に関するデイヴィスの権利を侵害する。このときデイヴィスの基本的福利はカーが自発的かつ目的的に行わない物事によって重大な害を被っており、デイヴィスは間違いなくカーの受動者である。

4-9 カーとデイヴィスの水死との因果的関係に関する以上の議論からは、特に問題の原因-結果関係の識別をめぐって、新たな疑問が生じる。

(c) カーの不行為がデイヴィスの溺死の一因だとすれば、この因果的役割は、(i) カーがデイヴィスに対して、当人を溺れさせる現実的因果効力や物理的力をまったく振るっていない点や、(ii) カーがそこにいなかったとしてもデイヴィスは溺れていた、という事実とどう関係するのか。(ii) の事実は明らかに、カーが現場にいて何もしなかったことはデイヴィスの溺死の必要条件ではなかったことを示す。では、カーの不行為は、デイヴィスが泳ぎは苦手であったこと、足が攣ったこと、体が浮かず否応なく水に飲み込まれたことなど、疑いのない因子とどう関係するのか。

(d) カーの不行為がデイヴィスの溺死の一因だとすると、仮にカーが起こさせまいとしていれば起こらなかったであろう他の無数の出来事においても、同じようにこの不行為は因果的要因だと言えるのではないか。

この二つの問いはそれぞれ、デイヴィスの溺死の一因とされたカーの不行為が他の疑いない因子とどう関係するか、そしてカーの不行為の部分的な結果とされるデイヴィスの溺死が、まともに考えれば部分的結果とすら言えない点を除いてカーの不行為と同様の関係にある、他の出来事とどう区別されるかを問うているのである。

まず、(c・i) の吟味から問題の検討を進めよう。さて、現実に起こる出来事のみが別の出来事を引き起こす原因となりうる、言い換えると、カーの不行為のような単なる出来事の不在は原因とはなりえず、それゆえ当の不行為はデイヴィスの溺死の本当の要因とは見なされない、というのがこの論点の主旨である。さらにその考えによると、人が原因として何かを引き起こすことと、それが起こるのを許容したり防止しなかったりすることは明確に区別されねばならない。何らかの出来事Xが起こるよう因果づけるとき、人はある現実の行為を実行し、その結果としてXが起こる。ところが、ある出来事が起こるのをただ許容したり防がなかったりする場合、その人はいかなる現実的行為も行っておらず、単に行為を手控えているに過ぎない。たとえその自制が自発的で目的的なものであったにせよ、自制したその人物が不在であった、つまりそこにいなかったとしても、Xが起こったとすれば、それとXの生起とのあいだには、やはり、いかなる現実的な因果的関係も存在しない。カーが何もせずデイヴィスを溺れさせてしまったのは確かだとしても、そのことからカーはデイヴィスの溺死に因果的役割を演じたとの結論は帰結しない。カーがデイヴィスの死に手を拱いていたからといって、カーがデイヴィスを殺したことにはならないのと同じである。ところが、PGCが禁じるのは、行為者が受動者に基本的害を負わせること、例えば受動者を殺すなど、受動者に基本的害を及ぼす行為を実行することであるから、少なくともその限りで言えば、カーはPGCには何ら違反していない。問題の状況を道徳的に捉えた場合、この反対意見はさらに説得力を増す。カーがデイヴィスの救助に向かわなかったことは十分に衝撃的である。しかし、仮にカーが故意にデイヴィスの頭を沈めて溺れさせたとしたら、その方がはるかに残虐な行為であろう。この後者の場合、前者の受動的で不行為的な関与とは異なり、カーはきわめて直接的にデイヴィスの死を引き起こす積極的な行為を実行している。この二つのケースにおけるカーの道徳的罪の違いに然るべき注意を払えば、前述の問題状況でカーがデイヴィスをそのまま放置して死なせたにしても、彼がデイヴィスの死を部分的に因果づけたとすら言えないのは明白である。

出来事とりわけ有害な出来事は、人が実際に行った行為によってだけでなく、不行為などの怠慢によっても因果的に引き起こされる、というのが以上の反対意見に対する応答である。信号手が切替器の操作を怠ったことが原因で列車事故は起こった。手遅れにならない内に医者の診察を受けなかったために男は虫垂炎で死んだ。これらの事例では、ある事件の原因として、正常な成り行き（この「正常な」は統計的な意味にも規範的な意味にも解釈される）に違いをもたらす、または、それが起こっていなければ当の事件も起こっていなかったであろう特定の先行的出来事、すなわち不行為が適切に選びだされている[9]。信号手の切替操作が線路上の通常作業として想定され義務づけられており、しかも多くの運転士が切替は通常通り行われるものと期待して運転業務に携わっているとすれば、その信号手が切替操作を怠ったことはその後に生じた列車事故の原因である。その事故には、確かに、「実際に起こった」原因もある。運転士Aが列車を地点Xまで運転していき、その同じ時刻に運転士Bが別の列車を地点Xまで運転していったことがそれである。ただ、この場合の「原因」は結果と同じ意味、あるいはきわめて近い意味で使われている。要するに、地点Xまで列車を運転していった運転士Aと運転士Bが、運転規則で決められた、信号に基づく、正常な業務の流れに従い、しかも信号に頼った運転は、通常、事故を回避するものであるから、そのことは、事故発生の「条件」ではあるにしても、事故の原因とは言えない。この場合の原因は、信号手が通常せねばならない仕事、すなわち通常は従わねばならない規則に基づいて切替器を操作する作業を怠ったことである。事実、事故が起こらない状況と事故が起こった状況との違いをもたらしたのはこの職務怠慢である。

カーがデイヴィスの救助を怠ったことも、それと同様、デイヴィスの溺死の原因であると言える。カーも信号手と同じく、従わないと咎められる正当な規範的規則に服しているという意味では、彼の不行為は信号手の職務不履行とよく似ている。信号手の場合、信号を出して切替器を操作するという業務規則である。カーの場合は、人が基本的害を避け、基本的福利を保てるよう支援せねばならないというPGCの要件である。ただしこの後者では、信号手のケースとは違い、彼の不行為が例外とされる規則によって調整される何らかの期待の体系が現行的秩序として存在するわけではない。例えば、カーとデイヴィスが暮らす社会は、経験的事実として、互いに互いを大事にすることが期待されている社会ではない。しかし、そのような社会にあっても、カーの不行為はやはり道徳的な不正である。なぜそれがデイヴィスの死の原因になるかと言えば、それが現行の期待の体系から逸脱しているからではなく、カーが合理的行為者としてPGCの道徳的要件を自覚し、それに服しているからである。カーがデイヴィスを助けようとしなかったことはデイヴィスの死の原因であると言うとき、その背景にあるのはそれらの道徳的要件である。この背景は規範的道徳的なものであり、前述した他のケースのような経験的なものではない。

ここで、PGCが行為者に課す義務に消極的なものと積極的なものがある点を想起しよう。この原理は、ある種の支援を要求するとともに、ある種の有害な不行為を禁じることによって、特定行為の実行を義務づける。積極的成分を考慮に入れず、PGCは人に何かをしないよう求めるだけだと解釈した場合、カーはデイヴィスを救助せず何もしなかったのであるから、この原理を侵犯していることにはならないとの見方も成り立つ。しかし、例えばPGCがすべての行為者に自分と受動者の双方の福利を尊重する義務を課すことを想起すればわかるように、この解釈は間違いである（3-3、4）。そのような尊重は他の人々の基本的福利に対する積極的配慮を求め、この基本的福利は人が行為することによっても行為しないことによっても影響を受ける。行為者は受動者を自らの目的実現の単なる手段として扱ってはならず、受動者の福利を積極的に思い遣らねばならない。カーはデイヴィスの苦境を無視し、デイヴィスの福利を尊重することを怠っている。実際カーは、彼自身が自覚する通りデイヴィスにとって著しく有害な、しかも相応の自己犠牲なく逆転させることができる、一連の出来事が続いていくことをそのまま放置している。このようにカーはデイヴィスの福利に対する尊重を怠ることで、基本的害を禁じたPGCに違反している。

（c ii）が問うように、カーが現場にいなかったとしても、デイヴィスは溺れていたであろうというのは確かにその通りである。しかし、それは実際に起こった状況の中でカーの不行為がデイヴィスの溺死の必要条件であったことを覆すものではない。ところで、ある出来事の「必要条件」とは何であろうか。その概念化は一般性を強調する見方と特殊性を強調する見方に分かれるが、いずれの解釈も可能である。一般化的把握は当の出来事を同類の事象からなる一つの全体集合の一要素と見なして、その条件を物質的可能性の全領域を視野に入れた一般的観点から捉えようとする。特殊化的把握はその出来事を時間的にも空間的にも限定された特殊的状況の下で現実に起こる特定の出来事と見なして、その特定場面で現実に成立・作用する可能性という限定された観点からその条件を捉えようとする[10]。後者は特定の事情に関心を向けており、まさしくその点で実践的研究により適した見方である。さて、デイヴィスの苦境を前にしたカーの不作為はデイヴィスの溺死の必要条件であったと言われるとき、特殊化的把握が想定されているのは明白である。あの状況でもしカーが不行為的でなかったならば、デイヴィスは溺れなかったであろう。これに対し一般化的把握は、カーがそこにいなかったとしても、あるいは積極的にデイヴィスを助けようと試みていたとしても（泳ぎが下手であったり、心臓発作に見舞われたりしたため）、デイヴィスの溺死は起こりえた、と反論する。しかし、あの場面では、そうした状況は実際には起こらず、カーの優れた泳力や頑健な体からして起こる可能性も低かったから、実際に起こった事態の説明としてはきわめて不適切である。現実にあった状況を事実として受け入れれば、カーの不行為は間違いなく、デイヴィスが金槌であったことや痙攣したことなどを含む、デイヴィスの溺死をめぐる一連の因果的繋がりの一部をなす。この現実に起こった出来事の中には、しかし、それとはまったく異質の可能性、例えばデイヴィスは泳ぎが得意で、足が攣ることもなかったが、体のコントロールを完全に失わせる強い幻覚に突然襲われた、という可能性は含まれない。

そもそも危害を加えるとか、誰かの福利を妨害するといった発想は、カーの不行為すなわちデイヴィスを助けなかったことには当てはまらない、との見方もありうる。そのようなことがあったとすれば、当然、それに先行する状況は、福利とは言えないまでも、少なくとも無害の状態でなければならないからである。あの場面では、デイヴィスは既にきわめて危険な状態にあったのだから、カーの不行為はデイヴィスが被らなくても済んだ害を受けざるをえない事態をつくりだしたのではない。しかし、誰かを害したりその福利を妨害したりすることは、既にある苦境から脱するためにその人が必要とする支援を拒むことによっても可能である。このような干渉には、既にある善い状態を悪い状態に転化させることではなく、相手が自分の直接的支配の下にある手段を使って福利を達成することを妨害する意味合いがある。支援しようとしないことがその相手に害を及ぼすのは、必ずしも相手の状態を悪化させるからではなく（相手の希望や期待に冷水を浴びせると、当然、事態の悪化を招くが）、止められる可能性があるにもかかわらず、今ある害が今後も続くことを容認するものだからである。そのような容認は当の害に対する黙認の姿勢であり、したがって、基本的善は尊重されねばならないというデイヴィスの権利を侵害する。

前にも指摘したように、デイヴィスの溺死の原因をカーに帰するためにはＰＧＣという規範的背景が欠かせない。デイヴィスの死には他の多くの要因が因果的に作用しているにもかかわらず、ＰＧＣに従う限り、デイヴィスの溺死の主因はカーの不行為であるとの判断は適切であるばかりでなく、命令的である。その証拠に、他の人に害を加えずその福利を尊重するというＰＧＣの基本的要件を直接侵しているのはこの不行為以外にない。しかもＰＧＣは道徳の最高原理であるから、当の状況でどのような義務が生じるかを決めるのも、またそれゆえに、ある人の基本的福利が別の人の行為や不行為によって影響される出来事を記述し説明する場合、どのような事柄が関連性のある検討事項であるかを決めるのも、この原理である。

4-10 次に（d）の問いを吟味しよう。カーの不行為がデイヴィスの溺死の原因だとすると、どうしてそれは他の膨大な数の出来事の因子でもあると言ってはいけないのであろうか。カモメがさっと舞い降りて魚を捕まえる。海藻の大きな塊が海上に流れ出る。遠く離れたウラジオストックで一人の少年が氷の上で転んで足首を捻挫する。これらすべての出来事に関して、次のように述べることは分析的に真である。もしカーがそれを防ぐために介入していたとすれば、それらの出来事は起こらなかったであろうし、逆にカーがそのような介入をしない中で、それらの出来事は、それぞれの現場で作用していた特定の因果的諸力に応じて必然的に起こった。しかし、カーの不行為が部分的にであれ、これらの出来事や他の多くの出来事の原因になったというのは、控え目に言っても、きわめて疑わしい見方である。この問いに答えるためには、ある人が防げなかった出来事に関して、その人の不行為がその因子となる場合とそうならない場合を明確に区別する一つの根拠が必要である。

この問いに対する答えは大きく二つある。第一に、カーが防止できる出来事、つまりそれを因果づける特定の先行条件を支配できる出来事とそうでない出来事を区別せねばならない。カーはそのとき米国にいたから、ウラジオストックの出来事を防ぐために介入することはできなかったし、それを知ることもできなかった。したがって、彼がこの事故を未然に防げなかったのは、不行為ではなく無行為の事例であり、この事故の要因とは見なされない。第二に、カーは合理的目的的行為者であるから、彼とデイヴィスの溺死や救助との潜在的な因果的関係性は、道徳的に見て、彼のふるまいの正しい記述と深く関連している。それと同じ事情により、彼とカモメの漁や海藻の漂流といった出来事との潜在的な因果的関係性は、たとえカーがそうした出来事に気づき、防止することができたとしても、道徳的に見て、それらの出来事とはまったく関連性をもたない。カーは、合理的目的的行為者である以上、必然的に、自分には自由と福利の権利があると考え、他のすべての行為者にも自由と福利の権利があると認めざるをえない。デイヴィスも正常な人間であるから、やはり予定的目的的行為者である。それゆえ、カーがデイヴィスに対して同じ人間としていかなる感情を抱くかには関係なく、カーは自分自身に関して要求するものと同じ生存権がデイヴィスにもあることを合理的に受け入れねばならず、その承認を通じて、彼とデイヴィスの溺死や救助との潜在的な因果的関係に道徳的関連性・緊急性を付与する。それに対し、前述したさまざまな出来事とカーとの潜在的な因果的関係がカーに道徳的義務を課すことはない。要するに、前者の場合、カーとデイヴィスの予定的目的的行為者としての関連類似性の働きによって道徳的義務は課せられると言えよう。こうしてPGCはこの道徳的関連性に関心を向けることで、カーとデイヴィスの溺死との潜在的な因果的関係性の本質的特徴を浮き彫りにする。

右の論点は滑り坂論による反論とも関係する。もしカーの不行為がデイヴィスの受けた基本的害の要因であるとすると、善が不足しているさまざまな人々に関しても、その不足状態がカーの慈善行為によって改善される限り、それと同様のことが言えるとの論法である。例えば、カーは隣家の少年が十段変速の自転車を欲しがっていることを知っている。彼には金もあり、そのことについて考えてもいる。しかし、結局、彼は少年のために自転車を買うことはしない。この場合も、カーがその少年に自転車を買ってやったとすれば、その少年は自転車をもつことになったし、それを考慮したにもかかわらず、カーがそうしなかったため、少年は自転車を手に入れられず落胆していることは分析的に真である、と言えるのではないか。これはPGCがその正当性を認めるカーの不行為に関する記述とは関連性をもっていない、というのがこの疑問に対する答えである。この原理は、他の人々に特定の加算的善を提供するという意味の積極的な慈善行為の義務を課すことはないからである(5-18)。PGCが求めるのは、そのことではなく、自らの行為や不行為を通じて基本的害や特殊的害を及ぼさないこと、そして、相応の犠牲を求められない限り、他の人々がそのような害を避けるのを支援することである。

4-11 また、カーにデイヴィスを救助する義務が課せられた場合、カー自身の自由の権利は奪われるため、PGCには反する、との反論も考えられる。PGCによると、行為者は自分自身のみならず受動者の類的権利に従って行為すべきである。では、いかにしてカーは、デイヴィスの福利の権利に従って行為しながら、自らの自由の権利に従って行為することができるのであろうか。自由に行為する以上、カーがデイヴィスを助けないことを選ぶ可能性がある。この問題をめぐる自らの自発的な選択がどうあれ、カーがデイヴィスを助けなければならないとすると、彼は自由に行為していないことになる。それゆえPGCはこの点に関して内的対立にさらされるのではないか。

この反論はさらに次のように展開されよう。デイヴィスが生きる権利をもつにしろ、生きるために必要な諸手段に関しては、それらの権利を既に他の人々が有する限り、その権利をもつことはない。したがってデイヴィスは、カーであれ別の誰かであれ、他人によって救助される権利、つまりカーがデイヴィスの救助に向かわない場合にはそれを侵害したとされる権利をもつわけではない。そのような権利があれば、カーの自由の権利を侵害するからである。カーの自由は彼自身にとって無限の価値があり、それを誰か他人の善と比較考量するための計算法にはめ込もうとするのは、カーの自分自身の行動や決定に対する支配権、すなわち彼の絶対的所有権限を奪い去ることである。各人はそれぞれ単なる手段ではなく目的そのものとして処遇されねばならない。にもかかわらず、カーにデイヴィスの救助に向かうよう義務づけるのは、カーをデイヴィスの福利の手段として利用することである。諸個人はそれぞれ唯一無二性と独立性を備えており、各人を何らかの大きな社会的善の手段と見なすことは許されない[11]。

以上の反論に対する応答としてまず指摘されるのは、行為者がPGCによって自らの自由と福利の権利を受動者の自由と福利の権利に合わせるよう義務づけられている点である。行為者が自らの自由の権利に従って行為するというのは、その行為者にとって、自らの自由——要するに、自らのふるまいを自発的選択に基づいて自ら支配すること——が合意なしに妨害されないようにすることである（3-3）。行為者は、行為している限り、隠然たる形であれ、そうするよう常に注意を払う。一方でPGCは、行為者に対して、いかなる干渉であれ、それが基本的善をめぐる他の人々に対する加害を避けたり、そうした被害を防いだりするために必要であり、相応の自己負担を求められない限り、それを合理的に承諾するよう義務づける。行為者が合理的に同意したと言えるのは、PGCの課す合理的要件を認め、それに応じた行為を約束するときである。このとき行為者は、合理的行為者として、行為者と受動者がそれぞれの自由と福利を互いに尊重し合うというPGCの目標を受け入れ、それを共有している。したがって、カーが合理的行為者としてこの目標を受け入れ、それに応じた行為を義務づけられるにしても、そのときカーはデイヴィスの福利の単なる手段として扱われているのではない。PGCは自由の権利を行為者にも受動者にも帰属させ、それゆえ、この権利は行為者の側にいかなる義務もないことを意味するものではない。この権利が求めるのは、むしろ、受動者も同じようにもつ自由と福利の権利との調整である。

自由に対する制限は自由に関する熟慮によってのみ正当化され、生命などの基本的福利に関する熟慮からそれを正当化することはできないとの考えもあるが、これは独断的な見方である。すべての行為者は自らの基本的福利には深い利害関心を抱くから、自分には基本的福利に対する権利があり、他の人々にも同じ権利があると考えざるをえない。したがって行為者は、自分には他の人々の基本的福利に干渉しない義務があり、逆に自らの不行為が彼らの福利に干渉する状況では、相応の自己犠牲を求められない限り、彼らの福利を守るために自ら積極的に行為する義務があると認めざるをえない。人がそれぞれ自由の権利をもつことは確かであるが、この権利は福利の権利と同じく絶対的なものではなく、各人の行為者性の要件に応じて変わりうる。そもそも人は生きていなければ行為することもできない。また例えば、デイヴィスを助けるためにカーの現行的自由が一時的に失われるにしても、彼の行為者性にとって大した損害をもたらすことはないから、デイヴィスの生きる権利とカーに助けてもらう権利はカーがそのため一時的に失う自由に優先する。しかもカーは、合理的行為者として、この行為の実行を合理的に同意するため、いかなる自由も失わない。

なお、カーのデイヴィスを救助しない自由とデイヴィスの命が天秤にかけられているが、これはもちろん、配分的観点を欠いたまま全体的効用の最大化に関心を向ける功利主義的発想とは無関係である。ここではカーによる短時間の骨折りとデイヴィスの命が、それらは両人の各々の行為者性要件の維持に深く関係するとの理由で、比較されているのである。

さて、救助の義務についていろいろと論じてきたが、この義務は今のところ法律的義務ではなく、そこには法的機関をはじめとする他の人々からの強制は含まれていない。確かにミルのような熱烈な自由主義者が主張するように、人間は「同じ仲間である別の人間の命を救うなどの特定の個人的善行を当たり前のように強いられるものである」と言えるかもしれない[12]。法律的強制の問題は以下で改めて取りあげる予定である（5-13、14）。しかし、救助の義務も、すべての厳格な義務と同じく、少なくとも、それを表現したり実施したりする法的制裁の可能性を含め、違反者に対する厳しい問責があるか否かによって左右される面がある。

この点に関連して、広義の「べし」で言えば、確かにカーはデイヴィスを救助すべきであったが、これは、仮にそのような行為が実行されていたら、カーは寛大で慈悲深い人物として称賛されていたということでしかなく、彼にそうすべき厳格な義務があったということではない、との反論も考えられる。その見方からすると、カーが厳格な義務を負うとする私の主張は、正義と慈善行為や義務を超える務めとの違い——他の人々が当人に対して要求する権利をもつ物事と、そのような権利をもたない単なる親切、すなわちあくまで当人の選択によって与えられる特別のはからいである物事との違い――を曖昧にするものと言える。本書のこれまでの議論がそうした違いを無視していたとすれば、なるほどカーの立場と専門的業務として契約上デイヴィスを救助する義務のある救助員の立場との違いが明確になることもなかろう。

こうした違いはもちろん重要である。しかし、それらをカーとデイヴィスの事例に当てはめることはできない。そもそも厳格な義務が契約に基づく業務に関してのみ見られると考えるのは誤解である。「私の持ち場とその義務」は、この「持ち場」を職務や職業さらには特定団体の会員身分など規則によって管理された特殊な地位という狭い意味ではなく、人間の予定的目的的行為者としての立場という広い意味に解釈しない限り、厳格な義務の領域を覆い尽くすことはない。繰り返し述べてきたように、権利と厳格な義務は、そのような行為者であることと論理的に繫がっている。しかもこの義務は、基本的害がデイヴィスに差し迫り、カーはその被害を相応の犠牲を払わずに防げる立場にある、という二つの理由から、カーにも関係しており、プロの救助員に限定された義務ではない。カーの厳格な義務を寛容な行いや超義務的行いから区別するものは、まさしく理由を与えるこの二つの特徴である。この二つの特徴がなければ、カーの不行為がＰＧＣによって禁じられる基本的害をデイヴィスに加えたことにはならない。それと相関的に、デイヴィスはカーによって救助される権利をもつのである。その場合、この権利は予定的目的的行為者である人間としてのデイヴィスに帰属する類的権利であるから、何らかの専門的な職務に関わる行為に対する権利には収まらない。

4-12 二人の人物をめぐる架空の事件について長々と論じてきたが、結論として出てくるのは、ＰＧＣが課す道徳的義務には、他の人々の基本的善に対する権利を守るためにそれが必要であり、しかも相応の被害を当の行為者に及ぼさない限り、そうした権利擁護のための積極的行為が含まれる、との一般的論点である。水死事件の検討から得られたこの論点は、当然、飢餓や犯罪事件の通報、その他基本的善を脅かすさまざまなケースに拡張・適用することができる。これらすべてのケースにおいてそれぞれの義務はPGCが求める類的権利の平等から帰結する。これらの義務に対する怠慢は合理的に正当化されない。いかなる行為者もこの義務不履行によって、予定的目的的行為者である自分には福利の権利があると暗に判断しながら、同じく予定的目的的行為者である受動者にその同じ権利があることを否認する、という矛盾に否応なく巻き込まれるのである。この点は特に飢餓や医療といった社会的・政治的問題をめぐる行為にとって重要な意味をもつ。以下でもそのいくつかを取りあげて検討する。

反面、他の人々の有する基本的福利の権利を守るために介入する義務にはいくつかの制限がある点も併せて銘記しておかねばならない。その意味で問題の水死事件は次の面から見て極端な事例であったと言える。デイヴィスは死の危機に直面していた。カーはそのことを知っていた。カーにはデイヴィスを救うために直ちにできることがあった。その行為はカーに大きな負担をかけるものではなかった。以上の点からわかるように、義務の制限に関しては、少なくとも四つの変数を考慮せねばならない。(i)受動者が受ける被害の種類や程度、(ii)その被害に対する行為者の認識、(iii)その被害を防止する行為者の能力、(iv)行為者がそのために払わねばならない犠牲。第一の変数は特に他の人々が基本的害よりも小さな害を受けることを防ぐ義務に深く関わってくるものであり、以下で改めて取りあげよう(4-14)。他の変数については、(iv)に関わる相応の犠牲を含め、既に触れている。例えば、カーが泳ぎは苦手で、デイヴィスを泳いで助けようとすれば、カー自身が溺れる危険がある場合、カーに自分自身が泳いでデイヴィスを助ける義務はない。それでもカーには、叫ぶなり、ロープを投げるなり、急いで別の人に助けを求めるなりして、デイヴィスを救助する義務がある。

ところで、その効果が前記の四つの変数すべてにまたがり、特に第一と第三の変数に大きく影響する重要な区別がある。受動者が受ける被害とその被害を防止する行為者の能力はいずれも、現行的なものと見なすことも素性的なものと見なすことも可能である。それらを現行的なものと捉えた場合、直接被る被害とそれを防ぐためにできる直接的手立てさえ考えれば、それで十分であろう。しかし、それらを素性的なものと捉えた場合、直接的被害をもたらすか、もたらすと見られる長期的原因と背景的条件、ならびにそれらの原因や条件を取り除くために必要な長期的視野に立った行為が検討すべき課題となる。この検討から導かれる義務が求めるのは、前記の水死事件でカーに問われた個人的行為ではなく、制度に支えられたはるかに複雑な政策であり、そこから生じるのはすぐれて政治的な問題である（5-13）。

非減算的善に関する義務

4-13 ある人の善保有の現状が維持されるとき、その人は非減算的善を保有している。このとき、その人が善いと見なす物事を失わざるをえないため当人の目的達成の水準が低下する事態は生じていない。逆にある人がそのような損失を被るとき、その人は私の言う「特殊的害」を受けるであろう。ＰＧＣは行為者がある観点に従いそのような害を与えないことを義務づける。人が善いと見なす物事の中には行為の必要条件である基本的善が含まれるため、その限りで、基本的善と非減算的善のあいだには共通部分があり、基本的害と特殊的害のあいだにも重なる部分がある。以下では、議論を絞るために、基本的善や基本的害と重複しない非減算的善と特殊的害のみを取りあげよう。

それぞれの人が基本的善以外で善いと見なす対象物や性質には、もちろん、きわめて多様な種類がある。この多様性からは次の厄介な問題が生じる。ＰＧＣがすべての特殊的害、すなわち非減算的善に対するあらゆる干渉を禁じるのであれば、誰かの目的を挫いたり邪魔したりすることはことごとく道徳的な不正となる。「害」は善の剥奪を意味する価値‐語であって、その成分は当然ありとあらゆる善の規準に応じて変わり、人間の目的が多岐にわたることにも影響される。例えば、宗教を狂信する人の場合、誰かが非宗教的意見を述べるのを聞くだけで、あるいは誰かが日曜日にボール投げをしたり、エロ本を読んだりするのを見るだけで、その目的は侵害され、大事にしているものを失ってしまう可能性がある。意中の女に結婚を申し込んであっさり断られた男もやはり、目的を邪魔され、大切なものを失わざるをえない。権威のある音楽コンクールに出場してライバルに競り負けたアーティストは自分が善いと思うものを失わざるをえない。式典で、国旗に敬礼せず、国旗掲揚中もペチャクチャおしゃべりを続ける観客を見た一人の愛国者も、その目的は侵害され、大切にしているものを手放さざるをえない。これら以外にもさまざまな可能性が考えられるが、その中には、無神論者や市民的自由主義者、反体制派、革命家などのように、宗教的狂信者、求婚者、アーティスト、愛国者等の気分を害した行為とは正反対の行為によってその目的が侵害されるケースもある。こうした点からわかるように、ＰＧＣがすべての特殊的害を禁じると解釈した場合には、道徳的な不正行為を糾弾するための根拠として、ありとあらゆる種類の恣意的で相互対立的な規準を許容する以外にない。

また、ＰＧＣをそのように解釈した場合、以上の点にとどまらず、行為者と受動者との類的権利の平等にも背くであろう。その場合、行為者が受動者に対して行う道徳的に正当な行為や不当な行為は合理的規準によって決定されるのに対して、受動者がそれを根拠にして行為者に前記のような自制を正当に要求できる特殊的害の決定には、そうした制限は一切入ってこないからである。ＰＧＣに従うと、行為者は受動者が当の対他行為に目的的に関与することを許容せねばならない。そうした目的的関与の中には、その受動者が善いと見なす物事を失うことで当の対他行為において自らの目的達成の水準を低下させることがないようにすることも含まれる。しかし、仮にこの「善い」や「目的達成」の規準が受動者の可変的な目的に応じて節度なく変わることが許され、結果的にそれらの目的の侵害がどれも行為者の道徳的不正行為として断罪されるのであれば、その行為者が正当に要求できる自由と目的達成の範囲は、受動者のそれと比べて、著しく制限されたものとなるであろう。こうなると行為者は、受動者への「加害」を回避するためには、受動者の恣意的で目的的な思いつきにすら従って自らの目的を調整せざるをえない。

この不衡平を除去するために必要なものは、被害すなわち当人の目的達成の水準が低下する事態を判定する恣意的な規準とそうでない規準を区分けする方法である。その方法により恣意的でないと判定された害、すなわち非恣意的害を与えることは道徳的に不当である。さて、この問題は基本的に、「他の人々に対する危害」は人間の自由を制限できる唯一の正当な根拠であり、そのような害は道徳的にも不当である、としたミルの自由原理の解説で取りあげられてきた問題である[13]。それらの解説では、「害」に関する恣意的概念や未熟な概念を完全に排除しようとしてさまざまな区分が提案されてきた。それらはきわめて示唆に富むものである反面、深刻な問題も抱えている。例えば、よく取りあげられるのは身体的暴力と非身体的毀損との違いであるが、ここには害の恣意的規準と非恣意的規準の区分の根拠は見いだせない。事実、窃盗、約束違反、中傷などは非恣意的害を与え、間違いなく道徳的不正行為と見なせる。また、全員が当の害に憤慨するか否かによって非恣意的害の境界線を引く方法も、自分に加えられた身体的暴力に対してすら憤慨できない立場の奴隷や、独裁者の虚言や横暴に対して従順な飼い慣らされた臣下といった例を考えればわかるように、決してうまくはいかない。これらに比べ幾分有望と言えるのが、恣意的害しか与えない行いの場合、それが有害であるとされる必要・十分条件は非合理的な根拠に基づく道徳的信念である、との考えである。当の行いを有害と見なすための非恣意的根拠が存在するとすれば、その行いが有害または道徳的に不正であるとする信念からは完全に独立した判断を挙げることができなければならない、というのがこの考えの主旨である[14]。しかし、恣意的規準と非恣意的規準をこのような根拠に基づいて区分するやり方は、結局、失敗する。この方法は非恣意的な意味で有害な行いや道徳的に不正な行いとして余りに多くのものを取り込んでしまうからである。例えば、ある娘が熱烈な求婚者に「もう会いたくない」と告げた場合や、ある人が相手の服装や文章を貶して当人の感情を害した場合、当の行為はその受動者に対して、当人が誤った道徳的信念をもつか否かにはまったく関係なく、悪影響を及ぼすであろう。もちろん、それらの行為が道徳的に不正な行為であるとは限らない。

4-14 以上から推察されるように、何が害であるかの判定規準を、例えば害を身体的傷害に限定するなどして、恣意的でないものにしようとすると、ほんの僅かなものしか取り込めず、逆に害を非身体的毀損まで含めて捉えようとすると、規準は恣意的となり、余りに多くのものを取り込んでしまう。どうしてそうなるのであろうか。何が害であるかの規準が、事実上、それぞれの人が抱くきわめて多様な価値観に応じていかようにも変わりうる偶然的な信念や態度に委ねられているからである。非恣意的規準を探りだすためには、すべての人間が予定的目的的行為者である限り必ず抱く価値に目を向ける必要がある。これは要するに目的的行為の条件そのものに目を向けるということである。既に触れた通り、ある人にとって有害なものの中には、その人の行為の必要条件に悪影響を及ぼすものは間違いなくすべて含まれる。例えば、その人の生命や移動の自由や身体的尊厳や精神的安定を取り除くことがそうである。私はそれらを「基本的害」と呼んだが、なぜそれらが非恣意的害であるかと言えば、それらが、各人各様の価値観の中にあって誰もが現実的または予定的行為者として客観的に必要とする基本的善に対する攻撃だからである。非減算的善に関しても、それほど深刻ではないとはいえ、やはり客観的な被害がある。

そこでまず思い起こしたいのは、前に触れた、善とその善を保有するために必要な行為能力との違いである（2-4）。現行的なものとして捉えられた非減算的善とは、当人が善いと思う物事を失わないことである。人それぞれが善いと思う物事は恐ろしく多様であるものの、そのような損失を避けるために求められる非減算的行為能力は、非減算的善そのものに比べると、はるかに普遍的で一般的である。このより大きな一般性は、非減算的行為能力が二次的善・能力であることに由来する。要するに非減算的行為能力は、各人の抱く特定の目的や善がどうであれ、一次的善を保持したり目的達成の水準を維持したりするために必要な力をはじめ、特定の行為を行うために必要な自らの能力を低下させないよう維持するところにその本質がある。そして諸々の行為が、基本的善の保有に対する攻撃から生じる基本的害の範囲を超えて、非減算的善の領域で非恣意的被害を生むとすれば、それはまさしくそれらの行為がそうした能力を攻撃したり低下させたりする一般的傾向をもつ場合である。

非減算的行為能力があれば、人は自信をもってさまざまな目的追求を行うことができる。その人物は、言わば側面攻撃の心配なしに、前へ前へと進めるのである。何かを行おうとする際に、特定の善の水準であれ、特定の行為に必要な潜在能力であれ、それらを維持する能力が迷惑を被る危険は少なくなる。例えば、嘘をつかれたり、騙されたり、盗まれたり、中傷されたり、侮辱されたり、約束を破られたり、秘密を暴かれたりする危険である。あるいは、人間の暮らしに戦略的な意味をもつ労働や居住をめぐって、それを是正するために必要な資源があるにもかかわらず、危険で劣悪で極度に消耗的な条件の下で働かされたり住まわせられたりする危険である。非減算的行為能力は行為の際に用いられる諸資源を維持することに深く関わるものであり、誰かのそうした能力に悪影響を与えれば、その人の非減算的行為能力に干渉したことになる。そのような干渉は、したがって、「非減算的権利」を侵害するものである。

このように非減算的善の喪失は被害と目的達成水準の低下を意味するが、それらの善を広く行為能力という類的観点から捉えたとき、干渉がそのような善に対して有害であると判断してよいのは、それらの干渉が、誰であれ、特定の善の喪失を避けたり、特定の行為に必要な潜在能力を低下させないよう維持したりする能力をはじめとする、当人の非減算的行為能力に対して、悪影響を及ぼす普遍的な傾向をもつ場合だけである。特異的な性向や特殊化されたものは除外されねばならない。しかも、そのような困難の原因とされる傾向は、知的に正常な人間であれば誰にでも理解できる経験的手法によって確認されるものでなければならず、逆に当の困難は、その妥当性が同様の経験的手法によっては確かめられない何らかの信念の結果であってはならない。この経験的手法への訴えはPGCが演繹的合理性のみならず帰納的合理性に根拠をおくこととも符合する。

経験的検討事項はこの被害性の判定規準に二つの様式で絡んでくる。Xタイプの行いは受動者の目的達成的行為に欠かせない潜在能力に悪影響を及ぼすため、その受動者に非恣意的害を与える、と言われるとき、その有害作用は因果的関係であり、経験的テストを許容するものでなければならない。したがって、当の受動者がその有害効果について、「私の不滅の霊魂を脅かすものである」とか、「唯一無二の霊的な直観を通じて確認できる」としか言えない場合は、当然、その規準を満たさない。しかし、たとえ問題の有害な作用が経験的に確認可能なものであっても、その有害効果はこうした類いの非経験的な信念の結果であってはならない。例えば、ジョーンズがケインのふるまいのせいで意気消沈してしまい、そのことが事実上ジョーンズの目的達成的行為に必要な潜在能力を低下させる原因になったとしても、ジョーンズの落胆が、ケインのふるまいと同様のふるまいはその施術者に天罰を下すことになる、と信じるジョーンズ自身の信念の結果であるとすれば、そうした効果はこの規準による限り純粋の被害とは見なされないであろう。

さらに留意すべき点が三つある。第一に、任意の受動者の潜在的行為能力に対する有害な効果を、特殊的害であることの規準、それゆえ道徳的不正行為の規準と見なす場合、目的達成に要する潜在能力が既に極端な低下を被っているせいで、追加的困難からは目立った低下が生じない境遇にある受動者を除いて考えねばならない。例えば、奴隷や恐怖政治の下にある人々はそのような受動者である。これらの人々はＰＧＣが道徳的不正と見なす行為や体制の犠牲者であるため、この道徳的不正の効果は道徳的な正当性や不当性を判定する追加的基準として使われないようにする必要がある。これは既にある不正を却下することより、むしろ認可することに繋がるからである。第二に、不正な制度の効果を除かねばならないのと同じく、ＰＧＣによって正当化された道徳的に正当な制度の作用効果もやはりＰＧＣが道徳的不正として禁じる害からは除いて考えねばならない。例えば前述の求婚者とアーティストの例で言うと、好きな人に結婚を断られたせいで求愛者の非減算的行為能力が極度に低下し、コンテストに敗れたアーティストの非減算的行為能力が大幅に落ち込むのは確かである。しかし、そのような低下がそれぞれの対他行為から常に、または普遍的に帰結する傾向にあるかどうかはともかく、これらの対他行為がそれぞれ、ある特定の制度の内部で、その制度の規則に則って行われる点に注意せねばならない。前者で言えば、求愛と結婚、後者の場合、音楽演奏コンクールといった制度である。これらの制度はいずれも、第５章で見るように、その規則ともどもＰＧＣによって正当化される。したがって、これらの制度の正当な働きから帰結する潜在的行為能力の低下は道徳的に不当な迷惑行為による被害とは見なされない。

第三に、目的達成的行為に必要な潜在能力に影響を及ぼす効果は現実的効果だけでなく諸々の傾向を含んでいなければならない。提案された規準に従いある行為タイプが有害であるとされた場合、このタイプのトークンがどれも受動者の目的達成に必要な潜在能力の低下を引き起こす必要はない。そのような行為の経験的に確認できる傾向とその通常の効果がそうした能力低下を招くものであれば、そのような行為が、それ以前には劇的な低下を経験したことがなく、しかも、低下の経験を余儀なくさせる特殊で非経験的な信念をもたない、いかなる受動者に対しても当の効果を及ぼす限り、それで十分である。例えば、少額の金銭を盗むことは、ある特定の状況では、その被害者の目的達成に必要な潜在能力に対して直接効果をまったくもたないにもかかわらず、そのような行為はどちらかと言えば受動者の購買力を低下させるものであるから、その一般的な傾向は受動者に不利な効果を及ぼすことにあると言える。他の行為にも同様の困難をもたらすものがあり、この傾向は、将来設計をしたり、計画的行為に関連する情報を集めたり、欲望を実現するために資源を利用したりする能力のような特定の領域にあらわれやすい。

ところで、「傾向」という言葉がひときわ目立つのは功利主義の文献である。これらの議論では、ある行為の正しさは当の行為や同種の行為だけで決まるのではなく、同様の行為を行うすべての人の実績を足し合わせた全般的成果によって決まる。しかし傾向への言及は、規則功利主義であれ他の形態であれ、功利主義の一般化された結果にのみ限定されるわけではない。例えばＷ・Ｄ・ロスは、その義務論的理論において、ある行為が有する「義務となる傾向」という観点から一応の義務を捉える見方を示し、「当の傾向は、ある行為の本質の一成分としてその行為に帰属する特性であるという意味で、部分-合成結果的属性と呼ぶことができる」と述べている[15]。一般に、ＸはＹとなる傾向がある、と述べるのは、ＸとＹのあいだに何らかの明確な積極的関係があることをあらわす。その関係は論理的であることも因果的であることもある。私は「傾向」という言葉を、功利主義と同じく因果的な意味で使うが、それ以外の点ではロスの用法に近い。ある種類の行為Ｘが、他の可変的事情の影響を除きそれ自体として捉えられた場合に、その受動者の目的達成的行為の潜在能力を低下させる効果を生みだすとき、そのような行為はそうした能力を低下させる傾向をもつのである。この種の行為は、通常、当の効果を取り除く状況を付随的にもたらすことはないから、この傾向に関しては、Ｘのような種類の行為は、通常、受動者の目的達成的行為の潜在能力を低下させる、とも言えよう。

以上からもわかる通り、本書の用法は二つの点で功利主義的用法とは大きく異なる。第一に、功利主義がＸタイプの行為の全体的な実行の成果（「全員がそれを行うと、どのようなことが起こるか」）に焦点を合わせるのに対して、私が注目するのは、他の可変的条件を捨象した特定の行為それ自身の実行的効果であり、問題の行為は、個々人による同種の行為が通常どのような効果を生みだすかという観点から捉えられる。例えば、すべての人間が互いに盗みを行う場合の全体的結果を検討することと、個々の行為トークンはある行為タイプの特徴をもち、その結果でもあると捉えた上で、盗みという行為タイプの通常の結果を検討することとの違いである。あるいは、すべての人が盗む場合の結果を考えることと、全員が盗みをするとの想定はおかず、誰かが盗みを行った場合の通常の結果を考えることとの違いである。第二に、功利主義者にとって、そのような行為が正当か不当かを決めるのは、その一般化された諸結果であり、その行為が全般的効用を最大化する傾向をもつか否かという規準である。これに対して、PGCがそのような行為の正当性や不当性はその傾向によって決まると述べる場合、そこで想定されているのは、その行為が個々の受動者の目的達成的行為の潜在能力を向上させるか低下させるかという規準である。

それらの行為能力を低下させ、そうすることで特殊的害を与える行為は、PGCが命じる類的権利の平等に反し、搾取の形態であるとも言える。行為者はそのような行為を通じて、一方で受動者の潜在的力を弱めながら、他方では自らの潜在的力を振るいつつ強めている。行為者は受動者が基本的善や非減算的善を失わざるをえない状況をつくりだすことで、加算的善を獲得したり、受動者を犠牲にして利得を得たりする。行為者は受動者を自分の目的のための単なる手段として利用しているとも言える。このような行為はすべて合理的に正当化することはできない。行為者は、予定的目的的行為者として、福利が低下させられることなく目的的に関与するという非減算的権利を要求しながら、その同じ権利を同じく予定的目的的行為者である受動者に対しては認めようとしないからである。

右の説明は道徳的不正行為の程度の違いを明らかにするだけでなく、道徳的に望ましい諸行為や道徳的に望ましくない諸行為のあいだに見られる序列関係をも指し示す。受動者が潜在的行為能力の低下から守られる権利を有する状況にあって、ある種類の行為Ｘが別の種類の行為Ｙと比べ、その受動者の潜在的行為能力をより大きく低下させる傾向にあるという意味で、Ｙよりも有害である場合、ＸはＹよりも不正であると言える。それゆえ、基本的害は特殊的害より不正であり、特殊的害の中では、嘘をついたり約束を破ったりすることより、暴行を加える方が不正の度合いは大きい。こうした序列関係はＰＧＣの類的内容に由来する。受動者の類的権利を侵してはならないというＰＧＣの禁止命令は、自分には行為の必要条件に対する権利がある、とする行為者の要求から導かれるものであるから、より必要性の高い行為の必要条件に干渉する違反行為は、その分、より不当なものとなる。このように行為の道徳的正当性や不当性を決めるのは、内容面から見た、それらの条件である。

この点は他の人々の非減算的善を支援する行為にも関係してくる。人間には、前述した救助や他の基本的害の防止に関わる積極的義務に加えて、行為能力の低下という特殊的害から他の人々を守る積極的義務もあるのだろうか。そのような害が被害者の福利に与えるインパクトは深刻さや直接性という点ではそれほど強くないことからすると、それらの義務の緊要度は低い。しかし、その中にあっても深刻さの程度は一様ではなく、そのような害を免れたり、その被害から立ち直ったりする被害者の能力もさまざまであろう。一般的には、害が深刻であればあるほど、そして受動者の害を避ける力が弱ければ弱いほど、相応の負担を求められない範囲で、他の人が負わねばならない防止の義務は大きくなる。ＢがＣに些細な嘘をついているのを聞いたからといって、Ａがそのことを Ｃに警告せねばならない義務はほとんどない。しかし、Ｃが貧しい未亡人で、ＢがＣの蓄えた僅かな金を巻きあげようとしているのであれば、ＡにはＣにその事実を伝えて、そのような損失を未然に防ぐため行動する義務がある。ただし、ＰＧＣに立脚する国家では、このような詐欺行為を禁じて罰する法律が存在するため（５－

8)、Ａが個人でそうした防止行動をとる必要はない。カーがデイヴィスを救わねばならない義務との直接性と緊急性をめぐる違いである。

このような防止行動に対する義務は、救助の義務の場合と同様、ＰＧＣから導出できる。ＰＧＣは他の人々に特殊的害を与えることを禁じ、他の人々がそのような被害から自力で逃れられないときは、相応の負担を負う必要がない限り、それらの人々に援助の手を差し伸べるよう要求する。したがって、Ａが差し迫る詐欺に気づき、それを負担なく防止できる場合、Ｃにその警告を発しないことはＡが有害な行為に加担したことになる。これに対して、罪のない嘘の場合、ＡのＣに対する警告は敵意という形で、Ｃが負うはずの不利益に比べ、より大きな不利益をＡにもたらすであろう。

4-15 特殊的害と非減算的権利に私が与えた定義に対して予想される次の疑問を検討してみよう。それらの害が通常、あるいは常に、受動者の潜在的行為能力を低下させる傾向をもつにしても、これは果たしてそれらが道徳的に不正であることの要諦であろうか。受動者の潜在的行為能力を低下させる傾向をもちながら、なお道徳的に不正であるとは言えない行為や、そのような傾向をもたないにもかかわらず、なお道徳的に不正である行為は、本当に存在しないのであろうか。第一の疑問が特に深く関係するのは、例えば、約束を破る行為である。この反対意見によると、行為者は約束において、まさに約束をしたとの理由で、自らを約束相手の受動者に対する特別の責務の下におくことになるが、約束を破る行為において何が道徳的に不正であるかと言えば、それは他でもなくこの行為者が当の責務を果たさなかったことである。

したがって、もし約束違反が不正行為である理由が、私の説明のように、受動者の潜在的行為能力を低下させる傾向にあるとすれば、自らに課した責務の不履行は含んでいないものの受動者の潜在的行為能力を低下させる傾向をもつ行為と約束違反を区別することはできないであろう。例えば、既にトラクターを一台もっている農夫のノートンがその地域で唯一購入可能な別のもう一台を買ったため、別の農夫オーウェンズがトラクターをもてない、という事態をめぐる二つのケースを想定してみるのがよい。ノートンによるトラクターの購入はオーウェンズの作業能率を、それがない場合やオーウェンズの希望と比べ、大幅に低下させることになるから、この購入にはオーウェンズの潜在的行為能力を低下させる傾向がある。しかしここで、ノートンがオーウェンズにトラクターは買わないと約束していたケースと、そのような約束はしていなかったケースを比較してみると、次の二つの論点が得られる。第一に、そのような約束をしていない場合、ノートンの行為はオーウェンズの潜在的行為能力を低めるよう作用したと言えるにしても、ノートンは決して道徳的に不正な物事を行ったのではない。第二に、ノートンの違約はオーウェンズに対する道徳的不正行為であるが、このことはノートンの行為が結果的にオーウェンズの潜在的行為能力の低下に繋がった事実とはまったく無関係である。ところが、本書の説明のように、約束違反が道徳的不正であるのは専らそれが傾向的に受約者の潜在的行為能力を低下させるからであるとすれば、この二つのケースを道徳的に区別することはできなくなるであろう。

約束を破ることは、先述した意味で、受約者の潜在的行為能力の追加的低下をなす。これが以上の反論に対する私の応答である。確かに約束を守る責務は、誰かの潜在的行為能力を低下させてその人に害を与えない、という他の責務とは異なるタイプの責務である。しかし、約束に関する責務は、ある特定種類の内容を欠く限り、言い換えれば、約束されたものが受約者自身の目的すなわち受約者が善いと見なす物事と積極的な関係をもたない場合、決して道徳的なものとはならない。約束違反がなぜ不正かというと、約束者が自らの目的のために受約者の価値や目的達成に関わる期待を高め、しかる後に約束を破ることで、受約者を犠牲にして加算的善を自分自身のために引きだし、その結果、受約者は誤った期待と見当違いの自信に基づく行動計画を余儀なくされ、特殊的害を被ることになるからである。

この反論の第二の論点によると、人は他人の潜在的行為能力が低下する原因をつくりながら、なお道徳的に不正な物事は一切行っていない可能性がある。しかし、この反論が成り立つのは、当の行為がＰＧＣによって正当化可能な制度の内部で行われる場合だけである。ノートンが（買わないことを約束していない状況で）トラクターを購入した前記のケースは、制度の正当性については別途議論が必要だとしても、一応、商取引という制度の枠内に収まる。ただそれでも、入手可能なトラクターをノートンが買い占めたことは、まさにノートンとオーウェンズのあいだに行為と目的達成をめぐる潜在能力の大きな格差を生みだした点において道徳的不正である、とは言えよう。

この反論の第三の論点によると、行為は受動者の潜在的行為能力を低下させることがなくとも道徳的に不当である場合がある。例えば対麻痺の人や死にかけている人など、既にきわめて限定された潜在的行為能力しかもたない人との約束を破るケースである。しかし、対麻痺の人も考えたり、選択したり（選択の幅は狭くとも）、計画したりすることができるのであるから、行為する力にせよ、行為を通じて目的を実現する力にせよ、やはり保有している。その限りで約束違反が前述した通り当人の潜在的行為能力を低下させるのは明らかである。

死にかけている人との約束がその人の死後に破られるケースはまさに限界的な状況である。生きている人々がその約束を知っており、その履行に依存するのであれば、それらの人々が補助的受約者となり、当の約束違反によって低下させられるのはそれらの人々の関連する行為能力である。その約束が死んだ当人のみとの約束で当人しか知らないのであれば、約束の内容が他の関係者の行為能力とどう関係するかによって、事情は大きく変わる。例えば、プラットがクインに対して将来クインの子供たちの面倒を見ると約束したのであれば、プラットはクインの子供たちにはその必要が生じると想定しているのであり、プラットの約束に義務的強制力を課すのは何よりもこの子供たちの成長すなわち行為能力の発達に対する影響である。しかし、誰かの行為能力にこうした直接的影響がない場合でも、この約束を破るのはやはり不当である。その約束違反は当の約束者が別の約束を破る結果に繋がり、生きている他の人々の行為能力が悪影響を受ける危険性が高いからである。加えて人間は、自分自身に対する義務として、ならびに当該の特質がPGCの一般的遵守に深く関係するとの理由で、良心的であるとともに信頼できる人物であるべきである（5-19）。

先に見た通り、一般に基本的害はPGCによって禁じられるとはいえ、自分自身に対する同様の被害を防いだり阻んだりするためであれば、その相手に対して基本的害を与えることは正当化される。特殊的害も同様であるが、いくつか留意事項がある。人は誰かに騙されないためにその人を騙したり、誰かに盗まれないためにその人から盗んだりしてはいけない。そのような不正行為は同様の手立てによらずとも防げるからである。しかし、それよりももっと不正な被害を防ぐ他の手段がない状況では、このような特殊的害を与えることもやむをえない。例えば、前に見た殺人を防ぐために嘘をつくケースがそうである（3-27）。自分や家族を餓死させないために盗むのもそれと同様のケースであるが、基本的善の枠を超える快適さを得るために盗むことは許されない。

政治の分野などには、目的は手段を正当化するから、権力を維持するために必要なときは嘘をついたり約束を破ったりすべきである、とするマキアヴェリ的原理がある。この原理が受け入れられる状況はありうるだろうか。現代のマキアヴェリ主義者はその目的が当人か当人の属す企業や組織の権力強化にある場合もこの原理を承認するが、この場合は、もちろんそうした状況ではない。一方、ボストン茶会事件は私有財産の強奪と破壊に関わる事件であるにもかかわらず、同意の順序という重要な政治的権利が奪われることに対する抗議行動として正当な行為である（5-11）。これらの権利が成功的行為の可能性要件である広範な自由に深く関係するため財産権に優先するのであれば、この行為はそれらの権利を確保するための一時的な応急策としてのみ正当化されよう。

同じく国と国との関係においても、嘘をついたり約束を破ったりすることは、不当な攻撃から自国を守るためにやむなくそうせざるをえない絶望的状況を除き、決して行うべきではない。いずれのケースにおいても、特殊的害を加えることを正当化するのは、善の最大化ではなく、類的権利の平等を損なう、より深刻な権利侵害を回避する必要性だけである。

加算的善に関する義務

4-16 加算的善は、総称的-素性的観点から捉えると、予定的行為者の福利の一部をなす。総称的-素性的な意味の加算的善は、いかなる人物に関しても、当人の目的達成能力を向上させ、より多くの目標を実現することを可能にする諸手段や諸条件で成り立っている。こうした加算的善は、基本的善や非減算的善とは違って、正のベクトルをもつ。それらは動態的すなわち非静態的であって、行為の潜在能力や必要条件を維持することではなく、それらを拡大させたり成長させたりすることに関係する。その働きにより人は自らの生産的労働を通じて自らの運命を好転させる機会を獲得し活用することが可能になり、結果的に相互補強的な形で多くのさまざまな目的を実現できるようになる。PGCが財産権を正当なものと認めるのも、（他の理由も無視できないとはいえ）主として、それらの権利が遡及的にはそうした労働に由来し、前望的にはそうした労働に携わる手段と機会を促進する、という二つの理由からである。この正当化は、行為者が自らの自由と加算的福利に対する権利に従って行為することの応用である反面、財産権に対する制限を示し、この後者は行為者がその受動者の福利の権利に従って行為せねばならないというPGCの要件から導かれる。また、効率性や最大化といった概念が特に重要な意味をもつのもこの加算的善の文脈である。これらの概念が予定的行為者の福利に当てはまるのは、当の行為者が計画と目的をもち、それらの計画と目的が完全な人生の一部として機能する新たな計画と目的を次々と生みだしていく状況においてである。福利とは、この場合、加算的善に関連する諸能力を保有することに他ならない。

ＰＧＣは、福利に対する権利の保護の一環として、行為者が受動者の加算的善や加算的能力を尊重するよう求める。この責務は前述した基本的善や非減算的善に関する責務と同様の手続きに従って導出される。合理的行為者にとって、自らの福利は、目的達成的行為に必要な自らの能力を高めるための条件を確保する働きがあるという意味で必要善であるから、予定的目的的行為者である限り、自分にはそうした条件に対する権利があると考える。以下では、それらの権利を加算的権利と呼ぼう。その行為者は、自己矛盾を避けるためには、自らの受動者を含む他のあらゆる予定的行為者も同様にそれらの権利を有し、したがって自分にはそれらの人々がそうした条件を確保することに干渉しない相関的義務があることを承認せざるをえない。反対に、誰に対してであれ、そのような干渉を行うことは特殊的害を与えることである。そのような害は非減算的善に関して述べたものと類似の害であり、この場合もやはりＰＧＣによって禁じられる。また、予定的行為者自身の努力だけではそれらの加算的福利が十分準備できない状況にあっては、その行為者の責務はそうした福利の確保に対する支援へと拡張される。もっとも、この責務はその役にふさわしい社会制度に関わってくるのが普通である。

素性ないし能力として捉えられたすべての加算的善にとって、当該の予定的行為者が自分自身の価値をどう捉えているかがきわめて重要である。すべての行為者は、既に見た通り、自らの特殊的目的を追求するに値するものと見なし、それらに価値を帰属させる。そのように評価される目的性が偶発的なものでも一過的なものでもないとき、当の行為者は、自らの目標に備わった価値には、その生活や自由や福利が保護されるとともに発展させられるに値する合理的人間としての自分自身の価値が反映されている、と思念しており、その意味で揺るぎない自尊心を抱いている。そのような自尊心が欠ければ、その行為者の追加的目標を達成する能力は疑わしいものとなり、そのような自尊心があれば、それによって成就される物事に対する達成感も見込まれる[16]。

PGCはこの自己尊重が双方向的な社会的次元を含むことを要求する。その行為者の自尊心は、他の人々がその行為者に対して抱く、相応する尊敬の念に反映されねばならず、その行為者自身も他の人々に対する相応の尊敬を抱いていなければならない。この双方向的関係は、特に人々がPGCの他の義務を果たす限り、諸個人間の不公平な比較を求めることはない。行為者の自尊心は、追求する価値のある目的のために自分が行為していると いう当人の自覚に反映されるが、そこには必ずしもそれらの目的と他の人々の目的との比較は含まれないし、その行為者と他の人々との関係についても同様である。目標や価値が多様であり、目的達成の実効性もさまざまである点を認めたからといって、自尊心が非比較的基盤をもつとの考えには反していない。自動車整備士による自動車修理の生産効率と会計士による欠損追跡の生産効率は同じではないが、その違いはそれぞれが目的的行為者としての自分自身におく、より一般的な価値には影響しない。こうした多様性にもかかわらずPGCが要求するのは、他のすべての予定的目的的行為者に対する一般的敬意であり、この他者への関心は、それらの人々の行為者機能の外的効力にとどまらず、何よりも、そうした効力を支えるとともに生みだす合理的人間としての性格や意気込みといった内的要因に向けられねばならない（3-3）。

そのような敬意の結果として、各人は他の人々に対して軽蔑の念を抱いたり、蔑んだ態度をとったりしないようにしなければならない。人々は侮辱されたり、軽視されたり、見下されたりしてはならず、人種や宗教、国籍などによって差別されてはならない。裏を返せば、そのような敬意の義務が求めるのは、人々が互いに受容と寛容の態度で接することである。こうした態度には、それが基本的善と非減算的善に関するPGCの義務の範囲に収まる限り、多様性の黙認も含まれる。また敬意の義務は、互いのニーズを思い遣ったり、支え合いの精神で互いに助け合ったりする心構えも求める。したがって、尊敬にせよ敬意にせよ、直接的には行為ではなく態度や気質のようなものであるが、可能的効力の面でも、行為の結果として起こることからしても、行為と至近的に繋がっている。これらの義務の不履行は受動者の加算的権利をその最も中心的な局面の一つで侵害する。

この自分自身の価値という行為者の感覚と密接に関係するのが、人格を形づくるさまざまな徳である。これらの徳は、行為者の自尊心の根拠づけや強化に貢献するだけでなく、行為を動機づけたり支えたりする深在的で持続的な素質として、目的達成に向けた行為の能率を高める働きがあり、その意味で加算的善である。それらは古くから言われてきた四つの枢要徳の内の三つに即して整理することができよう。勇気は恐れられるべき物事と恐れられてはならない物事を見極める正しい判断力をもち、その判断に従って行為する素質である。そこには危険を察知してそれに対処できる能力、逆境に耐え忍ぶ忍耐力と不屈の精神、安易な退路を断ち果敢に障害を乗り越えようとする決断力などが含まれる。節制は自らの欲求や性癖を慎重に制御しながら自らの行いを導く性質である。これにより行為者は、身体的健康や精神的健康にも影響を与える、物質に対する強い欲望と節度すなわち禁欲との適正なバランスを保ちながら、単なる動物ではない合理的人間として自らの自尊心を維持することができる。慎慮は、特定の目的を達成する最も効率的な手段を見積もるだけでなく、特殊的目的と一般的目的の双方の中から、自らの能力と深層的願望に照らして、どの目的が最も追求すべき価値をもつかを見定めるために必要な至近的能力である。したがって、そこには当然、自己認識と社会環境や自然環境に関する認識に加え、それらの知識を自らの行為や計画に結びつけるための至近的な能力や傾性が含まれる。これら三つの徳目（あるいは徳目群）は、すべて対応する行為の通常の履行を通じて獲得され、結果として、行為者の側にある実践的安定性をもたらすが、その働きにより、次々とあらわれる新たな刺激や移ろいやすい一時的な気まぐれや根拠の乏しい恐れや好みのせいで行為者が自らの行為や計画から逸脱することもなくなる。これらの徳をもつ人物は単なる受け身的な受動者でも、外的原因の影響を受けるだけの被害者でもなく、通常は、自らのふるまいを知識に基づく自発的な選択と計画によって支配している。

これらの自己尊重的な徳は、前述の限りで言えば、道徳的なものではなく、自益的なものである[17]。それらが道徳的――ここで「道徳的」とは「不道徳的」でも「道徳的に無関係」でもないという意味である――徳であるためには、PGCに体現される正義のような他者尊重的な徳によって導かれるか、少なくともそれに服していなければならない。カント流に言うと、慎慮に基づく自益的徳はいずれも無条件の善ではない。事実、それらに従って行為する人物は、それらの徳が不道徳的な目的に使われるかもしれないという意味で、類的一貫性を破る可能性がある。したがって、行為者にはこれらの徳を自ら育成する道徳的義務があるとは直ちには言えないであろう。その場合むしろこの行為者の道徳的義務は主に、他の人々のあいだで自益的徳が育成されることを妨害する行為を慎むことである。そのような行為は、例えば、恐怖と抑圧の政治風土を生みだしたり、アルコールや煙草、ドラッグ、ポルノの濫用といった心と体の健康を蝕む悪習を蔓延させたり、特に目的追求を効果的に行う能力に関わる事柄について誤った情報や無知、迷信を広めたりと、さまざまな形態をとりうる。この行為者がそのような行為を行えば、受動者の加算的福利に対する権利は侵害される。自益的徳を有することこそ受動者にとっての加算的福利だからである。この行為者には、他の人々の自由を尊重しつつ、それらの人々のあいだで自益的徳が育成されていくよう可能な限り支援する積極的義務がある。こうした支援は、個々の行為者によって提供されるものであるから、具体的には、自らの行為を通じて徳実践の手本を示したり、それらの徳が尊重され育成されるような社会的・教育的環境を支えたりすることを意味する。

行為者には自分独自の自益的徳を自ら育んで実践する道徳的義務があるとはいえ、以上の通り、その仕方は非直接的であり、他者規定的な理由による。実際、行為者自身がそれらの加算的善をもつと同時に、それに見合う行為を行わない限り、他の人々が人格に関わるそれらの加算的善をもつことに貢献することは不可能である。しかも、そうした徳の実践は、前に指摘した通り、ＰＧＣによって指針が与えられねばならない。そのような指針が与えられた場合、自益的徳の保有は当人の道徳的行為者としての実効性にもプラスの効果をもたらすであろう。慎慮の基盤である幅広い知識を獲得しようとすれば、理性使用は欠かせない。理性が行為の必要条件に適用されれば、ＰＧＣ自体がこれまで以上にしっかりと認識され、それとともに、この原理を効果的に実現するための条件についてもきちんと理解されるようになるであろう。その行為者の慎慮に基づく自益的徳はこうした経緯により、ＰＧＣが道徳的義務としてその行為者に自主的育成を求める道徳的徳ともなる。ＰＧＣが直接求めるのは徳ではなく、特定種類の行為であるが、一方でこの原理は、行為者がこの道徳的で自益的な徳を自ら育成するようなやり方で行為することを求める。そのようにして徳が育成されると、ＰＧＣの命じる行為に関するさまざまな道徳的義務の達成が助けられるからである。

また、自尊心や自益的徳の育成に寄与するだけでなく、人々が行為を通じた目的達成に求められる一般的能力を別のやり方で発展させることを可能にする、もっと一般的な条件もある。自由、知識、教育、富、所得がそのような条件である。この内、前の三つには密接な関係がある。まず、自分自身そして自然環境や社会環境に関する知識は慎慮という徳にとってきわめて重要である。加えて、行為の自発性は当の行為者が適切な状況認識をもつことを要求する。そうした知識を獲得して、それを実践的に使おうとすれば、いずれにせよ、自らの知的能力を誰にも邪魔されず発動するという意味の自由が必要である。知識はこの知能を導くための規範や規準を前提にするとはいえ、それらの規範の承認や適用が不適切な制限によって束縛されるようなことはあってはならないからである。また、もっと広い観点から言うと、本書では一貫して行為の類的特徴の一つとして自由の意義を強調してきた通り、ある人物が自らの強制なき選択によって自らのふるまいを支配することがなければ、その人物は自らの目的を達成することもできない。そして、その知識と自由を獲得するための中心的手段が教育である。

人間の行為能力とそれらの能力を発達・向上させる平等な機会に必要な諸条件との関係は、ある程度までは経験的で因果的な問題である。基本的善に限定した場合、それらの条件を確定することは比較的容易である。しかし、この最低限のものから問題解決や目的達成に求められる幅広い能力を効果的に発展させる諸手段へと進むにつれて、確定作業は次第に困難になっていく。特に次の三種類の困難が指摘されよう。第一に、さまざまな手段の相互間ならびに計画目標との関係をめぐるむずかしさである。例えば、公教育の修得は所得・富の取得とどう関係するのか、この二つはそれぞれ自尊心の発達とどう関係するのか、そして、この三つは目的達成に求められる一般的な潜在能力の向上とどう関連するのか、といった厄介な問題がある。第二に、以上とも関連して、これらの加算的善の発展については個人間比較という問題がある。人々はどの程度まで教育や所得、自尊心、その他の加算的善を獲得する平等な手段あるいは手段への平等なアクセスをもつべきなのか。また、ある加算的善をめぐる平等と他の加算的善をめぐる平等はどう関係するのか。これらを確定する作業はもとより簡単ではない[18]。第三に、人間集団の多様性とその背景をなす社会構造の多様性を考慮に入れると、いずれの手段－目的関係も解明は容易でない。行為者は受動者の加算的善に少なくとも干渉しないようにしなければならないが、この責務を果たす能力は当の行為者が有する資源に大きく左右される。例えば、親の子供に対する不干渉や養育義務の履行の能力は当人の社会的地位や当該社会の性格によって条件づけられる。貧しい農夫と豊かな地主の違いはそのことを示す一つのわかりやすい事例である。

こうした困難ゆえに、目的達成的行為の能力を向上させる手段である加算的善について、その特定の内容や相互関係を論じようとする際には細心の注意が欠かせない。それでもなお、前述した一般的考察は有効である。加算的善は、その考察が示唆する通り、主に狭い道具的な意味で目的達成の手段として機能するだけでなく、人間の尊厳と行為者としての実効性の直接的成分をなす点においても、目的達成の手段となっているのである。

4-17 ＰＧＣの求める類的権利の平等には平等な加算的権利も含まれるが、それらは素性的な意味での加算的福利に対する平等な権利であって、特定の加算的善に対する平等な権利ではない。それゆえ、すべての予定的目的的行為者は自尊心や自益的徳、自由、知識、教育を確保し保持する平等な権利をもつものの、これらの加算的福利の諸成分の利用によってそれぞれの行為者が獲得するさまざまな特定の善もそれと同じように平等に配分されねばならないわけではない。特定の目的を実現することと、そうした達成の手段を手にすることはまったく別の事柄である。確かに、後者はある程度まで前者のためのものであるが、特定の目的をまったく、あるいはほとんど達成できない場合、当の人物が一般的な手段や条件を有する可能性はきわめて低いであろう。ただ、一般的条件という広い視野に加え、それらの条件と特殊的な加算的善との違いを明確にしておくことも道徳的権利・義務の観点から重要である。自らの特定の目的を達成することは、通常、その行為者自身の機能であるのに対して、そうした達成の手段や条件を確保するには、他の人々や制度によるさまざまな形の支援が欠かせない。加算的権利とはそのような支援に対する権利である。もちろん個々の人間はこの部面への自分自身の積極的貢献を通じて能動的に関与できるし、関与しなければならないのであるが。

特殊的善とそれらを取得する一般的手段との区別は特に富と所得の問題に応用できる。富と所得は購入可能な特定の加算的善と直接関係し、その意味では富と所得自体が一種の特殊的善である。要するにそれらは目的達成的行為に対する直接的助力か、その成分である。加算的権利の平等ということでＰＧＣが富と所得に関して求めるのは、しかし、特殊的善としての富と所得が均等に分配されることではなく、それらを手にするための手段ができる限り均等に配分されることである。わかりやすい例で言い換えると、決め手は各人に金を配ることではなく、各人に対してそれぞれが生産的労働という部面での行為者能力を通じて自ら金を稼ぐことを可能にするさまざまな手段を発展的に提供していくことである。そのような発展に貢献する責任は、主に個人ではなく、広く教育制度の発展に見られる通り、その役にふさわしい種々の社会制度にある。そうした制度としてまず家族が想起されるが、それにとどまらずもっと広範囲にわたるさまざまな支援組織が含まれる。

以上、類的権利の平等を富と所得という観点から捉えたが、これは機会の平等に関する伝統的な見方ときわめてよく似た考えである。「機会」とは要するに目的達成のための至近的潜在能力である。機会の平等を社会的道徳の理念と捉えるこの見方に対しては、従来から、人々の遺伝的・環境的差異は余りに大きいため純粋な機会均等は不可能であるとの反対意見がある。しかも、この反対意見によると、「機会」が問題になるのは、人々が互いに張り合いながら激しい出世競争を演じる一種の競争的環境においてであり、それを均等化するという考えは理念としても決してふさわしいものではない。しかし、ＰＧＣの加算的権利の平等に関する限り、この反対意見は余り説得力をもたない。この原理の場合、加算的権利の平等に先立って基本的権利と非減算的権利の平等を確立しているからである。この優先性ゆえに機会の均等は、機会の提供によってもたらされる諸結果に応じた制限を課せられることになる。したがって、例えば、他の人々を殺したり奴隷化したりする機会や他の人々から基本的善や非減算的善を剥奪する機会は容認されない。より一般的にＰＧＣは、競争的関係にある行為者が、類的権利の相互尊重に関連して、消極的義務だけでなく、必要に応じて積極的義務を果たすよう要求する。加算的権利の平等はさらに、人々の遺伝的違いや家庭環境に伴う多様性がどうあれ、それらのせいで重い障害を余儀なくされる人物に対しては、それを埋め合わせるための施策が講じられるよう要求する。このようなやり方で競争が少なくともより公平なものとなることは間違いなかろう。

行為者の中には、例えば教育のような特定の加算的善が自らの一般的な福利にどれだけ貢献するかを自覚していない者も少なくない。しかし彼らも行為者である以上、自らの目的達成を可能にする福利を必要善として価値づけるため、結果的に、福利のさまざまな手段や条件に関する知識が増えるに従い、この一般的福利に対して暗黙裡に要求する権利も次第に特殊化されていくであろう。加算的善に関して行為者が果たす責務は、各人の行為能力が発展していくために必要な諸条件からはもちろん、そうした発展のために他の人々が支援したり控えたりせねばならない行為や怠慢からも生じる。それらの責務の基盤は功利主義的なものではない。功利主義が諸個人の権利や善を無視したまま効用最大化や全般的目的達成に関心を向けるのに対して、こうした責務は、各人各様の暮らしを充実させる要因として、諸個人がそれぞれ目的達成の潜在能力を発展させ最大化するための平等な機会を重視しており、その点にも両者の大きな違いがある。

こうした責務に関しては、個人レベルの話と社会レベルの話の次元の違いに注意する必要がある。重要な加算的善はいろいろあるが、人々にそれらの獲得を促す種々の社会制度は、当然、不可欠である。これについては、その根拠や対応する責務を含め、次章で詳しく論じよう(5-13)。ただ、それらの制度とは独立した、もしくはそれらを補完する行為に携わる親以外の人々に関して言うと、加算的善に対するその責務は、前述した自尊心に関わる事柄を除けば、概して消極的なものにとどまる。行為者は受動者が自らの行為能力を高めるための手段を獲得することに対して、どのケースについても平等に干渉を控えねばならない。この責務は誰に対してもそうした発展のチャンスを制限しない務めであり、能力発展の機会均等に関係する。ただしこの消極性は、加算的善に対する権利は支援されなくてもよいということではない。加算的善の達成は主に各人の自己発展の問題であるとはいえ、それは親や社会による養育がその役目を果たし、自尊心に関わる一般的要件がきちんと果たされた後の話である。他の人々が干渉を控え、支援のための適切な社会制度が存在すれば、その限りで、各人は自らの目的達成に向けた潜在能力を促進し、発展させることができる。これは一面では、人間の能力を「成長」や「創造性」といった観点から捉える「自己実現」という心理学的概念をめぐる経験的仮説の問題であり、個々の予定的行為者にとって自由と福利という必要善を獲得・保護する過程は、それらの善を当の行為者自身が前進的に使用していく過程を可能な限り含んでいなければならないという意味では、目的と手段の連続性を説くデューイの考えを反映しているとも言える[19]。

目的達成の潜在能力やそれを発展させる能力は人それぞれによって異なる。しかし、知力や努力をめぐるそうした違いは人間にはコントロールできない諸原因のみから発生するのではない。固い決定論については、既に選択の一般的因果づけとの関連でその難点を明らかにしたが、この説はここでも説得力をもたない。人間が何であり、何を行い、何になるかに関して、あたかも当の人物自身はまったく貢献しておらず、したがって当人はこの貢献やそれがもたらす他の人々の福利に値する存在ではないかのように捉え、人間を専ら外部から作用する諸力の中心として概念化しようとしても決してうまくはいかない。個々の人間は、決定論の発想とは対照的に、それ自身さまざまな力を発動する諸活動の源泉である。人間はデカルト流の不活性な物質とは異なり、自らが保有する内部的資源を用いて自分自身を発展させることができるし、それらの資源の構造と内容に自ら独自の実効的貢献を果たすこともできる。

各人は自らの目的達成の潜在能力を発展させるよう積極的に関与せねばならないが、加算的善の獲得に関しては、この関与とは別に、それにふさわしい社会制度の下で当の制度に由来する責務を負う。支援を惜しまない家族、全員に開かれた啓発的学校制度、自由で豊富な情報伝達手段、多元的で平等な社会構造、自由主義的政治制度とそれに見合う法制度、財産およびその獲得機会の広範な分布などがその主なものである。ただ個々人にもそれに応じて、そうした制度を啓発的に支えるとともに、制度の効果的運営を促すよう相互尊重の姿勢を貫く責任がある。

加算的善に関する責務の中には非減算的善に関する責務にきわめて近いものもある。行為能力の維持に必要な条件とその向上に必要な条件は一部重なるから、これは当然である。ただ、両者の力点の違いには注意が必要である。例えば、約束違反は二重の被害を及ぼす。まずそれは、行為の依拠する期待に誤った情報をもたらし、受約者の行為能力を低下させる恐れがある。同時にそれは、受約者が当の約束により受け入れを同意した見通しに含まれる関連の行為能力を向上させることを不可能にする働きがある。ロングがミラーに一〇ドル与える約束をして、それを反故にした場合、ミラーは約束前の状態より悪くなっただけでなく（ミラーは期待を裏切られ、自らの計画に関して誤った信念を抱かされたことになる）、もっと善い状態になる手段をも失うであろう。ミラーの目的達成の水準は引き下げられるとともに、引き上げられる可能性も奪われるのである。

自由に関する義務

4-18 ここまではPGCが求める要件の内、行為者は受動者の福利の権利に従って行為せねばならないとの要件をめぐるさまざまな側面を論じてきた。次に、この原理のもう一つの基本的構成要素である受動者の自由の権利のさまざまな応用について検討しよう。福利が目的達成に関係する特定の行為能力を保有すると同時にそれを行使することであるのと同じく、自由もまた現行的であると同時に素性的である。つまり自由とは、人が特定の状況で自らの強制なき選択によって自らのふるまいに対する支配力を行使することであるとともに、そうした支配力を将来にわたって実効的に行使する能力をもつことである。現行的自由も素性的自由も人が自らの強制なき選択によって行おうとする物事が他の人々によって干渉されないことを要求する。ただし、この不干渉は特定の行為にのみ関連する場合もあれば、時間的にもっと広範囲にわたる場合もある。この二つの相面は、大抵、一体的に機能するが、時として現行的自由が長期的自由の維持と衝突する事態も発生する。以下では主に、行為者は特定の対他行為においてその受動者に合わせて行為せねばならないというPGCが求める現行的自由の権利を取りあげ、両者の対立についてはもっと先で改めて検討したい。

行為者は、前述の通り、予定的目的的行為者であるとの根拠に基づいて、自分には自由の権利があり、自分が関わる対他行為には自発的に参加する権利がある、と必然的に考え、またそれゆえに、同じく予定的目的的行為者である自らの受動者にも、自由の権利や当の対他行為に自発的に関与する権利があると認めねばならない。受動者の自由の権利は行為者の自由の権利と同じものではないが、この二つの自由のあいだには構造的類似性がある。行為者が受動者に影響を及ぼす何らかの行為を行うか否か、あるいは開始するか否かを自らの強制なき選択を通じて支配するのに対して、受動者の側も同様に、行為者による行為の始動や実行を受けとめるか否かを自らの強制なき選択によって支配する権利をもつ。行為者の場合も受動者の場合も、自発的選択はこの対他行為への関与の必要・十分条件であり、結果的にこの対他行為では相手によって干渉されることはない。このとき受動者には参加するか否かを自分自身で決める権利があるから、受動者の関与は自らの強制なき同意、それゆえ当人自身の理性と自律に従うものと言わねばならない。要するにPGCは、行為者と受動者の双方が当該の対他行為に自由に関与することを求めており、その意味で平等的自由の原理である。行為者が特定の対他行為に自由に関与することは必然的事実である。しかし、受動者も同じく自由に加わるかどうかは行為者次第である。実際、行為者は、受動者から強制なき同意が得られない限り、受動者に影響を与える行為を差し控えることができるし、そうすべきである。行為者にはこのように自らの受動者の自由を尊重する義務がある。受動者を強いたり欺いたりしてこの要件に違反したとき、そのような違反をPGCに基づいて正当化できる何らかの追加的な配慮事項がない限り、その行為者は自己矛盾に陥る。

自由にも度合いの違いがある。行為には関連する環境条件の知識が欠かせないが、行為者のもつ知識にも程度の違いがある。また、多少とも外的な圧力にさらされる場合もあれば、感情的な緊張を強いられる場合もあり、同じ選択可能な選択肢の中にあっても、望ましさや制限性などその程度はさまざまである。受動者に関しても同じことが言える。したがって、行為者と受動者の自由の平等は近似的なものにとどまる。しかし、いずれにせよ行為者に求められるのは、受動者の当の対他行為への関与に対する受動者自身の知識に基づく支配力、それゆえ受動者の合理的自律性を殺いだり弱めたりして、受動者の自発性の度合いを自覚的または意図的に引き下げてはならないということである。

この自由に関する義務を正しく理解するには、自由と福利の関係についてもっと詳しく見る必要がある。自由はある意味できわめて一般的な概念であり、福利の多く、というよりすべての要素が自由の相面としても捉えられる。この融合の根拠は、自由とりわけ消極的な「〜からの自由」が一般に特定の条件、特に不都合な条件の不在として捉えられる点にある。したがって、この考え方によると、何らかのものWが福利の一部であるとすると、Wを有することは無WやWの剥奪から自由であることを意味する。例えば、基本的福利の本質的成分をなす十分な食料は飢餓や栄養不良からの自由を内包すると言える。生命、身体的尊厳、所有物や契約の保障、自尊心、知識、教育はそれぞれ、死の恐怖、身体的暴行、盗難、違約、侮辱、無知、誤った教育や洗脳からの自由と解釈できよう。自由を、福利の諸成分をもつために必要な物事を行う力か能力を意味する、積極的な「〜への自由」と解釈した場合にも同様の点は当てはまる。この積極的な意味では、Wをもったり行ったりすることは、特に「W」を動態的に捉えた場合、Wを行ったり獲得したり維持したりすることである。例えば、食料をもつことは空腹時に食べる自由があるということであり、生命や資産をもつことは生きる自由や金を使う自由があるということである。

以上のような捉え方の難点は独立的価値を有する自由の特殊な貢献を曖昧にするところにある。この見方は自由そのものではなく自由の対象ないし目的に焦点を当てる。つまり自由であるとはどういうことかではなく、何からの自由かとか、何をする自由かといった点を問題にする。対象や目的の重要性は否定できないものの、これらは福利の権利の考察を通じて十分論じられている。しかし、自由の権利にはそれ以上やそれ以外の事柄も含まれており、前述した自由と福利の融合にはその限りでこの事実を覆い隠す働きがある。

福利に対する干渉は自由への干渉でもあることを想起すると、この隠蔽はもっとはっきりする。受動者が暴行や強姦や誹謗中傷などの基本的害や特殊的害を被った場合、それは受動者の意志に反して、つまり受動者の強制なき同意を伴うことなく行われているからである。ただしこのこと自体、自由と福利、そしてそれぞれに対する干渉のあいだに決定的な違いがあることを示す。この二つは外延的にはほぼ等しいものの、自由への干渉と福利への干渉は、前に行為の類的特徴をなす自発性と目的性に関連して述べた通り、概念的には大きく異なる（1-12）。誰かの自由に干渉することは、対他行為への関与を含む、その人のふるまいに対する当人の支配力に干渉することであり、したがって、そのふるまいの手続き面に影響を及ぼす。これに対して、誰かの福利に干渉することは、その人のふるまいが向けられる当の対象なり善なりに干渉することであり、そのふるまいの実体的ないしは目的的相面に影響を及ぼす。この違いは、ここでの議論のように、福利とは善の維持と獲得に欠かせない一般的能力・条件を有することである、と広く解釈した場合にも成立する。その場合もやはり、こうした一般的能力と、予定的行為者にとって行為に必要な、または行為によって獲得可能な善であるすべての対象ないし目的の関係に力点はおかれているからである。それゆえ、人を殺したり、誹謗したり、中傷したりすることは、福利と自由の双方に対する干渉であるが、行為に必要な特定の善を除去するか減殺する前者の相面をもつだけでなく、それらの被害が暴力や強要、騙しその他の手口を通じて、つまり受動者が対他行為に関与する仕方を通じて負わせられるという意味で、後者の相面をもっている。このような行為は、受動者が強制によらない納得ずくの同意を与えていない点で、当人の自由と合理的自律を妨げる。以下で見る通り、このような自由と福利に対する干渉の概念的相違は、自由への干渉が福利に対する妨害にならない場合や、逆に福利の妨害が自由への干渉にならない一部のケースを念頭におくと、さらに明確になる。

福利と区別された特殊的条件としての自由への干渉に関しては、特に重要な二つの変数がある。一つは干渉の様式や過程に関わるものであり、大きく暴力、強要、騙しの三種類に分けられる。暴力では、受動者は身体面や精神面での直接的圧力によって操作され、受動者の側には同意も同意の機会もない。強要では、受動者の同意はあるものの、その同意は、前に見た強制的選択と同様（1-11）、強いられたものである。そこでは、行為者が受動者に対して、それを選ぶか承諾するかしなければ間違いなくもっと悪い事態が待っていると思わせて、強制的で不快な選択肢を設定する。騙しでは、受動者が強制されざる同意を与えるものの、その承諾も行為者が意図的に提示する虚偽やごまかしの結果でしかない。これらの干渉様式の具体例として、それぞれ、暴行を伴う強盗、銃による脅迫、詐欺、そして強姦、強制売春（「白人奴隷制」）、誘惑を挙げることができよう。

以上の三種類は相互に排他的ではあるとはいえ、それぞれの概念を大幅に拡張しない限り、干渉のすべてを網羅することはない。制約、圧力、抑止の諸形態は三つのいずれにも属さないタイプの干渉であり、例えば、鮮やかな手口でスリを働くとか、こっそり相手の唇を奪うといった、前に触れた暴力的強制によらず受動者の同意がないまま当人に影響を及ぼす多くの方法が存在する。受動者の自由に対する干渉はこの通りさまざまであるが、以下で見る、それを緩和する状況にない限り、ＰＧＣはそれらのすべてを禁じる。

ただ注意したいのは、こうした自由に対する干渉の様式は個々の行為者がその受動者に与える効果に限定される点である。確かに、特殊的条件としての自由をめぐる手続きに関係するのはそれらの効果である。人間の自由に対する干渉としてはそれ以外にも少なくとも二つのあり方が考えられる。一つは当の人間の内的な諸要因に起因する妨害であり、そうした要因には、（種々の肉体的・精神的疾患といった）当人がまったくコントロールできないものもあれば、例えば、故意による無知、自己欺瞞、何らかの激情に粘着する妄想的態度、対立的で乱雑な諸欲求への無秩序的服従など、当人が自発的で的確な選択を通じて自らのふるまいを支配することを困難にするさまざまな自益的徳からの逸脱のように、当人自身が誘発したものもある。もう一つは大規模な社会的力や制度的力に由来する妨害であり、これらの力は、前述した暴力、強要、騙しを通じて直接作用するというより、人が選択できる代替手段に対する制限として働く。前者の場合、人が自らのふるまいを自らの自発的で適切な選択によって支配できない原因が当人自ら誘発したものである限り、この人物はやはりPGCが行為者に課す義務を負う。この至近的不可能性の条件、すなわち当の支配を不可能にしている直接の要因を無効化することは、依然として、合理的予定的行為者であるこの人物の力の及ぶ範囲にある、言い換えれば、非直接的には、この人物の素性的な選択と支配に服しているからである（1-11参照）。後者の場合、効力のある選択したがって行為の自由は、問題の社会的諸力が可能性として残している諸々の選択肢の内部でなお作用し、これらの選択肢の内にはそうした社会的諸力に対抗する行為すら含まれる可能性がある。なお以上の論点については、マルクスの経済決定論のように、選択可能な代替手段など残されておらず、資本家の選択すら完全に生産過程での役割によって決まる、との反論も予想されるが、この見解に対しては、前に固い決定論に浴びせた批判がほぼそのまま適用できよう（1-11）。

次に、自由への干渉に関する第二の重要な変数を検討しよう。それが関係するのは干渉の持続または広がりである。自由への干渉も、自由と同じく、現行的である可能性も素性的である可能性もある。現行的な意味で自由な人物はある特定の時空間的な状況下で自らのふるまいを支配している。現行的な干渉はこの支配を排除するものであり、その干渉効果は必ずしもそうしたふるまいの他の部分に対する当人の支配力にまでは及ばない。素性的な意味で自由な人物は自らのふるまいに対する長期的な支配力を有し、素性的な干渉にはこの長期的支配力を殺ぐ働きがある。ところで、受動者の素性的自由の構造とは次のようなものである。Ａが将来のいずれかの時点で誰か他の人物Ｂに影響を与える対他行為を始動する予定であるとすると、Ｂはその対他行為に関与するか否かを自らの非強制的選択や自発的同意によって実効的に支配できる立場にある。例えば、ある人の移動の自由が、ドアにカギがかかっているために建物から出られない場合のように、強制に近い形で、現行的に妨害されることがある。ただその場合も、隣接した別のドアが施錠されていなければ、干渉は一時的なものにとどまる。このように現行的干渉は他の多くの選択肢を利用可能なものとしてなお残しており、当の人物は事実上それらの中から選択することができる。これに対して、その人物が投獄された場合には、移動の自由は素性的に干渉され、身体的移動に関しては、事実上、当人の選択に委ねられる選択肢はまったく、あるいはほとんど残されておらず、当人は移動の自由がなければできない他の多くのふるまいも事実上禁じられる。その人物が奴隷化された場合には、事態はさらに極端な形であらわれる。奴隷の場合、現行的な移動の自由は相当程度もつにもかかわらず、もっと深い意味で自らのふるまいに対する支配力を失うからである。この人物は、さもなければ当人の選択が帰属するはずの自己ないし人格としては、別の人物の所有物となり、それゆえ、自分自身が選択したものではなく、他人が選んだ物事を行わねばならない。このように投獄されたり奴隷化されたりすると、素性的自由は失われる。

現行的自由の喪失と素性的自由の喪失には大きな違いがある。一部の極端なリバタリアンは、自由の喪失をすべて無差別に「奴隷化」と特徴づける。税や規制はどれも全般的な「自由」に対する脅威であり、不正である、との主張である。しかし、この学説は自由と福利をめぐる選択肢がさまざまな持続と可能性をもつ事実をまったく見ようとしない。もちろんＰＧＣは自由に対する干渉を一般的に禁じる。ところが、これまでの議論で明らかにした通り、ＰＧＣは一方で行為者に義務を課し、それゆえ行為者が正当に選択できる選択肢に制限を加えるため、その限りで行為者の自由に対する干渉を求める。これらの制限は正義によって類的権利の平等の諸成分として要求されるものであり、それに違反した場合、行為者は自己矛盾に陥る。行為者がＰＧＣに体現された合理性を備えている限り、それらの義務に自発的で納得ずくの同意を与えるはずであり、それらを暴力や強要、騙しといったタイプの自らの自由に対する制限と見なすこともない。とはいえ、それらはやはり制限である。それでも受動者を強制したり傷つけたりしない多くの選択肢が行為者になお残されているのであれば、その行為者は依然として広範囲にわたる正当化された自由を享受する。

干渉の様式と広がりをめぐる二つの変数に加え、三つ目の変数を考えることもできる。それは干渉されるふるまいが向けられる対象や目的の重要度に関わる変数であるが、ここで注目されるのも自由と福利の密接な繋がりである。行為者はさまざまな目的に照らして自らのふるまいを支配しており、この支配に対する干渉が当の行為者にとってどれ程の意味をもつかは、恐らく、そのふるまいなり行為なりが向けられる目的がどれだけ重要であるかに応じて決まってこよう。この関係については、強要された不都合な選択肢の中から選ばざるをえない、強制的選択をめぐる議論の中で既に触れている。例えば、ある人が大好きなアップルパイを食べることを止められたとしても、食べることを全面的に阻止されたことに比べれば、事態はそれ程深刻とは言えない。これらの事態は、暴力、強要、騙しなど、どの手口によるかはともかく、受動者から自発的選択によって自らのふるまいを支配する実効的力を奪うという意味では、いずれも自由への干渉である。しかし、干渉されるふるまいの対象の重要度はまさしく千差万別である、との論点に直接関わってくるのは福利の権利である。一方で、自由の権利にとりわけ深く関連するのは、防止にせよ制約にせよ干渉にせよ、それ自体の様相である。したがって以下では、まず、この相面の検討を進め、干渉を受ける目的との関係については暗に仮定するにとどめる。その後改めて、その関係が自由に対するさまざまな干渉の正当化にどう影響するかを吟味しよう。

4-19　自由の権利とは、ある人が対他行為への関与を自らの自発的な選択によって支配する権利であるが、行為者に関わるか受動者に関わるかに応じて、この権利を分けて捉えることもできる。無論、行為者は受動者でもあり、その逆も成り立つ。しかし、両者は対他行為におけるそれぞれの異なる立場に応じて概念的に区別される（3-1）。それと類比的に、行為に必要な自由と他人の行為を受けとめることに絡む自由を区別できよう。行為者の自由の様相と受動者の自由の様相には多くの共通点があり、以下でも大抵の場合、自由とはふるまいや対他行為への関与を当人が自発的選択によって支配することであるとの観点から、この二つを一体的に論じるつもりである。しかし、行為者の自由においては、この支配の本質が当人の目的達成のためのふるまいを始動したり方向づけたりすることにあるのに対して、受動者の自由では、この支配は何よりまず受け身的、すなわち後手的である。その意味は、対他行為の始動は行為者の手に委ねられるものの、受動者の側も対他行為への参加を自発的に同意するまでは何の拘束も受けない状態におかれるということである。こうして行為者の自由ないし支配とは、主に、そのふるまいがめざす目的達成に必要な力を誰にも邪魔されずもつことである。そうである以上、この自由は、たとえ手続き的なものであっても、加算的福利の成分であると同時に基本的福利の成分でもある。例えば、後者について、自由は行為者による行為始動に対する他者の不干渉であり、行為の基本的前提条件の一つであると言える。行為者の自由は、いずれの福利に関しても、行為者性そのものの必要条件である。もちろん必要性にも程度の違いはあるが。

　反面、自由は受動者であることの必要条件ではない。受動者は暴力や強要、騙しなど合意によらない手口で影響を被る場合がある。前述の通り、受動者の自由の権利は、まずもって対他行為への参加を自発的に同意しない内は他人によって拘束されない権利である。したがって、この権利には個人として自律性とプライバシーの領域をもつことが含まれる。現実的行為者としてであれ予定的行為者としてであれ、行為者が行為に従事することをそれぞれ独自の理由で支配するのは、他の誰でもなく当の行為者自身であるから、行為者もまたこの権利を有する。すべての予定的行為者はこの自由の権利により、前述した福利の権利から来る制限の下で、身体的動作や言論その他の表現、集会、宗教、性行為の自由など、自らの行為が広い範囲にわたって保護される権利をもつことになる。同じくこれにより行為者は、相手側の広範囲にわたる不干渉の権利、すなわち他の人々は行為者に対して殺人、傷害、中傷などの危害を加えてはならないとする権利をもつ。この後者の加害に対する抑制はその大部分が前述した福利に対する権利の領域と重なる。ただし、手続き面に関わる自由の権利と実体面に関わる福利の権利との概念的相違には注意が必要である。また、自由の権利に対する制限という問題も重要であるが、これらの問題の検討に入る前に、自由の権利という概念をもう少し細かく分析しておこう。

受動者の自発性ないし自由とは、前述の通り、当人の対他行為への関与をめぐる手続き的な特徴であり、そのメルクマールは、一言で言うと、誰か他の人物か集団が提起または始動した物事に対して当人が少なくとも相対的な意味で好意的に対応または反応していることを示す、つまり受動者がその提案の受け入れを承諾していると いう意味の、同意である。自由の権利は、それ自体として見れば、受動者の自発的同意は対他行為が道徳的に正当化されるための必要・十分条件であることを内包しており、したがって、そうした同意が与えられない限り、当の行為者はその受動者に影響を及ぼす行為を差し控えねばならない。同意は言葉によるものであっても言葉によらないものであってもよい。いずれにしろ受動者の関与が自発的ないし自由であるとされる同意であるためには、その同意は前述した自発性の一般的条件に従っていなければならない。次に、受動者の権利と行為者の義務を念頭において、そうした条件の主なものを明らかにしてみよう。

まず、行為が自発的である以上、その行為者の選択は強制されてはならないが、それと同じように、受動者の対他行為への関与が自発的であるためには、その受動者の同意は強制されたものであってはならない。一般に、強制的同意の条件は強制的選択の条件に類似し（1－11）、それぞれの条件に程度の差がある点も共通する。最も強い意味の強制的同意において受動者が直面するのは、誰かが受動者に一つの選択肢を承諾させるか受諾させる目論見で仕組んだ二つの望ましくない選択肢である。いずれの選択肢も通常の出来事から逸脱した異常な事態であり、単にその脅迫者のせいで差し迫っているに過ぎないとはいえ、受動者の側は不満はあっても脅しにより、一方の選択肢を承諾しなければ、さらに悪いもう一方の選択肢を受け入れざるをえない、と観念している。強制的選択には望ましくない二つの代替案の内のどちらか一方が選択されるという含みがあるのに対して、強制的同意では、同意に向けて提示されるのは望ましくない代替案の中の一方だけである。この同意が保留された場合、受動者の側の同意には関係なく、直ちにもう一方の選択肢が実行される。次はその一例である。

女性が自らの身体を支配する権利は、アメリカ自由人権協会（ACLU）がサウスカロライナ州とカリフォルニア州で行った非自発的不妊化に対する二つの訴訟の基礎にあるものである。ACLU財団は、二人の女性に強制的な不妊化を施術したかどでクロヴィス・パース医師とエーケン郡（サウスカロライナ州）病院当局者を訴えた。

サウスカロライナのケースでは、第一原告ジェイン・ドウ（仮名）の申し立てによると、パース医師は彼女に対して第四子分娩後直ちに不妊手術を受けねばならないと告知した。彼女がこの手術に同意しない場合、パースは勤務時間内か否かにかかわらず彼女や彼女の子供に対する医療行為を拒否するとし、エーケン郡病院への通院が不可能になるだけでなく、社会福祉課からの援助金も打ち切られる、とも告げたのである。出産が間近に迫っていたため、彼女はやむなく不妊手術に同意した[20]。

このケースで注意せねばならないのは、脅迫的な行為者が受動者に突きつけた選択肢が当の受動者によってどう受けとめられたかである。仮に当の受動者がそれらを現状よりも望ましいものと捉えていたとすると、同意は今問題にしている強制的同意には当たらないであろう。同意が強制的であるためには、いずれの選択肢も受動者の目的達成の現行水準を低下させるものでなければならない。言い換えると、受動者がさもなければもちえた、あるいは通常であれば期待できる物事と比較して、損失を意味していなければならない。前述の状況で、たとえパース医師がジェイン・ドウに突きつけた選択が二つの「悪い」こと（不妊化されるか、パース医師の医療サービスが受けられなくなるか）の中から選ぶことではなく、二つの「善い」こと（不妊化されないか、パース医師の医療サービスを続けて受けられるか）のあいだの選択として描かれたとしても、彼女の同意が強制されたものである事実に変わりはない。このケースでは、選択肢は排他的かつ網羅的なものとして提示され、したがって、不妊化されない「善い」選択肢には医療サービスが受けられない「悪い」状況が内包され、医療サービスを受け続けられるもう片方の「善い」選択肢には不妊化される「悪い」状況が内包されているからである。「財」すなわち「善いもの」を獲得するために「対価」を支払わねばならない（したがって「悪い」ものを負担せねばならない）通常の商取引で要求される「費用」とは違い、ジェイン・ドウが直面している全選択肢はいずれも、彼女にとって、パース医師の脅迫的言動が行われる前の状況と比べ、大きな損害を意味するだけでなく、パース医師の脅迫的提案がない場合に負わねばならないであろう費用や損失の正常な水準を超えている。パース医師はジェイン・ドウをこの強制に服従させており、彼の行為は道徳的に不正である。仮にパース医師がジェイン・ドウに子供をこれ以上産まないことの理由をきちんと説明して、彼女の非強制的なインフォームドコンセントを得ようと努力していたとすれば、事態は違っていたであろう。もちろんそのための対話において最も重要な要因は、彼女自身が当の理由をどう考えるかであるが、そのような対応は彼女の予定的目的的行為者としての合理的自律性を尊重するものと言える。

同意が自発的であるために満たさねばならない第二の要件は、受動者が関連する諸般の事情をよく知っているとの条件である。前記のケースで言うと、そのような情報を必要に応じて提供せねばならないのは当該の行為者である。行為者がそのような情報を隠したり、さらに悪いことに、間違った情報で受動者を騙したりした場合、受動者のこの対他行為に対する同意は非自発的なものとなる。こうした欺瞞行為は、引き続く対他行為の内容に応じる受動者の対応能力を低下させ、その潜在的行為能力をも引き下げる結果、行為者と受動者のこの対他行為への関与をめぐって、その実効性の水準に大きな格差を生みだすであろう。関連する第三の要件は、受動者の精神状態が情緒的に落ち着いているとの条件である。この条件に対応するのは、反射行動や病気など、本人のコントロールが効かないままある特定のふるまいをもたらしたり、そうしたふるまいが行為であることを妨げたりする決定的な因子として働く、あらゆる「内部」要因である（1-11）。関係当事者についてこれらの三要件を満足させる対他行為は、契約取引であれ、それ以外のやりとりであれ、行為者は受動者の自由の権利に従って行為せねばならないというPGCの要求を満たし、その限りで道徳的に正しい、あるいは道徳的に容認される。こうして行為者には、受動者が非強制性、知識、冷静さという三つの特徴をもつ同意を与えない限り、受動者に影響を及ぼす行為を控える義務がある。

4-20 行為者のこの義務は、最終的なものではなく、一応の義務に過ぎない。受動者の自発的同意という要件が他の留意事項によって圧倒され、失効する可能性も考えられるからである。ただ強調しておきたいのは、それらの優先事項自体がPGCから導かれる点である。複合的な道徳原理であるPGCには自由以外にも種々の要件が含まれ、それがこうした無効化の理由、したがって今問題にしている自由に関する行為者の義務が一応の義務とされる理由である。それらの要件を関連づける規準については、以下、適当な箇所で改めて取りあげ、かいつまんで説明する予定である（5-21）。

こうした無効化の一種と言えるのが、次章で詳しく見るように、ＰＧＣによって正当化される社会的規則に則った対他行為において、受動者の自発的同意という要求が斥けられるケースである。例えば、裁判官が被告に禁固刑を宣告したり、主審が打者をアウトにしたり、商店主が競争相手のせいで廃業に追い込まれたり、求婚者が相手の女性に断られたりする事態がその典型である。この種のやりとりは、法律、野球、商取引、結婚など、何らかの社会制度の規則に従って展開する決まりになっており、それらの規則がＰＧＣによって正当化されるものである限り、特定の対他行為で同意があるか否かにかかわらず、それらの対他行為も正当化される。ただし、それぞれのケースで有害性や強制性、脅迫性の水準には大きな違いがある点に注意する必要はあろう。

無効化のもう一つ別のタイプは、現行的同意や顕在的同意が素性的同意や潜在的同意に置き換わるときに見られる。ここで注意すべきは、対他行為が道徳的に正当なものであるために必要な自発的同意には受動者が諸般の事情に精通していることが含まれるが、受動者にそうした状況認識が欠けているからといって、その原因が行為者にあるとは限らない点である。そのような場合、適切な知識が欠けていることを根拠に、自発的な同意ではないとか、正当な対他行為ではないと断じることはできない。その点は、現行的同意と素性的同意の違いを念頭におくと、より明確になる。受動者が素性的同意を与えるとは、もしその受動者が事情をよく知り、情緒面でも冷静な精神状態にあったとすれば、強制されず対他行為におとなしく従うであろうということである。まず、卑近な例として、ＸがＹに挨拶し、考え事をしながら歩いていたＹがそれに気づかない場面を想起してみよう。この場面で、「支配」や「同意」を厳密に現行的な意味で捉えたとすると、ＸはＹをＸが始動した挨拶をめぐる対他行為に非自発的に関与させたと言わねばならない。Ｙはそこで、支配力を行使することも同意を与えることもないまま、挨拶行為の受動者の立場に立たされるからである。しかし、仮にＹがＸの存在に気づいていたら、恐らくYは黙諾し、心から喜んでXの挨拶を受けとめていたであろう。この想定が正しいとすれば、YはXの挨拶に素性的に同意したのであり、Xが受動者は自発的に同意せねばならないとの要件を侵すことはない。同様の点は、道路の真ん中を考え事をしながらぶらぶら歩くYに向かって車が猛スピードで近づいていることに気づいたXがYを荒っぽく道端に押しやったため、Yが命拾いした状況にも当てはまる。この場合もYは素性的同意を与える。つまり、もしYに適切な状況認識があったとすれば、Xの唐突なやり方にYも同意していたであろう。

以上の自明なケースは別にして、素性的同意の考えには、受動者の状況認識という要件に絡む二つの問題がある。第一に、この考えは、受動者の現実的欲求・信念や現行的同意（または不同意）を黙殺したまま受動者に働きかける家父長的行為を正当化する根拠としてもちだされる場合がある。受動者が現行的同意を与えないのは、単に、彼らが宗教的・政治的扇動や古びた慣習にとらわれていることの結果であり、適切な知識さえあれば、彼らは間違いなく当の対他行為に同意を与えるであろう、というのがその行為者の言い分である。しかし、知識要件の範囲をごく少数の有識者しかもちえないものにまで広げれば、行為者の資格を有する人間はほとんどいなくなり、人間のふるまいで行為と呼べるものはほんの僅かしかないことになる。こうした拡張は、すべての合理的行為者――「合理的」行為者とは、前述の通り、最小限の合理性を有する行為者のことである――に向けられた原理であると同時に、すべての合理的行為者によって理解・承認される原理でもあるPGCの普遍性に抵触するだけでなく、合理的規準に従って認識したり行為したりすることができるすべての合理的行為者の自律性を損なうばかりか、行為に求められる知識は至近的な特定状況をめぐる知識であり、より深い知識やより広い知識によって助けられることがあるものの、必ずしも特別の専門的知識は必要としない、という事実を見えにくくする。PGCは、専門的知識が求められる基本的福利や特殊的福利に関係する領域では、そのような知識が福利面でその影響を被るすべての人々に伝達され、入手できるようにすることを義務づける。そうした情報伝達がなければ、意見が割れる問題に関して現行的同意を無視したまま素性的同意に訴えても筋が通らない。以上の事実は、しかし、ＰＧＣの要件を受け入れる行為者が与える合理的同意にはまったく影響しない。

ただもう一つの問題として、自発的同意に関する知識要件が過度に拡張されることもなく、必要情報の伝達が十分に果たされていたとしても、なお受動者は、相手の行為者のせいではなく当人自身の立場や生い立ちという特有の事情により、そうした知識をもったり取り入れたりすることができず、そのため自らの福利に関わる対他行為に対して素性的同意すら与えない可能性がある。前段で触れた例で言うと、問題となる知識は比較的単純な経験的事実に関するものであり、受動者の力が及ぶ範囲内にある。そこにおかれていたのは、福利にも社会的快適さから死や傷害の回避に至るまでさまざまな水準があるが、人は自らの福利に間違いなく役立つものに対しては同意するのが当然である、との前提である。しかし、この前提が妥当しない状況も少なくない。そのような場合、対他行為に対する関与の自由は当の受動者の福利とは鋭く対立するであろう。この対立の根底には、既に触れた通り、関与の手続き的条件を意味する自由と実体的条件を意味する福利との概念的相違が潜んでいる。この相違ゆえに、ＰＧＣの自由要件と福利要件はぶつかる可能性がある。実際、行為者が受動者の関与の自由を尊重した結果、受動者の福利が低下する事態が起こりうるから、当の行為者が自由要件を果たしながら福利要件を破る可能性も想定される。反対に、受動者の所望する特定の帰結や受動者の行為能力に関係する善が、部分的にしろ受動者の自由を軽視するやり方を通じて実現される可能性もあり、その場合、行為者はＰＧＣの自由要件に違反しつつ福利要件を履行することになる。

ともあれ、ＰＧＣの自由要件が果たされない二種類のケースを明確に区別する必要がある。一つはこの要件がＰＧＣの福利に関する要件によって無効化される場合である。もう一つは自由要件が無効化されるというより、適用不可能な場合である。この要件が適用不可能であるのは、前に触れた通り、受動者が対他行為への関与に自発的同意を与えるために必要な条件のいずれかが満たされておらず、しかもそれが行為者ではなく受動者自身に起因している状況である。自由要件は、受動者が諸般の事情に関する適切な知識をもつことが可能であり、しかもその知識に基づいて提案された対他行為に同意するか否かを判断できる、と想定している。また、受動者は選択肢を評価するために必要な感情面での冷静さを保つことができるとも想定している。これらの想定が成り立たないのであれば、自由要件は適用不可能である。このとき受動者は、必要情報が容易に得られる立場にあったとしても、自らの福利に有益な対他行為に対して素性的同意すら与えることはできない。この不可能性ゆえに、受動者が関与を強いられた対他行為であっても、PGCの自由要件に反するとは限らず、福利要件が単独で決定的な役割を演じるとの見方も出てくる。このように自由要件は実現されない可能性があるが、それは当該の状況でこの要件が適用不可能であるからに過ぎない。

では、そうした適用不可能性にはどのようなものがあるだろうか。ここでも大きく二つのタイプが想定される。一つは受動者が、行為者に起因しない事情により、自発的同意に欠かせない知識要件を満たしていない場合であり、もう一つは受動者が情緒面の条件を満たしていない場合である。いずれの場合も、当の要件が満たされていない以上、受動者が同意を与えることは、素性的同意すら不可能である。

まず、受動者が（素性的同意を含む）自発的同意に必要な知識要件を果たせないためPGCの自由要件が適用できないケースを見よう。クリスチャン・サイエンスの信者は、たとえ自らの救命に輸血が必要だとしても、心底からの宗教的考えに基づいて、輸血に同意することを拒む可能性がある。その場合、この人物は当の状況にふさわしい特定の事実を知らないだけであると言えるかもしれない。しかし、問題の知識は、この人物の宗教的信条のあらゆる面に関係しており、前に触れた単純な状況把握に比べると、はるかに複雑であり、この人物が自らの信念に疑念や反感を抱かせるような何らかの情報を受けとめる可能性は、その深い信仰心ゆえに、皆無とは言えないまでもきわめて低いであろう。そうした知識をもちえない以上、この人物が輸血に自発的同意を与えることはないから、素性的同意にせよ、それに絡むPGCの自由要件にせよ、このケースには適用できない。

この適用不可能性によりPGCは、さもなければ陥るであろう深刻なジレンマを免れる。自由要件によると、受動者が自発的に同意しない限り、当の対他行為は道徳的に不当である。一方、福利要件に従うと、受動者の基本的福利に干渉する対他行為は道徳的に不当である。ただ、今問題にしている例に関しては、当該の信者が輸血を拒んで死ぬことを許されたとすれば、行為者によって始動または支配されるいかなる対他行為も存在しないはずであり、それゆえ後者の要件が侵害されることはない、と主張される可能性がある。しかし、相応の自己負担もなく当の事態を防止できる状況で、誰かを死なせたり、誰かに同様の基本的害を負わせたりするのは、前に論じた通り、その人物に基本的害を加えることであり、当人の基本的福利に対する権利を侵害することである（4-7）。こうしてPGCは、この信者に輸血を強要すれば、自由要件が侵害され、輸血を強要しなければ、この信者を死なせてしまい、福利要件が侵害される、というジレンマに陥るように見える。ところが、この信者が必要な知識をもつことができず、インフォームドコンセントを与えられない状況にあるため、自由要件が適用不可能となれば、PGCはこのジレンマからは逃れられる。このような状況では福利に関わる要件が単独で履行されねばならない。

以上と関連するジレンマの回避方法として、「べし」は「できる」を含意する、とのよく知られた言明に訴えるやり方が考えられる。この信者が適切な情報に基づく同意を与えない限り、行為者はこの信者への輸血を控えるべきであるとしても、もし（行為者に起因しない事情により）この信者にそのような同意を行う能力がないのであれば、少なくともそれが理由で、その行為者は輸血を控えるべきであるとはもはや言えない。この場合、自発性要件が履行されることはありえないから、その要件と福利要件が対立することもなく、結果的には後者の要件のみが適用可能となる。この考えに対しては、「べし」と「できる」をめぐる論点が適用できるのは責務の問われる者と能力の問われる者が同じ人物である場合に限られるのに、右のケースでは問題の責務は行為者の責務であり、能力は受動者の能力となっている、との反論が予想される。しかし、こうした限定は例外なく有効であるわけではない。この見解の「できる」は、ある行為者の何らかの責務を履行する能力を制限するどのような環境的条件にも当てはまる。右のケースで言うと、適切な情報に基づく同意を与えられないこの信者の無能力は、この受動者が同意を与えない内は輸血を控えるという責務を履行するその行為者の能力に対する制限にもなる。その行為者はこうして同意がなくとも輸血を行ってよいことになり、それでも自由な関与という要件がその行為によって侵害されることはない。ただし、この自由要件の不履行はせいぜい一時的なものでしかない。以下で詳しく見る通り、ＰＧＣの実体的関心はすべての人間が行為の類的善を有する点にあり、その点からすると、一部の人はこれらの善を有するために必要な物事を承認したがらない、あるいは合意できないということが最終的事実として確定した場合には、それらの善をもつことを当人に強要してもまったく無意味である。

同様の議論は、同意が自発的であるために満たされるべきもう一つの条件、すなわち受動者の精神状態が情緒的に落ち着いていなければならないとの条件にも当てはまる。例えばある人物が激怒するか、極度に興奮しているとき、何らかの対他行為に対する当人の黙諾（や黙諾の失敗）を自発的なものと見なすことはできない。したがって、行為者には受動者がそのような精神状態にならないようにする責務がある。こうした対他行為に受動者は自発的に関与しているとは言えず、一時的であれ他の自発的関与も妨害されるからである。しかし、既にそうした極限的精神状態にある人物が、少なくともその特殊な状況で、自分自身に重大な危害を加える恐れがあり、しかも冷静になる可能性がないときは、当人が自発的同意を与えねばならないとの要件は適用不可能になり、誰か別の人がその人物の福利のため強制的にその人物を抑制したとしても、その要件が侵されたことにはならない。

この情緒的要件に関しても、前の認知的条件と同じく、こうした要件を満たすのは何らかの理想的心理状態に到達した精神状態だけである、とする拡大解釈を避ける必要がある。

4-21 ここまでは、PGCの自由要件が満たされていないにもかかわらず、それが適用不可能であるとの理由で侵害されないいくつかのケースについて論じてきた。次に取りあげたいのは、自由要件が適用可能であるにもかかわらず、それが福利に関するPGCの要件と抵触するため少なくとも一時的に無効化されるケースである。さて、自発的同意に関する認知的条件と情緒的条件は満たされている状態で、当の人物が自分自身に基本的害を加える自己破壊的企てを行おうとしたためそれに干渉したところ、当人が同意を拒んだ場合、PGCは果たして何を義務づけるであろうか。そのような企てとして自殺、身売り、有害薬物の摂取などがある。これらのケースでは、自発的同意の条件が満たされる見込みはまずないし、人がそのような極端な手段に走るのは明らかにひどい無知や深刻な心的外傷のせいである、との意見もありえよう。確かにこれは多くの場合当たっているが、すべてのケースに該当するとまでは言えない。これが当てはまらない状況では、行為者が尊重せねばならない受動者の権利として捉えられたPGCの自由要件と福利要件とのあいだに和解不可能な対立が生じるように思われる。また、身売りのケースでは、現行的自由の権利と素性的自由の権利のあいだにも対立が生まれるであろう。ある人物が自ら身を売って奴隷になる場合、その人物は自らの自発的選択によって売買取引という対他行為への関与を現行的に支配するが、その対他行為は当人の対他行為への関与に対する将来的支配権を放棄させることを目的としている。つまり、その人物は自らの現行的自由を使って自らの素性的自由を譲り渡そうとしているのである。

二つの重要な限定に注意しておきたい。まず、ここでは「自傷行為」に関して、あたかもその行為によって被害を受けるのはそれを企てる当の単為行為者のみであるかのように話を進めている。これはありえない想定だとする意見は昔から多い。ここでは次の通り、かなり厳しい経験的規準が満たされるときに限り、純然たる自傷行為もありうると考えよう。その一つは、自傷行為を行う人物が自らのふるまいをコントロールする力を失い、そのため、例えばアルコールや薬物の濫用の結果としてよく見られる、他人に危害が及ぶ事態は起こってはならないとの条件である。もう一つは、自傷行為をしようとする人物に当の自傷行為のせいで経済的支援や他の支援を失ってしまう扶養家族がいないとの条件である。そのような被扶養者がいる場合、問題は単なる一人の個人をめぐる自由の権利対基本的福利の権利の問題ではなくなる。その場合、他の人々の基本的福利はこの自傷志願者の受動者として影響を受けざるをえず、これは、前述の通り、この人物の自由に制約を課す事態だからである。しかも、自分自身を無能力化しようとするその企てが成功した場合、その自傷者を支援することが他の人々に期待されているのであれば、それらの人々の利益は結果的に損なわれるであろう。

もう一つの限定は、この段階ではまだ人々が自分自身を傷つけることを防ぐために国家や法律は何をすべきかという問題を取りあげるつもりはない点である。ここでの問題は法律的パターナリズムや刑事的パターナリズムの問題ではない。ここで問いたいのは、適切な知識をもった諸個人がこの点に関して何をなすべきかである。この二つの問いとそれぞれの答えは一部重なる部分があるが、本書はこれまでのところ、PGCが法律や政府をいかに正当化するかについては、それらの受動者に対する強制的関係性を含め、一切論じていない。道徳にとって基本的害はきわめて重要な意味をもっており、個々の行為者にとっても、身近にいる人の基本的害に関わる自傷行為に干渉しようとして拒まれた場合にどうすべきかは、決して疎かにできない問題である。

ＰＧＣはまず第一段階として、人は他の人に対する基本的害が防止できる場合、そこに干渉しなければならないとの要件により、問題の企てに対する当人以外の人々の深い関心を正当化し、さらに要求する。この要件は主に基本的害に限定され、他人の生活に対する無差別の干渉を正当化するものではなく、例えばキャンディーの大食いやエロ本漁りのような精神的・身体的にちょっとした害を及ぼすだけの行いに対しては適用されない。人は自らの生活を思い通り自由に営むことが許されねばならず、過ちを犯したり間違いから学んだりする自由も許されていなければならない。もっとも、そうした間違いを正すための想定される社会的費用は加算的福利の権利に従う広範囲にわたる教育的措置を正当化するのであるが(4-16)。次に第二段階としてＰＧＣは、自発性の条件が当の自傷志願の単為行為者によって本当に満たされているか否かを突き止め、自由要件が適用可能か否かを確認するという目的で、企てられた基本的害に対する少なくとも一時的な干渉を正当化する。この確認作業は決して簡単ではないものの、冷静さや知識を測る利用可能な表面的兆候は少なくともあるはずである。そのような兆候が見いだせない場合、当人を自発的関与が行える状態に至らしめるまでその人物に干渉することは正当化されよう。その状態にまで至れば、多くの自傷願望の人間はそうした願望を放棄するものと推察される。

しかし、第三段階として、問題の自傷志願者が自発性条件を満たすことが明らかになった時点で、当人に対するそれ以上の干渉は直ちに中止せねばならない。この問題に対処する基本的視点を得ようとすれば、受動者の対他行為への関与に対してＰＧＣが課す自由要件と福利要件はともに行為の類的特徴から導出される、という事実を考察する必要がある。これらの要件のポイントは、現実の行為者だけでなく、すべての予定的目的的行為者が対他行為への関与を自ら支配する自由をもつとともに、各々の福利が尊重されることで行為の類的な善ないしは善報を享受できる保障を与えることである。ところが、そうした享受の必要条件は人々が各々の自由と基本的福利を保有・維持する意志をもつことである。一部の人々がこの二つのどちらか一方または両方を放棄することを、この放棄が将来のすべての行為にもたらす帰結を冷静かつ理知的に理解した後も固く意図しているとすれば、この必要条件が満たされることはない。したがって、それらの人々に対する干渉が続くとすれば、彼らは行為できなくなり、干渉が中止され、そのために彼らが自己破壊へと突き進んだとすれば、その場合もまた彼らは行為できなくなる。結果的には、そうした行為に携わる彼らの自由へのさらなる干渉に対する正当化は破棄される。ただし、自傷志願の人は自らの自由や福利に他の人々が同意もなく干渉することを許すわけではないから、その人物は自らの類的権利を侵してはいない点に注意が必要であろう。また、一口に自己破壊的行為といっても、行為の可能性排除の即時性はさまざまである。例えば、ヘロインやLSDの摂取は拳銃自殺に比べより緩やかな自殺方法だと言える。

PGCのこれらの要件にはもっと一般的な社会的検討事項も含まれる。ある人物が自ら身売りするなどして自らの自由を放棄しようとするケースを考えてみよう。この人物の売買契約が干渉されたとすると、当人は非自発的すなわち強制的にこの特定の干渉的対他行為に関与させられる。その売買契約が干渉されない場合、当人はそれ以降の自発的ないし自由な関与の実効可能性を手放すことになろう。この後者の素性的自由の喪失は前者の現行的自由の喪失に比べはるかに広範で深刻であるため、PGCは類的権利である自由への関心に基づいて、少なくとも当の売り手が自発性の要件を満たすことが確認されるまで、想定される契約に干渉するよう求める。

自由は、生命そのものと同じく、すべての予定的目的的行為者にとっての必要善であるから、このケースでは次のような問題の検討が欠かせない。奴隷志願者の動機は何か。この人物にそのような動機を抱かせることになった心理的条件や社会的秩序の本質は何か。確かに、基本的善の獲得や基本的害の回避を強く求めるあまり、自らの奴隷化を歓迎すべき打開策と見なすようになる人物もいよう。しかし、そうだとすると、社会制度に対する批判は欠かせない。PGCが長期的に求めるものは、次章で見る通り、すべての人々が自由と福利の権利をもつことを確実に保障し、それゆえ一部の人々に基本的害を及ぼすことで行為の二つの権利の一方または両方の放棄を促すような社会環境を極小化する、制度的枠組みの確立である。

4-22 自由概念は、特に受動者に適用したとき、特有の複雑さを呈する。それゆえPGCの自由に関する義務をめぐる誤解を防ぐためには追加的検討が欠かせない。まず、行為者は自発的同意なく受動者に作用する行為を行ってはならないとの要件と、行為者は受動者の欲求や願望に従って行為せねばならないという、ある種「功利主義的」な積極的慈善の要件とを混同しないことが重要である。それらの欲求は際限のないものであるだけでなく、互いに、そして行為者の欲求とも対立し合う可能性があり、後者の要件は正しい行為を不可能なものとするであろう。これに対しPGCには、受動者と見込まれる人物の欲求が義務的行為の十分条件であるとの規定はない。そうではなく、受動者の同意が許容行為の必要条件である、というのがPGCの規定である。確かに受動者の自発的同意は対他行為への関与の必要条件であるとともに十分条件であると言える。しかし、その意味は当の対他行為が既に行為者によって自発的選択に基づき始動・支配されているということであって、受動者がそれを望んだから行為者がその対他行為の始動を余儀なくされるということではない。その対他行為が道徳的に正しいものであるために必要な受動者の同意は反応的なものであって、それゆえ潜在的な受動者の欲求の全領域と同一の外延をもつわけではなく、当の行為者にそうした行為を最初に着手させることを正当化したり要求したりするものではない。

以上の違いに加え、無行為と行為の区別にも注意しておきたい。後者は自発的で目的的であるのに対して、前者はそうではない。一方、不行為は行為と同じく自発的で目的的であるが、それが他人に基本的害などの被害を及ぼさない限り、それらの人々に作用する行為とは見なされない（4-9、10）。これらの違いを見落とせば、さまざまな不合理が生じる。PGCに従うと、人は相手の自発的同意なく他人に影響を及ぼす行為を行うべきではないからである。さて、ある人物Bが別の人物Aにしてもらいたい何らかの物事Xがあるとしよう。AがXを行わない場合、「功利主義的」見方によると、AはBの何らかの目的か欲求に影響を及ぼすため、Aは行為しており、しかもBに作用する行為を行っている。さらにこの場合、AはBの同意なくBに作用を及ぼしている。BはAがXを行わなかったことを承認しないからである。それゆえ、何であれ、誰かがAにして欲しいと思っている物事をAがしなかったときはいつも、Aは道徳的不正行為を行っていることになる。前記の違いに従ってPGCを正しく解釈すれば、こうした不合理は避けられる。

行為者と受動者の役割を混同しないことも重要である。例えば、ライスがショーに近づいて、「言うことを聞かないとぶん殴る」などと脅しながら、時計を要求したところ、ショーがその要求をはねつけたとしよう。このときライスはこの拒絶を承認することはなく、ましてや自発的承認を与えることもない。時計の引き渡しを拒んだショーは、そのことで、行為者は受動者が同意した場合に限って受動者に影響する行為を行うべきだとするPGCの要件を侵したことになるのであろうか。もちろん、そうならない。この場合、ショーは行為者ではないからである。ショーを行為者と見なすのは、行為者と受動者の関係を対称的関係と捉える錯誤を犯すことである。(行為者の)ライスが(受動者の)ショーに影響する行為を行っているとすれば、論理的には当然、ショーもまたライスの行為に何らかの反応をすることでライスに影響を及ぼす行為を行っているというわけである。この見方では、ショーがライスの自分に対する行為に同意することを拒んだとしても、この拒絶自体がショーのライスに対する行為をなすのである。しかも、ライスはこの行為に同意していないため、腕時計を渡すことを拒んだショーの行為はPGCに違反する。

「影響する」関係は、しかし、対称的なものではない。前記のような状況における行為者と受動者との決定的で還元不可能な相違点は、当の対他行為が起こるか否かを決め、その性格を決定づける支配的立場にある人物が行為者であるという点である。前の例で言うと、他人に近づいたり、脅迫したりした人物がこの対他行為の行為者である。これに対して受動者の方は、対他行為の生起にしろ、その性格にしろ、それらをコントロールする立場にはなく、何らかの影響を受けるとともに、同意したり反対したりして、行為者による対他行為の始動や支配に反応しているに過ぎない。したがって、対他行為の生起やその性格を支配することと、それらに反応することは明確に区別される。この点から明らかなように、前述した対他行為の場合、受動者自身が行為者にもなることはない。ＰＧＣは行為者が受動者の自由に従って行為することを求めるのであり、しかもこのケースでは受動者自身は行為者ではないため、この受動者が相手の行為者の行為に従わず、その行為者が自発的に承認しない物事を行ったからといってＰＧＣに違反することはない。

ここで重要なのは、右のような状況で「対他行為」がもちだされる場合、二つの解釈がありうる点である。広い解釈によれば、「対他行為」には、受動者と何らかのやりとりをしようという行為者の思惑から最終的結果として当の状況で受動者に起こる物事に至るまで、ありとあらゆる成り行きが含まれる。もう一方の狭い解釈では、「対他行為」に含まれるのは、受動者と何らかのやりとりを行おうとする行為者の思惑とそのために行為者がとる手段のみであり、そこには、行為者の意図や支配の枠外で受動者に起こりうるあらゆる出来事は含まれない。特にそこでは、行為者がとる手段に反応して受動者が意図的に行う物事はすべて排除される。さて、行為者が対他行為の発生と性格を支配すると言われるとき、この言明が普遍的に真であるのは、「対他行為」を狭く解釈した場合のみである。その行為者は当の意図をもつか否か、そしてそれに従って行為するか否かを自らコントロールしているとはいえ、例えば銃で脅すといった方法で相手方を完全に受け身の立場におくなど、その行為が悪質な身体的暴力である場合を除いて、必ずしも相手の受動者がどう反応するかまでコントロールしているわけではない。そうである以上、受動者の反応行動は熱烈な承認から猛烈な反対に至るまでさまざまな形態をとりうる。

かくして両者の違いは次の通り要約される。行為者とは狭い意味の対他行為の発生と性格を支配する人物であって、誰か他人に対して何らかの意図をもつとともに、それを実行する手立てを講じ、しかもその相手を直接的か間接的に強制する、あるいは自発的に意志決定させるなどの方法で、受動者とのやりとりをコントロールしている。一方、受動者は、そうした手立てを意図的に講じるのではなく、ただ行為者が行うことに反応行動を起こすか、その影響を受けるだけの立場にあるという意味で、その対他行為の発生も性格も支配していない。このような反応行動自体は行為ではないし、完全に受動的で非自発的なものである可能性が高く、いずれにしても、その発生と性格が誰か別の人物によって支配される対他行為への単なる反応である。

こうした相違点は、受動者が非自発的かつ反目的的におかれたある限定的文脈で行為者の主導的行為に反応して自発的かつ目的的に行為する場合にも成立する。例えば、トレイシーがアプトンを誘拐して、車のトランクに押し込めたのに対して、アプトンが大声をあげたり車のボディを叩いたりして抵抗している状況を考えてみよう。アプトンのこうした動作は自発的で目的的な行為であるとの見方も想定されるが、その場合、アプトンはトレイシーが主導した対他行為に自発的かつ目的的に関与していることになるから、トレイシーはPGCには違反しない。この見方はもちろん不合理である。アプトンの動作はその大部分が暴力への反応による強制的選択のケースである。アプトンが後で泣き喚いたり蹴ったりすること——これらはアプトンの支配下で行われる行為であり、基本的善や非減算的善、加算的善を確保する試みである——ができたとしても、彼がまず最初にこの対他行為に非自発的に関与するよう強制された事実は覆らない。しかも、アプトンは依然として囚われの身であり、当初の対他行為はこの段階でもまだ彼の意志に反して強制を加えている。したがって、トレイシーによるアプトンの誘拐はPGCに違反する。

以上からは次の一般的論点が導かれる。対他行為に関するPGCの要件は狭い意味における対他行為を指すとはいえ、その意味はなお、行為者が受動者に対する何らかの意図に従って行為すること（この件に関するPGCの要求は受動者が自発的に同意することである）から、受動者に起こる物事の中で行為者によって意図され支配された諸結果（受動者の基本的善、非減算的善、加算的善は干渉されてはならないというのがここでの要件である）に至るまでの全行程を包含している。行為者が意図したものであるこの事態の推移の内部か、後続のどこかの時点で受動者が、行為者の意図とは別のやり方で、自発的かつ目的的にふるまえる可能性があるというのは確かにその通りである。しかし、この事実はそうした意図された経緯の道徳的性格には影響しない。それに裁決を下すのはＰＧＣの要件であり、この要件に関わるのは行為者自身が自らの目的を実現しようとして何を支配しているかである。

行為者と受動者の区別がそれ程はっきりしないケースもある（３-１）。受動者の側が対他行為への反応行動においてだけでなく、その対他行為を引き起こす上でもある程度積極的な役割を演じる場合である。受動者が行為者に対して当の意図の原因をつくる、または効果を及ぼす、さまざまな経緯が想定される[21]。例えば、前に挙げた例において、ショーが貧民街で自分の腕時計を見せびらかし、声高に自慢していたとしよう。この場合、ショーはライスに問題の行為を行わせるような状況を生みだした一因であり、その対他行為においてある意味の行為者である、と言えないであろうか。ある程度まではそう言えるというのが答えである。ショーのひけらかしや自慢話がライスに無理強いされたとすれば、あるいはそれらによってライスが強い嫉妬を感じたり、ひどく自尊心を傷つけられたりすることをショーが信じていたとすれば、ショー自身その限りで自発性と非減算的善に関するＰＧＣの要件に違反している。ただし、このことはライスのショーに対する脅しの弁解にはならないし、ましてやそれを正当化するものではない。また、受動者がそうした先行的な促進的行為を行うケースは滅多にないことも併せて強調しておきたい。

4-23 さて、ＰＧＣが求める個人的自由に対する制限とはどのようなものであろうか。この問いに答えるためにまず想起すべきは、これまでの議論では法による執行には特に言及せず、専ら道徳的制限の問題に取り組んできた点である。なお、法的執行の問題は次章で検討する予定である（5-16）。それらの道徳的制限は、しかし、個人による執行や（すべてではないが）一部の集団による執行の土台を提供する。

一般にPGCは、行為者が他の人々を強制するか害する場合に限って、言い換えれば、行為者がその受動者の自由と福利の権利を侵害する場合に限って、その自由を制限する。行為者は、相手の受動者が自発的同意を通じて当の対他行為に参加するか否かを自由に選択できる立場におかれ、しかも行為者が受動者に基本的害や特殊的害を及ぼさないとき、そしてそのときに限り、いかなる行為もそれを実行する自由をもち、いかなる対他行為もそれに従事する自由をもつべきである。「害」の規準に関しては、これまでの議論を通じて明確な規定を与えており、その集合は基本的福利、非減算的福利、そして加算的福利の剝奪か減少からなっている。問題の害には行為によるものだけでなく、不行為に起因する害も含まれる。例えばある人物が、溺れている人を相応の負担や危険を負わずに助けることができたにもかかわらず、水死させてしまうケースである。この場合、義務としてその人物に行為しない自由はない。

こうした一般的規準に対する例外は、これまで見てきた通り、二つの種類に分けられる。第一に、他の人々を強いたり害したりする自由に対する制限は、それらの人々が別の人々に危害を加えたり、別の人々の自由を侵したりすることを防止するために、強制や加害が要請される状況においては解除される。その場合、この反作用的加害は防止目的に必要な範囲内に収まらねばならず、それ以上に過酷なものであってはならない。第二に、諸個人が自分自身に基本的害を加えたり、自らの素性的自由を放棄したりすることを抑止するために、個人的自由が制限される場合がある。このようなケースでは、他の人々を強制する自由に対する制限は、それらの人々自身の自由と福利のために強制が不可欠であるとの理由で解除される。しかし、前述の通り、この目的に基づく強制や自由への干渉は、必要だとしても、一時的なものにとどめるべきである。自由は基本的善であり、行為の必要条件としてそれ独自の独立した価値を有する。自由が制限されてもよいのは、他の人々の行為の必要条件に対する干渉を防止するか改善するためにそれが必要とされる場合のみである。

第5章　類的一貫性原理の間接適用

社会的規則と社会制度

5-1　類的一貫性原理の間接適用においては、その要件はまず個々の行為者やその行為にではなく、社会的規則――特定の社会的な活動や組織、制度を規制するルール――に課せられる。次いでそれらの規則の諸要件が二次的に諸個人の行為に対して課せられる。こうした行為は規則によって支配された活動や制度といった構造的背景の下で行われるため、行為が果たすべき道徳的に正当化される諸要件はPGCの要件そのものではなく、社会的な活動や制度を支配する社会的規則の諸要件である。ただ、それらの社会的規則は、それ自体、それぞれの仕方でPGCに従っていなければならず、そうした行為は、間接的にではあれ、PGCに則ったものとなる。したがって、ここでもやはりPGCが最高道徳原理であり、それはあらゆる行為や制度の道徳的正当性を直接的または間接的に判断する規準である。

確かにPGCには、それを否定するか侵害すると自己矛盾に陥るという意味の内在的合理性が備わっている。では、行為者が他の人々に対して行為する場合、どの行為者も直接PGCとその類的規則や特殊的規則に従うのではなく、社会的規則に従わねばならないとすると、そのことを合理的に正当化するものは何であろうか。これはまず最初に問わねばならない問題である。事実、社会的規則は、行為者が受動者に強制や危害を加えることを要求しないまでも許容する場合があり、したがって行為者にＰＧＣの直接適用に反する行為を求める可能性がある。本書がこれまで強制や加害を禁じるＰＧＣの諸要件の根拠として挙げてきたさまざまな判断をすべて考慮してもなお、そのような行為が道徳的に正当であるか、合理的に正当化されるとすれば、それはどうしてであろうか。実は、そうした正当化は不可能であるとの信念から導かれたのが、急進的個人主義、リバタリアニズム、アナーキズムなどの間違った考えである。同様の誤認は一部の功利主義や黄金律にも見られる。これらの学説はすべて、それぞれの道徳原理を、裁判官が被告に有罪を宣告したり、審判員が打者にアウトと告げたりする行為のような、規則によって支配された行為に直接適用しようとする。そのためこれらの説は深刻な困難に直面し、結局、受動者を強制したり害したりする行為を正当化しようとして、気まぐれな功利主義的計算に頼るか、さもなければ第三者の推定欲求を引き合いにださざるをえない。こうした正当化の試みが破綻するのは、問題の行為者がそれぞれの行為を直接実行する際の準則であると同時に、当の行為を正当化する直接の根拠を与える、社会的規則や制度の媒介的機能の意義を正しく認識していないからである。そのような行為は正当化できるし、正当化されねばならないが、その経緯と理由を理解するには、個々の社会的規則や社会制度が特定の規則や制度としてどのように正当化されうるのかを問わねばならない。

この問いに答えるために、まず、社会的規則が存在することの一般的正当化について検討する必要がある。道徳性が問われる場面は、大抵、行為者と受動者の単純な関係からなる二極的状況ではなく、多くの人物の複雑な相互行為からなる多極的状況である。こうした相互行為には自由や福利をめぐる対立が内包されている可能性があり、それらは個々の行為者とその受動者との対立にとどまらない多数の人々のあいだの対立である。社会的規則はそのような対立をはじめとする相互行為の諸相面を調整・管理する手段に他ならない。人間の相互作用の中で特に重要なものが、さまざまな規模と目的をもつ特定の集団や組織、制度においてその構成員が互いに関係し合う際に見られる独特の構造化された行動の様式である。そうした協同的活動の様式はいずれも人々が組織内のそれぞれの役割に応じてどう行為すべきかを定めた種々の要件を備え、それらの要件は人々がそこに参加する理由に根ざしている。そのような要件が何であるかを特定するのが社会的規則である。つまりそれらは、さまざまな役割を確定して、それぞれの役割において許容されたり、義務づけられたり、禁じられたりする行為のあり方を規定するだけでなく、要件の達成度に応じた見返りと要件不履行時の制裁を取り決める。こうした制裁にはそれらの活動に参加・関与する人々を強制したり害したりする罰則も含まれる。それらの要件が存在しなければ、問題の協同的組織はその目的を実現できず、要件違反に対する制裁が何もなければ、それらの要件が効力をもつことも、当の組織が存続することもないであろう。特に人々のあいだに目的や利害をめぐる対立が生じる可能性がある以上、そうした対立を標準的で予想可能な方法によって解決するための規則が求められる。それなくして構造化された人間集団としての組織が生き残ることはなかろう。こうして社会的規則の道徳的正当化という問題は、ある程度までは、当の規則によって実効的に規制される社会的な交流や活動や組織の道徳的正当化の問題に転じる。

社会的規則はさまざまな役割に応じた正しい行為のあり方と誤った行為のあり方を規定するものであり、それらの役割を履行する諸個人に対して何らかの制約を加える。こうした制約は、ＰＧＣが受動者と応対する行為者に直接義務づけた、参加・関与の自発性と目的性という要件が、当の対他行為の受動者に関する限り、それと関連性をもつ社会的規則の諸要件に置き換わることを意味する。行為者の方は、社会的規則に従って行為するよう義務づける道徳的教えによって呼びかけられているのであれば、その限りで、その行為は依然として自発的かつ目的的であると言える。しかし、ひとたび行為者が社会的規則の命令の下におかれると、行為者のふるまいは受動者のふるまいとともに当該規則の要件に従ったものとなる。野球の試合での打者の取り扱いが当人の現行的同意に依存したり、当人がその対他行為である勝負で不利になってはならないとの条件に依存したりすることは当然あってはならない。審判が「バッターアウト」の宣告をすれば、その打者はアウトである。同じことは法廷における被告人にも言える。裁判官が懲役刑を宣告すれば、被告人にはそう判決が下されたのである。打者にせよ被告人にせよ、当の判定や判決に同意せず、その非減算的善や加算的善が妨害されるにしても、当人たちはやはり関連する規則に従って公正に扱われている。社会的規則やそれに従って行為する人々はこのように受動者を強制したり、受動者に基本的害や特殊的害を加えたりする可能性がある。審判員、裁判官、そしてその他の役人もそれと対照可能な制約の下におかれている。

5-2

社会的規則によって規制される協同的組織にはさまざまな制度が含まれる。PGCの直接適用の中には、一部、制度を扱うものがある。例えば、嘘や詐欺、違約、窃盗を禁じる特定の規則は、言語的コミュニケーションや約束、売買、所有といった制度を前提とし、その下で起こる行為に関係する。こうした制度のルールは、しかし、今検討している社会的規則とは違って、PGCの直接適用に反するいかなる行為も求めないし許さない。したがって、これらの制度的ルールと私が社会的規則と呼ぶものとの違いを正しく理解することが重要である。そこでまず制度とその種類について簡単に検討しよう。

一般に制度とは、社会にとって価値があるとの（正当化された、ないしは正当化されていない）根拠に基づいて社会的に承認された、何らかの目的的な機能や活動を追求したり、そこに参加したりするための、比較的安定的な標準化された取り決めのことである。制度は標準化されているから、それらを構成するのは、人々がそれぞれの活動や機能に参加する際に行うことが求められる物事を定めた諸規定であり、それらの要件は人々が参加者として負う責務である。しかし、機能的制度と組織的制度のあいだには重要な違いがある。機能的制度の本質は標準化された目的的活動そのものにあり、規則も要件もそれに付帯する。一方、組織的制度には、標準化された活動を追求するだけでなく、とりわけ当の活動を規制したり規則を執行したりしようとして互いに連携する人々の構造化された集団も含まれる。多くの機能的制度は付随的な組織的制度を伴う。例えば、教育には学校や大学があり、宗教には教会、スポーツにはさまざまなプロリーグがある。これらのペアの後者は「教育組織」「宗教組織」「スポーツ組織」などと呼ばれ、ある既成の（組織的）制度がその機能を喪失したか否かが問われることもある。反面、ただ機能的であるだけの制度も存在する。例えば、約束や真実を語ることには直接それに対応する組織的制度がない。確かに組織された法的制度がこれらの悪用を約束違反や詐欺として罰しようと試みることは可能であるが、そのような執行は、正常な機能的制度の標準化された活動に関連するというより、特殊な状況をめぐる特定のケースにのみふさわしいものと言える。

以上の違いを念頭において、特定の行為や行為タイプを次の三つのアスペクトに分けておこう。（a）行為（または行為タイプ）そのもの、（b）それらの行為（または行為タイプ）が機能的制度を構成する制度的規則によって一般的に義務づけられたり、禁止されたり、許容されたりする相面、（c）組織的制度によってそれらの要件が強制的に執行される相面、である。ここで重要な問題は、これらの行為や規則や執行がPGCとどう関係するかである。殺人や奴隷化のような特定の対他行為は、それらやそれらの否定が制度的な社会的規則として義務づけられているか否かにかかわらず、また組織的制度によって執行されるか否かにも関係なく、道徳的不正としてPGCによって禁じられる。ただしここでは他の人間を殺すいかなる行為に対しても「殺人」という言葉を使っているわけではない。つまり人を殺めることは道徳的に不当であるとして、そうした行為を漠然と殺人と呼んでいるのではない。殺人とは罪のない人間を殺すことであり、しかも、個人にせよ集団にせよ、当の殺人者の利得、満足、欲求といった要因のみがその殺しの理由や本質となっている場合である。同じく、いかなる自由の剥奪に対しても「奴隷化」という言葉を使っているのではなく、ある人物が別の人物の満足や利得のためにその所有物にされてしまう自由の剥奪のみをそう呼ぶ。このように特定された殺人や奴隷化が道徳的に不当であることはＰＧＣから直ちに帰結する。殺人や奴隷化などの行為は類的権利の平等の侵害を通じてそうした行為の受動者に基本的害を及ぼすからである。

しかし、ある人物が他の人物の生命や自由を奪うことは常に道徳的不正としてＰＧＣによって禁じられるわけではない。そうした剥奪が正義の戦争の結果として起こったり、殺人のような犯罪に対する自由刑としてなされたりする場合である。このような場合、その受刑者は殺人や奴隷化の受動者が被るものと同様の基本的害を受ける。では、そうした剥奪も道徳的に不当であるとはなぜ言えないのであろうか。重要なことは、このような場合、殺人や奴隷化のケースとは異なり、当の剥奪を負わせるのが制度的な社会的規則を執行する組織的制度の係官であるという点である。ただし、これは部分的な答えにしかならない。というのも、社会的規則を備えた制度自体が道徳的に不当なものとしてＰＧＣによって禁じられる可能性もあるからである。例えば、専制的政府の官吏や逃亡奴隷法の執行官を考えてみよ。したがって、問題の制度とその規則がＰＧＣに適合し、しかもそうした適合性が対応する行為の有害性に優先する点も併せて求められる。それゆえ、この適合性と優先性がいかに確立されるかを明らかにする必要があろう。

この二種類のケース以外に、行為の道徳的な正当性や不当性が、当の行為が規則を有する機能的制度の内部で行われたり、そうした制度への言及を伴っていたりするにもかかわらず、ＰＧＣとの関係から直接決定されうる中間的ケースが考えられる。嘘をつく行為や約束を破る行為はこのタイプに分類される。こうした行為は、機能的制度や、それらに備わった個人間の情報伝達や約束を行うための言語使用に関わる規則と離れて特定することは不可能であろう。しかし、そうした制度は単に機能的であるに過ぎず、組織的制度でもあるわけではない。つまりそれらは制度的な社会的規則を執行する組織的制度の係官によって支えられているのではない。その理由の一つに挙げられるのは、そうした機能的制度がより特殊的な制度とは異なり広く行き渡っているだけでなく、人間の行為や組織にとってなくてはならないものであり、それゆえ明確な組織的制度によって境界設定したり、監督したりすることができないという事情である。

同じく制度的執行規則の不在を反映した別の重要な違いも存在する。戦場での殺害や自由刑の宣告のような制度的規則に従った行為は、それらがPGCによって道徳的に正当化されるためには、当の規則や制度への言及にとどまらず、受動者による先行的な道徳的不当行為への言及も併せて必要である。これは約束を守るとか真実を語るといった機能的制度的規則に従う行為の場合とはかなり違う。確かに、この後者のような行為を道徳的に正当化するためにPGCを侵害する先行的行為に言及する必要はない。反面、問われたときに真実を語ったり、自分の約束を守ったりする行為はPGCと直接適合し、それらの行為を求める制度的規則の働きは、主として、それらの行為を正当化することにではなく、それらの性格を規定しているところにある。そのような規則は単に強制と基本的害および特殊的害を禁じるPGCの禁則を個人が個人に対して行う行為として特定しているに過ぎない。したがって、それらの行為が言語的コミュニケーションや約束といった機能的制度を前提とする、あるいはそうした制度の内部で起こるという事実は、PGCのそれらの行為に対する適用の直接性を除去するものではない。それらの行為の正当性やそれらに反する行為の不当性の証明はPGCから直接導きだすことが可能であり、媒介的正当化のために制度そのものを引き合いにだす必要はまったくない。人は誰かに真実を語ったり、誰かとの約束を守ったりすることで、通常は、受動者であるその人物の福利を増進し、その目的を挫くのではなく促すのであるから、相手の人物も自発的に同意する。この対他行為のそうした特徴は当の行為を正当化するに十分な理由である。さらなる正当化のために制度とりわけ組織的制度に頼る必要はない。機能的制度の規則には、一部、ＰＧＣが直接適用された行為を指令するものもあるが、それらは、ＰＧＣが間接的に適用されただけの行為を指令する組織的制度の社会的規則とは明確に区別される。この後者の場合、ＰＧＣの要件と直接適合せねばならないのは行為ではなく、社会的規則の方であり、当の行為はＰＧＣの要件に背く可能性がある。

5-3　前項の考察から、行為の要件を定めるにあたって社会的規則がＰＧＣの直接適用に優先するのはどのような場合であり、その理由は何か、という問いに対する部分的な答えが得られる。人間の生存をめぐる状況は重要な意味で相互関係的であるとともに協同組織的である。このため社会的規則は特にそのような協同的関係に関わるものとして必要不可欠である。この特別の関わりゆえに、そうした規則は、ひとたびその正当化要件が満たされると、それにふさわしい社会状況の下ではＰＧＣの直接適用に優先する。というのも、この後者が扱うのは主として諸個人間の対他行為であり、これらの対他行為はそうした規則に応じて構造化された状況にうまく収まらないからである。社会的規則は行為者の受動者に対する対他行為にも関わっているが、今やその行為者は集団的役割や社会的役割に応じて行為し、個人的能力に基づいて行為するのではない。

この役割の多様性を念頭において、その行為者が一方で自らの類的権利に従いながら他方で受動者の類的権利に背いて行為するにもかかわらず、強制と加害の正当性を認める社会的規則の働きにより、自己矛盾に陥らないのはどうしてかを考えてみよう。ＰＧＣの直接適用においては、行為者と受動者に関連相違性がないこと、もっとわかりやすく言い換えると、両者ともに自らの目的達成を望む予定的行為者であるという類的属性を有することがその内在的合理性の重要な基礎となっている（2-19、3-2）。行為者が自由と福利の権利を合理的に要求する際の根拠とされるのはこの属性を有することであり、行為者が、自己矛盾を避けようとして、自分のために必然的に要求する権利と同じ類的権利を受動者ももつと認めざるをえないのも、やはりこの属性を有する点において受動者が行為者に類似しているからである。行為者が自分のために類的権利を要求する当の観点に基づいて自分とその受動者が適切な意味で相違していることを合理的に証明できるのであれば、自己矛盾は生じない。

この関連相違性の合理的正当化がどう進められねばならないかはこれまでの説明で明らかであろう。ひとたび行為がそれ自身道徳的に正当化された特定の社会的規則の支配下に入ると、権利を根拠づける上で適切な関連属性は諸個人がそれらの規則に従って担う特定の役割によって決定されることになる。それらの規則が役割の分化を正当化し、さらにこの後者が差別化された取り扱いを正当化するのである。したがって、審判員、裁判官、あるいは投手、検察官といった行為者が、打者、被告人、その他の受動者に対して、強制的な行為を行ったり、規則に基づく特定の役割に由来するそれぞれのやり方でそれらの人々の非減算的善や加算的善に干渉したりしても、自己矛盾に陥ることはない。審判員や裁判官が、まさに審判員や裁判官として、それを合理的根拠に、こうしたやり方で行為する権利を要求する当の属性は、打者や被告人が打者や被告人として有する属性と同じものではない。つまりそれは、もはや予定的目的的行為者としての類的属性ではなく、審判員、裁判官などといったより限定された特殊的属性である。

以上、社会的規則が集団や組織、制度の活動にどのような機能を演じるかを明らかにした。この議論は規則正当化の必要部分を与えるが、その正当化はまだ十分なものになっていない。実際、社会的規則とそれらによって規制される活動や組織は道徳的に不当なものである可能性がある。欠けている部分を補うためには、まず、正当化の一般的対象と特殊的対象の違いに注意せねばならない。人間の規則一般に従う協同的活動を正当化しようとするのは、組織や規則の特定の様式を正当化しようとすることと同じではない。よく似た例で言い換えると、ある人物の行為一般の正当化を求めることは、その人物がある特定の仕方で行為することの正当化を求めることではない。この内、前者の一般的ケースは、人間として存在することは行為や協同的活動に携わることであるという意味では「自然的」であり、通常は人間がコントロールできるものではないため、正当化の対象とはならない。それゆえ、ＰＧＣ（もしくは他の何らかの道徳原理）の観点から人が行為そのものを行うことの正当な根拠を求めても無意味であり、同じくＰＧＣによって正当化される何らかの一般的な社会的規則や社会制度が存在するかどうかを問うても無意味であろう。人間がコントロールできるのは、行為や協同的活動の特定のやり方であり、正当化が問われるのはまさにこれらの方法である。事実、別の可能性があるとすれば、それは協同的行為の特定の様式をめぐるものである。人間は、統治者であれ被統治者であれ、主人であれ奴隷であれ、雇用主であれ雇用者であれ、夫であれ妻であれ、それぞれの立場で互いに協同して活動しており、さまざまな規則に従いながら協力したり争ったりしている。かくして問われるのは、これらの特殊的な組織、活動、規則の内でどれが道徳的に正当であり、その理由は何か、である。

ＰＧＣが社会的な規則や活動を正当化する根拠を与えるとすれば、この特殊性に加え、さらなる条件を満たしていなければならない。社会的規則は、前述の通り、当の規則に従って行為する行為者がその受動者に強制や危害を加えることを認めたり求めたりする。したがってＰＧＣによる規則の正当化は、個々の行為者が受動者に強制や危害を加えることを禁じた原理が、それにもかかわらず、そうした強制や加害の根拠を与える事情を明らかにするものでなければならない。つまりそれは、行為者と受動者の類的権利の平等を求める原理が同時にその同じ権利の対象に関して行為者と受動者の不平等を正当化する理由を明らかにする必要がある。

ここで参考になるのが歴史的類比である。ＰＧＣと社会的規則との関係は、ある意味で、伝統的議論における「自然法」と「人為法」ないし「実定法」との関係――そこで道徳の基本原理を体現するとされたのが自然法である――に似ている。いずれの場合も、その関係は派生的であるか、少なくとも整合的である。言い換えると、人為法にしろ社会的規則にしろ、それぞれ自然法やＰＧＣから導出されるか、それらと整合しない限り、正当なものとして認められない。しかし、問題はこの導出や整合の関係が厳密に何を意味するかである。トマス・アクィナスの古典的定式化に従うと、道徳的に正しい導出方法は二つしかない。つまり、人為法は自然法から演繹か特殊化を通じて導出される以外にない。前者では、例えば、人為法における殺人の禁止は自然法の他人に悪事を働くことの禁止から導かれる。後者においては、人為法が特定する悪行に対する罰則は悪行を行う者は処罰されねばならないとする自然法の規定から導出される[1]。自然法を人為法に関係づけるこの単純な方法は、二種類の法のあいだに存在すると見られる対立を説明できないという問題を抱えている。例えばトマスは、人間の生命を守ることは自然法の教えであるとしながら、他方では、人為法は正当な根拠に基づいて死刑を命じることができると考えている。この二つの教えの関係は明らかに演繹的なものではなく、特殊化の関係でもない。後の方の教えは自然法の別の教えから導かれたと考えることもできるが、自然法の教えを書き換える方法が明らかにされない限り、対立の問題は解消されない。同様の困難はよく知られた「自然権」の一覧表に関しても指摘できよう。独立宣言によると、人間の不可譲の権利には生命、自由、幸福の追求が含まれる。ところが、ジェファーソンは死刑や投獄、徴兵制の正当性を受け入れた。何の限定も取り入れられないのであれば、理想的権利と現実的法の関係について次のように言わざるをえない。これらの関係は演繹の関係でないばかりか、書き換えのための留意事項が明らかにされない限り、互いに対立するようにすら見える。

同じことはＰＧＣとさまざまな社会的規則との関係に関しても言える。ＰＧＣが強制と有害行為を禁じる一方で、社会的規則は種々の強制と加害を許すどころか求める可能性すらあるから、社会的規則がＰＧＣと対立する関係にはないとすると、両者の関係は単純な演繹や特殊化の関係ではありえない。ＰＧＣは、明らかにこの原理と合致する諸規則（例えば殺人や暴行の禁止）だけでなく、処罰など諸々の災難を指令する規則のように、道徳的に正当なものではあっても、一見するとＰＧＣには抵触する諸規則をも正当化しうるものでなければならない[2]。

確かにＰＧＣと前者の規則とは演繹の関係にあると言えるが、後者の規則との関係はもっと複雑な関係であるに違いない。

右の論点との絡みで、道徳的規則と道徳的責務に関する二つの極端な立場を斥けておきたい。極端な個人主義では、すべての正当化された道徳的責務は純粋な諸個人の対他行為に関する全体的規則のみから直接導かれる。極端な制度主義では、それらは社会制度の要件のみから直接導かれる。確かにある種の急進的制度主義者にとって、「道徳」自体、数ある制度の中の一つに過ぎず、その要件が他のさまざまな制度的規則に対して正当な優先権を主張するのはそもそも不可能である。ところで、社会的規制のインフォーマルな体系という意味の「実定道徳」ないし「慣習道徳」がいろいろ存在してきたこと、そして存在していることは間違いない。一方で、これらの道徳自体それぞれの道徳的正しさに即して評価できるのも確かである。これは、見方によれば、単に実定道徳のある規範が別の規範の評価に利用されるということである。ただ、そう解釈しても、諸々ある実定道徳の中のどれが道徳的に正しいかは依然として不明である。この事実からわかるように、道徳的正しさという意味での道徳の規範的概念は、道徳の実定的概念、すなわち実定道徳をなす一つの制度の諸規則によって正しいと見なされる物事とは明確に区別される。問題が諸種の実定道徳を含む諸制度の道徳的評価・正当化に関わるとすれば、そこで問われるのは前者の概念であって、後者のそれではない。したがって、すべての正当化された道徳的責務・規則が社会制度の要件のみから導出されるとする急進的制度主義者の考えは誤認である。道徳的に正当化される規則の根拠を与えるのは制度である、と言うためには、その前にまず当の制度自体が道徳的に正当化されるものであることを証明せねばならない。

急進的制度主義者は、あらゆる制度的文脈の枠外で生きる「裸の」個人や「孤立した」個人など存在しないとの正しい前提から、すべての正当化された道徳的責務はそうした文脈によって決まる規則から導出されるとする誤った結論を導く。この結論が見逃しているのは、行為はあらゆる道徳論議の中心的テーマであり、道徳的正しさの原理であるPGCはあらゆる行為の類的特徴から合理的に導出されるという事実である。この合理性と普遍性ゆえに、PGCをその最高原理とする道徳性は単なる一制度としてあるのではない。むしろそれはあらゆる行為と他のあらゆる制度の正しさを合理的かつ正当に評価する規準を与えるものとして存在する。他の人々の類的権利を尊重するという道徳的責務は、その正当化のために、いかなる制度の規則も必要としない。なぜならそれは、すべての行為者が必然的に抱く、自分には行為の必要善に対する権利があるとの要求を含む、あらゆる行為者性に備わった類的特徴から論理的に導かれるものだからである。しかも、社会的規則にせよ制度的規則にせよ、呼びかける相手の人物は、そのふるまいが行為の類的特徴によって特徴づけられる行為者であり、したがって、そうした規則がもつ正当な根拠は、いかなるものであれ、最終的には、行為の類的特徴に由来する類的道徳的規則から導出されるものでなければならない。これらの点からわかるように、類的道徳的規則がそのまま道徳的正しさの全体を構成すると見なす急進的個人主義者の考えは間違っているが、道徳的に正当化される規則と責務を決める制度の権威に根拠を与えるのは諸個人の類的権利である。行為者は受動者の類的権利を尊重すべきだとするPGCの要件をなす二種類の成分すなわち自由と福利は、適切な限定が加えられた場合、社会的規則を道徳的に正当化する根拠として機能する。

この正当化の仕組みを理解するためにはまず、一部の人間活動と人間組織が次のような意味で自由の拡張としてあることに注目せねばならない。人々は誰からも強制されずそうした活動や組織に参加し、それらの規則に従うことを選択するか、承認する。あるいは少なくとも、それらの規則が合意に至るのはその支配下にあるすべての人間が納得ずくで参加できる一連の手続きを通じてである。また、このタイプの活動や組織とは別に、参加者全員の自発的同意はないものの、当の活動・組織とその規則が福利とりわけ基本的福利を保全し拡張する役目を果たす活動や組織がある。この二種類の規則と活動はそれぞれPGCの自発的ないし自由的成分と目的的ないし福利的成分によって正当化される。この正当化の二つのタイプをそれぞれ手続き的正当化、手段的正当化と呼ぼう。前者の規則と活動は自発的同意という手続きに関わり、後者は人間行動の目的性の基礎をなす福利の手段として機能するからである。この二つはいずれもPGCの間接適用であるだけでなく、理性の適用でもある。手続き的正当化と手段的正当化はPGCを社会的規則・制度に関して演繹的に特殊化したものであり、前者はその自発的成分の、そして後者は目的的成分の演繹的特殊化である。しかも手段的正当化には、そのさまざまな段階で、手段－目的計算という形態の帰納的推論の使用も含まれる。

この正当化の二つの様式はそれぞれに複雑さを秘めている。それらは当の様式に絡む固有の問題であるとともに、相互関係や基盤をなすPGCとの関係をめぐる問題でもある。もっとも、そうした複雑性は前章で言及した道徳的義務の論理的構造を大きく変えるものではない（4-2）。その構造はここでもやはり相互主義的であり、首尾一貫性を保っている。「私はQであるがゆえに、他のすべての人々は私に関してXを行うべきである。したがって、他のすべての人々もまたQであるがゆえに、私はそれらの人々に関してXを行うべきである」。ただここでは、「Xを行う」の真意は、直接、相手である個別的受動者の類的権利に従って行為することにではなく、PGCによって正当化された社会的規則に従って行為することにある。しかしこの後者の行為の様式は、規則の正当化という観点から見る限り、前者の特殊化であると言える。手続き的に正当化された社会的規則に従って行為することは、その構成員によって自由に承認される、あるいは自発的同意を通じて推進される制度と活動に人々が参加・関与することを可能にするものであり、それゆえ人々の自由の権利に従って行為することを意味するからである。同様に、手段的に正当化された社会的規則に従って行為することは、人々の基本的善やそれ以外の重要な善を保全し支援する法に従うということであり、それゆえ人々の福利の権利に従って行為することを意味する。正当化された社会的規則に従うこの二つの行動様式はいずれも、各個人に対して、それぞれの規則を受け入れるよう求めるだけでなく、規則の特殊的規定が特定の個人に該当する場合にはその規則の当人に対する特殊的適用をも受け入れるよう求めており、そこには公正という道徳的義務が内包されている。

5-4　社会的規則の随意的‐手続き的正当化——自発的組織

ＰＧＣの自由意志的ないし主意主義的成分が求めるのは、行為者が受動者の自由の権利に従って行為し、結果として他人を自発的な同意もないまま対他行為に巻き込んではならないとの要件である。逆に、そうした同意が与えられた時点で、その対他行為は一応道徳的に正しいものとされる。社会的規則や社会集団の手続き的正当化はこの要件の適用であり、この要件に基づいて、問題の規則とそれらによって規制される活動や集団、組織が一応道徳的に正しい、つまり容認されるものである、と規定するとともに、規則に従って組織や活動に参加する人々がその規則に自発的に同意するか、普遍的に利用可能な他の何らかの承認手続きを有するとすれば、当の規則は道徳的に正当化された義務を根拠づける、と規定する。この正当化で提示される同意の手続きは二つの形態をとり、それに応じた二種類の対象または目的物をもつ。以下ではこのそれぞれを随意的、必然的と呼んで区別しよう。

随意的‐手続き的正当化は次の形式をとる。存在すべき特殊な社会的規則・組織があるとすれば、そのすべての成員はそれらを自発的に承認せねばならない。ここでは、規則を備えた何らかの特定の組織が存在すべきか否かについても、誰が当の組織に所属し、当の規則に拘束されるべきかについても、その決定は諸個人の自由な同意や自発的承認に委ねられ、その意味で前件は道徳的に随意的である。後件の方は、それ自体は道徳的に必然的ではない前件の道徳的正しさの条件として必然的である。

一方、必然的‐手続き的正当化では、後件のみならず前件も道徳的に必然的である。必然的‐手続き的正当化は次の形式をとる。社会の全成員に遵守を義務づけた法的規則すなわち法律を備えた政治的組織すなわち国家が存在すべきであるとすれば、その憲法は、特定の法律の内容を――当の内容を決定する立法者やそれらを執行する行政官を含めて――決めるための同意の順序を整備せねばならない。ここでは、拘束力のある法律によって統治される国家が存在すべきか否かの決定は諸個人の自発的同意には委ねられておらず、それゆえ前件自体が道徳的に必然的である。後件の方も当の前件の条件として道徳的に必然的である。また、随意的‐手続き的正当化では、その後件が、社会的規則・組織が道徳的に正当であるとすれば、それらの存在と内容は個別的参加者の自由な選択を眼目とする同意の手続きに従ったものでなければならない、と述べるのに対して、この必然的‐手続き的正当化の後件は、特殊的法律を備えた国家が道徳的に正当であるとすれば、その憲法はそれらの法律がこの同意の順序によって決定されることを定めておかねばならない、と述べる。しかし、随意的‐手続き的正当化で扱われる組織と規則とは違って、国家とその特殊的法律に対する服従は社会の全成員を拘束するものである。こうして必然的‐手続き的正当化には、特殊的法律と係官を有する国家が存在せねばならず、同時にそれらの法律と係官が決定・指名されるための特定の手続きが存在せねばならない、という二重の同時的必然性が含まれる。これらの政治的対象は、以下で見るいくつかの例外を除き、そうした手続きを欠いたまま道徳的に正当化されることはない。しかし、これらの政治的対象が存在することに必然性がある以上、当の手続き自体もまた存在せねばならない。要するに、そうした手続きが利用されるか否かは、随意的‐手続き的正当化の場合とは異なり、当の政治的組織をもとうとする、あるいはそれに属そうとする人々の欲求によって随意的ないし偶然的に決まるのではない。

この二種類の手続き的正当化の違いを次のように述べることもできよう。随意的正当化では、承認手続きは問題の組織や規則に対して外的に作用する。それらは、当の組織とは独立的に存在して、当の組織が存在すべきか否か、そして当の規則がどうあるべきかを決定する。一方、必然的正当化では、承認手続きは国家と独立的に存在するのではなく、そのような組織が存在する必然性によって条件づけられ、その意味で当の政治的組織に対して内的に作用する。事実、この承認手続きは政治的行為の様式である。この手続きは、国家という必然性を背景にして、特殊的法律がどうあるべきかを定め、誰がそれらの法律を制定し執行するかを決める。

ところで、以下で見る通り、ＰＧＣは国家が存在すべきであるとして、国家がどのような立憲的構造をもつべきかを決定する。その意味からすると、以上の議論で国家に帰した必然性は道徳的規範的な必然性である。必然的‐手続き的正当化の前件と後件がともに道徳的に必然的であるのもそのためである。そうした必然性にもかかわらず、この正当化は各個人に対して承認をめぐる自由を与えるどころか、それを求めさえする。しかしこれは、誰が国家を統治すべきで、特殊的法律がどうあるべきかを決める決定過程の一部をなす、特定の選挙や他の政治的手続きを通じて、国家に参加する自由である。その自由が、国家はそもそも存在すべきかとか、国家はどのような種類の憲法をもつべきかといった点を決める自由にまで拡張されることはない。

5‐5

まず、随意的‐手続き的正当化から検討しよう。この正当化は、人々が道徳的に従わねばならない規則によって規制される集団や組織が存在すべきであるとすれば、それらの人々は自由な同意に基づいて当の組織に属し、それらの規則を承認せねばならない、と規定する。この同意の有効化条件は、ＰＧＣの直接適用の場合と同じく、非強制性、状況に関する適切な知識、一定の情緒的冷静さの三つである。自由な選択により手続き的に正当化された集団を指して、自発的組織と呼ぼう。こうした組織は、その構成員が非強制的選択という形態の規則に支配された集合的活動に関与することを可能にするものであり、自由の所産であるとともにその拡張でもある。このような形で正当化された社会的規則が、今度は、道徳的に正当な行為は当の規則に従うものでなければならないとして、当の規則によって支配される活動や組織の内部で行われる諸個人の特定の行為に対して適用される。その結果、行為者は社会的規則に従うことを道徳的に義務づけられる。

組織が随意的－手続き的正当化を有し、自発的組織である場合も、前述の通り、その規則が当該組織の構成員に対して罰則やそれ以外の方法で、特定の欲求や選択に反する種々の条件や制約を課す可能性がある。前に野球の審判員による試合進行と判定を例に挙げてこの点を説明したが、同じことは他のもっと緊要度の高い自発的組織にも当てはまる。自発性の枠組みで考えると、規則が及ぼす効果には、強制力を伴い、それゆえPGCが直接指令する自発性に反するものがあるということである。この強制性を正当化するのは、その規則を手続き的に正当化する当の規則に対する自発的同意である。実際、規則は必然的にその支配下にある人々の側に義務を課すから、規則の正当化は対応する義務の正当化でもある。こうして社会的規則の自発的承認は、人々はたとえ非自発的であってもその規則の特定の適用には従わねばならないとの要件を正当化する。

人々が固有の活動と規則を伴う一つの組織に参加することを同意する際には何らかの対他行為に関与することになる。こうした対他行為にはさまざまな種類がある。その中には、すべての参加者が同時に何らかの協同的活動を進めることに同意するため、まさしく行為者と受動者の明確な区別が存在しないケースも考えられる。例えば、非公式のルールで行われる野球の試合である。ただ、このようなケースでも、参加者は互いに相手方のゲームへの参加の申し出を受けとめており、その意味では交互に相手の行為者になったり受動者になったりする。これと同じ関係は、雇用の場合を含め、人々が財の交換を合意する契約的場面にも見られる。これらとは違い、行為者と受動者が明確に区別されるケースもある。例えば、組織の指導者や主唱者は行為者であり、他の人々に参加を勧めたり、促したり、迫ったり、少なくともそのような可能性を維持したりする人物もその中に含まれる。これらの人物は当の対他行為において、主導権を握るか、少なくとも、他の人々の組織参加や活動関与が自発的であるか否か、あるいは目的的であるか否かを支配しており、行為者の立場にある。以上のすべてのケースで、参加者が自発的か随意的に参加し、それゆえ規則の支配に服している限り、それらの活動や組織の規則が負わせる責務は道徳的に正当化される。そうした責務の中には人々が契約上の合意に従って遂行する職務や任務に関わる義務も含まれる。

これらの責務や制約は、以上で明らかなように、基本的に参加者自身が自らに課したものである。つまりそれぞれの参加者は、当の規則を自発的に承認することで、その規則が求める強制を自分自身への適用を含む規則適用のあらゆるケースにおいて自発的に受け入れる。したがってある参加者が、社会的規則によって支配された一部のケースで、行為者として自由に活動しながら、受動者の現行的自由に対する権利に従って行為することはできないにしても、そのせいで何らかの矛盾を抱えることはない。その人物が社会的規則に従うことで受動者を強いたり害したりしたとしても、受動者が自発的に受け入れた規則の求めに応じてそうしているに過ぎないからである。ＰＧＣはこの場合、その規則が特定の対他行為の参加者に与える効果という一次的水準に直接適用されるのではなく、当の規則の自発的承認という二次的水準に適用される。言い換えると、その行為者は規則の規定に従って受動者に強制や危害を加えるが、それでも受動者が自発的に受け入れた規則をもつ活動や組織にそれらの受動者が参加することを少なくとも妨げないよう努めており、ここでもやはり受動者の自由の権利に従って行為している。

規則をもつ組織が自発的に承認されたとの理由で受け取る一応の道徳的正当性は論理的に必然的なものである。これは、しかし、その組織の立憲的規則自体が論理的必然的であるとか、当の規則の承認やそれによって規制される活動への参加が論理的に必然的であるといった意味ではない。そうではなく、ＰＧＣによって随意的－手続き的に正当化される社会的規則が容認されうるという意味で一応道徳的に正しいこと、そして、人々がこうして手続き的に正当化された活動に参加する一応の権利をもつことが論理的に必然的なのである。実のところ、（ａ）「すべての人々は、自分がその規則を自発的に承認した活動や組織については、そこに参加する一応の権利をもつ」を否定することは自己矛盾的であろう。まず、前述した通り、（ｂ）「すべての予定的目的的行為者は自由の権利を有する」を否定すると自己矛盾をきたす。ところが、人が手続き的に正当化される活動や組織に参加することは、当人にとって、ＰＧＣによって課せられる限度内で自らの自由を行使することであり、したがって、（ａ）は（ｂ）の特殊化である。こうして（ｂ）の否定はいかなる行為者にとっても自己矛盾的であるから、（ａ）の否定もまたそうである。同じ理由により、いかなる行為者も（ｂ）を承認して（ａ）を否定すれば首尾一貫しないであろう。（ｂ）を証明した議論からもわかるように、他の人々が随意的－手続き的に正当化された活動に参加することを妨害したり、強制したりする権利を有するとの考えを抱くことは、誰にとっても自己矛盾的であろう。かくして、個々の対他行為において受動者の自発的同意が行為者の受動者に対する行為を一応道徳的に正当なものとするように、組織や社会的活動では参加者の自発的承認がそうした組織・活動やそれらの規則を道徳的に正当なものとするのである。

参加者が、自分に関してであれ、他人に関してであれ、手続き的に正当化された規則の不都合な効果を受け入れない場合、あるいは何らかの規則に違反する場合、その人物は自己矛盾に陥る。その人物が当の活動への参加に同意する以上、「私も他のすべての参加者もその規則に従うべきである」という規則の必要性にも同意したことになるからである。しかし、ある規則に違反する場合、その人物は事実上、「私にはその規則に従わない権利がある」あるいは「私はその規則に従うべきであるわけではない」と述べている。この点は直接的参加者だけでなく、審判員や係官など特定のケースで参加者に規則を適用する任務につく人物にも当てはまる。この任務は二次的規則によってつくられるものと言えるが、そうした規則も当の活動・組織の本質的構成要素の一部であるから、裁判官や審判員といった立場で任務をこなすなど、二次的規則に従って参加することを承認しておきながら、その後それらの規則に違反したり責任を拒んだりすることになれば、矛盾が生じるであろう。特定のケースで規則を適用する立場にある人物のこうした責務には公正という要件も含まれる。一次的規則は参加者が罰や褒賞を通じてある明確な取り扱いを受けるための十分条件を規定する。裁判官や審判員や他の係官が不公正な規則適用を行えば、言い換えると、規則が同じ有効性をもたねばならない諸々のケースに規則を公平に適用しないのであれば、その人物は、参加者のある明確な取り扱いを定めた十分条件が十分ではない、つまり、あるケースでは正しい物事が、当の規則によって決まる関連類似性を備えた別のケースでは正しくない、と語っていることになる。

功績に応じた配分という主旨の正義の概念が適用されるのは主にこうした文脈である。功績の規準は実にさまざまである。しかし、諸個人が種々の目的で形成する組織を念頭におくと、その組織の外的または内的な規則によって規定・測定されるそうした目的の達成に対する貢献に、功績の本質はある。これらの規則に従うと、AがBと比べてその組織の目的の達成に二倍貢献したのであれば、AがBの二倍の報奨を受け取るのは公正であり、Aにはそれだけのものを受け取る権利がある。これは前に見た比例性の原則の適用であり（2-22）、ここではそれが随意的-手続き的正当化の観点から適用されたPGCに従う。こうした比例的な数値測定が可能か否かは、当然、問題となる組織の性格と目的に大きく依存する。貢献が金額で示される株式会社の場合、測定は比較的簡単である。貢献にさまざまな理論の提示とその検証が含まれる科学者の組織では、測定はもっと複雑である。しかし、いずれの文脈においても正義が求めるのは、適正な報酬——前者では金銭、後者では名誉や承認——がその功績、すなわち当該組織がつくられた目的にどれだけ寄与したか、に比例することである。ただし、この要件は自発的に取り交わされた契約上の同意に圧倒され、報酬がそうした同意によって固定される場合もある。

5-6 自発的組織にもいろいろあるが、その違いをもたらすのは次のような変数である。例えば、組織の目的は何か、規則に照応する組織構造は明示的であるか否か、といった要因に加え、加入や脱退の自由度、加盟期間、加盟者による規則変更の可能性、組織や活動、規則が参加者の福利に及ぼす効果とりわけ制裁の厳格さの違いである。これらの変数が示すように、さまざまな組織・規則の固定性にしろ目的の範囲にしろ、程度の問題である。極端な例を挙げると、遠足先でメンバーを集めた急ごしらえの野球チームのように、短命な最小限の目的のためにつくられた一時的な集まりから、集団の大きさや子供の同意に基づく参加に関しては留保すべき点があるものの、家族のような組織までである。なおＰＧＣは、家族関係には各パートナーが自発的に結びつく目的が大きく作用するとの根拠に基づいて、家族を特別扱いする優先的権利および義務を正当なものと認める。こうした優先的地位は、他の自発的組織に見られるさまざまな役割と同じく、ＰＧＣの類的権利の平等には違反しない。すべての予定的行為者は自由に婚姻関係を求めたり結んだりすることができるだけでなく、他の人々のそうした関係によって強制や危害を加えられることもないからである。

最小限の目標と持続性しかない一時的・臨時的組織と、自己表現や感情的・身体的結びつきといった最大限の目的をもつ親密な組織のあいだには、それらとはさまざまな点で異なる多種多様な自発的組織が存在する。そうした組織の規則は、内容面から見ると、その随意性に違いがある。自発的組織の成員身分は参加者の随意的同意によるとはいえ、組織の目的は、その性質上、規則に大なり小なり固定性を求めるからである。例えば、行楽地で子供と大人が一緒になって楽しむ非公式の野球の試合は、子供にはフォーストライクまで認めたり、ベースの数を減らしたりと、正式のルールとは異なるさまざまなやり方で行われる。これに対して、科学者の社会的組織には、証拠や論理的推論の規則のように、ほぼ不変的な科学的規準に従わねばならない規則が必ず存在する。

ところで、種類もいろいろあって複雑な人間の集まりを、「強制的」な性格をもつ「公的」組織と「自発的」な性格をもつ「私的」組織に区分する見解があるが、これは現実とはかなりかけ離れた見方である。国家が最高の公的組織であり、その成員身分が自発的ではなく強制的であることは事実だとしても、近代国家が合法的強制性を独占しており、他の組織はすべて私的な組織であり、成員身分は自発的である、と断定するのは間違いである。さまざまな専門職組織や労働組合やその他の利益団体への加盟が生計を立てるための不可欠の条件であるとすれば、こうした会員身分は、その限りで、それらに関連する職業や仕事や取引を求める人々にとってみれば、否応なく選ばざるをえない一種の強制的選択としてある[3]。したがって、こうした組織や規則はその正当化の根拠を、どちらかと言えば、手続き面ではなく福利への貢献におくと言える。特に、こうした組織がそれぞれの活動を独占し、新しいメンバーの加入に制限を加えている場合はそうである。反面、特に労働組合の場合、労働者が選択できる選択肢を増やし、そうすることで自由の領域を広げる可能性があるとも言える。そうした組織の働きを通じて、賃金や労働条件やその他の重要な案件に関わる選択肢が、部分的にであれ、雇用主のみならず組織化された労働者の支配下におかれる可能性である。

随意的－手続き的正当化が一応の道徳的正しさ以上のものを与えるためには、そうした正当化の対象である集団や活動はPGCが課す追加的要件を満たさねばならない。ある集団の成員が自発的にその集団の条件を受け入れているにしても、それらの条件が成員以外の人々に対する強制を伴う場合がある。この場合、その集団は道徳的に正当なものではない。例えば、ある銀行強盗団のメンバー全員が、銃係、運搬係、運転係といった分担の承認を含めて、自発的に合意しているにしても、そのことはこの強盗団が外部の被害者に及ぼす強制や被害を正当化する言い訳にはならない。加えて、PGCの自由成分の直接適用の場合と同じく、手続き的正当化においても福利成分を考慮せねばならない。例えば、奴隷制のような制度や古代ローマの剣闘のような「競技」を想起してみよ。関係者全員の同意はこれらの規則に手続き的正当化を与えるであろう。にもかかわらず、それらは最終的にはやはり道徳的に誤っている。このような不正は、手続き的正当化の要件に再び訴えることで、つまり被害者がそれらの制度に与えた同意は自発的なものではなく強制されたものであるとの根拠に基づいて説明されることになろう。ところが、ここから生じるのは、同意する関係者に開かれた選択肢の性格と範囲という問題である。仮に一方の側には少ない選択肢しかなく、そのいずれもが望ましいものでないとすると、その同意は、他方の側には見られない仕様で、ないしは見られない程度に、強制的である。同様の点は、それ程極端ではないものの、関係者の暮らしや経済的福利に影響を及ぼす契約に基づく経済的合意にも指摘できる。契約者のあいだに交渉力をめぐる深刻な不平等が存在し、それが資産格差に起因する場合である。

以上の検討からわかるように、随意的‐手続き的正当化が一応の正しさ以上のものを確立するためには、契約や同意を取り交わす関係者の関係性が、自由成分と福利成分の双方をめぐる類的権利の平等というPGCの中心的要件を満たしていなければならない。この平等が求めるのは、人々が対他行為を通じて当人の行為能力にマイナスとなる被害を受けることはあってはならないとの要件である。同意にしろ契約にしろ、その内容と背景はこの条件を満たす必要がある。したがって、不利な立場にある人々が、貧困やそれに伴う不健康、劣悪な住環境、不安感などに示される通り、そのような被害を受けているとすれば、契約や合意の条件はそうした不平等な立場を反映したものとならざるをえず、その限りで当の契約や合意は道徳的に正当なものではない。自らの素性的自由や基本的福利を差し出したり放棄したりする契約が道徳的に正当化されないことも同様の観点から明らかにされる。同意の自発性を担保するあらゆる予防的措置が前述の通り講じられたとしても（4‐21）、そのような契約は社会制度の道徳的失敗を反映するものでしかない。

社会的規則の静態的－手段的正当化——最小限国家

5-7 道徳的正しさや道徳的正義に関する純粋の自由意志的ないしは主意主義的規準によると、随意性と手続き面の検討は、契約やその他の自発的同意を明らかにしており、社会的規則のすべての正当化にとって必要かつ十分である。しかし、こうした検討は、以上の議論で示された通り、各人の福利の権利を守る規則に対して十全な条件を与えるものではない。他人の攻撃から基本的福利を守る目的で自発的組織が形成されるにしても、この困難を取り除くことはできない[4]。諸個人の福利に対する干渉を禁じた規則をもつ組織があれば、その一員となることに各人が同意するであろう、というのはもっともらしい話である。しかし、そうだとしても、そのような組織は各地域に唯一つしかつくられないとの保証はないし、強い立場の人物が、その組織から離脱した方が自らの福利の増進にとって好都合であると信じた場合もなおそこにとどまり続けるとの保証もない。純粋のリバタリアニズムによると、社会的規則はそれぞれの組織の偶然的な同意や合意のみに基づいて正当化されるから、当該組織を離れた（さらに対抗組織をつくるなどした）強い人々はもはやその規則や要件に服従する必要はない。このため、当の規則に関する限り、彼らが他の人々に深刻な被害を及ぼし、それらの人々の福利に干渉したとしても、不正を働いたことにはならない。その結果、他の人々の福利に対する権利は保護されないまま放置されるであろう。

それでも、こうした保護的社会的規則を根拠づけるためには、匿名の自発的同意に訴えるだけで十分であると主張することもできる。合理的行為者は、前述の通り、すべての予定的目的的行為者には類的権利があると考えねばならず、それゆえ類的権利の保護に役立つどのような社会的規則に対しても自発的同意を与えようとするからである。この議論は妥当であり、そうした種類の社会的規則に合意を促す基盤があることを証明しているものの、この議論では、それぞれの「願望」と「同意」をもった合理的行為者と経験的行為者との関係が問われることはない。ここには次のような周知の曖昧さがある。合理的自己は正しい物事のみを望み、正しい物事のみを行う。ところが、その願望の対象には、悪事を働いた人物に適用される強制的制裁を伴う刑法のような種類の規則も含まれており、当然、合理的自己とは別の経験的自己もそれなりの役目を担うであろう。したがって、すべての合理的行為者がＰＧＣに自発的同意を与えるにしても、刑法や他の制裁といった強制的規則が必要とされることからもわかるように、道徳の合理的規則に違反する場合もある現実的行為者の自発的同意はそれらの規則を十分に根拠づけるものではない。事実、そのような違反者はそれらの規則に同意しない可能性がある。議論がここまでくれば、次のように問わねばならない。類的権利を擁護するＰＧＣとその派生的規則が合理的に正当化されているとして、すべての予定的目的的行為者の類的権利を現実的または可能的な経験的状況において守るためには何がなされねばならないのか。以下、私が社会的規則の手段的正当化と呼ぶ手法を用いて、この問題を検討しよう。

手段的正当化は、行為者は受動者の福利に従って行為し、受動者の行為能力に関して少なくとも害を及ぼさないようにしなければならないという、ＰＧＣの目的性に関わる類的規則から派生したものである。手段的正当化はこの要件を社会的規則に適用する。すなわち、規則とそれによって規制される活動や組織は、そうした害を防ぎ、福利の権利を守る役目を果たすときに限り、道徳的に正しく、道徳的に正当化された義務を根拠づける。ＰＧＣは類的権利の平等、したがって人々のあいだの無被害の相互性を求めるから、社会的規則が手段的に正当化されるのは、この平等を維持するか引き起こす場合である。もっと一般的に言うと、この種の社会的規則は、ＰＧＣがより完全に守られるような社会的秩序を生みだすか、強めるよう機能する限りにおいて正当化される。

類的権利には自由も含まれるが、社会的規則の手段的正当化は、社会的規則がそれに服す人々の自由な同意から生じたり、それを反映したりするとの理由で正当化される、手続き的正当化とは明確に区別される。規則が自由の反映や結果としてあることと、規則が自由の回復や保護に役立ち、それゆえ自由の因果的条件として機能することはまったく別の事柄である。後者の関係は、前者とは異なり、他の類的権利と一体となってPGCの手段的正当化の内に組み込まれている。

手段的正当化には大きく二つの局面がある。一つは静態的局面である。そこでは、人々は既に少なくとも基本的善や他の重要な善をめぐる現行的不干渉に関する類的権利の実効保有において平等であると想定され、社会的規則はこの現行的平等を保護するか回復する場合に限り正当化される、と考えられている。刑法の諸規定はこのような観点から正当化されるが、そうした保護や回復を促進するために必要とされる社会または国家の法律はすべてそうである。もう一つは動態的局面である。この手段的正当化は、人々が類的権利、とりわけ基本的福利の権利を獲得したり保護したりする現実的能力に関して素性的に不平等であることを認識しており、社会的規則はこの不平等の除去に貢献する限りで正当化される、と規定する。このように静態的局面が前提条件としてある現行の状況を回復しようとするのに対して、動態的局面は以前にはなかった素性的平等を実現したり、それに近づいたりする状況を新たに生みだそうとする。福利とりわけ基本的福利の諸成分を支持する社会的規則はこの後者の動態的局面を通じて正当化される。以上のすべてのケースで、社会的規則は、静態的にであれ動態的にであれ、それらがPGCの指令する類的権利の現行的平等や素性的平等にとって必要なものである限り、PGCによって手段的に正当化される。この必要性の度合いはさまざまであり、社会的規則にはPGCの要件がより効果的に達成される社会的秩序を促進したり安定化させたりする働きもある。

これまでほぼすべての政治哲学者は、前述した刑法的機能を主たる根拠にして、強制的法律を伴う政治的社会の存在を正当化してきた。これに対し、PGCによる手段的正当化を二つの種類ないし相面に分ける前段の議論はこの問題に関して従来の考えにはない統一的視点を提供する。ところで、政治哲学者や法哲学者は、アリストテレス以来、正義を「配分的正義」と「応報的（または矯正的）正義」というまったく異なる二つの種目に分けるのを習わしとしてきた[5]。配分的正義は、功績、能力、仕事、必要といった規準に基づいて、誰がどのような褒美や負担を受け取ったり引き受けたりすべきかを決めるものとされ、応報的正義はさまざまな犯罪行為や不法行為に対して罰を科すとされた。この区分で特に重要な事実は、応報的正義が配分的正義とは異なり、その影響を受ける人々への罪ともなる不正行為が存在すると想定し、その上で「人物への配慮」を欠いたまま、つまり犯罪者の個人的資質やニーズは一切斟酌せず、犯された罪の性格のみを考慮して刑罰を決める点である。したがって、配分的正義も応報的正義も「各人に当人のデューを報いとして与える」という正義の一般的定式には収まるものの、「報い」の前提と「デュー」の規準がこの二つでは根本的に異なる。

功利主義は二種類の正義のすき間を埋める一つの方法を提示している。以下でその一端を示す通り、これには多くのよく知られた落とし穴がある。PGCはそうした穴のない別の方法を提示する。この原理は応報的正義と配分的正義の双方の要である類的権利の平等を一般的定式に言う「デュー」の規準とするからである。PGCにはこのように二種類の正義を人間の行為の必要条件と関連づけるだけでなく、当の条件ならびに対応する規則や制度の反応すなわち「報い」の異なる相面への言及を通じて、両者の違いを理解可能なものにする働きがある。この二種類の正義はいずれも、PGCが行為と制度に義務づける類的権利の平等をその本質とする、道徳的正しさの最高原理を維持ないし保全する機能を有しており、ともにこの平等を確保する手段となる。応報的正義はこの手段性の静態的局面であり、類的権利の不干渉の現行的平等を破壊する基本的善やそれ以外の主要な善に対する現行的干渉を是正することによって、この機能を果たす。一方、配分的正義は通例型と再配分型に分かれる。

通例型はこれまでに検討してきたPGCのほぼすべての適用を扱うものであり、自発的組織の内外で行為者が果たすべき種々の相互主義的義務を提示することを通じて前記の機能を果たす。再配分型は類的権利の平等を確保するという手段性の動態的局面である。再配分的正義は、制度的起源をもつ福利の素性的不平等の廃絶を通して、この機能を果たす。

応報的正義も再配分的正義も、その犯罪的行為により報いを受けるべき人物に刑罰を割り当てることによって、あるいは福利の諸成分を再配分することによって、少なくとも部分的には、道徳的に不正な状況を是正しようとしており、広い意味では、どちらも矯正的であるとともに配分的である。応報的正義によって是正される道徳的に不正な事態は、しかし、個人的罪過という意味合い、すなわちある特定の人物が意図的に先行条件である辛うじて保たれていた類的権利の平等を現行的に破壊したとの意味合いを含み、応報的正義は、静態的正義として、この平等を回復しようとする。一方、再配分的正義によって是正される事態は、類的権利の平等を素性的に侵害している点ではやはり道徳的に不正ではあるものの、個人的罪過という意味合いを含んでいない。事実、当の事態はきわめて多数の諸個人を内包する社会的・傾向的状況であり、それらの諸個人が保有する福利の多寡を決めるのは、全面的にとは言えないまでも、歴史的・制度的基盤である。再配分的正義が動態的正義として追求するのは、それまで存在していない平等への動きである。

5-8 まず、静態的局面である応報的正義から検討しよう。刑法の諸規定は、前述の通り、生命、自由、身体的尊厳といった基本的善や評判、プライバシーといった重要な善に対するすべての人々の権利を所定の方法で支持する働きがあり、手段的に正当化される。これらの権利を支えるというのは、類的権利の平等を保持することである。仮にある人物が自発的かつ目的的に他の人物を殺したり、誘拐したり、暴行したり、誹謗したりしたとすれば、この対他行為において前者は、行為の必要条件やそれ以外の重要な善に関して、自分と受動者の現行的不平等を生みだしたことになるからである。刑法が与える刑罰は、この不平等を是正するとともに、そうした有害な行為を控えるよう促して権利の平等を守ろうとする。誰であれ、これらの基本的善や他の善に対する権利が守られるためには、その人物に対する他の人々の侵害は防止されねばならない。刑法はそのような権利侵害を禁じ、それを防ぐための諸規定で成り立っている。これらの禁止的規定を確立するための制度的取り決めが最小限国家を構成する。そうした規則はこの目的のために指名された特定の国家機関の手で前もって広く公衆に知らされねばならない。規則を強制し、その違反を是正するためには、財産や自由の剥奪を含む正式の罰則規定の体系が存在しなければならず、規則違反者を取り締まる警察官や犯罪者を裁く裁判官が存在しなければならない。

刑法は、右の説明によると、ＰＧＣとの関係で二つの責任を負う。その内容は、生命、自由、その他の基本的善に加え、プライバシーや評判などの非減算的善の侵害行為を禁じるＰＧＣの最も基本的な内容とまったく同一ではないにしろ、ほぼ同等なものでなければならない。その意味で、刑法の諸規定の拘束性を否定することはＰＧＣを否定することと同様の自己矛盾を孕んでいる。また、それらの諸規定の公布にはＰＧＣの基本的部分が義務的なものであることを広く一般大衆に知らせる働きがある。一方で刑法はＰＧＣに、前述した通り、強制的な実行規定をつけ加え、違反者を刑罰で威嚇したり実際に処罰したりする。この点からすると、ＰＧＣが指令する類的権利の平等をもたらすためにその条件として刑法が求められる、とする立言はある程度まで経験的・偶然的な命題である。この面でのＰＧＣと刑法との関係は論理的関係ではなく、因果的関係である。つまり、刑法は人々をＰＧＣに従わせるという目的に必要な手段として機能するに過ぎない。しかし、以下で詳述するように、刑法の拘束性を否定すると、内容面についてはもちろん、その実行面に関しても自己矛盾を招く。

刑法の諸規定は手段的観点から正当化されるが、それらが手段となる目的は、主に配分的観点に基づいて類的権利の平等を強調するPGCである。この点に対する配慮を怠れば、その正当化は功利主義や他の帰結主義的理論を悩ませてきた諸問題に直面せざるをえない。社会的規則の手段的正当化はそれらの規則を何らかの目的の手段と見なすことであるから、目的は手段を正当化するとの考えが成り立ち、さらにそこからは、そうした規則で取り扱われる諸個人の諸権利を当の目的に従属させる一種の算法が導かれるように思われる。それゆえ刑法の正当化は、刑による脅しと刑の執行に基づくPGC要件の実行手段を規定することによって、一部の人が他の人々の保護のためにさまざまな被害を余儀なくされる事態、したがって一部の人が他の人々に恩恵を与える単なる手段として利用される事態を支持するように見える。また手段的正当化は、受動者の面でも、量刑の面でも、刑罰の特殊性には反するように見える。ある人物を罰することが他の人々の類的権利を守るという目的によって正当化されるのであれば、どうして刑罰は、同様の予防効果や抑止効果が期待される罪のない人にではなく、犯罪者に対して科せられねばならないのであろうか。権利の保護にはその方がより効果的であるとすれば、類的権利の軽微な違反に対して、なぜ厳罰を科すことができないのであろうか。

PGCに従う刑法の手段的正当化ではこれらの厄介な問題は生じない。第一に、前記の目的はそもそも効用の最大化といった集計的な功利主義的目的ではない。実のところ、このような集計的目的は権利や配分的問題一般を見えにくくするどころか、隠蔽してしまう。一方、PGCの全体的理論の下では、刑法がその手段とされる目的は、類的権利の現行的平等、すなわち人々は互いの関係において等しく自由でなければならず、その対他行為において参加者はそれぞれの福利を尊重せねばならない、という配分的目的である。この配分的目的は、一人の参加者の自発的行為によって破壊された平等を回復することと決して切り離されないが、単にそのための手段にとどまるものではない。

第二に、Xが何らかの目的Yの「手段として機能する」という立言には二つの異なる意味がある。まず、手段であれ、そう機能するものであれ、それが当の目的とは外的な関係にあり、当の目的ならではの特徴をもつ必要がまったくない場合である。もう一つは、手段や手段として役立つものが、当の目的と内的に関係し、単に因果的に機能するだけでなく、その特徴が当の目的の構成要素ともなっている場合である。この後者の場合、Xは強化したり、補強したり、復活させたりする手段として、ある特定の結果を生みだすことに貢献するが、同時に、その結果の際立った特徴を体現している。例えば、ある科学問題や哲学問題に関する講義が単に、あるいは主に、金を稼ぐ目的で行われるとき、この講義は手段か道具として、その目的とは外的関係にある。科学問題や哲学問題の知識や理解を広めることと金を稼ぐことは、一方がなければ他方もないという関係にはないから、概念的にはっきり区別される。これに対して、そうした講義が問題のテーマに対する聴講者の理解を深める目的で行われたとすると、その講義は手段か道具として、当の目的にとって内的である。要するに、問題のテーマに関する知的考察を講義する過程そのものが、そのテーマに関する理解を深めるという当の目的を構成する同様の知的規準を提示するとともに、それらに合致するのである。

刑法の諸規定がＰＧＣの手段として機能するというのも、この内的な意味においてである。ＰＧＣの要件に従うと、福利の権利は行為者と受動者のあいだで平等に配分されねばならない。行為者が受動者に基本的害やそれ以外の重大な害を与えると、その行為者はこの平等をきわめて特殊なやり方で侵害することになり、刑法が指令する処罰はそれ以前に破られた均衡を正すことでこの平等を回復する手段として正当化される。刑罰は不正を行った人物にその罪の重さに比例して科せられる。これは前に触れた比例性の原則の適用であるが（2-22）、その内容をなす刑罰が権利ではなく、一定の権利の剥奪である点に注意が必要である。ただし、こうした責任の割り当てを、罪と罰の厳格な均等性や同等性を要求するものとして、例えば、強姦した者は強姦されるべきであり、殺人者は殺害されるべきである、などと機械的に解釈するのは禁物である。問題の核心を過度の単純化を恐れず刑法適用の背景に即して定式化すれば、次のようになろう。まず当初、人物Aと人物Bは、両者とも生命、身体的尊厳、評判といった基本的善や他の重要な善を相手や第三者から現実に剥奪していないという特定の意味において、基本的福利に関して平等である。これは具体的には、Aと他の人々のあいだに相互抑制の現行的平等が存在していることをあらわす。つまり各人は、それぞれの相手と応対する際、ＰＧＣが行為者に受動者の福利をめぐって指令するとともに、刑法の実定的諸規定のうちに具体化された、自らの行いに対する抑制を遵守するということである。次いで、AがBからX単位の基本的福利か他の重要な福利を取り除くことでこの平等を混乱させる。Xの大きさは、Bから除去された福利が生命、身体的尊厳、財産、その他のいずれであるかに応じて変わる。AはX単位の福利をBから取り除くだけでなく、それに相応する単位の福利を自らが保有する福利につけ加える。他の人々が各々の行いに対する抑制に従ってAに応対するため、Aは便益を受けながら、他方では、指令された自らの行いに対する抑制を解除することで、相互抑制の平等を破壊し、結果的に追加的な満足を引きだすからである。この後者の大きさはAがBから取り除いたものの大きさにほぼ比例する。刑法が命じる罰則は、比例性の原則に応じて、Aからこの追加的満足を取り除く。そうすることで、この罰則は元の平等を回復するとともに、AがＰＧＣの指令する相互抑制の平等を侵害することを通じて便益を得ることを阻むのである。

もちろん、「X単位の基本的福利」や満足ないし福利の「追加的単位」といった議論はかなり不自然である。その主な狙いは、犯罪も被害者の基本的福利に及ぼす影響に応じてその深刻度に大きな違いがあるという事実を示すことにある。そこには、こうした深刻度が正確な単位で測られるとか、個々の被害者の心理的性質の違いに応じて変わりうるといった含みはない。少なくとも規則に具現された標準化の要件は、人間の経験の一般的規則性とともに、個々人をめぐる細かな違いを考慮せずとも、破られた均衡を回復するために何がなされねばならないかを判断する十分な指針となる。このように刑法の諸規定を手段的に正当化するのは、ＰＧＣが求める基本的福利と他の重要な福利に対する類的権利の平等を回復するその機能である。したがって、それらの諸規定にはPGC自体に含まれるものと同様の配分重視の姿勢が貫かれている。

併せて強調したいのは、刑法の諸規定が、PGCによって手段的に正当化される面に限って言えば、諸個人は基本的善や他の重要な善の除去に対する現行的相互抑制に関して既に平等であるとの前提に基づいており、その意味で類的権利の静態的平等にのみ関心を向けている点である。したがってここでは、人々は実際には全体的福利において平等ではないから、以前に存在していた平等を回復するところに刑罰の機能があるとする見方は現実の事態を正しく捉えていない、との反論は当たらない。刑法が関心を向ける権利の平等はその範囲が厳しく制限される。それは前述した現行的不干渉の相互性に限定され、すべての善に拡張されることはない。刑法によって規定された刑罰が関心を向けるのもそうした平等の回復である。

刑法の諸規定は、以上の通り、配分的観点から手段的に正当化されるのであるから、すべての人は刑法の前で平等でなければならない。PGCの類的権利の平等を直接構成しない何らかの根拠に基づいて、誰か特定の人物を選びだして処罰したり保護したりするのは不当である。PGCはすべての人がこうした権利を平等にもつことを求めており、すべての人の基本的善および他の重要な善に対する類的権利は平等に保護されねばならず、刑罰はその罰を受けるに値する人物、すなわち他の人々に基本的害や他の深刻な被害を及ぼすことで基本的善や他の重要な善に対する権利の現行的平等を自発的かつ目的的に侵害した人物に対してのみ科せられねばならない。したがって、当然、罪のない人を罰するのは不当であり、正当化された処罰は、ある人物を単なる手段として扱い、誰かの便益のためにその人物に害を加えることであってはならないし、その人物が自発的に侵害した類的権利の現行的平等を回復するものでなければならない。同じく刑法は他の人々に基本的害や他の深刻な害を及ぼさない行為にまで拡大適用されてはならない。刑法は報復性や残虐性を正当化せず、要求することもない。それどころか、これらは厳しく禁じられる。

以上からわかる通り、刑罰および刑法の全体的機構は必然的に悪であり、侵害された類的権利の平等——これが一つの善である事情は既に詳述した——を元の状態に戻すために、その悪が必要とされるのである。罰の平等化機能はそれ自体として善ではない。基本的害や他の害を及ぼすという悪が起こらず、是正する必要もなければ、その方がはるかに望ましいと言える。また、こうした是正の必要性は、そのような被害を及ぼした人物こそ責められるべきであり、そうした不正行為こそ非難されるべきであることを浮き彫りにする。この領域で是正を必要とする物事はすべて正義に反し、国家によって科せられる刑罰は、当の共同体のそうした悪事に対する厳粛で公的な不同意の意志表示である。一方で刑罰には、当該犯罪者が道徳的コミュニティの成員として自らの行為に責任を負うべき立場の人物であることを承認する機能もある。

5-9

刑法の諸規定はこのように内的な意味でPGCの手段として機能するが、それにとどまらずPGCとのあいだに因果的関係も取り結んでいる。刑罰の目的がPGCの求める類的権利の平等を回復することにあるという概念的関係の枠内で、当の目的のために定められた罰則もまた抑止効果をもつ点において正当化されるからである。それらの規定は、刑罰とそれが喚起する恐れを広く公示することで、人々が他の人々にPGCの禁じる基本的害や他の深刻な害を与えないよう行動する状況をつくりだそうとする。その意味でPGCと刑法との関係は後向きの関係であるとともに前向きの関係でもあるが、前者は後者に優先する。このように刑罰は人々がPGCを守る状況をつくりだすことに貢献するという事実によってもある程度正当化される。ただし、こうした正当化が成り立つのは、刑罰がPGCの求める類的権利の平等を侵害した人物に対してのみ科せられ、その結果、この平等の回復に寄与する、との理由で正当化される限りにおいてである。刑法の諸規定がPGCに対してもつこの二重の関係性は、前に例として挙げた講義に見られる二重の関係と同じものであり、変則的なところはない。

右の論点は、刑法の「公的」特性とも関係する。刑法の基本的諸規定が専ら手段として正当化されるのであれば、つまり特定の受動者による同意のあるなしにかかわらず、単に人々の基本的目的や他の重要な目的を助ける働きがある、との理由で正当化されるのであれば、そうした規則を定めたり執行したりすることが誰にでも許されていないのはどうしてであろうか。また、そのために最小限国家の特殊な法的・政治的機関が必要とされるのはなぜであろうか。この問いに対する答えはいくつかの部分から成り立っている。その一部は少なくともロックの議論にまで遡る[6]。第一に、それぞれの人間には、前に困難を取り除く義務に関する議論の中で触れた通り、それが自らを傷つけることなく可能である限り、他人に基本的害が降りかからないようにする義務がある。しかし第二に、基本的害の重大さ、すなわちそれらの害がＰＧＣの要件を満たさねばならない人々の安定的対他行為に与える脅威は、そうした加害を禁じる公的規則と、それらの規則を公布・施行し、違反者を取り締まることをその職務とする、公的に指名された役人の存在を義務づける。これらの任務に欠かせないのは単なる機能的制度にとどまらない組織的制度である。そうした任務の遂行を、被害者やその親族、友人を含む不特定の諸個人に委ねれば、基本的害の重大さゆえにそれらの禁止的規則がもたねばならない安定性が損なわれるばかりか、正義によって義務づけられるそれらの規則に付着する制裁の均一性すら失われることになろう。

刑法の諸規定は、ＰＧＣとの手段的関係性ゆえに、厳格な論理的身分を有する。ＰＧＣ、それゆえその義務的拘束力を否定する行為者は、誰であれ自己矛盾に陥るから、ＰＧＣの核心的部分とほぼ同様の内容をもつ諸規則の義務的拘束力を否定すれば、いかなる行為者もやはり自己矛盾に陥る。罰則を通じて規則を強制することが、前述の通り、ＰＧＣの求める類的権利の平等を守るために必要とされるのであれば、その限りで、この強制の義務的拘束力もまた合理的に承諾されねばならない。かくして刑法を遵守する義務の根拠は、単にそれが法律である点にではなく、それがＰＧＣによって手段的に正当化された法律であるという点に存する。したがって、間接的にではあれ、刑法を遵守することは、刑法を犯せば自己矛盾に陥るという意味で合理的義務である。

刑法の諸規定は、以上の通り、ＰＧＣによって手続き的に正当化されただけの社会的規則に比べると、より厳格な論理的身分を有する。合理的に考えれば明らかなように、この後者の社会的規則は、ＰＧＣがそれを行使してもよいと認めるタイプの自由の発現であり、したがって、許容できるという意味で道徳的に正当な規則である。それゆえ、人々が手続き的に正当化された活動を行うことに干渉するのは、それがいかなる活動であれ、ＰＧＣによって課せられた制限が守られる限り、道徳的に不当である。そして、いったんそうした自発的組織に加わり、その規則を受け入れた以上、その規則を守ることは道徳的に義務的である。しかし、規則に従う人々の自発的同意とは無関係に規則の内容が道徳的に義務的なものとなるわけではない。そうした内容の義務的拘束力を否定しても自己矛盾に陥ることはなく、何らかの自発的組織に参加してその規則を受け入れることを見合わせたとしても、それに同意しない限り、道徳的に不当ではない。では、どうして手続き的に正当化された社会的規則と手段的に正当化された社会的規則にはこうした違いがあるのだろうか。後者が前者とは異なり、類的権利の平等を回復するか、維持するために必要だからである。この平等は義務的であり、したがってそれを守る規則もまた義務的である[7]。

5-10　刑法は、それを管理する最小限国家とともに、次の二つの経路を通じて、自発的同意に基づく社会的規則の手続き的正当化からも、受動者は自由ないし自発的に対他行為に関与せねばならないというＰＧＣの直接適用をめぐる要件からも離れることになる。まず第一に、刑法に従って罰せられる犯罪者は、警察官や裁判官を行為者とする対他行為の受動者である。ところが、今やこれらの受動者はその対他行為に自発的に参加することも目的的に参加することも求められない状況にある。これらの受動者はさまざまな善を失うどころか、基本的害すら受けざるをえない境遇におかれるからである。第二に、規則とその執行機関の集まりという意味の刑法を有する最小限国家が存在すべきか否かは、それに従わねばならない人々の自発的同意や随意的承認には左右されない。今や刑法の支持者や推進者や執行者は刑法をめぐる行為者と見なされねばならず、これらの人々とともに刑法を遵守せねばならない他の人々は、刑法を広めるこの対他行為の受動者となる。そこでは受動者が当の対他行為に自発的に参加することは求められておらず、その状況は一見してPGCとは矛盾する。では、どうすればこうした刑法の非自発的相面とPGCの要件とを和解させることができるのであろうか。

まず、第一の点については、強制と被害がかなり極端なケースであることに注意しながら、基本的にはすべての社会的規則に関する論点と同様の考えに基づいて（5-3）、犯罪者は強制され害を受けねばならないとの要件とPGCの要件を和解させることができる。一連の社会的規則が、手続き的にであれ手段的にであれ、ひとたびPGCによって正当化されると、それらの規則に従って起こる対他行為は、PGCではなくそれらの規則によって直接規制されねばならない。したがって、犯罪者はPGCの実施条項で規定された方法に従って処遇されねばならず、彼らの自発的かつ目的的参加はもはや義務づけられない。例えば、犯罪者が警察官や裁判官に賄賂を贈るなどした結果、両方の側が自発的かつ目的的に参加する直接的対他行為が起こったとしても、やはりそれは不正である。そうした対他行為は、直接適用されたPGCには合致するものの、PGCによって正当化される刑法には違反するからである。この正当化とそれに対応する要件は、PGCの求める類的権利の平等に対する深刻な侵害を是正するだけでなく、この平等を社会全体のために保持する機能をもつため、PGCの直接適用に優先する。買収的対他行為はPGCが義務づける社会的規則の適用の均一性を破壊し、PGC自体の直接適用にも違反する。問題の贈賄行為は犯罪者と買収された人物によるこの適用の不公正な回避であると同時に、そうした責任逃れを教唆するものと言える。なお、「社会全体」をめぐる論点はやはり配分的観点に基づいており、集計的なものでないことを強調しておきたい。

刑法の正当化をめぐる以上の議論は、刑法に従って行為する裁判官が犯罪者に対して有罪を宣告し、その犯罪者の意に反して危害を加えることになったとしても、それによって自己矛盾に陥ることはない理由をも明らかにする。この場合、その裁判官は自らに関しては問題の対他行為に自発的かつ目的的に参加する権利を要求しているのに対して、その犯罪者に関してはその権利を否定している。この権利の要求と否定には何の矛盾もない。この裁判官もその犯罪者も予定的目的的行為者であることに違いはないが、ＰＧＣが権利要求にふさわしい関連特性として認可し、この裁判官に帰属させるのは、もっと特殊な属性だからである。それは、刑法の諸規定に従って行為する裁判官という属性であり、その犯罪者にはない属性である。どうしてＰＧＣがこのより特殊な属性記述を正当なものと認めるかと言えば、刑法の諸規定がＰＧＣによって正当化されているからである。ＰＧＣが合理的に正当化されている以上、この原理によって正当化される従属的諸規則も合理的に正当化され、したがって、その裁判官の権利要求に関連する特性としてこのより特殊な属性記述に訴えることは決して恣意的ではない。

この論点は前述した第二の点、すなわち最小限国家および刑法自体に対する自発的同意を規定した条項が存在しないという問題とも関係する。この点を考えるには、さらに、刑法の正当化は手段的正当化さえあれば、手続き的正当化がなくとも、それで十分であるのはどうしてかを検討せねばならない。刑法はＰＧＣの類的規則の基本的相面を直接体現し、執行するものであるため、その義務的拘束性は、類的規則自体と同じく、人々の随意的同意には左右されない。人々の基本的福利と類的権利の平等は刑法によって守られており、この平等が本質的に正しく、維持されねばならないことも、それぞれの予定的行為者が自らの福利を重んじ、それらが他人の攻撃から守られるよう望むことも、自発的組織で追求される目的のように随意的決定には依存しない。各人の基本的福利に対する平等な権利の保護は、ＰＧＣによって決まる道徳的正しさが守られるために欠かせない必要条件である。しかし、そのような保護をもたらす刑法の諸規定に従う義務が、一部の人に関して、当人の随意的同意に左右されるのであれば、そうした同意なしにはその履行が義務的拘束力をもつことはないから、道徳的正しさを守るための必要条件は、結局、必要条件ではないことを意味しよう。

それにもかかわらず、手段的に正当化された最小限国家と刑法の基盤には同意の余地がある。ただしこれは、経験的で随意的ないし偶然的な同意ではなく、合理的で必然的な同意である。ＰＧＣの論証は、繰り返し述べてきた通り、合理的行為者が承認せねばならないものに訴えることによってなされる。この論証に弁証法的必然的方法が欠かせないのも、一つにはそのためである。合理的行為者は論理的に刑法の諸規定の受け入れに同意せざるをえないため、それらの規定や最小限国家には同意の基盤が存在する。しかし、この基盤と社会的規則・制度の随意的‐手続き的正当化の基盤との違いには注意が必要である。国家の契約主義理論に対する批判者たちがかねてから指摘してきた通り、国家を根拠づける同意を、条件つきの目的をもつ自発的組織を根拠づける経験的で随意的な同意と類似のものと見なすわけにはいかない。まして同じものと見なすことはできない。要は、合理的行為者である限り、誰もが刑法とそれを執行する国家をＰＧＣによって手段的に正当化されたものとして受け入れねばならないということである。

この合理的基盤が示す通り、行為者の法的義務――行為者がその法に従わねばならないこと――と行為者が自らの自律性を保持することに矛盾はない。合理的行為者は、その法を外から押しつけられたものではなく、自らが自らに課すものとして受けとめるのである。ＰＧＣを正当化された原理として承認する合理的行為者であれば、その法が自分自身を合理的行為者たらしめる規準と同じ規準を満たすことを認めざるをえない。かくして刑法に従うその行為者の行為は、刑法が行為に課す種々の制約にもかかわらず、自発的な行為となる。これは基本的に、自発的組織の手続き的に正当化された規則を承認する合理的行為者が、そうした規則の個別的適用の結果、自らの欲求や利益に反する取り扱いを受けたとしても、やはり自発的に行為していると言えるのと同じである。いずれの場合も、その行為者は自らの自発的選択によって自らのふるまいを支配している。その選択は、前述した種々の制約にもかかわらず、当の規則を正当な規則として合理的に承認したことに基づいており、強制されたものではない。

しかし、犯罪者にとっては恐らく、刑法の強制性は、「この法に従うか、それとも罰を受けるか」という前に見た強制的選択のケースのように見えるはずである（1-11）。そのような場合、この犯罪者の刑法に従ったふるまいは厳密な意味で自発的とは言えないであろう。一方で、この犯罪者の刑法に反する行いは、刑法の罰則規定を無視して自らの目的を達成するために誰にも強制されず自らのふるまいを支配しているという意味で自発的なものであろう。この犯罪者は被害者の類的権利を侵害しながら、自らの自由と福利を維持し、他の人々が自らの同意なくそれらに干渉しないようにしており、やはり自らの類的権利に従って行為していると言える。刑法の強制性が犯罪者の側の自発性と矛盾しないことは次の点からも明らかであろう。刑法の諸要件が、拳銃強盗のケースとは異なり、脅しではなく、この犯罪者が刑法の推進者を含む他のすべての人間と共有できる、正しい理屈を具体化したものとして規定されている点である（1-10）[8]。その限りで、この犯罪者に対して刑法の教えを説く人々が想定しているのは、この犯罪者が自らの自発的選択に基づいて自らのふるまいを支配しつつ、そうした理由を受け入れる、との前提である。ところが、この犯罪者がそれらの理由を拒絶した場合、その限りで、この犯罪者の刑法に従ったふるまいは当人にとって強制的選択に基づくものとなろう。もっともこの事実に、行為者は受動者の自由を尊重せねばならないとするＰＧＣの直接的な類的規則に対する侵害という意味はない。ＰＧＣ自体が、既に見た通り、この原理の直接適用と刑法の静態的－手段的正当化が衝突した場合には、前者が後者によって無効化されることを要求するからである。

5-11　社会的規則の必然的-手続き的正当化——同意の順序

自発的組織とその規則の随意的-手続き的正当化では、当の組織に加わってその規則に従うかどうかの決定は各人の随意的同意に委ねられねばならない。そうした組織や規則がそもそも存在するかどうかを左右するのはその構成員の随意的な同意や選択である。これに対して、刑法を備えた最小限国家の静態的-手段的正当化では、前節で見た通り、各合理的行為者が最小限国家とその刑法に対して合理的承認を与える。行為者が合理的であれば、PGCとの手段的関係により、それらを必然的に承認せねばならないからである。しかし、個人的判断であれ集団的判断であれ、刑法を受け入れ、その限りで最小限国家に属するかどうか、あるいはそのような国家が存在すべきかどうかの判断が人々の随意的同意に委ねられることはない。人が自国から出ていくことは、当然、容認されねばならないが、それは恐らくある国から別の国に移住することであって、まったく政治に関わりのない状況に身をおくことではない。いずれにせよ刑法の承認と遵守はすべての人にとって選択の余地のないものとしてある。

自発的組織の随意性と最小限国家の合理的必然性とのこうした違いは他の政治的対象にも影響を及ぼす。ただし、そのあり様はもう少し複雑である。刑法の中心的内容がPGCの最も基本的な部分と同じものであるのに対して、より完全な国家がもたねばならない刑法以外の法律の場合、そうした同一性によって直接特徴づけられるわけではなく、これらの法律に関して利益の対立や見解の相違があるのも蓋し当然である。これらの法律には、道路交通の規則や公共財に関する諸規定から、特定の社会集団向けに福利の諸成分を促進するための条件規定に至るまで、さまざまなものがある。こうした法律はすべてPGCの類的権利の平等に合致せねばならないが、ひとたび刑法の要件が満たされれば、こうした合致の度合いはさまざまでありうる。PGCから直接導出される内容を備えた法律もあれば、そうでないものもある。例えば、交通規則の場合、交通規則が存在すれば、それだけで安全性と予測可能性が確保され、関係者全員の福利の権利が実現されるから、種類はいろいろあって当然である。環境保護のための法律の場合、福利の別の側面が促進されるし、さらには貧しい人々の経済的困窮を和らげるための法律も考えられる。

次節では主な実体的問題のいくつかを取りあげ、もっと詳しく論じる予定であるが、ここで特に注意しておきたいのは、個別の法律の特定の内容はどうあれ、ともに暮らす大勢の人々の中にあって、諸々の規則には均一性が備わっていなければならず、すべての法律が遵守の要求を含むという点である。均一性をもった諸規則によって与えられる標準化がなければ、無秩序と予測不可能性がもたらされ、利害対立は解決不可能になるか、暴力によってしか解決されないであろう。その限りで、すべての法律、ならびにこれらの法律を備えたより完全な支援的国家は、福利の維持と拡大に役立つとの理由で、PGCによって手段的に正当化される。またその限りで、これらの法律を遵守することは社会の全構成員にとって義務的である。これらの法律は、遵守の要求が違反に対する罰則の脅威によって裏打ちされるという意味で強制的である（ただし必ずしも強制されるわけではない）。これらの法律やそれらによって構成・規制される支援的国家や支援的政治体制は、以上の通り、その存在と承認が諸個人の随意的同意に依存する自発的組織やその規則とはまったく異なる身分にある。支援的国家の存在とその法律遵守の義務的拘束力はまさにそのようなものとしてあり、それらを種々の随意的同意に依存させるのはそもそも不可能である。仮にそのようなことになれば、法律をもつ主な理由であり、それゆえ法律遵守の義務的拘束力の主な理由でもある均一性と予測可能性は完全に失われるであろう。

法律は強制的であり、法律をつくったり、解釈したり、執行したりする役人には大きな権力が帰属する。したがって、それらの役人を指名したり、国家に必要な法律を定めたりするためにどのような手続きがとられるかはきわめて重要な問題である。法律遵守の義務的拘束力は、その内容がＰＧＣの要件に違反する場合だけでなく、法律を決める際の手続きがＰＧＣの要件に違反する場合も無効化される。それらの手続き的要件が何であるかを探るためには、それらの要件に突きつけられる問題に着目する必要がある。前述の通り、国家やその法制度の存在そのものを諸個人の随意的で可変的な同意や決定に委ねることはできない。それを決めるものは、最小限国家とその刑法の場合と同じく、ＰＧＣを根拠とする合理的同意でなければならない。もっとも、国家の特定の法律や役人もそうした合理的同意によって決められるべきだとなれば、国家と法律の一般的必須性という意味の道徳的不変性と、あの役人や法律ではなくこの役人や法律をもつという意味の道徳的可変性との違いが曖昧になる恐れもある。それらの役人や法律を決めるために、ＰＧＣはそれらに服従する人々の自発的同意が最大限喚起されることを要求する。その結果、国家と法律をもつことの道徳的必然性と両立可能な範囲で最大限の自由が維持されることになろう。

では、この両立可能性はいかに達成されるのであろうか。特定の法律や役人に対する服従が諸個人の自発的承認ないし随意的同意に依存することになれば、最終的に無政府状態、それゆえ秩序や予測可能性の瓦解を招く恐れはないのであろうか。ＰＧＣに従うと、この問題を解決しようとすれば、その国家にとってある特定種類の憲法が必須となる。この憲法はある決定の手続きを兼ね備えており、それを大きく左右するのは社会の全構成員の一定の自由である。その手続きは、そうした自由の使用と利用可能性がその国家の特定の法律や役人を決める上で決定的役割を果たすことを要求する。当の憲法は強制的であり、したがってそれ自体は諸個人の随意的同意の影響下にはないものの、そうした合意が法律や役人を決める政治過程の内部で最大限利用されねばならないとの条件をつけるのである。

以上の解決を要約すると、立憲的ないし構造的な強制性と手続き的合意性ないし自発性との結合ということになろう。合意的手続きが強制的な立憲的構造の内部で与えられ、作用する。同時に、この合意的手続きによって決まる役人や法律に対する服従はそれ自体強制的である。かくして政治的対象は次の四つの水準に区別されよう。(1) 刑法を伴う最小限国家、(2) 刑法以外の法律と役人を要請する支援的国家、(3) 特定の合意のための決定手続きを提供する支援的国家の立憲的構造、(4) そうした手続きの利用によって決定される特殊な法律と役人。第三の手続き的水準には自発性に対する最大限の配慮があり、そこにはさまざまな下位水準も包含されるが、これら四つの対象すべてに対する服従は義務的拘束力をもつ。第三の立憲的水準の要件を満たすことは、第四の水準の義務的拘束力の必要条件であり、通常はその十分条件でもある。

右の四層構造という考えは、政治的責務の根拠を統治される側の同意に求めようとしてきた伝統的理論とは真っ向から対立する。これらの理論は、大抵、随意的同意と合理的同意の区別、すなわち各個人が自らの移ろいやすい欲求や見解に応じてまったく自由に選択できる同意と合理的立論のみに基づいて決定される同意との違いを無視してきた。以下で見る通り、この二種類の同意様式を一体化する合意の政治的秩序は存在するが、この二つはやはり概念的に区別される。そうした区別を怠ったために伝統的理論は、結局、自発的組織と政治的社会すなわち国家の身分の違いを明らかにすることも、どうすれば道徳的に義務づけられる立憲的構造が、道徳的必然性と自由の双方を守りながら、合意的手続きと結びつけられるかを明らかにすることもできなかったのである。それどころか伝統的理論は、最終的に、合意の基盤とされる主意主義的安全装置がすべて失われた状況、すなわち無政府状態か、それとは正反対の反動的絶対主義や専制政治に行き着く危険からどうしても逃れられない。

法律と役人を擁する国家に従うことは、通常、すべての構成員にとって義務的拘束力をもつ。その意味で前述した合意的手続きの政治的対象は必然的ないし命令的であると言える。これらの政治的対象をその決定に利用される手続きに基づいて正当化する議論を「必然的－手続き的」正当化と呼ぶのはそのためである。この正当化は自発的組織とその規則をめぐる「随意的－手続き的」正当化とは好対照をなす。合意的手続きはいずれのケースにおいてもそれぞれの対象に対する服従や承認を正当化するために必要不可欠である。しかし、随意的正当化では、その対象である自発的組織が独立の道徳的必然性または必要性をまったくもたないのに対して、必然的正当化では、当の対象はその手続きと同時に、道徳的な意味で必然的または必要である。前者の場合、当の対象が存在せねばならないとすれば、単にそれはそのような手続きが存在し、利用されてきたからであって、この限りのことでしかない。一方、後者の必然的正当化の場合、少なくとも当の対象が存在せねばならないからこそ、そうした手続きが存在せねばならないのである。そして、そうした手続きがどうあるべきかを決めるのは国家の立憲的構造であり、この立憲的構造がどうあるべきかを最終的に決めるのはＰＧＣである。

5-12　このＰＧＣによる立憲的構造の決定において中心的位置を占めるのが市民的自由の平等な配分である。前にも見た通り、ＰＧＣの要件によると、それぞれの個人は、他の人々を強いたり害したりしない限り、いかなる行為であれ対他行為であれ、自らの自発的な選択に従って誰にも邪魔されずそれを行える立場におかれていなければならない（4-23）。この要件は国家の合法的権力に対して次のような重要な制限を課す。国家は、当人が他の人々を強制したり害したりするのを防ぐ場合を除き、個人の自由に干渉してはならない。このため、膨大な種類の行為が政府規制を免除される。ところで、こうした個人や集団による強制や加害の禁止が自発的組織や最小限国家で合法的に発動される強制的規制と矛盾しないことは既に述べた通りである。このことは、以下で見る通り、支援的国家による福利の保護に関しても言える。

さて、こうしてＰＧＣがそれぞれの個人に関して等しく自由であることを求める行為や対他行為には、表現、出版、集会、結社といった行為をはじめとする市民的自由の対象が含まれる。これらが「市民的自由」と呼ばれるのは、相互に関連する二つの理由からであり、それぞれこれらの自由が国家に対してもたねばならない二つの異なる関係に由来する。これらの自由は、一方では個人の権利として国家によって保護されねばならないという意味で「受動的」であるが、他方ではその対象である行為は政治過程において統治者の決定に一定の役割を果たしており、その意味で「能動的」である。この両方の関係において、ＰＧＣが要求するのは、市民的自由が（犯罪者を除く）すべての予定的目的的行為者に等しく帰属すること、すなわち各人は政治過程に自由かつ能動的に参加し、その政治参加において国家の保護を受ける平等な権利を有することである。現実にはさまざまな国家が存在するから、その限りでこの平等な権利はそれぞれの市民に帰属し、各人は市民的自由を具備した国家の市民になる権利をもつことになる。表現の自由や結社の自由は政治過程以外の個人的活動や社会的活動の文脈にも拡張される。

この政治過程における市民的自由の利用可能性と行使は、私が同意の正しい筋道という意味で同意の順序（method of consent）と呼ぶものを構成する。次節で論じる通り、留保すべき点はいくつかあるものの、この秩序は、最小限国家の枠を超えるあらゆる道徳的に正当化された政治的・法律的責務の必要・十分条件である。言い換えると、前に取りあげた刑法以外の特定の法律と政治的取り決めは、それらが同意の順序の所産であるとき、そしてそのときに限り、当該国家内の各人によって遵守されることを要求できる道徳的に正当な権限をもつ。同意の順序の本質は市民的自由の体系を立憲的要件として維持することにある。市民的自由の体系とは、各人が自らの選択に基づいて、政府について議論したり批判したり、政府に賛成投票や反対投票を投じたり、さらには他の人々と連携して集団的に自らの政治目標――その中には社会的不公平の是正も含まれる――を推進したりすることができる状況であり、各人はそうした活動を通じて政治過程に能動的に参加する権利を行使する。このように同意の順序を直接構成するのは、諸個人間に起こる明確な同意の行為ではなく、予定的目的行為者である当該国家内のすべての個人に対して市民的自由の平等な権利を実効的に付与する制度的仕組みである。同意に基づく統治は、政治的権力をもつ特定の人物が、当の権力に関する限り、独立変数ではなく、一人一票の平等な投票権をもつすべての犯罪者ではない成人の成員からなる有権者の投票に依存する従属変数であることを意味する。それゆえ政府は、立憲的要件として、政府に審判を下すとともに政権交代を可能にする平等主義的な選挙過程という試練を定期的に受けねばならない。異議申し立てに対する平等な権利はその意味で同意の順序の重要な要素である。この過程は最終的に選挙へと至るが、そこには政府の政策に関する自由な討議と批判、そして有権者をめぐる各政党間の競争が含まれていなければならない。この競争の最終局面と言える選挙は誰が次期の政権を担うべきかを決める。政府の統治権限の最終的な拠り所は、その政権が単純多数決や相対多数決などのルールに従ってこの選挙に勝利したという事実である。

同意の順序は、さまざまある他の政治的同意の方法とは異なり、無政府状態や専制政治といった困難に陥ることなく、当の順序が機能している社会のすべての人に対して、道徳的に正当化された政治的責務の必然的根拠を与える。すべての人とは、この場合、選挙で勝った側の人だけでなく、選挙で負けた人やまったく投票しない人や当の政治過程に積極的に関わろうとしない人を含む当該社会の全成員を指す。同意の順序がそうした責務の包括的根拠を与えるのは、それ自体があらゆる道徳的に正当な責務を根拠づけるＰＧＣによって直接正当化されるからである。ＰＧＣはすべての人が自由に対する平等な権利をもつことを要求し、そうした権利には、前述の通り、市民的自由や政治過程への参加に対する平等な権利が含まれる。この過程は福利にとって決定的な意義を有し、したがって、市民的自由はＰＧＣが支持する自由の権利の中でも特に重要である。政治過程への参加に関しては、いかなる規準であれ、犯罪性以外の規準に基づいて予定的目的的行為者を差別することは許されない。同意の順序はこれらの平等な権利を実行し行使するための制度的取り決めであるから、それ自体公平な手続きとして道徳的に正当化される。つまりそれは、ＰＧＣによって課せられる一般的責務を同意の順序という特定の領域で義務づけるのである。刑法を伴う最小限国家に対する服従だけでなく、刑法に影響を与える係官、そしてそれ以外の役人や法律、国家政策などの決定に同意の順序が適用された場合には、それらの諸結果に対する承認もそうした責務に含まれることになろう。

市民的自由、ならびに同意の順序に参加できる実効的能力を有することは、すべての予定的目的的行為者の尊厳と合理的自律にとって欠かせない条件であり、各人の加算的権利の骨格をなす（4-16）、自尊心や自分自身を価値ある人間と見なす思いの重要な成分である。政治的文脈であれ、それ以外の文脈であれ、誰かの市民的自由が否定されたとすれば、その否定者は自己矛盾に陥る。その人は、自らに関して要求する重要な自由の権利を、受動者すなわちその要求の合理的根拠とされる条件の面では変わるところのない他の人々については否定していることになるからである。政治的観点から見ると、その人物がもたらすのは、他の人々が常に政治的受動者としてあり、決して政治的行為者にはなれない状況である。その人物は、自分と他の人々とのあいだにそうした格差をつくりだすことによって、人々の暮らしに決定的意義をもつ政治やその他の部面で、それらの人々を被保護や従属の立場へと追い込む。そうした立場は、市民的自由の不公正な配分に起因するものであり、ＰＧＣが求める類的権利の平等とは矛盾し、それを強要する人物は自らの行為を正当化する合理的根拠をもたない。

同意の順序は、以上からも明らかなように、合理的諸個人によって与えられるある種の仮想的ないし素性的な合理的同意に基礎をおくと言える。諸個人がＰＧＣに従うという意味で合理的である限り、各人はそれぞれ、刑法以外の公共政策をめぐる諸問題に関する拘束力のある決定に至るための手続きとして、同意の順序を承認するであろう。もっと明確に述べると、同意の順序は、合理的諸個人がそれを承認することに同意したとき、そしてそのときに限り、それらの問題について拘束力のある決定を押しつける。すべての合理的諸個人は、同意の順序とPGCとの関係ゆえに、必然的にそう同意せざるをえず、したがって、同意の順序とその諸結果を合理的かつ積極的に承認する。

ここで注意すべきは、同意の順序から生みだされる法律や政策が正当化されるには内容的限定も欠かせない点である。同意の順序は当然、憲法を超えるものであってはならない。実際、PGCを通して、同意の順序に拘束力をもつ手続きとしての正当性を付与するのは憲法である。この憲法は、前述の通り、当該社会の全構成員が政治過程に参加する、平等な自由が存在することを必然的に要求するから、市民的自由が全員に等しく保障されねばならない。したがって、それらの自由を侵害する法律は無効である。同様に、同意の順序はPGCによって正当化されるため、それから帰結する法律や政策は、どのような人に対しても、殺人や奴隷化などの犯罪的行為を正当に許容することはできない。基本的害を加えることは、唯一、犯罪に対する罰としてのみ許される。もっと一般的に言うと、同意の順序は、すべての人に対して、自由の平等な権利を尊重せねばならず、個々人が自らの人生を自ら支配するという意味の個人的自由を最大限保障するものでなければならない。同意の順序の帰結によって自由が制限されるとすれば、その制限はいかなるものであれ、PGCによって正当化されうるものでなければならない。

ところで、個人的自由と民主主義の下での政治的自由には大きな違いがあるとする見方がある。政治的自由は人々がその下で暮らす政府を政治過程への能動的な参加を通じてコントロールすることであり、個人的自由は人々の行為を外から支配する力がない状態を意味する。ところが、一般大衆の能動的な参加と選挙によって樹立された民主的政府は人々の行為に対する広範囲にわたる規制を制度化する可能性があるから、この二つは明確に区別されるとの見解である。しかし、政府の権威が同意の順序に由来する場合、政府が個人的自由に正当に課すことのできる制限にははっきりとした限界がある。そうした限界があるため、言論や集会といった政治参加に関連する行為のみならず、それ以外の行為も、ＰＧＣによって正当化されない限りすべて政府による規制を免除される。

同意の順序に関しては、それが可能にする政治参加の平等は実質的平等ではなく形式的平等であるという問題がある。特に経済力の違いはさまざまな個人や集団が政治過程に参加・関与する際の影響力を大きく左右する。それゆえ類的権利の平等の観点からは、経済力であれ、それ以外の力であれ、強者が弱者に重大な被害を及ぼさないための対策がきちんと講じられ、福利を得る機会は弱者に対しても可能な限り平等に開かれていることがきわめて重要である。次節ではこの問題をめぐるいくつかの重大な側面について論じるが、ここで強調しておきたいのは、それらの問題点にもかかわらず、同意の順序が、人間の尊厳にとっても、道徳的に正当化される政治的決定手続きとしても、単に有益であるだけでなく必要不可欠でもある、とする本節の考察はそのまま生きる点である。なお、この正当化には、同意の順序によって可能になる、不利な立場にある人々が自らの不平を公に表明したり、自らの要求を強く訴えたりする能力も含まれる。

社会的規則の動態的−手段的正当化――支援的国家

5-13 ＰＧＣによる社会的規則の手段的正当化の静態的局面では、議論の第一段階として、人々は互いに有害な行為を慎むという意味で、基本的善に関する限り各人は実効的権利保有の面で現行的に平等である、との想定に基づいて議論を進めた。したがってそこでは、刑法の諸規定も、それらの権利を守り、当の均衡状態が破られた場合にそれを回復するために必要とされたに過ぎない。一方、手段的正当化の動態的局面では、人々の福利に対する実効的権利保有には素性的不平等があるとして議論が進められる。十分な食料、住まい、必要な医療などの基本的善を欠く多くの人々が存在しており、それらの人々には、なくてはならないこれらの善を将来にわたってもち続けるために必要な能力も欠けている、との想定である。それらの人々は、生活面や労働面では、従属、危険、疾病といった劣悪な条件を否応なく強いられ、十分な教育や所得など目的達成的行為の能力を高めるために必要な手段も不足している。このように経済やその他の面でさまざまな必要物を欠く不利な状況の下で働かねばならない人々がそうした不足を自らの努力で解消できず、他の人々からもその改善手段が与えられないとすれば、これらの人々は福利の実効的権利をもっていないことになる。この場合、そうした実効的権利をもつ人々との対比が示すように、類的権利の平等というPGCの要件は侵害される。この侵害は、前に触れた通り、少なくとも潜在的には対他行為的侵害である（4－3）。福利の実効的権利を欠く人々の劣位が他の人々の搾取的行為や有害な行為によって直接もたらされたものではないにしろ、その立場ゆえにこれらの人々はそのような行為の被害を受けやすい状態にある。この福利の不平等な配分を維持する社会体制によって人々の生活機会は大幅に制限される。そうした社会体制が維持されるのは、一つには、各人の人生のスタートが生まれた経済環境に応じて著しく不平等なものとなることが容認されているからである。前述の通り、人間は単なる外的諸力の受動的所産ではないものの、人間の自己発展に向けた能力を培うには家族や社会によって子供たちが育成される初期的な養育環境は欠かせない。適切な子育ての環境がなければ、貧困の下に生まれた子供たちを待ち受けるのは、大抵、福利をめぐる重大な損害である。

社会的規則は、それらがこの実効的権利の不平等を除去するか、少なくとも縮小するよう機能するとき、動態的－手段的に正当化される。社会的規則と富の分配との関係という面から見ると、その目的は、大部分、保守的でも革命的でもなく、改良的であり、それらの規則はそのようなものとして中間的立場を示す。急進的なリバタリアンによると、今ある富の分配状態は、それが初期の公正な取得とその後の自発的ないし契約的な取り決めの帰結としてある以上、当然、擁護されねばならない。一方、それとは正反対の急進的平等主義者が提案するのは、最も不利な立場の人々に最大限の便益をもたらすことだけを狙った抜本的な再分配である。前者の極論は、生まれたときの境遇のせいでひどい不利益を余儀なくされた人々に対して、加算的善を含む福利に対する独立の権利を認めようとしない。後者の極論は、特別の価値を有する商品の生産やそれに伴う稼得をめぐる自由に対する独立の権利を認めようとしない。前者が看過したものが厳然たる経済的必要に対する申し立てだとすれば、後者が見過ごしたのは自発的な努力と達成に根拠をおく価値に対する訴えである。同じような恵まれた社会的・経済的環境にあっても、各人が利用可能な諸資源をどう自発的に準備するかはきわめて多様であり、すべての努力は行為者の支配を超える力の所産であるとの反論は当たらない。一方、劣悪な家庭環境や社会環境が努力の成果や成功的行為者機能の可能性をどれ程大きく制約するかを考えればわかるように、自発的交換と自主的努力はあらゆる富の分配を正当化する十分な根拠を与えるとする反論も成り立たない[9]。

これらの極論とは異なり、ＰＧＣは自由と福利に対する訴えをともに認める。では、ＰＧＣが動態的－手段的に正当化する社会的規則の目的はどこにあるのだろうか。貢献や努力をまったく考慮せずに富の分配や再分配を行おうとしているのでも、劣悪な経済的・社会的環境が加算的福利のみならず基本的福利を獲得する人々の潜在能力に悪影響を及ぼすことを無視して、現在の富の分配をそのまま維持しようとしているのでもない。ＰＧＣの社会的規則には、経済的配分への影響を通じて、労働報酬を得るために生産的労力を自由に発揮することを容認すると同時に、前述のような意味で不利な境遇の人々に対してはそれを埋め合わせる善を与えるという二重の目的がある。後者の目的では、ＰＧＣの関心が行為者性の諸条件にあることに準じて、依存状態を強めることではなく、各人が自らの生活を自らコントロールし、他人の支配や加害に屈することなく自分自身の目的を実効的・持続的に追求していくための条件を獲得できるよう人々を支援することに主眼がおかれる。このためそれらの人々は、他人の類的権利を尊重する一方で、自らの類的権利も尊重されるようになり、生産的労働を通じてそれぞれ独自の貢献を果たすことも可能になる。ただ注意すべきは、穏健な平等化それゆえに再配分をもたらすこのような条件には、多くの場合、生産的労働が得られる状況をつくりだすための条件として、経済的変化とともに政治的変化が含まれる点である。ここでの問題は、単に個人の職業能力や他の加算的善を高めることではなく、そうした能力を活用するに十分な雇用機会をもたらす経済環境を生みだすことである。もちろんその可能性は当該社会で現実に利用できる資源の大きさによって制限されるが、それが必要とされ可能であれば、他の社会から救いの手が差し伸べられねばならない。

この平等化のための諸規則は次の三種類の内容を伴う必要がある。第一に、食料や住居といった基本的善を、それらの善を自力で獲得できない人々に対して提供せねばならない。第二に、生産的労働に必要な能力が不足する人々の職業能力を高め、加算的善の格差を是正するよう努めねばならない。教育はそのための主要な手段であるが、家族生活を補強し、建設的で賢明な愛情に満ちた子育てを可能にする施策もそれに劣らず重要である。機会の平等を推進するには、何よりもまずこれらの方策を広く普及させる必要がある。第三に、社会の全成員に役立つと同時に生産的雇用機会の増大にも寄与するさまざまな公共財を供給せねばならない。

こうした内容は、容易にわかる通り、ＰＧＣの類的権利の平等から派生したものである。それらの規則は、福利の平等を押し進める手段として、ただし刑法との関連で前に触れた内的で概念的な意味における手段として役立つものでなければならない。それらの規則自体が当の目標の平等主義を体現しているのである。ここではしたがって、全体的な自由と福利を最大化するために一部の人々の奴隷化や貧困化を許容する功利主義的道具主義のような問題はまったく生じない。

それでも、この平等化の諸規則がいかに適用され、いかに実効化されるかという問題は残る。これは外的手段性の問題であり、それらの規則が平等化の目標を達成する事態をもたらすと強く想定される因果的要因をめぐる問題である。これは経験的な因果性の問題であるから、さまざまな蓋然性の観点からその答えを探らねばならない。主な選択肢は二つある。この平等化に実効性をもたせるのは諸個人や諸集団の自発的活動か、それとも国家の強制的活動か。後者の選択肢の方がこの目標を達成する可能性は高い。したがって、平等化規則の適用に段取りをつけることは、第一義的には、国家に属する義務である。このとき、当然、当の国家によって統治される社会の成員がそのために必要な資源や手段をもっている必要がある。問題の社会的規則は当の国家が民主的に制定した法律でなければならない。国家は役人に命じて必要な手筈を整えるとともに、個々の市民に対しては、能力に応じた納税義務を果たすよう命令するが、民主主義の下で国家役人が負う責任は最終的に有権者に対する責任である。

この場合、社会的規則がなぜ求められるかというと、前に触れた水難事故の場合とは異なり（4-7）、そのような取り決めに対する要請が繰り返し行われ、きわめて多くの人々に影響を及ぼすからである。経済的困窮に喘ぐ人々は救済されねばならないとするPGCの指令は、それゆえ、ただ単に個々の行為者に向けて発せられるのではない。この目的には人々を束ねる組織が必要である。そうした組織は、何よりもまず、強制力のある法律を備えた国家のような政治的組織でなければならない。刑法を喚起した問題のように、当の要請が高い再発性と緊急性をもつのであれば、民間の移ろいやすい慈善活動に委ねることはできない。確かに食料その他の基本的善を提供する自発的組織は、犯罪者を取り締まる自発的組織とは違ってたいへん役立つと言えるし、最低限を超える食料等の支給が結果として均一性に反したとしても、それらは懲罰的なものではなく事態を改善させるものであるから、受動者の類的権利には抵触しない。しかし、その主な責任は国家にあると考えるのが至当である。事実、これらの取り決めに求められる三つの側面をその通りのものにする力は国家にしかない。第一に、これらの取り決めは、前述の通り、必要物として確実に提供される必要があり、したがって、もしそれらが民間の有志の随意的決定のみに委ねられることになれば、十分な資金は得られないであろう。第二に、これらの取り決めがもたらす便益は、潜在的支給者の可変的な好みに応じて差別的に取り扱われてはならず、それを必要とする人々に公正かつ公平に配分されねばならない。第三に、これらの取り決めに納税を通じて貢献する義務もやはり、必要な経済資源を有するすべての人々に、それぞれの能力に応じて公平に配分されねばならない。この義務の履行を自発的組織だけに任せた場合、多くの人々がその義務を怠る状況をつくりだすであろう。かくして国家がＰＧＣの求める再配分的正義の手段として機能する点に関して、さらなる道徳的根拠が得られた。

食料など福利の諸成分の支給を法律が命じる義務として捉える見方に対しては古くからさまざまな反対意見が存在する。その多くは少なくともハーバート・スペンサーにまで遡る[10]。それらの反対意見は、前に救助の義務を論じた際に取りあげた反対意見と同じように対処できる（4-11）。また、今問題にしている社会的政治的文脈も併せて考慮に入れると、追加的な回答を用意することも可能である。人々が食料不足などの経済的困窮に苦しむ他の人々を支援するために課税されたとしても、それらの人々は単なる手段として扱われているわけでも、合理的に正当化できる自由を侵害されるわけでもない。貧しい人々を救うために裕福な人々に課税する考えは、富裕層を含むすべての人々の権利は平等に保護されねばならないとする原理に根ざすからである。行為者は受動者の権利に従って行為せねばならないとするＰＧＣの要件から帰結するのは、すべての予定的目的的行為者は互いに害を及ぼさないようにしなければならず、特定の状況では可能な限り互いに助け合わねばならない、との論点である。そのような支援を行わない自由が制限されることは合理的に正当化される。ある特定の時点で現実に被害を受ける恐れのある人や助けを必要とする人は一部に限られ、被害や援助を与える立場にあるのも他の一部の人々である。この事実はしかし、権利保護を求めるＰＧＣの条件の普遍性を変えるものではない。そうした権利保護は、現行的であるとともに素性的であり、しかも基本原理に関わるため、その権利が守られねばならないどのような人物に対しても公平な関心を向ける。したがって、富裕層に納税を義務づけるＰＧＣの要件には、すべての人間を単なる手段ではなく目的として扱うことが内包されている。

以上の点は、経済的苦境を改善するために必要な食料やその他の善を与えられる権利を含む経済的・社会的権利は、普遍性の規準を満たさないから「人権」とはなりえない、とする反対意見とも関係する[11]。この規準によると、道徳的権利が人権であるためには、当の権利はすべての人々に対するすべての人々の権利でなければならない。すべての人々には当の権利に従って行動する厳格な義務があるとともに、それにふさわしいやり方で処遇される権利がある。したがって、すべての人々は当の権利が求める行動様式の行為者であると同時に受動者でもある。例えば、生存権や移動の自由に対する権利はこのテストに合格する。人は誰であれ、他人を殺さない義務や他人の移動に干渉しない義務があり、自らの生命や移動の自由が他の人によって尊重される権利がある。ところが、飢えや深刻な経済的困窮から救済される権利の場合、当の権利をもつのは一部の人々、つまり飢えや困窮に脅かされている人々だけであり、当の義務をもつのも、援助の手を差し伸べて飢餓や困窮を防止したり取り除いたりすることができる一部の人々に過ぎない。

この反対意見に譲歩して、この権利は他の経済的・社会的権利と同じく、すべての人々が飢えや困窮から救済される権利をもつものの、相関的義務をもつのは一部の人々でしかない、という「弱い」意味で普遍的である、などと考える必要はない。すべての人々が実行可能性の範囲内で当の権利と義務をもつ。すべての人々は、予定的目的的行為者である限り、ＰＧＣの保護と要求の下におかれるからである。それゆえ、ＰＧＣによって支持される類的権利はすべて例外なく人権であるために必要な普遍性を備えている。

論理的に考えれば、それぞれの人が同時に救助する側と救助される側にいることは不可能であり、裕福な扶養者であると同時に欠乏に喘ぐ貧困者であることも不可能である。しかし、ある一つの時期をとってみれば、一部の予定的目的的行為者は貧困から救済される必要はない、あるいは他の人を貧困から救済できる立場にないといった事態はあるにせよ、そのことで、予定的目的的行為者には、その必要がある限り救済される権利があり、その能力があってそれ以外の条件が満たされる限り、救済する義務がある、という事実が覆ることはない。この義務は、繰り返し説明してきた通り、自分は予定的目的的行為者であり、それゆえに類的権利をもつ、とするその行為者が必然的に行うか、受け入れる要求から導かれたものである。権利の普遍性は、全員が当の権利に関係する必要を現実にもつかどうかの問題でも、全員が当の権利に相関する義務を現実に履行するかどうかの問題でもない。まして全員が常にそう行動するかどうかの問題ではないし、全員が常にその義務を履行できるかどうかの話ですらない。この普遍性が意味するのは、全員が常に一つの原則として、その必要がある限り、然るべきやり方で処遇される権利をもつとともに、然るべき行動が求められる状況になった際には、そうする能力がある限り、当の権利に応じて行為すべき義務をもつということである。なお、この能力には当人が被る損失への配慮も含まれる。

経済的困窮から救済される権利とその相関的義務は、当人が予定的目的的行為者である限り、すべての人に帰属する。この主張は、誰かが人権をもつとすれば、その人物は他でもなく人間としてそれをもつのであり、他の何らかの限定的記述をそこに絡めてはならない、との条件にも抵触しない。すべての正常な人間は、本書の冒頭でも述べた通り、予定的目的的行為者である。この記述を導入したのは、いろいろある人間の相面の中でも、自由と福利の権利と直接繋がっている相面に関心を向けたかったからに過ぎない。この面から見ると、今問題にしている権利は、例えば、学生に対する教師、打者に対する審判員、被告人に対する裁判官など、単なる予定的目的的行為者ではない何らかの限定された能力を有する人物に帰属する権利とは大きく異なる。人権が普遍性をもつのは、それらの権利が行為の必要条件と直接結びついているためである。これに対し、類的権利ではない権利と繋がっているのはもっと限定された対象である。富裕層と貧困層がともに予定的目的的行為者である以上、後者が前者によって支援される権利は人権の一つである。

5-14 貧困層など恵まれない人々に対して最低限の福利を保障し、加算的福利を増進させようとする法律的諸規定は類的権利の平等を達成する手段である。法律にはそれら以外にも、公共財の供給を促し、社会全体の富と生産能力の一般的向上に資するものが存在しなければならない。公共財は、例えば、大気汚染のない環境、公道、民事問題解決のための諸制度、消防など、前に配分的観点から「共通善」と規定したものであり(4-4)、その便益が領土で画されたある社会の全成員に及ぶという意味で公共的な財である。そうした財の供給を促し、それを支える目的で人々に税を課すことは、それらの財が人々の目的達成的行為に向けた潜在能力を高めるために必要な加算的善を含む福利に対する平等な権利に寄与する限りにおいて正当化される。

国家が社会的富の全体的増加を促す目的で助成措置を講じることも、同様の、しかし同一ではない観点から正当化される。研究、調査、新産業育成、生産能力の自由な発展は、公共財供給の要件に抵触しない限り、そうした目的のために奨励されねばならない。これは社会政策や法政策の集計的目標として富の最大化をめざすということである。では、配分を重視するPGCからこのような目標が生まれるのはどうしてであろうか。前章でPGCと功利主義を対比した際、次のように指摘した(4-2)。功利主義が配分的問題に対する独立の配慮を欠いたまま効用の最大化に焦点を絞るのに対して、PGCが何より強調するのは類的権利の平等に凝縮される配分的正義である、と。ただしこの強調には、目的達成とそれに関連する能力向上に対する意欲を含む自由と福利への実体的問題関心が含まれる点に注意せねばならない。

財の最大化はこの平等を効果的に実現するための手段として役立つ。だからこそ正当化されるのである。事実、前述した同意の順序のための民主的制度をもつ社会においては、国富が増大すれば、その分、最下層の人々が類的権利の現行的・素性的侵害を防ぐに十分な分け前を受け取る可能性は高まる。貧しい人々の暮らし向きが楽になるばかりでなく、そうした生活向上は類的権利の平等、すなわち貧乏人でも金持ちでも人々の自由と福利が前述した方法で平等に保護される状況を維持するという配分的目標をさらに前進させるであろう。社会の生産能力の拡大がこうした結果に繋がるのは、単により多くの財の供給を可能にするからではなく、社会の全成員に対して、生産的で実入りも多い雇用機会を増やすからである。

富の最大化がこうした配分的帰結をもたらすとの考えは経験的仮説である。この仮説が正しいかどうかの判断は経済成長の現実的可能性を含む多くの検討事項によって左右される。また富の最大化には、前に触れた民主的な立憲的構造、普通教育、労働者の団結など他の条件も欠かせない。さらに、過去の不正のせいで長く貧困を強いられ、現在も加算的善の獲得に関して不利な状況におかれている集団があるとすれば、そうした過去の不正を正す必要もあろう。しかし、これらの要件が満たされる限り、生産能力の増大が類的権利の平等を促進する可能性は高く、それが生産力の拡大を促す法律的規定を正当化する一番の根拠である。

動態的－手段的に正当化される社会的規則の最終目的はいずれも、全員が全員の自由と福利を尊重し合わねばならないというPGCの要件を全うする姿勢を広く人々や制度のあいだに培うことにある。そのためには、前述した制度的取り決めにとどまらず、重要な意味をもつ特定の人格的資質の陶冶に重点をおいた政策も必要である。こうした資質には大きく二つのタイプがあって、それぞれ教育のあり方とも密接に関係する。一つは、前に触れた（4－16）、自尊心や種々の自益的徳からなる種類である。もう一つの種類は、他のあらゆる人物の類的権利の承認と類的権利に従って行為する素性からなる正義という道徳的徳である。前者に関係するのは、それぞれの子供に即して自益的徳を育み、その能力をできるだけ引きだすことをめざす教育である。後者に関係するのは公式および非公式の道徳教育である。この教育がめざすのは、それぞれの人物において他者の類的権利に対する尊重の精神を養うことであり、そこにはそのような権利がなぜ保有され、どう履行されるかについての理解やそうした理解に従って行為する実践的意志も含まれるであろう。いずれの教育も公共的な教育制度として具体化されねばならないが、その領域にとどまらず、自益的徳と道徳的徳を奨励するとともにそれらによって促進される政治制度や社会制度としても具現されねばならない。

5－15　以上の議論には二重の強調点がある。まずそれは、法律や政策がＰＧＣの求める類的権利の平等を保護し育成する場合にもつ動態的－手段的正当化を通じて、国家に特定の機能を付与した。しかし同時にそれは、これらの法律や政策の必然的－手続き的正当化を通じて、法律をつくり政策を施行する国家の公職者が同意の順序である民主的選挙過程に服さねばならない、と規定した。前者は中身に関わる実体を重視し、後者は手続きを重視しているが、この二つの強調に齟齬はないのであろうか。公職者に賛成投票を投じた有権者がＰＧＣの求める動態的－手段的な支援政策を支持するとの保証は何もないはずである。これらの政策は前述の通り手段的に正当化されたものである。それがどうして同意の順序という多数決選挙の移ろいやすい結果にさらされねばならないのであろうか。なぜこれらの政策は選挙の手続きや結果が与える追加的正当化を必要とするのであろうか。

こうした疑問が提起するのは、民主的手続きと自由主義的－平等主義的結果の関係という民主主義理論に関する周知の問題である。この問題を遡れば、結局、それぞれ行為の手続き的必要善と実体的必要善である自由と福利の関係に行き着く。確かに、前述の通り、行為者が自らの福利に反するやり方で自由を行使した場合、この二つは鋭く対立する。問題は支援的国家の合理的に正当化される政策が義務的拘束力をもつために民主的手続きに依存せねばならない理由に関わる。したがって、政治的責務を根拠づけるために合意的手続きが求められるさまざまな状況を念頭において、この問題を検討する必要がある。

政治的責務の合意的ないし契約的基礎に関する伝統的理論では、三つの異なる種類の政治的対象が相手である国民に対して、それらに従うことの義務的拘束力の根拠として、随意的な経験的合意を要求するとされてきた。それによると、そのような合意は次の三つの問いに対する理に適った答えから引きだされる。第一に、国家であれ政府であれ、そもそもそのようなものは存在すべきか。第二に、国家はどのような種類の憲法をもつべきか。特に、公職を担う役人を任命したり、法律を制定したりするための基本的決定手続きはどのようなものであるべきか。第三に、誰が実際に政治的権力をもつそれらの公職につくべきであり、どのような法律を国家は実際にもつべきなのか。本書のこれまでの議論に従うと、これらの対象の内、最初の二つは、本質的にはそれぞれ最小限国家と同意の順序に対応しており、その義務的拘束力ないし権限は、経験的同意や随意的同意に依存することがあってはならず、合理的同意のみに依存せねばならない。それらはPGCの内的構成要素として、あるいはPGCの論理的帰結として、PGCの内在的に合理的な正当化を共有するからである。では、第三の政治的対象の一部をなす支援的国家の平等化的な再配分的法律については、なぜ同じことが言えないのであろうか。それらが刑法や同意の順序と同じ方法でPGCによって正当化されることはないのであろうか。

この問いに対しては、相互に関連する三つの応答が考えられる。第一に、支援的国家の法律や公人の特定の内容と正当化を決定することは、最小限国家の構造や同意の順序の決定に比べると、はるかに状況依存的で時間のかかる過程である。後者は社会の一般的な立憲的構造であり、PGCの一般的考察を制度面に適用すれば、それで十分それらの内容と正当化に対応できる。一方、支援的国家は再配分的正義という容易には決着のつかない係争中の特殊な問題と関係しており、それらの問題の処理方法をめぐってはそれなりに説得力のある多くの見方が提案されている。そうした多種多様な考え方が関係するのは、どこまで支援はなされるべきか、支援の種類はどのようなものであるべきか、それらの関係はどうあるべきか（例えば、公教育に対する支出と食料、衣料その他の必需品支援との関係、現物支給か現金支給かといった問題）、援助が自助に道を譲る分岐点をどう考えるか、こうしたさまざまな支援と社会全体に関わる一般的経済状況や政策との関係をどう捉えるか、といった問題である。これらはいずれも複雑な問題であり、問題の具体的解決には一般的な見地を超える必要があり、それぞれの適切な解決をＰＧＣから直接導くことはできない。しかも、そこには社会をめぐる見解や利害の対立が絡んでおり、問題を正しく処理しようとすれば、もっと状況に即した詳細な研究と同意の順序によって可能になる論議が欠かせない。

先述の問いに対する第二の答えは、同意の順序そのものが経験的な随意的同意のための内容的な条件規定を備えているというものである。ここでは、（a）同意の順序を正当化するものはＰＧＣから導かれる合理的同意であるとする論点と、（b）同意の順序は、当該社会の成員による随意的な経験的同意が市民的自由を行使することによって特定の法律や政策や公職者を決定するよう義務づける、との論点を明確に区別することが重要である。（a）と（b）はともに真であり、憲法と（刑法以外の）特定の法律がそれぞれ異なる合意的基盤をもつことを示している。憲法は、それ自体として合理的同意に根拠をおきながら、後続する各段階において経験的同意が決定力をもつことを要求するのである。

第三の答えは、同意の順序の下で影響力をもつ民主的多数派が支援的国家の再配分的正義を支持しない可能性をめぐる道徳的問題をより直接的に取り扱う。極端な例を挙げると、ある社会において人々を飢餓や他の深刻な基本的被害から救うことが緊急に求められる場合、当の目的のために民主的手続きを踏むことが困難か不可能な状況では、非民主的な順序が正当化されよう。一方で、同意の順序と市民的自由が民主主義の下で育成する公共的な道徳教育は、その所産として、基本的善に対するすべての人々の平等な権利を支持する状況をもたらす可能性が高い。銘記すべきは、同意の順序に基礎をおく国家においては、ＰＧＣや立憲的構造の根拠である合理的同意と民主的選挙民の随意的な経験的同意が完全に断絶することはないという点である。この二種類の同意は、例えばカントの言う現象界と叡智界のような二つのまったく異なる世界に存在するのではない。すべての予定的目的的行為者の内に素性的に存在し、当の行為者をＰＧＣならびに同意の順序という民主的憲法の承認へと導く合理性は、それ自体同意の順序の本質的成分を構成する公共的情報の伝達のための適切な手段さえ与えられれば、さらに当の行為者をして支援的国家の再配分的正義に対する支持へと向かわせるであろう。

同意の順序と人間的尊厳との繋がりゆえに、この秩序に関わる政治的自由は、それがなければ福利の一部の相面が社会の全構成員ないし大多数の構成員にとってより効果的に達成される場合であっても、決して軽率に放棄されてはならない。手に入る最も適切な経験的証拠による限り、基本的福利に対する最も緊急の権利がそれ以外の方法では確保できないことが明らかであるとすれば、そのときに限って同意の順序からの逸脱は正当化される。またそのような場合、同意の順序をできるだけ早い時期に、法律を制定し公職者を任命する主要な手続きとして確立または再確立することをめざさねばならない。

5-16 ただ、同意の順序という民主的手続きと配分的正義という要件との繋がりが論理的な関係ではなく、偶然的関係である点には注意が必要である。多数決主義による経験的同意には、合理的根拠があるにせよ、道徳的に不正な法律や政策を支持する可能性がある。逃亡奴隷法、禁酒法、人種分離法、検閲制度、公立学校での進化論教育の禁止などがその例として知られる。また、公正な選挙で選ばれた公職者が、同じくＰＧＣに反するという意味で、不公平な政策を進める可能性もある。これらのケースでは、不正を是正するために同意の順序という手続きを追加的に行使せねばならない。そうした方策が不調に終わったとき、そしてそのときに限り、市民的不服従は正当化される。この不服従は通常、正義に反するとされる法律や政策に背くことを意味するが、常にそれが可能であるとは限らない。不服従は非暴力であるべきである。それは権力闘争のようなものとなってはならず、公にしかも原則に基づいて、同意の順序したがってＰＧＣ自体の根拠である合理的判断に訴えかけるものでなければならない。その目的は、同意の順序やＰＧＣの要件が反対する法律や政策によっていかに侵害されているかを広く人々に知らせることでなければならない。

市民的不服従は、ある法律や政策が道徳的に不正であると信じる、しかもきわめて誠実に信じる人がいるからといって、常に正当化されるわけではない。その人は少なくとも自らの信念の合理的正当化の骨子を提示できる必要があり、その合理性はＰＧＣの基盤をなす検査に合格せねばならない。したがって例えば、怒りにまかせて他国を屈服させようとする人種主義的意図や軍国主義的意図はそもそも正当化される市民的不服従とはなりえない。しかも、当の法律は本当に道徳的に不正であるかとか、手続きと実体的要件の両面で立憲的構造と矛盾しない有効な法律であるかといった問題をめぐっては、大抵、広範な論争が巻き起こるから、市民的不服従に携わろうとする人は、そうした問題に対する態度をはっきりさせるとともに、徹底した調査を強く求めねばならない。また一方では、政府の関係者の側にも、広く選挙民の側にも、市民的不服従に携わる人々の議論を注意深く検討するだけでなく、それらの人々の道徳的関心の真剣さを認め、許容する義務がある。

同意の順序に基づかない国家では、市民的不服従はもっと危険な企てとなる可能性がある。例えば、きわめて抑圧的な政治体制に見られる極端なケースでは、暴力が正当化されることもある。しかし、そのような国家にあっても、市民的不服従はあくまでも問題とされる法律や政策の道徳的侵害に対する原則的批判の手段であり、そう機能するよう最大限の配慮がなされねばならない。

市民的不服従の問題は法律的干渉や政治的干渉が個人的自由に加える正当化された制限という問題とも密接に関連する。市民的不服従は必ずしも法律や政策が個人的自由に不当に干渉しているとの理由で正当化されるわけではない。また、そうした干渉が常に市民的不服従を正当化するとは限らない。この二つの問題は、したがって、同じ広がりをもつわけでも、いつも同じ答えをもつわけでもない。それにもかかわらず、この二つが関連するのは、それぞれが政治的権力の正当な行使と制限に関係しているからである。

では、個人的自由に対する政治的干渉や法律的干渉が正当化されるのはどのようなときであろうか。まず想起されるのは前章で触れた個人的自由の道徳的制限であろう(4-23)。この問いに対する答えは、ある程度まではそうした制限の限定であるとともに、その拡張でもある。ただ、個人的自由に対する法律的制限は、PGCから帰結するものである限り、道徳的制限でもあるとはいえ、純粋の道徳的制限はPGCの直接適用のみから帰結し、それ自体としては自由の法律的制限に体現される強制力を伴うことはないから、この二つの問題は明確に区別される必要がある。法律的制限は、当然、純粋の道徳的制限よりも限定されたものでなければならない。例えば刑法もPGCの直接適用とまったく同一の行為を禁じるわけではない。前に見た通り、どちらも基本的害や他の重大な害の加害を禁じる。しかし法律的禁止は、直接適用されたPGCとは違い、一般に、非減算的福利や加算的福利に対する干渉などの特殊的害にまで拡張されるべきではない。こうした違いがあるのはなぜであろうか。例えば、嘘をついたり、約束を破ったり、侮辱したりする加害の場合、通常、受動者の福利に対する影響という意味ではそれ程深刻なものではないため、国家の強制力を備えた法的資源を組織化してまでそれらと闘ったりそれらを正したりする正当な理由がないからである。この点からすると、人々がただ法律に従ってそのような害を加えないことよりも、自発的にそのような害を加えないことの方がはるかに道徳的に好ましい事態であり、そうした事態に見合う批判的見識や品性の養成を図るために道徳教育を活用することも可能である。

以上の考察は、いくつかの点を除くと、節制をめぐる加算的善やそれに関連する非減算的善に対する特殊的被害にも当てはまる。喫煙から自殺に至るさまざまな自傷行為に関しては、それらの行為が最終的に干渉されてはならない事情を既に明らかにした（4-21）。こうした行為との関連で、他の人々に影響を及ぼす次のような行為をどう捉えるべきかを考えてみよう。たばこや酒、薬物、わいせつ図画の販売、公衆の面前での裸や性行為、排泄行為などである。こうした行為で想定される害には二つの次元があり、それに応じて被害もさまざまである。一つは身体的なものであり、もう一つは人間の尊厳、すなわち人間が他の動物にはない自らのふるまいと欲望をコントロールできる能力をもつ合理的行為者としてあることへの影響である。身体的被害は、しかし、自己被害と同様の根拠に基づいて捉えられるべきであろう。前述した有害な品目を販売することは、それらに関する適切な知識が入手可能であり、その効果が他の人々に厄介な問題を引き起こさない限り、禁止されるべきではない。一方では、さまざまな行為から生じる有害な効果の及ぶ範囲が直接的参加者に限定されない場合、法的規制はもちろん法律による禁止も正当化されるであろう。公衆の面前でなされる前記の諸行為はこのケースに当たる。それらの行為は人間を他の動物から区別する規準に対する不快で無礼なふるまいであり、非減算的福利と加算的福利に対する攻撃と言えるからである。ただしこうした規準は、わいせつ図画の販売やイスラム教徒の面前で豚肉を食べることのような、より特殊化された行動規範に対する無礼にまで拡大解釈されるべきではない。私的な行為であれば、なおさら法的制限を加えるべきではない。

反面、個人的自由に対する法的制限は、ＰＧＣの直接適用による道徳的制限と比べ、より広範囲にわたる。前者の対象はＰＧＣの間接適用と関連するさまざまな行為も含むからである。正当化された法的制限には二種類あるが、この二つは相互に関係している。一つは、端的に言うと、法律は刑法に限らずすべて、市民的不服従を論じた際に述べたような仕方でＰＧＣを侵害しない限り、遵守されねばならない、との要件である。それらの法律には、市民的自由の保護をはじめとして、同意の順序が働くために必要なさまざまな規定も含まれる。個々の人物にせよ集団にせよ、他人の市民的自由を侵害する自由はない。また、それらの法律には支援的国家の要件も含まれる。そうした要件は公共財およびそれ以外の福利の権利の平等化に関する規制をめぐって個人的自由に種々の制限を課す。例えば契約の自由は、それが労働者に不当に低い賃金や危険で劣悪な労働条件を強いるものであれば、当然、制限されねばならない。人種や宗教や性別に基づく差別は、雇用主、労働者、労働組合のいずれがその発生源であるかにかかわらず、禁止されねばならない。公共施設の利用に差別を設ける自由も、当然、制限される。

もう一つの種類は、ずばり、支援的国家のそれを含む、種々の国家機能を維持するために必要な税金を納めるという要件である。それらの機能には平等な福利の権利に欠かせない公教育をはじめとする公共財の供給に加え、前述した類的権利の平等化に向けて富の一般的増加を促進する施策も含まれる。こうした目的のための税は、税を課せられる人にとって、自分の金を自らの望み通りに使う自由が干渉されることである。しかしそれは、個人的自由に対する他の制限と同じく、ＰＧＣによって前述の通り正当化される。ここで強調したいのは、個人的自由に対する正当な法的制限は、いずれの種類においても、類的権利の平等への配分的効果を考慮せずに一般的厚生を最大化する、純然たる集計的目標に拡張されることはない点である。例えば、富裕層の富を増大させるだけの方策は、少なくとも貧困層の機会を一層平等化させることが証明されない限り、自由に対する法的制限を正当化することはできない。

個人的自由に対する正当な法的制限は、前に述べた理由により、市民的自由、特に表現と結社の自由に対する干渉を除外せねばならない。これらの自由が特権的地位にあるのは、それらが単に民主的国家の同意の順序とだけでなく、あらゆる道徳的に正しい行為の基盤である合理的自律性とも深い繋がりをもつからである。ただし、表現の自由は二つの点で法的制限を課せられる。一つは、混んだ劇場で火事でもないのに「火事だ」と叫ぶケースのように、発言がそのまま基本的害などの深刻な被害を及ぼす恐れのあるときである。もう一つは、それが相手の尊厳や合理的自律性を攻撃する目的で不当に行使されるときである。こうした不当な攻撃には、相手の名誉を傷つける嘘をわざとつく誹謗中傷や、他人の私生活の細部を当人の意志に反して暴くプライバシーの侵害が含まれる。

しかし、そこに同意の順序への関与が絡む場合、有害性の主張を正当に申し立てることは不可能である。ある人物の発言が国家の安全を脅かすとしても、その発言が正義の戦争に求められる軍事機密を暴露するものではなく、ある政策の正しさと別の政策の間違いを表明し訴えるものである限り、この事実は当の発言を制限したり罰したりする正当な根拠とはならない。こうした発言に対する法的制限が正当化されないのは、法律と当局者の合法的権力は表現の自由を要件とする同意の順序に由来し、この権力をそのような自由を禁じる目的で正当に行使することはできないからである。

自由に対する正当な制限をめぐる以上の議論では、ミルが『自由論』の中でより幅広い観点から取りあげた自由制限の根拠についていろいろと検討してきた。ミルとの主な違いは、本書では「害」に関して一連のより明確な規準が与えられており（4-13、14）、ミルの場合、配分的なものではなく集計的なものに力点がおかれている、つまりミルの功利主義的原理は一般的厚生の最大化と被害の最小化を求めている点である。このミルの論点からは、ある人物が別の人物に害を加えた場合、「それに干渉することによって一般的厚生は増進されるか否かが議論の的になる」との見方が出てくる[12]。したがってミルの原理によると、自由がどこまで正当化されるかは、功利計算の問題、言い換えると、漠然と「害を及ぼす」とされるさまざまな行為を許可したり禁止したりする際の全体的な便益効果と損害効果をどう評価するかの問題である。ミル自身は自由主義を強く後押ししようとしたにもかかわらず、この集計的アプローチは特に市民的自由にとっては致命的である。それは、あらゆる種類の便益を確保し、あらゆる種類の損害を防止する目的で市民的自由を制限することに対して、大量の根拠を与えるからである。このアプローチが摑み損ねたのは、自由が基本的善であり、自由に対する平等な権利が功利計算の可変的検討事項を超える内在的な合理的正当化を有する、という事実の意味である。

一方、PGCでは、各人が自由と福利の権利をもつことが議論の中心である。力点は集計的なものではなく、配分的なものにおかれ、ある行為が法律によって干渉されるべきか否かを決める上で必要なのは、そうした干渉が一般的厚生を高めるか否かの判断ではなく、類的権利の平等への配慮である。ある一人の行為者の受動者に対する行為に関して言うと、そこに絡んでくるのは、前述した通り、その行為者が相手の自由と福利に対する権利を侵していないかどうかの判断であり、そのような侵害を行う自由は法的に禁止される。同意の順序と支援的国家の要件に関わる行為に関して言うと、類的権利の平等は、この平等の要件が個人的自由に対する法的干渉を正当化するか否かの判断を内包している。したがって、個人的自由に対する法的干渉を最終的に決定づけるものは、その集計的結果ではなく、配分的結果、すなわちそうした干渉がPGCの類的権利の平等で決まる正義に及ぼす影響でなければならない。しかし同時に銘記すべきは、こうした結果の判断が刑法と支援的国家の内的手段性という限定を守らねばならない点である（5-8、12）。関連する法律はそれ自体、類的権利の平等を体現するものでなければならず、それゆえ他者の福利を高める目的で誰かを奴隷化したり貧困化したりするという問題はそもそも起こりえない。ここでは何よりも、支援的国家によって保護される人権は当該国家の特殊的法律の特定の受益者が誰であるかには関係なく普遍的であることをしっかりと理解する必要がある。

類的一貫性原理の完全性

5-17 ＰＧＣは道徳に関連するあらゆる行為と制度の道徳的な正当性や不当性を立証する上で十全なものでなければならない。これはＰＧＣが道徳の最高原理であるための条件の一つである。本書ではこれまでＰＧＣの直接適用と間接適用について縷々論じてきたが、中でも重要な論点は、ＰＧＣがその概念からして私のいわゆる厳格な義務――これは従来「完全義務」と呼ばれてきたものであり、「それに伴い誰かに相関する権利が生じる義務」[13]である――に関係するとの論点である。さて、ＰＧＣによって展開されたこれらの義務は、道徳性の全部とは言えないまでも、その主要部分をなしている。道徳的規則や道徳原理として他に何が求められるにせよ、行為の必要条件に対する人々の権利は守られねばならないとの要件を伴わない限り、それらの規則や原理は最低限のことすら実現できないものと思われる。そうした要件が欠ければ、道徳に関する他の要件や規定はいかなるものも砂上の楼閣と化すであろう。道徳が深く関わる善や利益や効用や義務に、他のすべての人々が対応せねばならない行為や制度や性格に関して前提とせざるをえない物事がまったく含まれない事態を引き起こしてしまうのである。そこでまず問われるのは、これまでの議論によってＰＧＣがすべての厳格な義務に適応できることが証明されたかどうかである。また、ＰＧＣがすべての厳格な義務に適用可能であるとすると、新たに次のような規準論をめぐる問いが生じる。その適用可能性やそれらの義務の正当性なり不当性なりを示す根拠や規準は果たして正しい根拠であるのか。

これらの問いはいずれも純粋の事実的問いではない。人が完全義務すなわち厳格な義務と見なす物事の範囲自体、当人の道徳原理や一般的道徳的立場によって決まるからである。例えばアウグスティヌスによると、「真の正義」は異教徒の国には存在しない。異教徒の正義は「人を真の神から引き離し、不道徳な悪魔に従わせる」からである[14]。神学的規準のないところでは、純然たる道徳的義務など確立されるはずはないというのが彼の考えであった。もっと一般的に言うと、実にさまざまな配分的・実体的規準が支持されてきたことからもわかる通り（1-1）、合意に基づいてこれらの問いの答えを決めることはできない。ただ、そうした多様性にもかかわらず、本書が述べる通りだとすれば、PGCから導出される義務は、一つにはそれらが行為の基本的条件をなす必然的内容をもつがゆえに、それらを否定するか侵害すると自己矛盾に陥るという意味で、合理的に正当化された義務である。またこの合理的正当性という判断も、これまでの議論が示す通り、宗教やイデオロギーなどに対する他の諸種の「コミットメント」とは違い、正当化できる物事や正しい物事に最終的根拠をおいている。

前記の二つの問いに肯定的に答えられる論拠として、以上の一般的事項に加え、今問題にしている義務はどれも例外なく行為の必要条件である善に対するすべての人の権利から直接・間接に導出されることが明らかにされた点を指摘できる。したがって、自由と基本的善、非減算的善、加算的善の三種類の福利からなる善の一覧表が完全であれば、それらが要求する義務の一覧表も、少なくとも概要としては網羅的なものとなる。ところで、義務と権利が何らかの善から導出される、あるいは何らかの善のために必要とされる、という考えを否定する純粋の義務論的理論も存在するが、それが間違った見方である理由は既に明らかにした（2-9、4-2）。反面、これまで種々の善に関連づけて論じてきた義務をさらに増やすことはもちろん可能である。これまでのところは種類ごとに最も重要な義務のみをリストアップしたに過ぎず、これら以外にも同様の義務は存在する。しかし、それらも同じ原理から導出され、これまでの議論で取りあげた義務と同じように区分できることは容易に示されるであろう。しかも本書では、正当化された社会的規則の範疇に属す義務についてごく一般的な観点からその概略を説明したに過ぎない。法、政治、経済といった領域のそのような義務に関しては、当然、さらに詳しい議論が求められる。私は本書の続編でその課題に取り組む予定である。

これまでの議論では取りあげていない厳格な義務の一つとして、補償や感謝などの「反応的」義務が挙げられよう。アルデンが侮辱するなり騙すなりしてベンソンに何らかの特殊的害を加えたとすれば、アルデンはベンソンに対して償いをする義務を負う。コーエンがドレイクのために、溺れかけているところを助けるとか、落とした時計を拾うとか、何か役立つことをしたとすれば、ドレイクはコーエンに対して感謝の意をあらわす義務を負う。これらは、したがって、「元々の」義務ではなく、それに先立つ義務違反や他人を利する行為から派生したものである。PGCに従い補償を義務と考える根拠は基本的に刑罰の場合と同じである（5-8）。元々あったPGCの要求する類的権利の現行的平等が破壊されると、そうした平等を回復するために補償が求められるのである。一方、基本的害やそれに類した深刻な被害の場合、それらの害は行為者性や社会秩序の安定性にとってより重大な意味をもつため、その是正手段として刑法が特別に整備されねばならない。

感謝については、まず、この義務が感謝の念を抱く義務ではない点に注意せねばならない。なぜなら、そうした感情を抱くことは（そう努めることはできたとしても）恩恵を受けた人物の力の及ぶ範囲内にはない可能性があるからである。むしろそれは、他の人から受けた何らかの厚意に、言葉や行いを通じて、感謝の意を伝える義務である。この義務が正当化されるのは、何よりこの義務が、PGCが進んで守られる社会秩序の形成に寄与するからである。つまり最も直接的な正当化は手段的正当化である。しかし、それだけではない。前述の例で言うと、ドレイクがコーエンに感謝の義務を負うのは、コーエンが元々両者のあいだに成立していた相互不干渉を含む類的権利の平等から一歩踏みだし、ドレイクのために福利の減少を防いだり福利の増加を促したりする目的で、自らの自由と福利に自発的に干渉した（少なくともその時点で他の物事を行う自らの能力を放棄した）からである。いずれにしろコーエンは、自らの能力を自発的に発揮し、それゆえ自らの類的権利の対象に干渉することを通じて、ドレイクの行為能力に程度の差はあれ大きく貢献している。この貢献は元々成立していた類的権利の平等をドレイクの側に有利になるよう変える効果をもつ。そのため、ドレイクはコーエンに対して、最低限感謝の意をあらわすことで、崩れた均衡を取り戻すよう努める義務を負う。この是正措置――すなわち表明される感謝――の大きさは、コーエンの骨折りとドレイクの受けた恩恵という二つの変数の片方か両方に比例していなければならない。要するに、恩人に感謝の意をあらわす義務が課せられるのは、ＰＧＣの求める類的権利の平等に含まれる一定の均衡状態を維持することがきわめて重要な意味をもつからである。

5-18　ＰＧＣがすべての「完全義務」を正当化することが証明されたとしても、またそれらの義務が道徳性の最も重要な部分をなすにしても、前にも述べた通り、これは道徳性の一部でしかないとする反論は依然として有効である。本書のように道徳を厳格な義務と権利に限定して捉えようとするのは道徳問題を徹底して法律と法律関係のモデルに基づいて理解することを意味する、との批判である。義務を超える行為に関係するさまざまな問題はどう考えればよいのか。人格的徳や道徳的善といった事柄はどうか。自己に対する義務についてはどうか。これらの問題に十分対処できるとの保証もないまま、道徳原理として完全であるとの主張が無条件で受け入れられることはなかろう。

義務を超える行為とは、それを行うことは善ではあるが、義務的拘束力をもたない行為のことである。その中には、著しい自己犠牲を要する英雄的行為や聖人の行為から、親切、寛大、慈悲深さといった言葉であらわされる行いなど、もっと普通にある私欲にとらわれない行為に至るまで実にさまざまな行為がある。こうした行為がＰＧＣによって義務づけられる行為でないことは定義からして明らかである。聖人の行為や英雄的行為が称賛に値することをＰＧＣがどう説明するかについては既に明らかにした（3-24）。もっとありふれた超義務的行為の場合、その基盤は功績の場合と似ており、ＰＧＣが要求するものと軌を一にするが、その要件を超えている。ＰＧＣが行為者に要求するのは、必要善である自由と福利を受動者にとって不利になるよう配分しないことである。通常の超義務的行為の場合、受動者にとって有利なやり方で、それらの必要善を超える善報を配分しており、この要件を過剰なほど請け負うものと言える。また、そのような行為は前記の感謝のケースと同類の正当化根拠をもつ。人々がそのような行為に携われば、それだけ類的権利を互いに侵害することもなくなり、人々のあいだに高い質の社会的関係がもたらされるため、全成員の類的権利を支持する気運はさらに高まるであろう。

積極的慈善行為という複雑な概念もこの超義務の領域で論じられねばならない。ＰＧＣが個々の行為者に対して、他の人々の特殊的加算的善を意図的に増加させる積極的慈善行為を厳格な義務として規定することはない。もしこれが、ある種の功利主義の考えのように、厳格な義務だとすると、行為者は延々と続く労苦を強いられるであろう。ここでは、積極的善行を悪事や加害を控えたり防いだりすることや、福利の保有を支援することと混同しないよう注意する必要がある。もちろんこの場合の「害」や「福利」の意味はこれまで述べてきたものと同じである。他の人々が基本的福利や非減算的福利、加算的福利を失うことを防いだり、それらの福利をもつよう支援したりすることは、加算的善のストックを当人たちが至福の境地に至るまで増加させるということではない。人々には普通、他人によって至福の時を与えられる厳格な権利はない。もちろん、そのような状態をめざすことは許されるし、称賛に値するとも言えるが。

「積極的慈善行為」にはもう一つ別の意味がある。自力で権利を守る力の乏しい人たちの類的権利を擁護するために能動的に働くという意味である。そうした働きは、全員の権利を平等に支援するのではなく、ニーズや地位、能力の違いにより自由と福利の権利侵害に対してきわめて脆弱な立場にある人々の権利を直接支援する。この種の配分的－差別的な積極的善行を正当化するのはＰＧＣの類的権利の平等という目的であり、この目的自体はまさしく厳格な義務である。しかしこの義務は、前に見た通り、行為者は相応の自己犠牲を払わずに問題の行為を実行できなければならないとの条件によって限定されている（3-24、4-7）。そうした自己犠牲やそれ以上の代償が払われたとき、その行為は超義務的である。ところで、この世の中には、類的権利の平等が広く行き渡った社会や世界を目指して力を尽くす理想主義的で公共心に富んだ人物が間違いなく存在する。これらの個人は多くの人々に被害を及ぼすこの平等の破壊と果敢に闘い、さまざまな提言や活動を通じてそうした事態を取り除く対抗策に実効力をもたせるとともに、それらの解決策を法律や制度として安定化させようと努めてきた。近代以降の社会的道徳の進歩もそうした権利擁護の活動を精力的に推し進めた人たちの献身によるところが大きい。

この種の社会的善行の道徳的立場については二つの異なる見解がある。一つは、大規模な支援を必要とする人々の集団は、誰であれ特定の個人から必要な援助を受ける厳格な権利をもつことはない、との見方である。この見方によると、それらの人々が誰か特定の人に対してこの権利を正当に要求することはできないため、誰も相関する厳格な義務をもつことはなく、そうした支援活動は超義務的行為である。反対にもう一方の見方によると、そうした行為は特定の個人、すなわち恵まれた境遇のおかげで自らの類的権利に思い煩う必要もなく、しかも必要とされる支援をなしうる立場にある人物の厳格な義務である。この考えでは、ニーズや求められる行為の規模に違いはあるものの、溺れかけているデイヴィスを救助するカーの厳格な義務と、一つの社会の中で恵まれた立場の人が恵まれない立場の人に対して負う責務に本質的違いはない。その場合、この見方を正当化するには、単純にPGCに訴えるか、さもなければ、社会的境遇も所詮は有利と不利の配分が偶然によって決まる「自然の福引き」の結果に過ぎず、したがって、恵まれた人にその境遇にふさわしい価値があるわけではない、とする追加的議論をもちだすしかなかろう。この後者の論点は確かに一面の真理を含むが、それを徹底させると、人々が自らの自発的行為を通じて達成しうる物事についてうまく説明できない困難にぶつかる。そこで想定されているのは一種の決定論であり、人々のふるまいを因果づけるあらゆる原因は当人にとって外在的であって、当人の自発的選択に基づく支配に帰せられるものは何もないとの議論に行き着く[15]。

差別的‐配分的な積極的善行は恵まれた境遇にある人々の厳格な義務であるとの結論に対して、ＰＧＣはそれ自体で十分な根拠を与える。それらの人々は、その恵まれた境遇ゆえに、相応の自己犠牲なしにそのような行為に携わることができるからである。これと同様の発想は、金も善意もあるのに積極的でない人物こそ「この問題の一部」である、との所感にも見られる。問題と知りつつ、困窮した社会集団の類的権利のために尽力しない、そのような人物のふるまいこそが人々の困窮状態の持続に手を貸しているのである。ただ併せて強調しておきたいのは、こうした取り組みがさまざまな形態をとりうること、そして、当の社会集団の成員自身が自力で集団としての能力を高めるために率先して行動し、民主的制度によって提供される正当な機会を活用せねばならないことである。同意の順序と支援的国家はそのための重要な手段である。

徳は厳格な義務の対象とはならない道徳性のもう一つの部分である。既に見た通り、自益的徳は道徳的徳と同じものではないが、人には自益的徳を他の人々や自分自身の中で育成・発展させるさまざまな道徳的義務がある(4‐16)。まず注意したいのは、徳を発展させるよう努める義務をもつことと、徳に従って行為する義務をもつこととの違いである。道徳的徳は道徳的に正しい行為と同じものではなく、道徳的に正しく義務的拘束力をもつ物事を、正しいと知りつつ正しいがゆえに行うだけでなく、それを習慣的に行う、根強い人格的特性のことである。この「ゆえに」が指示するのは当の行為者の選択と動機づけである。有徳な人物であっても、場合によっては、自らコントロールできない事情により、正しい物事を行えないこともある。しかし、それでもその人物は少なくともそうしようと誠実に努める。徳という概念には、したがって、それに関係する行為の概念が含まれる。例えば、勇敢な人物には勇敢な行為を行う傾向が見られ、公正な人物は公正な行いをしがちである。徳は当の行為に習性という素性的規則性を付与するだけではない。知識、選択、そして根拠という意味の動機や理由のような「内面的」特徴をもつけ加える。人は単にその行為によってではなく、適切な動機をもつか否かによっても、非難されたり称賛されたりするのである。

道徳的徳は大きく二種類に区分されよう。一つはＰＧＣの厳格な義務の「内」側をあらわすタイプである。ＰＧＣはそれらの義務として特定の行為を要求するが、それと同じように相応する徳を要求することはない。この原理が求めるのは、公正な行為や公平な行為であって、公正や公平といった徳ではない。徳は正しい行いの習慣的実践なくしては獲得できない長期的な素性であって、行為が実践されるその同じやり方で直ちに身につくわけではなく、それらの徳を身につけよという命令がそのまま実現されることはありえないからである。一方で、ＰＧＣに従うと、まさしく有徳の人がＰＧＣの求める物事を行う可能性はそうでない人と比べてはるかに高いとの理由により、それらの徳を有することは善である。しかもＰＧＣは、日頃から自分自身と受動者の類的権利に従って行為するよう求めることで、合理的行為者に対して、相応する徳を傾向的に植えつけていく習慣化と動機づけを指令する。こうしてＰＧＣは道徳的行為ばかりか道徳的品性とも関係をもつことになる。行為の正しさの自覚、それゆえ相応する人格的特性の善さの自覚は、合理的行為者である限り誰もが承認できるＰＧＣの合理的根拠に根ざしている。行為者が道徳的徳の有無を問われて非難されたり称賛されたりするのも、それらの徳がこうした間接的なあり方を通じて行為者の支配下におかれているからである。

ＰＧＣの厳格な義務に相応する徳以外にも、さまざまな種類の超義務的行為に合致する徳がある。例えばその中には、英雄の勇気のようなものもあれば、親切心や寛大さ、慈悲深さといったもっとありふれた徳もある。このような徳の美点も、前述の通りＰＧＣが対応する行為に与えた特定の正当化を念頭におけば、この原理に基づいて、厳格な義務の場合と同様のやり方で明らかにされるであろう。

5-19 次に取りあげたいのは自己に対する義務である。この義務を考えるための手がかりは、ある人物の義務が他の人々の自由と福利にのみ根拠をおき、自らの自由と福利にはまったく根拠をおかないのは異常である、との着想である。AにBを害さないようにする義務があるとすれば、BにもBを害さないようにする義務があり、AにもAを害さないようにする義務があるのではないか。ここで、行為者は自分自身と受動者の双方の類的権利に従って行為せねばならないというPGCの規定をもちだしても、問題解決には繋がらない。なぜなら、行為者が自らの類的権利に従って行為することは、繰り返し述べてきた通り、その行為者が特定の行為において必然的に行うことに過ぎず、この規定には行為者が自らの類的権利に従って行為せねばならないとの明確な要件や義務は含まれていないからである。ところが、行為者がそう必然的に行為するというのは、他の人々が自らの自由と福利に同意もなく干渉することは当然あってはならない、とその行為者が必然的に考えるということである。それゆえ行為者の類的権利は、この場合、他者に向けられたものである。つまりここで問われているのは、他の人々がその行為者の権利を同意なく侵害しないこと、そして他の人々がその行為者に対してそのような義務を果たすことである。いずれにしても、行為者が自らの類的権利に従って行為することは、その行為者が自益的徳を有することとは関係するものの、その行為者が自らの自由と福利をめぐって自分自身に対してもつとされる義務とは無関係である。

自分自身に対する義務があるとの考えに対しては、いくつかの重要な批判がある。第一に、そのような義務が存在し、それらが厳格な義務であるとすると、他の厳格な義務と同様、それらの義務を擁護する人物は、そうした義務を履行させるための強い圧力さらには強制すら正当化されると考えるに違いない。この考えを自己に対する義務に適用した場合、パターナリズム、しかもかなり強いパターナリズムを正当化するであろう。また、その強制が相関的権利を有する人物によって実行される場合、そこから帰結するのは恐らく自己強制であろう。第二に、ある人物が自分自身に対する義務をもつとすれば、義務と権利の相関性により、その人物は自分自身に反する権利ももつことになる。ところが、いかなる権利保有者であれ、自らの権利を放棄し、その権利の相手を当の義務から解放することが常に可能である。一方で、いかなる人物も自分自身を義務から解放することはできない。これらの点からわかる通り、人は自己に対する義務から自分自身を解放することができると同時にできないというのがその含意であり、自己に対する義務という考えは矛盾を孕む。第三に、誰かが自己に対する義務に違反した場合、他の義務違反と同様であるとすると、人はまったく同じ行為を通じてあるものを得るとともにそのあるものを失うことになる。当の義務がその人に対する義務である限り、その人は何かを失い、その人が当の義務の違反者である限り、その人はその同じ何かを得るからである。第四に、自分自身に危害を加えないとか、自らの利益や幸福のために行為するといった義務は実際的には無意味である。そもそも義務の意義は人が自然と行う傾向にある物事を抑制するところにあるというだけでなく、人の自然的傾向はもともと自らを害することには反しており、自らの利益や幸福をめざすものとなっているからである。第五に、自己に対する義務であれ、一面ではそれと同じものとされる自己関連的徳であれ、本書で受け入れてきた「道徳的」の社会的定義に従う限り、道徳的義務にも道徳的徳にもなりえない[16]。

以上の反対意見にもかかわらず、自分自身に対する義務、例えばさまざまな自己関連的徳を自分自身に植えつける義務をＰＧＣから導出することは可能である。それには二つの方法がある。一つは前に自益的徳を取りあげた際に触れた方法であり（4-16）、次の通り展開できる。ＡにＸを行う義務があり、しかもＡにとってＹを行うことがＸを行うために必要か、きわめて有効であるとすれば、Ｙを行うことがＡの支配下にあり、しかもＡの他の何らかの義務違反を招くものでない限り、ＡにはＹを行う義務がある。さて、すべての行為者にはＰＧＣに従う道徳的義務があるとの理由により、行為者が自分自身に植えつけることができるだけでなく、行為者にとってそれらを有することがPGCを遵守する上で必要か、きわめて有効でもある、何らかの個人的な自己関連的特性や自益的徳があるとすれば、そのような特性を自らに植えつけることはその行為者の義務である。そのような特性は確かに存在する。仮にその行為者が個人として、不安を抱きながら、自虐的で、自堕落で、知性とは無縁の、不節制な生活を送っており、怠惰で、無知で、軽率で、自己尊重の精神を欠いた人物であるとすれば、その行為者が他の人々を尊重したり、他の人々に対する自らの厳格な義務を十分に果たしたりする可能性はそれだけ小さくなるからである。その行為者にはこうして、前記のような生活を避けるとともに、例えば自己尊重、自覚、節制、勇気、慎重、通暁など、前述した特性とは反対にPGCの要件履行に資する種々の自益的特性を自らに植えつける義務がある。

では、行為者が負うこれらの義務は自分自身に対する義務なのであろうか。確かに、これらは専らその行為者自身に関係する義務ではあるものの、その真意は行為者が受動者に対する義務を果たすことを可能にする点にあるという意味で、自分自身に対する義務ではない、と言えるかもしれない。そう言えるにしても、やはりこの事実はさまざまな自己関連的徳の功労がPGCによって正当化されうることを示す。これに関しては、前に触れた自分自身に対する義務への第四の反論、すなわち人は自然と自己利益に役立つ物事を行う傾向にあるとする論点は、この論点に含まれる「物事」が目的と手段の双方を指示する場合、真ではない、という点を指摘したい。人が他の人に対する義務を果たすことを可能にする種々の善い性質は、当人の自己利益に関わる特定の相面にとっても有益である（ただ、当人と他の人との関係をめぐっては、そうした様相の見方に方向転換が起こる可能性はある）。しかし、それらの自己教化や自己鼓吹は往々にして当人の非媒介的な自然的性向には反する。したがって、行為者がそれらの特性を自らに植えつけることは、当人の自己利益に関わる特定の相面を促進するにせよ、依然としてその行為者の義務である。

行為者がそうした特性を獲得するよう努めるべきであることは行為者自身に対する義務でもある。この行為者のPGCに従う義務は単なるその受動者に対する義務ではないからである。つまりそれは、この行為者が合理的な行為者ならびに人間である以上、合理的に責任を負わねばならない義務でもある。行為者の自律性に関連して述べた通り、PGCは単に合理的行為者に対してその外部から課せられた要件としてあるのではなく、その行為者自身によって課せられたものでもある。その行為者は、自らを合理的行為者たらしめる規準とまったく同一の規準をこの原理が満たすことを承認せざるをえないからである（3-3、5-10）。それゆえ、PGCに従う行為者の義務は合理的行為者である自分自身に対する義務である。これが厳格な義務であるとすると、その行為者は合理的行為者として自分自身を相手とする権利ももつことになろう。PGCが当の行為者自身によって守られねばならないという権利である。ところが、前述した第二の反論の主旨に反して、合理的行為者がこの権利を放棄することは不可能であり、自分自身をPGCに従う自らの義務から解放することもできない。なぜならこの場合、権利にせよ義務にせよ、その発生源は、当の行為者による何らかの偶然的または随意的な決定や欲求や取引ではなく、それらの決定や欲求からは独立した規準をもつこの人物の合理的相面に存するからである。しかも、この人物がそれらの規準を受け入れる必然性もやはり随意的な決定や欲求からは独立している。合理性をめぐるこうした独立的で必然的な規準があるからこそ合理的行為者は、単にPGCに従うだけでなく、そのために必要か有効な自己関連的徳を自らに植えつけるよう努めねばならない、という自分自身に対する義務をもつのである。またこうした規準のせいで、合理的行為者が合理的である限り、この領域の権利や義務を放棄することはできない。

自分自身に対する義務がPGCによって正当化されるもう一つの方法は、もっと類比的なものであり、他者関連的（悪）徳と自己関連的（悪）徳、そしてそれらに合致する行為に見いだされる規準の統一性から導かれる。

PGCは、人が他人に不公正な態度や不公平な態度をとったり、他人を見下したり蔑んだりする、他者関連的行為と直接関係する。この原理が指令するのはそれらとは正反対の行為であるが、それら以外にも、前述の通り、相応する徳を教え諭すことがある。さて、こうした徳なり悪徳なりの規準やそれらとよく似た規準は、自己関連的な行為や特性の領域にも同じように適用される。その具体例として、例えば、次のような表現が挙げられよう。ドラッグや酒で身をもちくずした人物に対する「自分に対して不公平である」といった苦言や、才能をもてあます人への「自分を正当に取り扱っていない」、とても気弱そうな人物に対する「自分の品位を下げている」、下心のある男たちに肢体をさらす若い女に対する「自分自身を卑しめている」といった言葉である。これらの表現は、その再帰的構造からもわかる通り、自分に対して不公正であることと他人に対して不公正であることの規準や、自分を貶めることと他人を貶めることの規準に、ある種の統一性があることを示している。そうした規準の統一性がなければ、直前に挙げた特有の表現がどうして個人的領域でも対人的領域でも同じように使われるのかはわからないであろう。

これらの規準が純粋の個人的領域で使われる場合、少なくとも二つの適用パターンが考えられる。そのいずれにおいても、ある人物が自分自身を貶めているとか、自分自身に不公平であるとか言われるとき、その人物は自分自身に作用を及ぼす行為を行っている、言い換えると、その人物は行為者であるとともに受動者である、と想定されている。そのような自己作用的行為に見られる結合態を具象化する一つの方法は、その人物の役割を直近の行為者と長期的な受動者の二つに分けて捉える見方であろう。行為者として見ると、その人は当の局面で直接行為している人物である。しかし、受動者として見ると、その人はこの一時的な人物であるばかりか、当面の行為からさまざまな影響を受けるであろう人物でもある。これはお馴染みの区分である。男が五杯目のマティーニをぐいと飲み干して、「飲み過ぎだな」と独り呟く。この男は自分を自分自身が行う行為の受動者と見なしており、（後続の受動者として）暗黙裡に（現在の行為者としての）自分自身を批判している。さて、すべての行為者はその受動者の自由と福利の権利に従って行為せねばならない、というPGCの要件を自己作用的行為に適用した場合、次のようになろう。直近の行為者は、自らの行為の長期的な受動者である自分自身の自由と福利に対して、好意的な配慮を加えねばならない。行為者はこうした長期的観点から自分自身に対して公平でなければならないのである。この行為者の現在の自己は将来の自己に対してそのような義務を負い、その意味でこの行為者には自分自身に対する義務がある。

以上の論点は、短期的欲求と長期的欲求の区別に関係する量的指示さえあれば、解釈も容易である。しかし、ある人物の長期的欲求が当人の短期的欲求と同じようにだらしなく、どん欲で、その他低劣なものであったとすれば、どうであろうか。個人の道徳性は量にも質にも関係する問題である。誰かに関して、あの人は自分を卑しめていると言うとき、大抵、その指示は当人の長期的利益に反してなされる当の行為にではなく、短期的であれ長期的であれ、当人の行為であらわされる利益の性質に向けられている。この質をめぐる判断は、一人の人物を現在の自己と将来の自己に分裂した存在としてではなく、さまざまな関心や相面や「部分」に分化した全体的精神として捉えようとするお馴染みの二つの派生的モデルに従って明らかにされよう。

一つは水平的モデルである。その考えによると、肉体的快楽に対する欲求や知的能力、社会的協調性などといった人間のさまざまな関心や様相のあいだには一つの均衡が成立していなければならない。この均衡の下で、それぞれの相面は互いに調和を保ち、どれか一つの相面が他を圧する支配的地位に立つこともない。もう一つは階層的モデルである。その考えでは、さまざまな相面の中の一つが、「より下等な」自己である他の相面を支配し組織せねばならない。この支配的相面をなすのは、多くの場合、「理性」と呼ばれるものであり、それ以外にも、力への意志、信仰心、さらにはさまざまある道徳的正しさの実体的規準の中で理性とその卓越性を張り合ってきた利益や関心などが候補に挙げられよう。第一のモデルに従うと、ある人物が自分自身に対して不公平であるのは、ある行為においてその人物の一つの相面が他の相面を圧倒した結果、均衡が破られるときである。一方、第二のモデルに従うと、そうなるのは、より下等な自己がより高等な自己を支配するときである。ところが、あの人は自分自身を貶めていると言われる場合、大抵は第二のモデルしか念頭におかれていない。

人間の精神を分裂したものとして捉えるこうした見方は、周知の通り、さまざまな困難を抱えているが、反面、個人の全人格の諸相面、ならびにある相面が別の相面に及ぼす影響に注意を向けさせる点で重要な意味をもつ。PGCはそのような影響に、文字通りではなく比喩的な意味で適用される。PGCは水平的モデルに従い、他の相面に作用するどの相面に対しても、他の諸相面の類的権利に然るべき注意を払うよう求め、例えば、知力の自由と福利が身体的福利を圧倒するようなことがあってはならず、その逆が起こってもならない、と述べる。また階層モデルに従い、演繹的合理性と帰納的合理性に準拠して認識したり行為したりする人間の能力という意味の理性は全体的自己に関する適切な知識を獲得せねばならず、その知識は全体的精神の組織化に決定的役割を果たさねばならない、と命じる。プラトンからフロイトに至る多くの哲学者と心理学者はそれぞれのやり方でこのモデルの洗練化と証明に取り組んできた。

この二つのモデルに従うと、PGCは諸個人に向けて、自分自身に対する義務を規定している。つまり、各人は全人格の一部をなす諸々の要素をそれぞれのモデルが要求する通りのやり方で調整すべきである、というのがPGCの考えである。こうした要件はいずれも、ある人物が他の人物に対して不公平であるとか、その人物を貶めているとか称される対人関係を批判するために用いられる同様の要件を類比的に適用したものである。そうした対人的社会関係では、当の行為者が受動者の自由と福利に然るべき注意を払わないままそれらの受動者に影響を及ぼす場合がある。それとまったく同じように、各モデルの自分自身に対する義務が破られる場合、当の人物の一つの相面が他の相面の自由と福利に然るべき注意を払わないままそれらの相面に影響を及ぼすのである。

義務の対立

5-20 以上でPGCが道徳に関するあらゆるテーマに正当化根拠を与える完全な道徳原理であることが示されたとしても、まだ首尾一貫性という問題が残っている。PGCによって正当化される諸々の要件や規定は常に両立・適合するのであろうか。この原理から互いに対立する諸要件が導出されることはないのであろうか。また、道徳の分野で諸々の道徳的義務や道徳的要件のあいだに少なくとも見かけ上の対立が生じた場合、果たしてPGCにそれらを解決する力はあるのであろうか。

対立の問題には、以上から推察される通り、相互に関連する二つの側面がある。まず、当初はPGCの体系にとって外的な面がある。この体系外的側面に関わってくるのは、PGCとは関係なく諸個人に生じる相反的義務、あるいは少なくとも義務をめぐる相反する判断、ならびに、しばしば義務の対立の基盤ともなる同じ人物や異なる人物が抱く相矛盾する価値である（1-6）。ここで問われるのは、PGCがこれらの対立を、そもそも、あるいはいかにして解決できるかという問題である。もう一方の体系内的側面が関わるのは、PGCの内容そのものやその諸々の適用を含む、PGC自体の全体的体系の下で生じる対立である。そうした対立の火種が沢山あることは、PGCに含まれる、あるいはPGCから導出される、次のような検討項目の多様性から直ちに推察されよう。この原理は自由と福利の双方に対する権利の根拠を与え、しかもそれらの権利を各行為者とそのすべての受動者の双方に帰属するものとして根拠づける。とりわけ福利の権利をめぐっては、現行的なものと素性的なものを含む三種類の善を規定する。またこの原理は、それぞれ個人的対他行為と集団的相互行為に関係する直接適用と間接適用という二種類の適用に根拠を与え、特に間接適用では手続き的正当化と手段的正当化の双方について条件規定を行うとともに、手続き的正当化を随意的正当化と必然的正当化、手段的正当化を静態的正当化と動態的正当化に区分し、さらにこの動態的正当化を集計的正当化と配分的－差別的正当化に区分して、それぞれの正当化条件を明らかにした。これらすべての論点に加え、前述の通り、超義務的行為やさまざまな徳、自己に対する義務についても正当化を試みた。こうした検討事項の多様性と外見的な対立関係を考慮したとき、ＰＧＣが相反する行為の指針を与えるという矛盾はどう回避されるのであろうか。

この問題の複雑さに関しては、まず、それが道徳そのものの複雑な構造の反映である点を銘記しておきたい。例えば行為功利主義のように、一つの単純な原理からある単純な方法ですべての道徳的要件を導きだすことでこの複雑さを打ち消そうとする試みは、いかなるものであれ、直観主義者などが指摘してきた種々の困難を招いてしまう。他方、直観主義者に譲歩して、道徳的諸要件が互いに関連をもたない混乱状態のまま放置されたとすると、道徳に関して構造はすべて否定される。しかしそうなれば、未解決の対立や論理的矛盾を容認せざるをえないばかりか、とりわけ道徳性の根拠が人間の行為にあり、その行為とは当の行為者にとって善いと思われる目的の追求であること、さらにはそうした事柄の帰結として導かれる類的権利の平等という統一的道徳原理など、道徳的領域の根底をなす共通の諸特徴は完全に見逃されるであろう。本書ではＰＧＣとこの原理の適用の分析を通じて、道徳性をめぐるこの二つの面、すなわち道徳の複雑性と構造的な根底的統一性の双方を明らかにしようと努めてきた。その意味で道徳哲学が提唱する統一性は自ずと複雑なものとならざるをえないが、同時に、さまざまな道徳的要件や道徳的規定の優先性と劣後性に関する明確な合理的順位づけを可能にする体系性をも兼ね備えていなければならない。そうした複雑性の合理的秩序化が不可能だとすれば、その時点で、道徳的義務や道徳判断はすべて、あるいは大部分、各人の偶然的で可変的な選択と選好に根拠を頼る他なく、それゆえ道徳の世界にはその結果生じた恣意性しか残らないことになる。なおここでは、いずれかの時点で対立する道徳的選択肢に優先順位をつけられないことには、ＰＧＣが明らかにした通り、それらの選択は、事実上、道徳的に無差別であるという意味で、それなりの合理的根拠がある点も併せて指摘しておきたい。

そうした優先順位が意味するのは、ある特定の状況ではＰＧＣによって正当化されるある社会的規則の要件が同じくＰＧＣによって正当化される別の社会的規則の要件によって無効化されねばならないということである。しかしこの無効化は、ＰＧＣであれ、そこから派生した規則であれ、それらの定言性を除去するものではない。道徳原理にせよ道徳的規則にせよ、それが定言的であるとは、前にも述べた通り、その要件が規範として、行為者の可変的な自己利益的欲求や道徳的正当化を欠いた社会制度のような何らかの非道徳的判断によって無効化されることはないという意味である。ある道徳的規則から導かれた義務が別の道徳的規則から導かれた義務によって無効化される場合、そうした判断による無効化は生じない。この点はＰＧＣによって正当化された規則にも当てはまる。定言性は第一義的にはＰＧＣに属すが、ＰＧＣが正当化した各道徳的規則にも、他の同様の規則によって無効化されない限り、派生的に帰属する。その意味で優先順位を解明することがきわめて重要である。

また、ある道徳的義務が別の道徳的義務によって無効化されるという事実は、そうした種々さまざまな道徳的義務の履行を求める諸規則がＰＧＣから導出されたことでもつ論理的必然性に反するわけでもない。ＰＧＣは形式的原理であると同時に実質的原理であり、実質的原理として行為の必要善に関係する、というのがその主な理由である。行為にとってある善が別の善と比べてより必要であるとすれば、その限りで、前者の善の保有を尊重する義務と後者の善の保有を尊重する義務が衝突した場合、前者の義務が後者の義務に優先する。なおこのケースでは、前者の義務のみが「現実的」義務や「最終的」義務であって、ここには義務の対立はない、との見方も考えられるが、いずれにしても、後者の義務もＰＧＣによって要求された義務である点に変わりはない。同じく、ある義務の通常の相手である人物が、何らかの物事を自発的に行ったために、その相関的権利を失わざるをえなくなり、代わりにその人物が別の義務の影響を受ける状況が必然化したとすれば、後者の義務が前者の義務を無効化したと言える。ただしこの場合、前者の義務はこのような状況ではもはや義務ではないと解釈することも可能であろう。それでもやはり、さまざまな義務の記述にあらゆる無効化条件や例外化条件といった除外項目が組み込まれていなければ、そのような状況が起こらない限り、これらは義務である、という事実はそのまま残る。これらの論点は以下でもっと詳しく見るが、ＰＧＣと派生的な道徳的規則の論理的厳格性が、ある道徳的義務が別の道徳的義務によって無効化される順位づけと両立可能であることはひとまず明らかになった。特にそうした無効化において論理的矛盾が回避されるのは、矛盾の回避という考え自体に矛盾したところはなく、しかも行為者と受動者の関連類似性は、そのどちらか一方にＰＧＣの直接適用や制度的適用を通じてその妥当性が証明された異なる記述を与えることで修正される、という二つの理由からである。この点は既に、不当な攻撃や抑圧から身を守る自己防衛のケース（4-6）、殺人を未然に防ぐために嘘をつく場合（3-27）、正当な社会制度において異なる役割を果たすケース（5-3、10）などに即して明らかにした。

道徳的義務や道徳的規則の優先性や劣後性に関する合理的順位づけが追究されねばならないとする本書の立場は、ロールズの「辞書式」配列という重要な考えに似ている。その順位づけは、「順番としてまず第一の原理を満たした後に第二の原理へと進み、次に第二の原理を満たしてから第三の原理を考慮し、それからさらに」[17]と、諸々の原理を一連の系列として配列する。しかし、ロールズの順位づけは、平等な自由を規定した第一原理をはじめとする彼のいかなる原理から導出されたものでもないことからして、両者には大きな違いがある。ロールズが提案するこの特殊な順位づけは、それらの原理とは外在的な物事の判断に基づいており、その本質は平等な自由と個人的属性に関する完全な無知によって特徴づけられる「原初状態」から人々が諸々の原理を選びだすための理由か動機であると想定されているところにある。ロールズがこの根拠に基づいて行う諸々の選択は、しかし、いろいろな意味で推測的なものである。それらは西欧リベラリズムに対する特定の選好を反映するに過ぎず、そのようなリベラリズムの合理的根拠を与えるものではないように見える。その点は特に、主要な原理として平等的自由を経済的安定に優先させる選択に当てはまる。ロールズ自身、少なくとも短期的にはこの優先権に対する重大な制限があることを示唆しているのではあるが[18]。

ここで私が提示しようとしている道徳的要件の順位づけは、さまざまな義務を命じる諸々の道徳的規則のあいだに起こる対立を解決するためのものであり、それらの義務や規則と同じくPGCに起因する。本書では既に、さまざまな規則を導出する過程で、そうした対立解消の多くの事例を示している。すなわちPGCによって正当化された複数の選択肢のあいだでその後に起きる種々の対立を取りあげ、それぞれのケースで、最初に挙げられた選択肢が次に挙げられた選択肢に譲歩せざるをえない事実と理由を明らかにしてきた。例えば、次の諸事例である。嘘をつくといった特殊的害を禁じた規則が、殺人などの基本的害が起こることはそれを阻止できる場合には許してはならないとする規則と対立した場合（3-27、4-14、15）、ある行為者が誰かに殺されそうになり、殺人を禁じた規則とその行為者が自らの類的権利に従って行為することが対立した場合（4-6）、ある人の現行的自由に対する権利と別の人の基本的福利に対する権利が衝突した場合（4-11）、ある人の現行的自由の権利と当人の基本的福利の権利が衝突した場合（4-20）、ある人の基本的福利の権利が当人の素性的自由の権利と潜在的・長期的に衝突した場合（4-21）、ある人の対他行為に自発的ないし自由に参加する権利と、手続き的に正当化され、当人も自発的ないし自由に同意した社会的規則に従うという当人の義務が衝突した場合（5-5）、殺人や移動の自由のような素性的自由の制限を禁じた規則が、戦争での殺害行為や犯罪に対する刑罰を要求する正当化された社会的規則と衝突した場合（4-6、5-8）、社会的規則や自発的組織の取り決めが福利の権利と衝突した場合（5-6）、現行的自由の権利と刑法を遵守する責務が衝突した場合（5-10）、財産を確保する権利と、飢餓などの基本的害を防止したり、公共財の供給を推進したりするために徴税を規定した支援的国家の法律が衝突した場合（5-13、14）、必然的-手続き的に正当化される同意の順序の諸結果が、飢餓のような基本的害を軽減するための政策、すなわち動態的-手段的に正当化される政策の効果的実施と衝突した場合（5-15）、同意の順序の諸結果と他の重要な諸権利が衝突して、市民的不服従が正当化される場合（5-16）。

5-21 以下ではこうしたさまざまな義務の対立に解決をもたらす規準を再提示し、もう少し展開してみよう。ただし、さまざまな義務やその問題領域に関する特定の説明を改めて取りあげることはしないし、配分的判断が集計的判断に優先する理由についても繰り返すつもりはない（4-2、5-14）。対立解消の規準は、前にも指摘した通り、PGCが形式的原理であるとともに実質的原理でもあるという事実を反映する。この原理は一貫性の要件をもつ点で形式的であり、しかもその一貫性が、自分には行為の必要条件に対する権利があるとする当の行為者の必然的要求と、相手の受動者の同じ条件に対する権利をめぐる当の行為者の判断（ならびに対応する行為）との一貫性でなければならないという意味で実質的である。この類的一貫性の合理的追究は、行為者が自分自身と受動者の双方の類的権利に従って行為するという、一貫性保全的対他行為の構成的側面と因果的側面の双方に対する熟慮を要求する。こうして明らかなように、対立を解消するための規準は演繹的合理性か帰納的合理性の適用である。なお、帰納的合理性は特に、双方にとっての成功的行為という望ましい目的を最も効率よく達成するのはどの選択肢かを判断する手段-目的計算という形態をとることになろう。ただし、この計算の内容自体、PGCによって課せられる制限に従わねばならない。

以上の考察からは、次の順番で、以下のような規準が導かれる。

（ａ）矛盾の防止または除去

ある人物や集団が他の人物や集団の類的権利を侵害するか侵害しつつあって、対他行為上の矛盾を犯すとき、その矛盾を除去するか防止する行為は正当化される。そうした行為が常になされるべきかどうかは、その矛盾がそれを除去する行為にとってどれ程の現実的重要性をもつかによって変わってこよう。例えば、ちょっとした嘘であれば、その重要性はきわめて小さく、逆に基本的害の場合はきわめて大きくなる（4-14）。ＰＧＣは強制と基本的害を禁じるが、一方ではこのように、罰として、また先行する基本的害を防止・是正するための方策として、それらを認可するばかりか、要求しさえする。こうして公認された強制と被害は違反者にのみ負わせられねばならず、過酷さの面でも、是正されるべき事態である先行する違反を上回ってはならない。また、違反が起こったことや起こりそうであることについても、考えられる最大限の究明がなされねばならない。

この公認された反応的な強制と加害は、まず、個人的状況で起こる。例えば、ＢがＣを殺すのを防ぐ目的で、ＡがＢに強制を加えたり、それに足るだけの被害を及ぼしたりする場合や、飢えた人や隷従させられた人がその抑圧者に反抗する場合である。またそれは手段的に正当化された社会制度をめぐる状況でも起こる。ＡのＢに対する基本的加害がＡに基本的害を負わせることで法的に罰せられるケースはその一例である。その結果、Ａによって混乱させられた均衡状態が回復し、それに応じてＡの犯した対他行為上の矛盾は相殺されるであろう。基本的害を防止したり是正したりするためには、可能な限り、個人的干渉ではなく法的干渉が用いられるべきである。こうした制度的文脈における矛盾防止の極限形態として次の状況が考えられる。ＰＧＣに適合する諸制度をもつ国家Ｄが国家Ｅに軍事的に攻撃され侵略戦争に巻き込まれるケースである。このような状況においては、この戦争があらわす大規模で多重的な矛盾を防止するという意味で、Ｄ国にはＥ国の侵略に対して自国を防衛する権利がある。一方で、侵略戦争はそれ自体PGCには違反しており、侵略戦争を行う国家の市民がその戦争を支持することを拒み、それを阻止しようとすることは正当化される。

(b) 行為にとっての必要度

すべての行為者には行為の必要条件である善に対する受動者の権利を尊重する義務があるから、次のケースでは、ある義務が別の義務に優先する。前者の対象である善が後者の対象である善に比べ行為の可能性条件としてより必要なものである場合や、前者の善に対する権利が後者の義務違反なしには守られない場合である。その意味で、規準(a)が主に同じ重要度の善に関係する義務を扱うのに対して、この規準(b)は異なる重要度の善を、ただし主として対他行為をめぐる矛盾の防止という同一の一般的文脈において、取り扱うものと言えよう。例えば、AのBがCを殺したり奴隷化したりすることを防ぐ義務は、AのBに嘘をつかない義務や、AのFとの約束を守る義務に優先する。それと同じ理由により、基本的害などの深刻な害を禁じる刑法は、自発的組織の手続き的に正当化された規則に優先し、それらに制限を加える。したがって、当然、それらの規則は基本的害などの深刻な害を要求したり許可したりすることはできない。こうして特定の現行的自由に対する権利を尊重する義務と基本的福利に対する権利を尊重する義務が衝突する場合、前者は後者によって無効化される。それでもやはり、自由の権利は行為の必要善として独立した地位を占め、基本的福利の権利がそれによって侵害されない限り、自由の権利は尊重されねばならない。

ここで強調したいのは、行為にとっての必要度という規準が、特殊的加算的善を含む善の量を増やすことではなく、権利侵害の防止に関わっている点である。ある種の功利主義の見方のように、Xが善や価値としてYよりも大きいと想定されるとき、誰かのYを尊重する義務は別の誰かのXを増やすという目的によって無効化される、と考えるのは誤認である。例えば、AがCを喜ばせようとしてBに嘘をついたりBからものを奪ったりすることは許されない。この規準が適用されるためには、Xは類的権利でなければならず、その目的は、重要性が低いとされる誰かの善を犠牲にしてXの対象である善（富や自尊心など）をやみくもに増やすことではなく、Xの喪失や侵害を防ぐことでなければならない。

（c）制度的要件

多くの人々が互いに影響し合う複雑な社会では、そうした相互行為を管理するための規則が、ある時は人々が特定の個人的目的や集団的目的のためにそうした規則に自発的に同意するとの理由で、またある時は人々のあいだの深刻な強制や被害を防ぎ、統一的規則の不在がもたらす無秩序や予測不可能性を避けるという目的のために、存在せねばならない。手続き的に正当化される規則の場合、受動者を強制しない行為者の義務が規則の諸要件によって無効化される状況も起こりうるが、これには受動者が当の規則を自発的に承認し続けるとの条件が欠かせない。これらの規則には家族関係に対する特別の重みづけも含まれる（5-6）。一方、支援的国家の法律の場合、前述の通り、それらの要件は類的権利を守るために税を課すことで（5-13以下）、納税義務を負った人々に強制と害を加えるであろう。しかし、それらの要件は、次の諸条件が満たされる限り、こうした人々に現行的な強制や害を加えないようにする義務に優先する。それらの要件は不当な強制や深刻な被害を防ぐために欠かせないものである。それらは類的権利の保護に必要なものを超えてはならない。税によって取り除かれる害に比して税に伴う強制と負担はきわめて小さいものでなければならない。それらは同意の順序という手続きに従って課せられねばならない。

この比較規準は時として主張される功利主義的発想による規準とは区別される必要がある。つまりその狙いは一部の成員による負担を無視して社会全体の効用を最大化しようとすることにあるのではない。一部の人々が余儀なくされる大きな犠牲を防ぐためだけに、別の人々にほんの僅かな犠牲を求め、そうすることで全成員の類的権利の平等により近づくのがその狙いである。行為の必要度という規準について言うと、ここでも自由の権利は可能な限り尊重されねばならず、必要な税を課すためには民主的な選挙過程が利用されねばならない。この点で特に重要な意味をもつのは公的な権利擁護の義務である（5-18）。

以上、義務の対立を解決するための三つの規準を明らかにした。これらはいかなる意味でも相互排他的ではない。これらはそれぞれ異なる判断をなし、義務対立のさまざまな状況に応じて訴えられる必要がある。対他行為をめぐる矛盾が生じるか、生じつつある場合、行為にとっての必要度や制度的要件といった問題が起こる可能性は低い。しかし、それらの問題が起こった場合には、対他行為的矛盾を防ぐという規準に続いて、これらの規準がこの順番で呼びだされねばならない。順番がこうなるのは、この三つの規準を、行為者は受動者の類的権利に従って行為せねばならないというPGCの中心的要件を達成する手段として見た場合、この順番でその直接性が弱まっていくからである。前に、PGCの制度的適用と直接適用が衝突したときは前者が後者に優先すると述べたが（5-3）、ここでは、この優先権を前掲の第一規準と第三規準に組み込んでおこう。また、例えば、Aが溺れているCを救助するためにはBと会う約束を破らざるをえない場合のように、第一規準が明示的には関与してこない状況で、時として第二規準が適用可能になるケースが考えられる。ただ、このケースにおいても、Aが相応の自己犠牲なしにCを救助できたにもかかわらず救助を怠ったとすれば、Aは重大な対他行為をめぐる矛盾を犯すことになるため、Aが約束を破ることにはそうした矛盾をAの側に生じさせない働きがある。それにもかかわらず、第二規準と第三規準の双方が示すように、道徳的義務の対立は、既に、第一規準に見られるような、一方の義務違反が生じているときだけに起こるのではない。それらはその後の義務違反を防いだり、制度的要件を満たしたりする必要から引き起こされる可能性がある。

この三つの規準は個人的領域と社会的領域の双方で多くの追加的分岐をもたらすが、留意すべきは、こうしたさまざまな対立の中にあって、ＰＧＣの中心的要件が類的権利の平等、それゆえすべての予定的目的的行為者による自由と福利の相互尊重に存する点である。この相互尊重からの逸脱が正当化されるのは、先行する逸脱を防止・是正したり、もっと大きな逸脱を回避したり、この相互尊重を先述の通り反映した社会的規則を遵守したりするために、それが必要とされる場合だけである。そうした正当化が見いだされないときは、ＰＧＣから直ちに導かれる道徳的規則がこの原理の直接適用として現実的義務や最終的義務を決める。

5-22 前項で見た、対立解消をめぐる三つの規準のすべてからさらなる問題が派生する。中でも重要なものが外的対立の問題、すなわちＰＧＣの求める義務と順位づけが他の同類の義務概念や価値概念と衝突するという問題である。また、それらの概念を吟味すればわかるように、ここにはＰＧＣの完全性をめぐる追加的問題が隠れている。

この問題は特に行為にとっての必要度という規準に関連して生じる。この規準については、余りに保守的であるとか静寂主義的であるといった批判や、ある義務Ｘに関係する善が別の義務Ｙに関係する善と比べて行為にとって必要度の低いものであっても、ＸがＹに優先する可能性はある、との反論が予想される。その典型例として、「自由を与えよ、然らずんば死を」というパトリック・ヘンリーの名文句で象徴される、自由と生命が対立するケースが挙げられよう。ヘンリーの言葉は、自由を維持する義務が生命そのものを維持する義務に優先する事例を意味するものと解釈される。それ以外にも、人が命より名誉を好んだり、太った豚であることより痩せたソクラテスであることを望んだり、（マルクスのように）ブルジョア体制順応主義者としての安定した暮らしより亡命革命家としての不安定な窮乏生活を選択したり、(カントのように)嘘をついて殺人を防ぐより嘘を回避する方を選んだりと、いろいろな例がある。

善の順位づけはこのように一様ではないが、この論点には、PGCは行為の必要条件に議論の焦点を絞ることで、実践的行為者性という関心事以外の人間の関心事から生じるさまざまな種類の価値を、道徳に関連するものもそうでないものも含め、無視する結果に陥っている、とするもっと一般的な争点が関係してくる。人間をめぐる状況や将来展望には、審美的で芸術的な物事や、宗教的な物事、知的な事柄、道楽や遊興に関わる物事など、実践的福利とは方向性をまったく異にする多くのものがある。それらの物事に関心を向ける人物にしてみれば、行為ではなく、観想や祈り、思索、快楽が関心の的である。したがって、行為の要件が価値評価の基準を与えるのであれば、基本的福利を最重要の善として評価する特殊な順位づけは避けられないにしても、例えば美的観想を決定的規準とする、それとは別の順位づけも考えられる、との反論が成り立つ。画家として生きるために屋根裏部屋での貧しい暮らしを厭わない人がいるのも、飢饉の被害者を救援する組織にではなく美術館に寄付しようとする人がいるのもそのためである。要するに、すべての人が何をなすべきかについてPGCは最終的な答えを与えるものではない、とこの反対意見は述べる。PGCは、定言性であれ、最高原理および普遍的原理としての実践的権威性であれ、私が主張するような特別の権限などもっていないとの反論である。実際、義務が前記の非実践的価値に基づくものである限り、それらの義務は行為の類的特徴からではなく、行為以外の関心事から出てくることになるため、義務の順位づけは行為にとっての必要度以外の規準に準拠せねばならない。

以上の反論に対してまず指摘したいのは、本書の言う「行為」には、芸術家であれ、知識人であれ、宗教家やその他何であれ、それらの人々の活動がすべて含まれる点である。その点はこれらの活動がすべて自発的で目的的な行動であることから明らかである。したがって、これらはすべて行為の類的特徴の影響下にあり、そこから帰結する権利要求と「べし」判断を必然的に招かざるをえない。前述の通り、どの利益が追求に値するかという実体的問題には多種多様な答えがあるものの（1-1）、それらの中に、その合理的正当化があらゆる利益を追求するための客観的必要条件に基づいているがゆえに一定不変である答えが一種類だけ存在する。それらの追求はすべて目的的行為であり、PGCのさまざまな義務は、他でもなく、すべての目的的行為の必要条件である自由と福利から導かれる。それゆえにこそ、価値観がいかに多様であれ、どの行為者もPGCの要件を合理的に回避することはできないし、PGCは人間の対他行為と相互行為のあらゆる相面にとって定言的な意味で義務的であると言えるのである。

PGCに基づく道徳判断とその種々の適用は、総じて、他人に強制や危害を加えない限り、各行為者がそれぞれの価値規準に基づいて自らの目的を追求する自由を制限することはない。それゆえPGCは、一人の芸術家が貧しい画家人生を送ることを禁じたりはしない。この原理が一時的干渉を要求するのは、唯一、その芸術家の生命や健康に直接の危機が迫り、その芸術家のふるまいが本当に自発性の認知的・情緒的条件を満たすかどうかが適正な問いとして浮上した場合である（4-20、21）。一方で、この原理はその画家が他の人にそのような危害を加えることを禁じるが、これはまた別の問題である。この原理はさらに、自らの類的権利を守れない人々を深刻な被害から守るために課税するよう求める。しかし、これは裕福な人々が余剰から美術館や博物館などに寄付する自由を奪うものではない。つまりPGCは、それぞれの行為者が追い求める特定の価値や目的が多様である点を打ち消そうとしているのではなく、そうした追求のすべてに欠かせない条件が可能な限り提供されることを求めているに過ぎない。

人々は種々の善をさまざまなやり方で順位づける。しかしこの事実は、道徳的義務が対立した場合にそれらをどう順位づけるかとは直接関係しない。人が他の人に対してどのような道徳的義務をもつかという問題と、各人が自らに対してどのような価値をもつかという問題は、そもそも性格が異なる。行為にとっての必要度という規準は前者に対してのみ適用され、後者には該当しない。行為は前述の通りあらゆる価値の追求の共通因子であり、行為にとって必要なものはあらゆる道徳的義務の根拠を与えるからである。飢えに苦しむBを救うAの義務は、CさらにはBに哲学書を買ってやるAの義務（があるとすれば、それ）に優先する。Bが美食の銀行家であるより粗食の哲学者であることを強く希望し、哲学書を買えないことより飢えることの方を望むのであれば、それは完全にBの選択の範囲内である。しかしこのことは、BがAの申し出を自発的に断る場合は別にして、Bに対するAの道徳的義務とは関係しない。同様の検討結果は生命より自由や名誉が選ばれる場合にも当てはまる。確かにこれらの点は、人間にふさわしいのはどのような種類の生き方かといったきわめて重要な問題と関係しており、PGCも、人々は互いに互いをどう取り扱うべきかという道徳的観点から、全体としてこの問題の考察を進めてきた。また、自益的徳や自分自身に対する義務をめぐる合理的自律性といったより個人主義的な観点からもその考察を進めた（4-16、5-19）。しかし、前記の事例について言うと、Aにそれができるのであれば、Bが自発的に拒否しない限り、Bの生命と自由を救うことはAの義務であり、たとえBの生命を救えばBに自由のない暮らしを一時的にであれ強いることになったとしても、Bの生命を救うことはAの義務である（4-21）。この論点に関しては特に、他の善と対立しがちな諸々の自由の相対的重要性に関連するという意味で、現行的自由と素性的自由の違い、ならびに自由の諸対象の区別の意義を強調しておきたい。PGCによって制限された範囲内であれば、人々は自らの価値規準に基づいて自由に生きるべきである。

基本的な価値評価の多様性という論点からは社会的道徳性をめぐるさらに大きな問題がもちあがる。例えば、飢餓に苦しむ他国への食料援助は、それが独裁体制の強化に繋がる場合であっても、なされるべきであろうか。こうした状況では、基本的福利を支える義務と自由を支援する義務との対立は、大抵、錯覚に過ぎない。飢えているのは独裁者たちではなく、彼らによる政治的自由の侵害は、飢餓を防ぐために必要であるどころか、多くの場合、最後は少数者に富を集中させ多数者に窮乏をもたらす不公平な食料配分の根本原因である[19]。そうした食料援助には、したがって、本当に必要とする人々の手で配分されるための統制の仕組みが組み込まれねばならない。この統制は生命と自由の双方を促進する手段である。

ある国やある集団が他国の脅しによって生存を諦めるか自由を諦めるかの強制的選択を余儀なくされた場合、何がなされるべきであろうか。歴史上知られている限り、古くは七三年のマサダ要塞の事件から一九三八年のミュンヘン会談によるチェコスロバキアの解体に至るまで、この種の悲劇的事例は枚挙にいとまがないほどである。侵略国家が脅迫された人々に人身御供を差し出すよう求めた場合、悲劇はさらに深刻化する。しかし、無辜の人々が、他の人々への被害を食いとめたり抑え込んだりする目的で、意図的に殺されたり、基本的害を加えられたり、生贄にされたりすることは、両方の被害をともに避ける可能性が残っている限り、PGCの類的権利の平等によって禁じられる。この状況では侵略された側の人々は団結して侵略者に立ち向かわねばならない。

これらの人々はどのような選択をなすべきであろうか。当然、さまざまな可能性が慎重に検討されねばならない。また、侵略者の側の記録が自由の剥奪を生命剥奪の準備と見なす侵略者の意図を伝えるケースもあるが、これは生存か自由かの選択が実在的なものではなく、見かけ上のものでしかないということである。この場合、抵抗こそが唯一の正当化される道であり、結果的に生命と自由がともに救われる状況もありうる。全面的な奴隷化という代償によってしか生命が守られない状況においても、この道が追求されねばならない。生命と自由のいずれかが欠ければ、行為は不可能であり、それゆえ、それぞれの喪失を防ぐために、精力的に努めねばならない。ただし、これは脅かされた自由の性質に大きく左右される。それが現行的自由であれば、その後の自由は依然として確保されるから、死を逃れる方便として短期的自由は諦めるべきである。しかし、危機にある自由が素性的自由か長期的自由であるとすれば、その後の行為によって自由を再び獲得できる可能性はあるのかどうかが改めて問われる。その可能性があれば、ここでも生命が選択されるべきであるが、そこではできるだけ早く機会を捉えて自由の闘いに決起する強い決意も求められるであろう。行為にとっての必要度という規準の意味をこうした悲劇的ケースに即して捉える場合、低い必要度のものの放棄という視点とともに、行為の可能性の確保という視点が不可欠である。

この規準は、それ程深刻ではない状況での、社会政策をめぐる純粋の道徳的対立にも関係してくる。PGCは、本章で見てきた通り、支援的国家が経済的困窮を軽減し機会の平等を促進する目的で税を取り立てることを正当化する。しかし、諸々の価値の相対的評価が一致しないという事実は、異なる善に対する公的支援に関しても、当然、問われる。例えば税金は、経済的困窮の軽減のためばかりでなく、美術館や交響楽団の助成のためにも使われるべきではないのか。この考えがPGCによって正当化されるとすれば、それらの施設が前に触れた「公共財」に似た性格をもつことにその根拠は見いだされよう(5-14)。ただし、例えば交響楽団の演奏が公園で行われるなど、それらの文化的環境が配分的意味における共通善として実際に機能しうるだけの十分な手立てが講じられない限り、この見方は成り立たない。そうしたケースで特に注目されるのは、審美的な善や同類の善が加算的福利に及ぼす助長効果、すなわちそれらの善が、文化的地平を押し広げることによって、人々の目的追求に一層の活力を与えるとともに、送りたいと思う人生のあり方やめざす価値のある目的に関して、人々により深い洞察力をもたらす可能性である。PGCはこのような方法で自由と福利の全領域を議論の中心に組み入れ、狭い「功利主義」的観点から脱却した広い視野を手にする。とはいえ、美的価値などの価値を公的に支援するために基本的福利を犠牲にすることは無論あってはならない。

PGCの中心的要件である類的権利の平等は、さらに、社会的平等はどこまで推進されるべきかという一般的問題を提起する。古くからある根強い見方によれば、自由と平等は対立する。自由は最終的に経済的不平等、ひいてはさまざまな階級分化を招き、他方の平等は、そうした不平等を取り除こうとして、不平等の素因である自由を制限するからである。ＰＧＣの共通善と平等な自由という考えは、この二つの極のそれぞれから合理的に正当化されるもののみを取りだそうとする試みであった。ＰＧＣは経済的水平化や社会的水平化を生みだそうとしているのではなく、人々が他者の平等な権利を尊重しつつ自らの自由と福利を維持できるような人間関係や制度を構築しようとしているに過ぎない。ＰＧＣの主眼は行為の類的能力におかれており、直接の関心はすべての不当な差別を取り除くという意味の社会的平等化にはない。もちろん、さまざまな行為能力に対する尊重が要請されるため、そうした差別には限界点がある。しかしこの限界は、ＰＧＣが禁じる強制と加害に違反しない限り、各人の完全な自由とは対立しない（**4-23**、**5-16**）。

5-23 次に、ＰＧＣ自体の内部で起こる対立について検討しよう。ＰＧＣは行為者が自分自身と受動者の双方の権利に従って行為することを求めるため、行為者と受動者ならびにそれぞれの権利のあいだに対立が生じる可能性がある。

（ａ） 対立の第一の発生源は、行為者Ａは自らの自由の権利ならびに受動者Ｒの自由の権利に従って行為せねばならない、というＰＧＣの要件に関係する。さて、Ａが別の行為者Ｂから、ＡがＲに対してＲの意志に反する物事を行うか被るよう強制しなければ、Ｂはそれと同様の物事をＡに強制するであろうと脅されたとしたら、どうなるであろうか。このような状況では、ＡがＲの自由の権利に従って行為する限り、Ａが自らの自由の権利に従って行為することはできないと思われる。ただ注意すべきは、この場合、Ａは強制的選択の下でそのような行いをすることになるから、その行いは自由な行為でも自発的行為でもないという点である（**1-11**）。つまりこの状況では、Ａは行為者ではなく、Ｂによる脅迫行為の受動者となる。したがって、ＰＧＣが誰に向けて発せられるかというと、もはや正しい相手はＡではなく、Ｂである。ＰＧＣを意図的に侵そうとしているのはＢであり、ＰＧＣはそのＢの意図的行為が道徳的不正行為であることを明らかにする。Ａの自由の権利とＢの自由の権利の対立はＰＧＣの内部で起こる対立ではなく、ＰＧＣ違反の脅威から生じたものである。

とはいえ、道徳原理は道徳原理が破られる道徳的に不完全な世界に指針を与えるものでなければならない。例えばＡには、Ｂからの強制を避けるためにＲに強制する権利があるのだろうか。前記の抽象的なケースでは、その答えは「ない」であり、その理由もＰＧＣから明らかである。Ａが自らの行いを支配できる限り、Ａは受動者に対して、暴行を働いたり受けたりすることを強要してはならない。Ｂが脅迫する暴行や強制にＡかＲに対する基本的害または重大な被害が関わってくる場合、Ａは可能な限り刑法を担当する執行機関に訴える義務がある。刑法は、前述の通り、ＰＧＣの最も基本的な部分を体現し実行するものだからである。それが不可能なときは、Ａには、Ｂにその脅しを実行させないよう努力する義務がある。

（ｂ）では、Ａが自らの基本的福利の権利に従って行為しようとすると、Ｒの基本的福利の権利を侵害せざるをえない場合、Ａはどうすべきであろうか。例えばＡが、救命ボートには二人の内どちらか一方しか乗れないとか、二人を殺そうとしている第三者がいて、その殺人者の拳銃には一発しか弾が残っていない（しかもその殺人者にとって殺すのはどちらでもよい）といった状況にあるとすれば、Ａが自らの生命を維持できる事態をもたらすためにＡが取りうる唯一の策はＲの生命を奪うことである。このような危機的状況では、（ａ）の場合と同じく、Ａは強制的選択に直面し、そのふるまいは完全に自発的であるとは言えない。ＰＧＣの関心が主として行為者の自発的行為にある以上、このような状況はＰＧＣの諸前提から、つまりＡは必然的に自らの基本的福利に従って行為するとの前提からも、ＡはＲの基本的福利との関連でＲにどうふるまうかを自らの自発的選択に基づいて決められるとの前提からも、乖離している。ただそのような状況にあっても、Aが行為者である限り、PGCはAに適用されるため、このケースでAがRの生命を奪ういかなる権利ももたないのは明白である。

こうしたケースは、Aが自らの生命を危険にさらすことなくRの生命を救える状況とは異なり（4-7）、Aが自らの生命を危険にさらすか失うかしなければRの生命を救うことができない状況とも異なる。前段で取りあげたケースでは、Aは既に自らの生命が直接脅かされる状況におかれているのに対して、この後者のケースで問われるのは、Rの生命を救おうとすれば自らの生命を失わざるをえない状況にAが自ら進んで身をおくかどうかであり、その点に両者の違いがある。既に触れた通り、そうすることが正当化された制度の下で当人の指定された任務の一部となっている場合（例えば警察や軍隊など）を除いて、Aがそのような状況に身をおく義務はない（3-24、4-12）。もちろんこれは、Aがやむをえない事情でそうした状況に追い込まれたとしても、Aには自らの生命を救う目的でRにその生命を放棄させるいかなる権利もない、という点とは別の事柄である。

（c）　AとRのあいだには、（b）のケースのように、両者にとっての基本的福利という同一の福利水準をめぐる対立ばかりでなく、福利の異なる水準に絡む利害対立も想定される。Aが自らの基本的福利の権利に従って行為するためにRの非減算的福利を侵害せざるをえないとき、あるいはAが自らの非減算的福利の権利に従って行為するためにRの基本的福利を侵害せざるをえないとき、Aは何をなすべきであろうか。例えば、Aが自らの生命を守るためにRとの約束を破ったりRに嘘をついたりせねばならない場合や、AがRの生命を救うために自分から何かが強奪されることを容認せざるをえない場合である。このような状況では、行為にとっての必要度という規準が適用される。生命は行為にとって、真実を語られることや約束を守ることや金銭を失わないこと以上に必要であるとの理由により、Aは前者のケースではA自身の生命を、また後者のケースではRの生命を優先すべきである。

（d）　Aが自らの自由の権利に従って行為するために、Rのある水準の福利に対する権利を侵害せざるをえないとき、もしくは自らのある水準の福利の権利に従って行為するために、Rの自由の権利を侵害せざるをえないとき、Aは何をなすべきであろうか。例えば、Aは自分が投獄されるのを避けようとすれば、Rを殺すか、Rに嘘をつくかしなければならない。この場合、Rが投獄を脅しにAを脅迫する攻撃者（前記の（a）のBに当たる）か、それとも無関係な第三者かによって、事情は大きく異なる。RがPGCの侵害という重大な罪を犯している状況で、RによるAの投獄を阻止するにはそれしか方法がない場合、AがRを殺すことは正当化されよう。一方、Rが罪のない第三者で、別の人物BがAの攻撃者であるとすれば、行為に対する必要度という規準が適用される。この場合、Aは投獄を避ける目的でRを殺すいかなる権利ももたないが、Rに嘘をつくことはできる。

以上、行為者とその相手である一人の受動者との対立についていろいろと論じてきた。しかし、複数の受動者が絡む行為もあり、そこでは各々の類的権利が対立することになろう。これらの権利の対象は、同一水準や異なる水準のさまざまな善である。

（e）　Aがある受動者Rの基本的権利に従って行為するために、別の受動者Sの基本的権利を侵害せざるをえないとき、Aは何をなすべきであろうか。例えば、溺れているRを助けるために、溺れているSを放置する以外にない場合や、飢えに苦しむRに体調を回復させるに十分な量の食料を与えようとすれば、同じく飢えに苦しむSへの食料提供を拒まざるをえない場合である。こうした痛ましい状況では、Aに対して、両人とも助けるためにできることをすべて行うよう強く要請する以外に解決策はないと思われる。ただし、次に検討するケースに関わるある留保条件を銘記する必要がある。

（f）　AがRの非減算的権利に従って行為するために、Sの非減算的権利を侵害せざるをえないとき、Aは何をなすべきであろうか。例えば、Aは（AにSが中絶したかどうかを尋ねた）Rに嘘をつかないでおこうとすれば、

Sと交わした（Sが中絶したことを公にしないとの）約束を破らざるをえない。このようなケースでは、この三者のそれぞれの関係がどうなっているか、といった追加的事項の検討なしにその答えは決められない。例えば、AがSの夫であり、Rとはそれ程近い関係にはないとすれば、AのSに対する義務はRに対する義務に優先する（5-6）。Aは単純にRの問いかけに答えなくてよい。一方、RがSの健康を気遣う医者であるとすると、Aは恐らくSとの約束の解除を求めるべきであり、もしそれが不可能であれば、Aは恐らくSの健康のためにその約束を破るべきであろう。ただしこれには、そうしない場合、Sの健康が著しい危険にさらされることが確実であり、したがってSの素性的同意が想定されるとの条件が必要である。同様に、（e）で取りあげた二人の受動者が基本的被害に直面しているケースで、一方の受動者がAの直近家族の一員である場合、家族の果たすべき目的は他の社会的組織のそれと比べて、より深遠でより親密であるとの理由により、その人物に対するAの義務が何よりも優先される。

（g）　AがRの基本的権利に従って行為するためにはSの非減算的権利を侵害せざるをえないとき、Aは何をなすべきであろうか。例えば、Rが殺されるのを防ぐために、Sに嘘をつかねばならない場合である。この場合、前述した通り、行為にとっての必要度という規準が適用される。大きな不正よりも小さな不正が選ばれるべきである。しかし、基本的権利と非減算的権利の対立はすべてそのような選択肢の直接性と網羅性を有するわけではない。例えば、よく知られる次のような状況である。Aは家族を餓死させないため、Sから一斤のパンを盗まねばならない。Aは妻にどうしても必要な手術の費用を賄うために、雇い主から金を盗まねばならない。これらのケースの「せねばならない」は社会進歩とともに修正されてきた。しかし、他に選択肢がなく、「せねばならない」が文字通り真実である状況においては、やはり行為にとっての必要度という規準によって示される方向性が進むべき道であろう。とはいえ、状況が許す限り、まずは可能な選択肢を徹底的に調べあげねばならない。

（h）　Aが一人を害するか一二人を害するかの選択に直面した場合、Aはどうすべきであろうか。まず、被害が同じ水準にあるか異なる水準にあるかによってその答えは変わる。また、「直面」という表現はAの選択が制御不能な外的事情によって余儀なくされたものであることをあらわす。つまりこの場合、Aの行為者性は制限されている。仮にAが選択を迫られるこの有害な状況がA自身のそれ以前の行為によって引き起こされたものであるーー例えば、車のスピードを出し過ぎたために、Aは現在、一人の歩行者をはねるか一二人の歩行者をはねるかの選択を迫られているーーとすると、Aの義務は最初の段階でスピードの出し過ぎを避けることである。しかし、最初の過失は既定の事実だとすると、それが一二人をはねることを回避する唯一の方法である限り、Aはその一人の歩行者をはねるべきであろう。とはいえ、それが可能な状況であれば、当然、常に害を及ぼさない別の可能性が選ばれねばならない。また、自らの過失で基本的被害が生じざるをえない状況では、可能な限り、他人の基本的権利を侵すのではなく、自分自身でその被害を受けとめねばならない。

以上の定量的検討と功利主義的考察との違いを改めて強調しておきたい。この検討結果は、一個の人間や人間集団に対する基本的被害は、その結果が全体的効用を最大化するものであれば、他の複数の人間や集団の特殊的加算的善の増加という目的によって正当化または免罪される、との発想に基づくものではない。ＰＧＣは各人の類的権利が可能な限り尊重されることを要求する。この可能性は、直前のケースのように、物質的環境条件によって悪影響を受ける場合はあるものの、誰かに対する権利侵害が別の誰かのより大きな特殊的加算的善をもたらすという事情には左右されない。では、Aが一人を害するか一二人を害するかの選択に直面し、しかもその被害の水準に違いがあるーー例えば、Aは溺れている一人を助けるためには一二人との約束を破らねばならないーー場合はどうであろうか。この場合、当然、Aは一二人との約束を破って一人を助けねばならない。ここで適用されるのも行為にとっての必要度という規準である。

さて、本書が立論しようとしてきたのは、ＰＧＣが最高道徳原理として、個人的文脈と制度的文脈の双方における道徳的に正当な判断や規則の全領域を一つにまとめる統一的視点を提供するとの論点である。ＰＧＣは、行為者と受動者のあいだに類的権利の平等を求める配分的正義の原理であり、そのようなものとして、また形式的原理であるとともに実質的原理であることに由来するさまざまな考察を通して、道徳的義務や道徳的価値をめぐる諸々の対立に解決を与える。正当化される道徳的規則と道徳判断はすべて、直接適用か間接適用を通じて、ＰＧＣから導出され、それらは例外なく内在的合理的構造を共有する。

おわりに

5-24 本書の課題は前節までの議論で完了した。私が論証に努めたのは、ＰＧＣの要件とＰＧＣ正当化の手順はいかなる予定的行為者によっても合理的に回避できない点である。したがって、この課題が果たされたとすれば、実質的な最高道徳原理の合理的正当化などありえないとする道徳的懐疑論は論破されたことになろう。本節では、議論の締め括りとして、本書全体に関係するより一般的な問題のいくつかを取りあげ、検討してみたい。

ＰＧＣを論証する立論の論理的構造は相互に関連するさまざまな問題を提起する。第一に、論理の飛躍と循環論法という問題がある。本書の議論は道徳的に中立的な「ある」から規範的に道徳的な「べし」へと展開していく。ごくおおざっぱに言うと、その展開はまず道徳的教えを含むすべての実践的教えに合致する行為の一般的概念から出発して、より特殊で実践主義的な行為概念へと進む。そしてさらに、概念としては狭い実践という基盤を離れ、最後は自律や尊厳、高潔といった道徳に関わる複雑な概念が使われる結論に至る。そのすべての議論が演繹的推論に基づくとすると、概念の豊富化によって導かれたこの結論はどう説明されるのであろうか。

「ある」から「べし」を導出する論証の本筋については既にかなり詳しく説明した。行為者は、それに背けば自己矛盾に陥るため、自らの自由と福利が必要善であるとの判断に基づいて、自分には類的権利があるとする考えを必然的に抱く、というのがその核心的論点であるが（2‐10、3‐5、9）、前者の判断を支える最終的根拠は、自分は種々の目的のために行為する、というその行為者自身の事実的言明である。しかし、次の事情を勘案すると、この問題がもっと特殊な形態に即して処理されねばならないのも確かであろう。PGCの立論が基本的に演繹的であるとすると、道徳に関するPGCの平等主義的‐普遍主義的な結論は前提の内に暗に含まれているはずである。実際、真理関数的論理において、後件が前件に含まれない項や命題を含みうるのは、加法のような規則の働きのせいである。ただその場合も、規則と前提は異なるとはいえ、一体化された規則と前提に含まれるものがあるからこそ後件が論理的に帰結するのである。いずれにせよ、PGCを導く演繹的推論は、主に概念分析を通して展開され、真理関数的論理に特有の規則を用いてはいない。そうすると、結論はやはり前提に潜在しているに違いない。しかし、これはPGCを論証する立論がある意味で循環論法になっていることを示すものではないか。

この問題をさらに敷衍してみよう。本書では、道徳性の対象に狙いを定めた上で、そこからPGCを演繹するための方法として、まず、道徳的教えや他の実践的教えを取りあげ、その考察を通じて行為および行為者性に関する適切な概念を導きだすというやり方をとった。その際私が強調したのは、そうした教えが道徳に関連する種類の教えのみに限定されてはならない点である。一方、この立論の出発点すなわち前提は、行為および行為者の適切な概念はあらゆる道徳規範に共通するものでなければならないという意味で、道徳的には中立であった（1‐9）。ところがPGCは、特徴的な道徳的立場をとる道徳原理であり、それ自体は道徳的に中立ではない。その場合、PGCを導く議論が演繹的であるとすれば、それ自体道徳的には一般的で中立的な（道徳的教えと行為に関する）前提からいかにしてこのような原理を論理的に導くことができるのであろうか。ＰＧＣを論証する議論は次のような困難に直面すると言える。その議論が演繹的に妥当なものだとすれば、それは循環論法であるに違いなく、その出発点が道徳的に中立であることもありえない。逆に、出発点が道徳的に中立であるとすれば、道徳的に中立ではないその結論が当の出発点から演繹的に導かれることはありえない。それゆえ、その議論は論理的または演繹的に妥当でない。

この困難に対して、本書の出発点である行為の類的特徴をめぐる議論は道徳的に中立ではない、との譲歩を行うのが筋だとする見方もありえよう。確かに、すべての行為と行為者性に共通する類的特徴から出発している事実が物語る通り、その議論は特殊主義的な道徳規範やエリート主義的な道徳規範に特徴的な排他主義的強調の余地を与えておらず、一部の行為や行為者のみを特徴づける特種的差異——例えば優れた知力や力への意志——を予め議論から締めだしている。一方で、特殊主義的道徳規範において重視されるのはまさにそのような種差的特徴である。つまり本書は、すべての行為に共通する類的特徴から出発することで、特殊主義的道徳原理が宣揚する特種的差異と排他性を無効化または却下する平等主義的で普遍主義的な道徳原理に向けた下準備を行っている。こうして明らかなように、本書の議論の出発点すなわち本書の前提は道徳的に中立であるとは言えず、ＰＧＣの立論が演繹的に妥当であり、道徳的に中立でない結論に達するのもまさにそのためである。本書の議論は、したがって、循環論法である。

以上の批判については、陽表的循環性と陰伏的循環性というよく知られた区分が思い起こされるが、この論点には立ち入らないでおこう。因みに、陰伏的循環性とは、結論が前提に論理的に「含まれている」事実が何段にもわたる中間的ステップを経ることではじめて明らかになる循環性のことである（3-20）。ここではより直接的な応答として、まさに類的特徴はすべての道徳規範と他の実践的教えによって指令される行為に見いだされるがゆえに、すべての行為および行為者性に共通する類的特徴から出発することには、どの道徳規範が正しいかをめぐる恣意性と論点先取を回避する狙いがある、という点を指摘したい。反対に、例えばアリストテレスの称揚する優れた知力やニーチェが神格化した力への意志など、何らかの特定の道徳規範が支持する特殊な行為から出発することにすれば、そのような出発点は恣意的であり、論点先取と言わざるをえないであろう。その場合、なぜこうした道徳論者の排他主義的主張が、他の排他主義者や諸種の平等主義者を含む他の競合する論者の主張よりも優先されねばならないかが改めて問われるからである。これらの対立的道徳規範はそれぞれに、諸々の善とその配分に関して、独自の原理と規準をもっている。それでも、いろいろある規準の中で、当の規準でなければならない正当な理由は何かという問題は消えない。もちろん、それぞれの規準を裏づける議論を与えることは可能である。しかし、そうした議論は、限定された道徳規範を弁護するために、結局、特殊主義的選択に頼らざるをえず、行為の類的特徴がもつ道徳的中立性とは異なり、あらゆる道徳規範の対象に普遍的に含まれる事柄がもつ合理的必然性に訴えかけることはできない。これに対して、類的な出発点は、すべての道徳規範に共通するだけでなく必然的に関係する事柄を含むがゆえに、道徳的には中立的で合理的に正当化され、ある特定の道徳規範の正しさを前提にする循環論法に陥ることはない。

行為はあらゆる道徳的教えとそれ以外の実践的教えの必然的で普遍的な対象である。したがって行為には、すべての道徳規範や道徳哲学者が道徳的に正しい行為をめぐる種々の意見対立にもかかわらず必ず合意せねばならない要因が内包されている。そのため、すべての道徳論者を含む行為者は、自己矛盾を避けようとして、行為に関するこの普遍的な概念規定と条件規定から論理的に帰結するものをすべて受け入れざるをえない。こうした概念規定と条件規定を受け入れることは、宗教や芸術、法律に対する「コミットメント」や、諸々の道徳規範を含むそれ以外の価値や文脈、制度に対する「コミットメント」のような、必要でもない約束を行うことではない。

むしろそれは、行為者の側のいかなる選択にも決定にも依存しない一つの必要事である。行為の類的特徴という条件に関与することを意図的に避けようとしても、当の行い自体がそのような特徴をあらわにするため、必ず失敗する。このように行為の類的特徴が必ず受け入れねばならないものであるからこそ、結果として、それを背景にして導出された道徳的「べし」は、少なくとも、行為者はそれを受け入れ、それに従って行為することを論理的に約束せざるをえないという意味で、指令的なものとなる。反面、その導出は循環論法ではない。導出された「べし」に反映されるのは、不必要な選択やコミットメントなどではなく、行為者の側の選択や決定には依存しない必然性だからである。したがって、「結論で何らかのコミットメントや指令に到達したとすれば、単にそのようなコミットメントや指令を前提におくことを予め選択していたからである」とする反対者の批判は本書の議論には通用しない。実際、後の方のコミットメントは、この導出者が前提においたコミットメントと同じものではない。もっと正確に言うと、そのコミットメントは当の事実の本質としてそこに潜んでいたのであり、この導出者は事の真相を見逃さなかったに過ぎない。もっとも、その必然性ゆえに、この結論を回避する術はないのであるが。その意味で、道徳的に中立的な行為分析から平等主義的－普遍主義的道徳原理が論理的に帰結する事情を明らかにしたことはきわめて意義深い分析結果である。

ＰＧＣの立論が平等主義的結論を導出するにあたって、普遍的な無知とか完全な平等といった想定や、不公平や不平等の発生を未然に防ぐ目論見で設定された事実や合理性に反する種々の仮定に依拠していない点も重要である。そうした作為的理論構成とは対照的に、本書の出発点におかれたのは、文脈にかかわらずあらゆる行為に合理的に要請される物事であり、自らの属性や行為をめぐる至近的環境条件を意識しながら目的に向けて自由に行為するありのままの実在的な行為者である。そして、これらの行為者に要請されたのは、いかなる特定の道徳原理も合理的推論の前に予め定義的に受け入れないこと、ならびに演繹的合理性と帰納的合理性を有するとともに行使することである。これらの行為者は不偏不党の立場を道徳的に押しつけられている。しかしそれは、これらの行為者からすべての特殊的知識や不平等が作為的に取り除かれたことの結果ではない。むしろこの道徳的中立性を証明するのは、これらの行為者が各々の行為を通じてある種の権利要求と「べし」判断に論理必然的に関与するだけでなく、そうした要求と判断ゆえに、自己矛盾を避けようとする限り、受動者も同様の権利を平等にもつことを承認せざるをえない、という事情である。このように本書の立論は、合理性に反する仮定から出発するという代償を払うことなく、合理的に必然的な論証となる。

同様の考察は論理の飛躍というもう一方の問題にも応用できる。さて、本書の議論の起点をなす行為概念は、静寂主義や蒙昧主義を含むあらゆる道徳規範に共通するものでなければならない。では、いかにしてそのような幅広い前提から理知的行動主義を義務づける道徳原理が論理的に帰結するのであろうか。一方で、その議論は行為の必要条件を確保するために何が必要であるかを論じているに過ぎず、議論の基盤は概念的にきわめて限定されたものでしかない。そのような狭い前提から人間の尊厳や自律、高潔といった義務論的概念を含む概念的に豊かな道徳的結論が論理的に導かれるのはどうしてであろうか。こうした疑問には、それらの帰結が得られるのは問題の諸前提に理性概念が論理的に適用された結果である、と答えることができよう。静寂主義者であれ蒙昧主義者であれ、すべての行為者は自らの目的を実現することを望まざるをえず、そのためには自由と福利を必要とする。これらの必要善は、あらゆる行為の一般的条件であり、行為者が当初めざしていた目的以外のさまざまな目的を達成できるのもそれらを保有しているからである。したがって、行為の合理的分析は、行為者にとって、学習過程としての機能も果たす。もちろん、すべての行為者が実際にそのような学習を行ったり行うようになったりすると言いたいのではなく、行為に必要な物事の分析は、いろいろな意味で行為に欠かせない自由と福利の諸成分を行為者に意識させ、結果的に行為者が自らの目的や利用可能な手段に対する見方を変化させることを可能にするという主旨である。ＰＧＣを立証する議論は最終的に理知的行動主義に行き着くとの表現も、事実上、この立論を通じて、人々が自らの目的達成の度合いと他者の目的的行為に対する平等な権利の双方に配慮しながら、自らの目的を達成するためには何を保有し、何を行わねばならないかが明らかにされたということでしかない。その意味で目的的行為の自由な認知的特徴と動能的特徴は本書の議論のあらゆる段階に貫徹している。

人間の尊厳や高潔、自律といった義務論的道徳概念が論理的に導出されることにも同様の合理的根拠がある。まず、自らの目的を実現しようとすることだけに関心を向ける行為者から出発する。その目的が何であるかは一切問われない。自由と福利がそうしたあらゆる目的達成に欠かせないことから、その行為者は、最も緊急性の高い事実として、自分にはそれらに対する権利があると考えねばならず、さらなる議論の展開に従い、同様の権利をもつことは他の人々にとっても同じように必要で緊急を要する事態であることを認めねばならない。この認識ゆえに当の行為者は、自分が他の人々に対して、例えば自分と同じようにそれらの人々を尊重せねばならないとか、それらの人々の自律を容認せねばならないといった、特定の義務を負うことを論理的必然的な事実として受け入れざるをえない（3－3）。さらにその行為者は、誰もが自分と同じ権利をもつ合理的に自律した人間として、それぞれ独自の目的とそれを反省するために必要な一般的能力を有するだけでなく、そうした反省を通してそれぞれのふるまいを支配していることから、すべての人々には人間の尊厳が備わっていると認めざるをえない。またその行為者は、それらの人々と接する際には、自ら合理的に承認したそれらの人々に対する義務が要求するとの理由で、誠実さをもって臨まねばならない。同時にその行為者は、単にそれが自らの目的達成と他者に対する道徳的責務の履行にとって必要であるというだけでなく、合理的に自律した人間として、合理的規準を受け入れ、それに従って行為する必要があるとの理由で、自己を尊重するとともに、自分には自分自身に対する義務があることを認めねばならない。

5-25 ところで、こうした種々の規準は最終的には演繹的論理と帰納的論理の規準である。これは私が、理性からPGCを導出する一連の正当化手続きにおいて、論理的原理は道徳原理に優先するとともにその決定因であるとの考えを抱いていることを意味しよう。しかも帰納的合理性は、経験的知識として開示され、一面では経験的知識として開始されるから、ある程度は経験科学とも関わりをもつ。それゆえ私は、道徳規範には演繹的推論と経験科学による正当化が必要であるが、演繹的推論と経験科学の方は道徳規範によるいかなる正当化も必要としない、とする立場に肩入れしているように見える。

しかし、優先性や正当化の系列関係に関するこのような見方はかなり疑わしいものである。まず経験科学には、正直さ、思慮深さ、研究の自由、研究成果の公表、自説を進んで公開審査に委ねたり、可能な限り証拠を追求したりする姿勢、事実を受け入れる公平無私の態度といった個人的および社会的な道徳的特質・条件が欠かせないことからもわかるように、経験科学は道徳規範による正当化を必要とする。また、この種の道徳的関与は演繹的推論にも見られる。演繹的論理の規準自体は中立的であっても、それらを公開討論の場に当てはめる際には道徳的要件が欠かせないからである。事実、合理的な話し合いには、前記の道徳的特質に加えて、検討事項・結果の相互性または平等性という意味の正義に対する明確なコミットメントが必要不可欠であり、合理的討議の倫理とでも呼ぶべきものが確かに存在する。この「討議」には、修辞的関係や宣伝的関係はもちろん、説教的関係も含まれていない。むしろそれが意味するのは、参加者全員が純粋に真理を追い求めていく共同作業的過程である。そこではどの参加者も、討議の相手には、討議の主題を理解し、互いの意見をやりとりするこの共同作業にそれぞれ独自の貢献を行うだけの能力が備わっている、と考えていなければならない。逆にそうでなければ、論理学者や科学者の議論を含め、こうした討議はすべて不可能になる。つまりこの種の討議は参加者各自に、自分が対話相手に望むものと同様の思い遣りをその相手に与え、自らの貢献する権利に相手が配慮することを望むのと同じように、その相手の同じ権利に配慮するよう求めるのである。

人間の知的営みの道徳的相面を浮き彫りにする以上の議論に対して、正当化をめぐる事態の推移は、実際には、本書が想定するような演繹的・帰納的論理から道徳に至る一方向の直線的過程ではなく、論理と科学が道徳の正当化根拠を与えるのと同じく、道徳が論理と科学に正当化根拠を与える一種の循環的過程もしくは螺旋的過程ではないのか、とする反論が予想される。例えば、ピアジェの「道徳が行為の論理であるのとまったく同じように、論理は思考の道徳である」という印象的な言明の真意もこの辺りにあるものと思われる[20]。

この反論が述べるように、ある種の循環性が生じるにしても、それは悪性のものではない。道徳原理を正当化する過程で行使される演繹と帰納という相面はこの原理が正当化する相面と同じものではないからである。確かにPGCの正当化には演繹と帰納の諸規則や諸規準が入り込んでくる。しかし、道徳が正当化するのはこれらの規則や規準そのものではなく、それらが対人的コミュニケーションや個々人の知的操作に利用されたり応用されたりする際の使用法である。演繹的・帰納的合理性の「統語論」的側面と「意味論」的側面が道徳を正当化する最終的正当化項であるのに対して、道徳が正当化するのは演繹的・帰納的合理性の「語用論」的側面である、と言い換えてもよい[21]。ただしこれは、演繹と帰納の諸規則や諸規準がそれ自体として正当化される必要はない、という意味ではない。語用論の観点からもこの正当化は必要である。しかし、当然それは道徳による正当化とは異なるものでなければならない。

演繹的・帰納的合理性によるPGCの正当化は正しく理解された道徳の自律性にも反していない。ある見方によると、何らかの領域Fが自律的であるとは、Fがそれ独自の内在的原理と正当化規準を有し、したがって、その原理を突き止めたり正当化したりするためにFの「外側」に出る必要はないということである。この見方では、当の原理を含むFの全体を、Fに限定されないより一般的な考察を通じて正当化しようとする試みは、すべて見当違いのやり方である。そうした「他律性」は、何らかのものを正当化するには、ある特定領域Ｆの内部にとどまって、当の原理や規準を想定するか把握するしか方法はなく、一方で、究極の原理を含むＦ自体の全体を同じやり方で正当化することはできない、という事実に対する無知をあらわす。むしろ肝心なのは、単純にＦの本質が何であるかを見極めること、つまりＦに特徴的な構造と内容を探りだし、Ｆの諸原理と諸規準を突き止めることである。それらの原理や規準は自律的であるがゆえに、「外的」正当化を必要とせず、許容もしない。Ｆは複数存在しており、それぞれ独自の原理をもつため、互いに還元不可能であり、それぞれに固有の観点に即して捉えられねばならない。

以上の多元論的見解には相互に関連する二種類の難点がある。一つは領域Ｆの作用域をめぐる問題である。この見解は、道徳、芸術、自然科学、知識一般、数学、宗教、さらには政治、法、経済関係といった広く定着した「制度」に限定して物事を捉えているように見える。しかし、なぜそのような既成の制度に対してだけ、この自律性は与えられねばならないのであろうか。呪術医の治療行為や他のさまざまな迷信についてはどうか。奇形児の殺害や奴隷制、寡婦殉死、初夜権のような制度はどうか。これらが道徳的根拠や認識的根拠やその他の根拠に基づいて評価されたり批判されたりすることは、当然、可能でなければならない。ところが、この多元論的見解ではそうした批判は否認されるため、それぞれのＦをあるがままのものとして受け入れよという主張は、結局、極端な保守主義を招かざるをえない。

もう一つはさまざまなＦの対立をめぐる問題である。例えば、Ｆとして宗教を例にとると、その多様性にもかかわらず、というよりその多様性ゆえに、許容性と寛容は実際に可能であるばかりか、望ましいものでもあり、宗教的言明は科学的言明と分けて考える必要もある。しかし、道徳や法といったＦにおける内部対立に関してはどうであろうか。アパルトヘイトの道徳規範も人種差別禁止の道徳規範と同じように受け入れられねばならないのであろうか。全体主義的国家の市民を抑圧する法律も市民的自由を擁護する法律と同様に受け入れられねばならないのであろうか。「道徳」にせよ「法律」にせよ、それらが論点先取的手法で特定の優先的選択肢に限定される場合を除き、複数のFをめぐって正当化の問題が浮上せざるをえない。また、各Fの諸原理や諸規準を繰り返せば、それでこうした重大な問題が解決されるというものでもない。複数のFの中から選択が行われねばならず、そうした選択に指針を与えるには個々のFを超える判断が必要である。それぞれがもつ諸原理や諸規準の正当性を査定する批判的吟味が求められるのである。

こうして道徳は、多元論的見解が想定するように、単一の同質的領域ではないが、それでも、道徳内部の対立を解決し、その最高原理を正当化する目的で、人々が合理的規準に訴えようとする限り、その自律性が侵害されることはない。合理性は道徳と内的に関係し、道徳にとって外的なものではないからである。道徳判断は理性に訴えて、その正当化や正しさを主張する。それゆえ、道徳判断を合理的正当化の究極の規準に関する考察に基づいて評価することは、そうした判断の内的構造を用いることであり、その構造に配慮することである。その同じ規準が他の領域にも適用可能であることは道徳の自律性を損ねるものではない。事の真相は道徳性が広大な領域をもつ合理性の一部をなすという点にある。反面、ここでは合理性の一般的な究極の規準が、動能性ならびにそこから帰結する価値評価と権利要求を伴う目的的行為の示差的な特徴である、類的特徴に適用されるため、道徳がもつ示差性と実践的至高性は保持される。

この適用において、理性は二つの様式で実践的となる。まず、演繹と首尾一貫性という合理性の形式が行為の内容に押しつけられる。次いで、この義務的要求の論理的帰結として、理性は論理的必然性という規準を通して、行為に指針を与えるとされる道徳判断において、何が正当化され、何が正当化されないかを明らかにする。

5-26 次の言明――以下Jと呼ぶ――を検討してみよう。「ある特定の道徳原理すなわちＰＧＣは、合理的に正当なものと認められる」。Ｊは「メタ倫理学」の言明であろうか、それとも「規範倫理学」の言明であろうか。どちらでもあるように思われる。Ｊは当の道徳原理の論理的身分・構造について何かを語っており、その意味でメタ倫理学的である。一方でＪは、当の原理の内容が合理的に正当化されるがゆえに道徳的に正しいとも語っており、規範倫理学的である。このことからもわかる通り、メタ倫理学的言明は特定の規範倫理学的含意を伴い、他方の規範倫理学的言明も究極の根拠にまで遡れば、道徳的言辞の意味と道徳判断を支える方法に関する特定のメタ倫理学的理論に依拠するしかないという意味で、ＰＧＣの立論は、メタ倫理学と規範倫理学を分ける有効な区分など（まったくないとは言えないまでも）基本的にないことを示している[22]。

右の論点に関して、このケースでも、「合理的に正当なもの」という表現は「道徳的に正当なもの」とも「論理的に正当なもの」とも解釈できるから、両者の有効な区分はありうるとの反論が予想される。Ｊが規範倫理学の言明であるとすれば、それはこの表現が前者の意味をもつ場合だけである。逆にＪがメタ倫理学の言明であるのは、「合理的に正当なもの」が後者の意味をもつときに限られる。この二つの意味の違いから明らかなように、両義性さえ解消されれば、Ｊが規範倫理学の言明であると同時にメタ倫理学の言明でもあるということはありえない。

この反論によって喚起されるのは前に何度か触れた問題である（3-23、26）。ＰＧＣが論理的に正当化できる、あるいは論理的に正しいのは、前述の通り、それを否定する行為者は誰であれ自己矛盾をきたすからである。それゆえどの行為者もそれが必然的に真であることを論理的に認めざるをえない。ところが、このようにして認められた事柄の中には、ＰＧＣが行為者に課す道徳的責務はまさしく当の行為者の責務であるということが内含されている。もちろんＰＧＣは当の行為者に対してその責務に応えるよう強制することはできないが、それはまた別の話である。論理的正しさの規範を受け入れる以上、どの行為者も論理的にＰＧＣを自分自身に関する真の正当化された道徳的責務として受け入れざるをえない。ところが、行為者がこうして受け入れねばならないものは、自分には特定の道徳的責務ないし義務があるということ、つまり規範道徳的な事柄である。これは実質的で規範的な道徳的要件である。これらの点から次のように言える。ＰＧＣは論理的に正当化できる、と述べていることからすると、Ｊはメタ倫理学の言明である。反面、Ｊが論理的に正当化できると述べているものは、すべての行為者が特定の道徳的責務を負うということであり、したがって、Ｊは規範倫理学の言明でもある。ＰＧＣの規範的拘束性から逃れるには、予定的行為者であることをやめるか、さもなければ演繹的・帰納的合理性を受け入れるという意味で最低限の合理性をもつことをやめるしかない。いずれの休止も著しい犠牲をもたらすだけでなく、当の人物が道徳の領域からも行為一般の領域からも完全に締めだされる結果を招くであろう。

メタ倫理学の観点から見ると、私の道徳理論は修正された自然主義である。まずそれは、道徳判断は行為者をめぐる全般的事実に対応する真理値をもつ、と考える点で自然主義的である。またそれは二つの点で修正された自然主義である。第一に、前述の通り、道徳判断を真ならしめる諸々の事実には、行為者性およびそれに伴う自発性と目的性という経験的事実が含まれるが、それにとどまらず、行為の規範的構造から導出される、行為者が論理的に認めねばならない事実も含まれている（3-18）。

第二に、この理論の内容は指令的である。この理論の見方によると、道徳判断は、単に行為者をめぐる事実によって真とされるだけでなく、それらの事実が行為の規範的構造から導出されることにより、行為者が論理的に受け入れねばならない実践的要件を定める。この指令性は究極的には目的的行為の動能性に由来する。この動能性ゆえに、行為者は自らの目的を善と見なし、目的達成の必要条件に対する権利を要求する。この権利要求と相関的「べし」判断はいずれも行為者にとって指令的力を有し、それゆえ行為者はその「べし」が帰せられる行為を支持または承認する。この支持は、しかし、当の判断が真理値をもつことに反するものではない。それらの判断が真であるのはそれらが行為の規範的構造と一致するときだからである。それらの判断は無矛盾と矛盾をめぐる論理的関係と関わりをもち、直説法で言明されたそうした判断を必然的に真たらしめるものは、そうした判断のいくつかの受け入れを拒否した場合に矛盾をきたすという事実である。ところが、この矛盾は行為とその規範的構造に由来する。こうして私の理論は、当の判断内容が重要な指令的成分を含むにもかかわらず、その道徳判断に真理を帰することを通じて、自然主義的道徳理論となるのである。

本書の議論は、PGCが以上の通り必然的に真であることを明らかにしており、非認知主義的メタ倫理学の有名な学説、すなわち人々は経験的事実や論理的規則に関して完全に意見が一致したとしても、道徳原理に関してはなお一致しない可能性がある、との考えに対する反論となっている[23]。人々が前述した意味で演繹的・帰納的に合理的であるとすれば、経験的事実に関する意見が一致する限り、人々は論理必然的にPGCとその種々の適用についても同意しなければならない。

ただ、単なる事実の観察と論理的推論では道徳原理が正しいことを立証するには不十分である、とする非認知主義者の主張は一面で正しかったと言える。そうした立証には動能性、すなわち行為者が善いと見なす目的を追求しようとする積極的意欲は不可欠であり、しかもこの動能性は、少なくとも部分的に、「認知的」なものではないからである。そのような動能性が欠ければ、一連の正当化手続きに善や権利といった概念が組み込まれることはなかろう。しかし、道徳哲学者がこの動能性とその規範的含意に気づくことは、経験を通じても、演繹的推論の一形態である行為の概念分析を通じても可能である。したがって、価値と道徳をめぐる指令的成分やそれ以外の非認知的成分は、前述した通り、演繹的・帰納的合理性の認知的成分に取り込まれ、それによって活用されるのである。

5-27 行為概念と行為の類的特徴を出発点にして、道徳の最高原理が論理的に導出され、さらにこの原理の多種多様な適用例が示された。この概念の内容と種々の論理的繋がりの究明は理性の働きによるものであり、したがって、この道徳の最高原理の究極の正当化項を与えるのは理性とその諸規準である。ＰＧＣとそこから派生した道徳的規則がなぜ高い必然性や厳密性を獲得するかを明らかにするのもこの事実である。中身を伴う実質的な方法を通じて達成されたその必然性は、自然科学の対象である諸々の法則に見られる必然性をも凌駕するものである。というのも、道徳性には、いかなる自然科学――ここに経験科学としての心理学を加えることもできよう――にも見いだされない、主体と客体の統一性が存在するからである。道徳は合理的行為者に対して合理的要件を定める。それゆえ、すべての企ては、本書で突き止めた通り、理性の支配下にある。哲学者と哲学者でない人のあいだで分析の精度に開きはあるにしても、道徳的要件が課せられる合理的行為者と、そうした要件が何であるかを突き止める合理的人間に、原則的な違いはない。

　道徳性における主体と客体の統一という考えは、道徳的知識は、その対象が心そのものによってつくられた「混合様相」であるがゆえに確実な知識である、と主張するロックの考えとは区別されねばならない[24]。ロックによると、このような混合様式は、何であれ当の対象以外のものをあらわすことはなく、それらの対象がそれらを生みだす心によって完全に認識されうるのもそのためである。この考えは、道徳の「客体」は完全に慣習的な、それどころか恣意的な構築物であり、したがって道徳的規則は当の構築物を承認しない人物に関しては必ずしも責務を課すわけではない、とする見方とも両立可能である。逆に私の考えでは、行為の類的特徴は、道徳判断がそこから導出されるとともにそれと合致せねばならない、客観的な独立変数として存在する。類的特徴は、あらゆる行為に関連し、それに由来する要件はすべての行為者を拘束するため、ロックの道徳的混合様相とは異なり、恣意的なものでも慣習的なものでもない。この類的特徴の必然性と普遍性の認識、ならびにその論理的帰結の探究は理性の働きである。それらの帰結に含まれる道徳的要件は合理的行為者に向けられており、そうした要件が論理的に必然的であるのは、単に行為の類的特徴から概念分析を通じて導出されたからではなく、その必然性を自ら把握できる行為者に対して責務を課すものとしてあるからである。

こうした観点から捉えると、道徳と経験的心理学の違いも明らかである。後者の場合、その独立変数である行動様式にせよ感情様式にせよ、それらを探究する知的で経験的な手続きとは必ずしも一致しないし、当の学問によって要件を課せられることもない。他の自然科学に見られる認識主体と認識対象との関係においては、この違いはさらに明白である。確かに、道徳的要件が課せられる人間は合理的な生き物であると同時に感情的で動能的な生き物であり、したがって、理性によって定められた要件を機械的に履行するのではない。行為の含意が要件や義務にあり、単なる自生的に合理的な行いの記述にはないのもそのためである。それにもかかわらず、合理的行為者は道徳的要件を全うしようとする中で感情的・動能的条件の関連相面をそうした行為に合わせて支配することができる。このようにPGCは、合理的行為者であるとはどういうことかという問いから得られる原理であり、この道徳原理の内容を決定づける独立変数はこの原理が要件を課す人々と異なるものではない。この道徳原理があらゆる行為者の最優先の要件を定める実質的な必然的真理の身分を獲得できるのも、理性の領域にとどまり、そこで議論を進めるからである。

注

まえがき

1　次の拙稿である。"Categorial Consistency in Ethics", *Philosophical Quarterly* 17, 1967; "The Non-Trivializability of Universalizability", *Australasian Journal of Philosophy* 47, 1969; "Must One Play the Moral Language Game?", *American Philosophical Quarterly* 7, 1970; "Some Comments on Categorial Consistency", *Philosophical Quarterly* 20, 1970; "Obligation: Political, Legal, Moral", in *Political and Legal Obligation*, ed. J. R. Pennock and J. W. Chapman, Atherton, 1970, pp. 55-88; "Civil Disobedience, Law, and Morality", *The Monist* 54, 1970; "Some Notes on Moral and Legal Obligation", in *Human Rights*, ed. E. H. Pollack, Jay Stewart Publications, 1971, pp. 291-96; "The Justification of Egalitarian Justice", *American Philosophical Quarterly* 8, 1971; "The Normative Structure of Action", *Review of Metaphysics* 25, 1971; "Moral Rationality", Lindley Lecture, University of Kansas, 1972; "Morality and Autonomy in Education", in *Educational Judgments*, ed. J. F. Doyle, Routledge and Kegan Paul, 1973, pp. 33-45; "The 'Is-Ought' Problem Resolved", *Proceedings and Addresses of the American Philosophical Association* 47, 1974; "Reason and Conscience: The Claims of the Selective Conscientious Objector", in *Philosophy, Morality, and International Affairs*, ed. V. Held *et al.*, Oxford University Press, 1974, pp. 89-117; "Civil Liberties as Effective Powers", in *Moral Values in Contemporary Public Life*, ed. R. B. Ashmore and L. C. Rice, Marquette University Press, 1975, pp. 3-10; "Action and Rights: A Reply", *Ethics* 86, 1976; "The Golden Rule Rationalized", *Midwest Studies in Philosophy*, vol. 3, 1978.

2　N. Fotion, "Gewirth and Categorial Consistency", *Philosophical Quarterly* 18, 1968; W. Gregory Lycan, "Hare, Singer, and Gewirth on Universalizability", *Philosophical Quarterly* 19, 1969; George C. Christie, "Some Notes on the Nature of Institutional Obligation", in *Human Rights*, ed. E. H. Pollock, pp. 275-80; Donald R. Burrill, "Professor Gewirth's Principle of Moral Rightness", in Pollock, pp. 281-85; Thomas E. Davitt, " Response to 'Obligation: Political, Legal, Moral' by Alan Gewirth", in Pollock, pp. 286-90; D. E. Geels, "How to Be a Consistent Racist", *The Personalist* 52, 1971; James Corcoran, "Gewirth's Deontologism", *Ethics* 83, 1973; Douglas den Uyl, "Gewirth's PCC and Ethical Egoism", *The Personalist* 56, 1975; Robert Simon, "The Trouble with Categorial Consistency", *Philosophical Studies* 27, 1975; Colin Davies, "Egoism and Consistency", *Australasian Journal of Philosophy* 53, 1975; Laszlo Versenyi, "On Deriving Categorical Imperatives from the Concept of Action", *Ethics* 86, 1976; Henry B. Veatch, "Paying Heed to Gewirth's Principle of Categorial Consistency", *Ethics* 86, 1976.

第1章

1 科学哲学では近年、経験的事実の中には科学的な理論や枠組みと独立に真偽を確かめることができない種類もある、との異論が提出されているが、そうした批判はこの論点には影響しない。Thomas S. Kuhn, *The Structure of Scientific Revolutions*, 2nd ed., University of Chicago Press, 1970（クーン『科学革命の構造』中山茂訳、みすず書房、一九七一年）; Norwood R. Hanson, *Patterns of Discovery*, Cambridge University Press, 1965（ハンソン『科学的発見のパターン』村上陽一郎訳、講談社、一九八六年）; Paul Feyerabend, *Against Method*, NLB, 1975（ファイヤアーベント『方法への挑戦』村上陽一郎他訳、新曜社、一九八一年）クーンの「パラダイム」概念の批判については次を参照せよ。Dudley Shapere, "The Structure of Scientific Revolutions", *Philosophical Review* 73, 1964. また、この問題に関する私の考えは次で示した。Alan Gewirth, "Positive 'Ethics' and Normative 'Science'", *Philosophical Review* 69, 1960.

2 David Hume, *The Treatise of Human Nature*（ヒューム『人間本性論　第三巻　道徳について』伊勢俊彦他訳、法政大学出版局、二〇一二年）, 3.1.1, 2 and 2.3.3. また、次も参照せよ。Hume, *Enquiry concerning the Principles of Morals*（ヒューム『道徳原理の研究』渡部峻明訳、晢書房、一九九三年）, sec. 9, pt. 1.

3　Hume, *Enquiry concerning the Principles of Morals,* secs. 7, 9.

4　William H. Gass, "The Case of the Obliging Stranger", *Philosophical Review* 66, 1957; J. R. Lucas, "Ethical Institutionalism II", *Philosophy* 46, 1971; Renford Bambrough, "A Proof of the Objectivity of Morals", *American Journal of Jurisprudence* 14, 1969; R. F. Holland, "Moral Scepticism", *Aristotelian Society Supplementary Volume* 41, 1967; G. J. Warnock, *The Object of Morality*, Methuen, 1971, pp. 122-25.

5　Douglas M. Kelley, *22 Cells in Nuremberg: A Psychiatrist Examines the Nazi Criminals*, Greenberg Publisher, 1947; Maria Jahoda, *Current Concepts of Positive Mental Health*, Basic Books, 1958; Hannah Arendt, *Eichman in Jerusalem: A Report on the Banality of Evil*, Viking Press, 1963（アーレント『イェルサレムのアイヒマン』大久保和郎訳、みすず書房、一九九四年）.

6　Kurt Baier, *The Moral Point of View*, Cornell University Press, 1958, pp. 200-201. 同様の主張は次にも見られる。Stephen E. Toulmin, *A Examination of the Place of Reason in Ethics*, Cambridge University Press, 1950, p. 145; S. I. Benn and R. S. Peters, *Social Principles and Democratic State*, George Allen and Unwin, 1959, p. 56.

7　Philippa Foot, "Morality and Art", *Proceedings of the British Academy* 56, 1970, p. 132. フットの次の論文も参照せよ。Foot, "Moral Arguments", *Mind* 67, 1958; "Moral Beliefs", *Proceedings of the Aristotelian Society* 58, 1958-59.

8　原理の多数性を擁護する議論には二つの異なる見方があるが、それぞれの代表は次である。A. C. Ewing, *The Definition of Goodness*, Macmillan, 1947, pp. 203 ff; Brian Barry, *Political Argument*, Routledge and Kegan Paul, 1965, pp. 4-8, 286-87.

9　Isaiah Berlin, *Four Essays on Liberty*, Oxford University Press, 1969（バーリン『自由論』小川晃一他訳、みすず書房、一九九七年）, p. li. 同様の考えは次にも見られる。D. D. Raphael, "The Standard of Morals", *Proceedings of the Aristotelian Society* 75, 1974-75; J. O. Urmson, "A Defense of Intuitionism", *ibid.*, pp. 111-20.

10　Ludwig Wittgenstein, *Philosophical Investigations*, Basil Blackwell, 1953, 1.265（ウィトゲンシュタイン『哲学探究』丘沢静也訳、岩波書店、二〇一三年）. 正当化をめぐる知覚の問題については次を参照せよ。Henry B. Veatch, "The Rational

Justification of Moral Principles: Can There Be Such a Thing?", *Review of Metaphysics* 29, 1975.

11 Nelson Goodman, *Fact, Fiction and Forecast*, Bobbs-Merril Co., 1965（グッドマン『事実・虚構・予言』雨宮民雄訳、勁草書房、一九八七年）, pp. 63-64; John Rawls, *A Theory of Justice*, Harvard University Press, 1971（ロールズ『正義論』川本隆史他訳、紀伊國屋書店、二〇一〇年）, pp. 20-21, 48-51, 120, 579. 次も参照せよ。Roderick Chisholm, *Perceiving*, Cornell University Press, 1957（チザム『知覚』中才敏郎他訳、勁草書房、一九九四年）,pp. 32, 96-97.

12 Baier, *The Moral Point of View*, chap. 12; Kai Nielsen, "Why Should I Be Moral?", *Method* 15, 1963; D. A. Lloyd-Thomas, "Why Should I Be Moral?", *Philosophy* 45, 1970. この問題に関する私の考えについては次を見よ。Gewirth, "Must One Play the Moral Language Game?", *American Philosophical Quarterly* 7, 1970.

13 Rawls, *A Theory of Justice*, chaps. 1-4.

14 Roderick Firth, "Ethical Absolutism and the Ideal Observer", *Philosophy and Phenomenological Research* 12, 1952; Richard B. Brandt, *Ethical Theory*, Prentice-Hall, 1959, chap. 10; John Rawls, "Outline of a Decision Procedure for Ethics", *Philosophical Review* 60, 1951; Pawl W. Taylor, *Normative Discourse*, Prentice-Hall, 1961, chap. 6; Baier, *The Moral Point of View*, chaps. 7-8.

15 Hume, *Treatise of Human Nature*, 1.3.16.

16 Max Weber, *The Theory of Social and Economic Organization*, Free Press, 1964（ウェーバー『社会学の基礎概念』阿閉吉男他訳、恒星社厚生閣、一九八七年）, p. 115. ウェーバーは、伝統的行為と感情的行為をそれぞれ、「ほとんど自動的である」、「抑制されざる反応である」可能性があるとの理由により、正常な目的指向的行為の境界例にきわめて近いタイプの行為として分類している。この考えは前に触れた限定、とりわけ現行的選択・目的と素性的選択・目的という区分によく似た見方である。次も参照せよ。Talcott Parsons and Edward A. Shils, eds., *Toward a General Theory of Action*, Harper and Row, 1962（パーソンズ・シルス『行為の総合理論をめざして』永井道雄他訳、日本評論新社、一九六〇年）. また、哲学的行為論の四類型は次で紹介されている。Richard J. Bernstein, *Praxis and Action*, University of Pennsylvania Press, 1971.

17 Aristotle, *Nicomachean Ethics*（アリストテレス『ニコマコス倫理学』朴一功訳、京都大学学術出版会、二〇〇二年）3.1.1110a 10 ff. アリストテレスの「ヘクーシオン」と「アクーシオン」をそれぞれ「自発的」と「非自発的」と訳すことについては次を参照せよ。W. F. Hardie, *Aristotle's Ethical Theory*, Clarendon Press, 1968, pp. 152-53.

18 Lionel Robbins, *An Essay on the Nature and Significance of Economic Science*, Macmillan, 1952（ロビンズ『経済学の本質と意義』小峯敦他訳、京都大学学術出版会、二〇一六年）, pp. 15, 30.

19 Robert Nozick, "Coercion", in *Philosophy, Science, and Method: Essays in Honor of Ernest Nagel*, ed. S. Morgenbesser, P. Suppes, and M. White, St. Martin's Press, 1969, pp. 447 ff.

20 Hans Kelsen, *General Theory of Law and State*, Harvard University Press, 1949（ケルゼン『法と国家の一般理論』尾吹善人訳、木鐸社、一九九一年）, p. 65. 次のフィッツジェラルドやハートの論考を見よ。A. G. Guest, ed., *Oxford Essays in Jurisprudence*, Clarendon Press, 1961, pp. 4, 5, 45. 次も見よ。Barbara Wootton, *Crime and the Criminal Law*, Stevens and Sons, 1963, pp. 47 ff.

21 H. A. Prichard, *Moral Obligation*, Clarendon Press, 1949, p. 10. プリチャードは「義務感から行為する限り、その人物にはいかなる目的も目標もない。『目的』や『目標』とは、この場合、その存在が当人を行為へと駆り立てる何らかの物事である」と述べている。次も参照せよ。D. Z. Phillips and H. O. Mounce, *Moral Practices*, Routledge and Kegan Paul, 1970, pp. 34 ff.

22 Charles Taylor, *The Explanation of Behavior*, Routledge and Kegan Paul, 1964, pp. 51, 60; Roderick Chisholm, "Freedom and Action", in *Freedom and Determinism*, ed. K. Lehrer, Random House, 1966, pp. 29-30; R. B. Brandt and Jaegwon Kim, "Wants as Explanations of Action", *Journal of Philosophy* 60, 1963.

23 T. F. Daveney, "Wanting", *Philosophical Quarterly* 11, 1961; J. C. B. Gosling, *Pleasure and Desire*, Clarendon Press, 1969, chap. 6.

24 この二つの引用はそれぞれ次による。Ives Hendricks, *Facts and Theories of Psychoanalysis*, Alfred A. Knopf, 1958（ヘンドリック『フロイド心理学入門』前田重治他訳、岩崎学術出版社、一九七五年）, p. 158; Erich Fromm, *Escape from*

Freedom, Rinehart, 1941（フロム『自由からの逃走』日高六郎訳、東京創元社、一九六五年）, p. 142.

25 Peter Geach, *Mental Acts*, Routledge and Kegan Paul, 1957, pp. 80 ff. 次も参照せよ。Anthony Kenny, *Action, Emotion and Will*, Routledge and Kegan Paul, 1963, chap. 10.

26 Aristotle, *Topics*（アリストテレス『トピカ』池田康男訳、京都大学学術出版会、二〇〇七年）1.1.

第2章

1 Carl R. Rogers, *On Becoming a Person*, Houghton Mifflin Co., 1961, p. 170.

2 W. D. Ross, *The Right and the Good*, Clarendon Press, 1930, pp. 255 ff; Geach, "Good and Evil", *Analysis* 17, 1956. ただ、創世記では、次の通り、「善い」の述語的用法の反復が見られる。「そして神はご覧になったが、それは善かった」（『創世記』第一章第三一節）。

3 Fromm, *Escape from Freedom*; E. R. Dodds, *The Greeks and the Irrational*, University of California Press, 1951（ドッズ『ギリシア人と非理性』岩田靖夫他訳、みすず書房、一九七二年）, chap. 8. 従属的な人物の個人史に関しては、Andrew H. Malcolm, "For This Convict, 'Freedom' Is Another Word for 'Fear'", *New York Times*, 20 November 1974, pp. 41, 51.「ファーガソン氏は四〇年の人生の内のおよそ三九年間を壁の内側で暮らしてきた。最初は孤児、次に患者、そして現在は囚人として。ところが、彼はもうすぐ自由の身になる。それなのにファーガソン氏は、『外ではどう暮らせばよいか、わからない』、『わたしの家は壁の中にある』などと不安げに語る」。

4 Otto Fenichel, *The Psychoanalytic Theory of Neurosis*, W. W. Norton, 1945, pp. 73-74, 358 ff.

5 引用はそれぞれ次による。Thomas Hobbes, *Leviathan*（ホッブズ『リヴァイアサン』水田洋訳、岩波書店、一九九二年）, chap. 11; Aristotle, *Nicomachean Ethics* 1.7.1098a18.

6 A. H. Maslow, *Motivation and Personality*, Harper and Brothers, 1954（マズロー『人間性の心理学』小口忠彦訳、産業能率大学出版部、一九八七年）, pp. 80 ff; Charlotte Towle, *Common Human Needs*, rev. ed., National Association of Social

Workers, 1957（トール『生活保護の原理と技術』黒木利克他訳、生活保護制度研究会、一九五五年）.

7　これに似た考えは、「法的権利」を分析した次の文献にも見られる。John W. Salmond, *Jurisprudence*, 5th ed., Stevens and Haynes, 1916, p. 185. ただし、彼は私が権利の「性格」と呼ぶものは取りあげておらず、反対に権利の「内容」と「対象」の両方を取りあげている。その説明によると、前者は応対者にとって義務的な行為か不行為のことであり、後者はそのような行為や不行為に関係する事物のことである。

8　Wesley N. Hohfeld, *Fundamental Legal Conceptions as Applied in Judicial Reasoning*, Yale University Press, 1964, pp. 41 ff. H. L. A. Hart, "Are There Any Natural Rights?", *Philosophical Review* 64, 1955.

9　それぞれの出所は次の通りである。(a) Clark L. Hull, *Principles of Behavior*, Appleton-Century-Crofts, 1943（ハル『行動の原理』能見義博他訳、誠信書房、一九六〇年）, pp. 25-26; (b) A. J. Ayer, *The Problem of Knowledge*, Penguin Books, 1956（エイヤー『知識の哲学』神野慧一郎訳、白水社、一九八一年）, p. 35; (c) R. Rorty, in *Review of Metaphysics* 24, 1970, p. 119; (d) S. Blackburn, *Reason and Prediction*, Cambridge University Press, 1973, p. 1; (e) R. J. Fogelin, *Evidence and Meaning*, Routledge and Kegan Paul, 1967, p. 69; (f) *ibid.*, p. 130 n; (g) D. Lewis, in *Philosophy* 44, 1969, p. 253; (h) R. Palter, in *Journal of Philosophy* 70, 1973, p. 253; (i) A. Plantinga, *The Nature of Necessity*, Clarendon Press, 1974, p. 221; (j) B. F. Skinner, *The Behavior of Organisms*, Appleton-Century-Crofts, 1938, p. 17; (k) J. L. Austin, *How to Do Things with Words*, Clarendon Press, 1962（オースティン『言語と行為』坂本百大訳、大修館書店、一九七八年）, p. 140.

10　この点に関しては、「『Sにとってhを受け入れることは不合理である』というのは、Sの信念において非hの方がhよりも価値があるということであ」り、「Sにとってhを受け入れることが不合理であれば、Sはhの受け入れを控えるべきである」（Chisholm, *Perceiving*, pp. 5, 13. 強調は原著者による）とするチザムの認識的用語の「倫理的」意味づけに対する次のファースの批判が参考になる。Roderick Firth, "Chisholm and the Ethics of Belief", *Philosophical Review* 68, 1959. 次も参照せよ。Chisholm, *Theory of Knowledge*, Prentice-Hall, 1966（チザム『知識の理論』上枝美典訳、世界思想社、二〇〇三年）, pp. 11 ff. なお、チザムが「価値がある」や「不合理である」といった言葉を用いる根拠が「倫理的」なものではなく、認識的なものであるとすると、この批判は正当化されないであろうが、その場合、彼の知識理論は大きく変質することになろう。

11 D. D. Raphael, ed., *Political Theory and the Rights of Man*, Macmillan, 1967, pp. 108-10.

12 Hart, "Are There Any Natural Rights?".

13 John Hospers, "Baier and Medlin on Ethical Egoism", *Philosophical Studies* 12, 1961; D. Kading and M. Kramer, "Mr. Hospers' Defense of Impersonal Egoism", *Philosophical Studies* 15, 1964. なお、本項の議論は次の論文に多くを負っている。Brian Medlin, "Ultimate Principles and Ethical Egoism", *Australasian Journal of Philosophy* 35, 1957. また同様の議論は次にも見られる。Edward W. Hirst, *Self and Neighbour*, Macmillan, 1919, pp. 4-6.

14 Jesse Kalin, "In Defense of Egoism", in *Morality and Rational Self-Interest*, ed. David P. Gauthier, Prentice-Hall, 1970, pp. 64-87; J. A. Brunton, "The Devil Is Not a Fool; or, Egoism Revisited", *American Philosophical Quarterly* 12, 1975; George R. Carlson, "Ethical Egoism Reconsidered", *American Philosophical Quarterly* 10, 1973.

15 Henry B. Veatch, "Paying Heed to Gewirth's Principle of Categorial Consistency", *Ethics* 86, 1976. なお、無道徳主義者については次の拙稿で取りあげた。Gewirth, "Must One Play the Moral Language-Game?", *American Philosophical Quarterly* 7, 1970.

16 Karl Marx, *On the Jewish Question*, in *Writings of the Young Marx on Philosophy and Society*, ed. and trans. L. D. Easton and K. H. Guddat, Doubleday and Co., 1967（マルクス『ユダヤ人問題によせて』城塚登訳、岩波書店、一九七四年）, pp. 235 ff.

17 R. M. Hare, *Freedom and Reason*, Clarendon Press, 1963（ヘア『自由と理性』山内友三郎訳、理想社、一九八二年）, pp. 104 ff.

18 例えば、カミュは次のように述べている。「罪の無さが行為に関わりをもつようになった途端、潔白であればそれで殺人を犯さないで済むかどうかを知る必要が生まれる。この現代という時代にあって、われわれはまわりにいる人々の中で行為する以外にない。われわれにそれらの人々を殺す権利、もしくはそれらの人々が殺されることを黙認する権利があるかどうかを知らない限り、何事もわからない。今ではいかなる行為も、直接か間接かを問わず、殺人に繋がっている。それゆえ、殺す権利があるか否か、あるいはなぜ殺す権利があるのかを知らない限り、行為することもできない」（Albert Camus, *The Rebel*, Vintage Books, 1956〔カミュ『反抗的人間』佐藤朔他訳、新潮社、一九七三年〕, p. 4）。

19　権利を近代に固有の概念とする見解は、例えば、Hart, "Are There Any Natural Rights?"; Berlin, *Four Essays on Liberty*, p. 129. ローマ法における権利概念を否定する見解については、Henry Sumner Maine, *Dissertations on Early Law and Custom*, John Murray, 1891, pp. 365-66, 390; Michel Villey, *Leçons d'histoire de la philosophie du droit*, Librairie Dalloz, 1957, chaps. 11, 14; W. W. Buckland, *A Text-Book of Roman Law from Augustus to Justinian*, Cambridge University Press, 1963, p. 58; H. F. Jolowicz, *Roman Foundations of Modern Law*, Clarendon Press, 1957, pp. 66-67.

20　例えばヘブライ語聖書のさまざまな文言を権利概念に基づいて解釈した次を参照せよ。*Judaism and Human Rights*, ed. Milton R. Konvitz, W. W. Norton and Co., 1972, pp. 13-18. 同じく、Hayim S. Nahmani, *Human Rights in the Old Testament*, Joshua Chaichik Publishing House, 1964.

21　Villey, *Leçons d'histoire*, pp. 214, 216, 218-19. Buckland, *Text-Book of Roman Law*, pp. 61, 77, 86-94（市民ならびにそれ以外の者の権利）, pp. 102-6（父の権利）, pp. 122-23（養子の権利）, pp. 181-90（財産権）, pp. 405-11（契約ならびに私的取引に伴う権利）, pp. 674-78（対物的権利に関する訴訟）. また、Buckland, *Manual of Roman Private Law*, Cambridge University Press, 1928では権利概念が至るところで使われており、Jolowicz, *Roman Foundations* についても同じことが言える。

22　C. H. McIlwain, *The Growth of Political Thought in the West*, Macmillan Co., 1932, p. 182. その詳細については次を参照せよ。R. W. and A. J. Carlyle, *A History of Medieval Political Theory in the West*, William Blackwood and Sons, 1903, 3, p. 52 ff.

23　財産については、Plato, *Laws*（プラトン『法律』森進一他訳、岩波書店、一九九三年）5.737E ff., 9.913A ff.; Aristotle, *Politics*（アリストテレス『政治学』牛田徳子訳、京都大学学術出版会、二〇〇一年）1.4 ff., 1253b23 ff. 政治的権限については、*Politics* 3.12-13, 1283a10 ff. 民主制論者の主張に関しては、Plato, *Republic*（プラトン『国家』藤沢令夫訳、岩波書店、一九七九年）8.557B; Aristotle, *Politics* 6.1, 1317b10.

24 Gregory Vlastos, "Isonomia," *American Journal of Philology* 74, 1953, p. 355. 次も参照せよ。Vlastos, "Ἰσονομία Πολιτική", in *Isonomia*, ed. J. Mau and E. G. Schmidt, Akademie-Verlag, 1964, pp. 1-35. この二つの論考にはイソノミアの解釈をめぐる論争に関するバランスのとれた解説も含まれている。また次も参照せよ。Martin Ostwald, *Nomos and the Athenian Democracy*, Clarendon Press, 1969, pp. 96 ff. 彼は同書の一一三頁の注で、「イソノミアが、『人間の権利』や『市民の権利』、『権利章典』といった言葉で表現される近代的な『権利』概念に最も近い意味のギリシア語である点に注意しておきたい」と述べている。

25 Euripides *Suppliant Women*（エウリピデス『救いを求める女たち』中山恒夫訳、筑摩書房、一九六五年）, pp. 429 ff. この指摘は次による。A. W. H. Adkins, *Moral Values and Political Behaviour in Ancient Greece*, Chatto and Windus, 1972, p. 104.

26 B. Malinowski, *Crime and Custom in Savage Society*, Routledge and Kegan Paul, 1926（マリノウスキー『未開社会における犯罪と慣習』青山道夫訳、新泉社、二〇〇二年）, p. 19. 続く二つの引用文も同書による（pp. 23, 74）。未開社会の法制度や権利についてはさらに、E. Adamson Hoebel, *The Law of Primitive Man*, Harvard University Press, 1954（ホーベル『法人類学の基礎理論』千葉正士他訳、成文堂、一九八四年）, chap. 4; Max Gluckman, *The Judicial Process among the Barotse of Northern Rhodesia*, Manchester University Press, 1955, pp. 166 ff; Gluckman, *Politics, Law and Ritual in Tribal Society*, Basil Blackwell, 1965, chap. 2; E. Sidney Hartland, *Primitive Law*, Methuen, 1924, chaps. 3, 4.

27 George Santayana, "Hypostatic Ethics," in *Readings in Ethical Theory*, ed. W. Sellars and J. Hospers, Appleton-Century-Crofts, 1952, p. 268; Hare, *Freedom and Reason*, p. 111; M. G. Singer, *Generalization in Ethics*, Alfred A. Knopf, 1961, p. 40.

28 Hart, "Are There Any Natural Rights?".

29 J. S. Mill, *A System of Logic*, book 3, chap. 5, sec. 3; H. L. A. Hart and A. M. Honoré, *Causation in the Law*, Clarendon Press, 1959（ハート・オノレ『法における因果性』井上祐司他訳、九州大学出版会、一九九一年）, pp. 15-18.

30 Ch. Perelman, *The Idea of Justice and the Problem of Argument*, Routledge and Kegan Paul, 1963, pp. 11-29, 36-45.

31 Perelman, *The Idea of Justice*, pp. 45-49; Benn and Peters, *Social Principles and Democratic State*, p. 116. 審理論の立場から同様の点を指摘したものとして、Edward H. Levi, *An Introduction to Legal Reasoning*, University of Chicago Press, 1949, pp. 2-3.「類似点や相違点を探しだすことは法的手続きの重要なステップである。法にとって重要なのは、異なる事例を同様のものとして取り扱うことが正当であるのはどのようなときか、という問題である。実際の法体系は、したがって、重要な類似点を見いだして、それらの類似点から共通の区分を適用することの正当性を導きだせるものでなければならない。ある共通の事実が存在することで、一般的規則が作用することになるのである。これが真に論理的な推論手続きであるとすれば、閉鎖体系に基づく通常の規準では、何らかの全般的な規則によって、この共通する確認可能な類似性が決定的に重要であることが明らかにされない限り、この手続きは不完全である。ところが、そうした固定的な事前の規則など現実には存在しない」。学校の人種分離政策に対する訴訟をめぐる「平等性の規準」については次を参照せよ。Albert P. Blaustein and Clarence C. Ferguson, Jr., *Desegregation and the Law*, Vintage Books, 1962, chap. 8.

32 Singer, *Generalization in Ethics*, pp. 20 ff.; H. L. A. Hart, *The Concept of Law*, Clarendon Press, 1961（ハート『法の概念』長谷部恭男訳、筑摩書房、二〇一四年）, pp. 155, 156, 159.

33 F. A. Hayek, *The Constitution of Liberty*, University of Chicago Press, 1960（ハイエク『自由の条件』気賀健三他訳、春秋社、二〇〇七年）, pp. 154, 209-10; Hare, *Freedom and Reason*, p. 107. また次も見よ。Baier, *The Moral Point of View*, p. 202.

34 Rawls, *A Theory of Justice*, chap. 3.

35 Kenneth J. Arrow, *Social Choice and Individual Value*, 2nd ed., John Wiley and Sons, 1963（アロー『社会的選択と個人的評価』長名寛明訳、勁草書房、二〇一三年）, pp. 4, 11, 22-23, 30-31, 38, 72, 111; Abram Bergson, *Essays in Normative Economics*, Harvard University Press, 1966, pp. 9 ff., 29 ff., 51 ff., 199 ff.; Anthony Downs, *An Economic Theory of Democracy*, Harper and Row, 1957（ダウンズ『民主主義の経済理論』古田精司監訳、成文堂、一九八〇年）, pp. 17-20; James M. Buchanan and Gordon Tullock, *The Calculus of Consent*, University of Michigan Press, 1962（ブキャナ

ン・タロック『公共選択の理論』米原淳七郎他訳、東洋経済新報社、一九七九年), pp. 7, 23-24, 27-28, 96, 265, 312; Duncan Black, *The Theory of Committees and Elections*, Cambridge University Press, 1958, chap. 9; Robert A. Dahl and Charles E. Lindblom, *Politics, Economics, and Welfare*, Harper and Row, 1953（ダール・リンドブロム『政治・経済・厚生』磯部浩一訳、東洋経済新報社、一九六一年), chap. 2.

36 Ernest Nagel, *The Structure of Science*, Harcourt, Brace and World, 1961（ナーゲル『科学の構造』松野安男訳、明治図書出版、一九六九年), pp. 559 ff; Quentin Gibson, *The Logic of Social Enquiry*, Routledge and Kegan Paul, 1960, pp. 123, 187.

37 H. L. A. Hart, "The Ascription of Rights and Responsibilities", in *Logic and Language*, first series, ed. A. Flew, Basil Blackwell, 1955, pp. 145 ff.

38 Aristotle, *Politics* 1.2, 1252a30; 1.5, 1254b15 ff.; 1.13, 1260a12.

39 Aristotle, *Nicomachean Ethics* 5.3, 1131a18 ff.

40 Friedrich Engels, *Anti-Dühring: Herr Eugen Dühring's Revolution in Science*, International Publishers, 1966（エンゲルス『反デューリング論』秋間実訳、新日本出版社、二〇〇一年), pp. 108-9.

第3章

1 私は次の拙稿でこの原則を最初に提示した。"The Non-Trivializability of Universalizability", *American Journal of Philosophy* 47, 1969. またノーマン・ギレスピーは、その考えと適用可能性を受け入れ、次の論考でそれを人工妊娠中絶をめぐる議論に応用した。Norman C. Gillespie, "Abortion and Human Rights", *Ethics* 87, 1977. この問題をめぐる本書の議論は彼の考察に負うところが大きい。

2 Jeremy Bentham, *An Introduction to the Principles of Morals and Legislation*, Hafner Publishing Co., 1948, p. 311.

3 Aristotle, *Nicomachean Ethics* 1.1.1094a2; Ralph Barton Perry, *General Theory of Value*, Harvard University Press,

1926, chap. 5.

4 W. V. Quine, "Two Dogmas of Empiricism", in *From a Logical Point of View*, Harper and Row, 1963（クワイン『論理的観点から』飯田隆訳、勁草書房、一九九二年）, pp. 20-46. こうした反対意見と関連する諸問題は次の拙稿で検討している。Gewirth, "The Distinction between Analytic and Synthetic Truths", *Journal of Philosophy* 50, 1953. 私の論評に対するクワインの応答については次を参照せよ。Quine, *Word and Object*, M.I.T. Press, 1960（クワイン『ことばと対象』大出晁他訳、勁草書房、一九八四年）, pp. 65 n, 206-7 nn.

5 W. V. Quine, "Necessary Truth", in *The Way of Paradox*, Random House, 1966, p. 56; Richard Rorty, "Criteria and Necessity", *Noûs* 7, 1973.

6 J. L. Austin, *Philosophical Papers*, Clarendon Press, 1961（オースティン『オースティン哲学論文集』坂本百大訳、勁草書房、一九九一年）, pp. 33 ff.; Hilary Putnam, "The Analytic and the Synthetic", in *Minnesota Studies in Philosophy of Science*, vol. 3, ed. H. Feigl and G. Maxwell, University of Minnesota Press, 1962, pp. 364 ff.

7 この点は前掲の拙稿（"The Distinction between Analytic and Synthetic Truth"）、特に四一九頁から四二四頁で論じている。なお、この論点に準えられるのは、必然的真理の根拠は語られる事物に存するのであって、そうした真理の語られ方にあるのではない、とする考えである。ものの様相と言葉の様相の区別については、W. Kneale, "Modality De Dicto and De Re", in *Logic, Methodology, and Philosophy of Science*, ed. E. Nagel, P. Suppes, and A. Tarski, Stanford University Press, 1962, pp. 622 ff.; Plantinga, *The Nature of Necessity*.

8 George Nakhnikian, "On the Naturalistic Fallacy", in *Morality and the Language of Conduct*, ed. H. N. Castañeda and G. Nakhnikian, Wyne University Press, 1963, pp. 153-55. 次も参照せよ。R. M. Hare, *The Language of Morals*, Clarendon Press, 1952（ヘア『道徳の言語』小泉仰他訳、勁草書房、一九八二年）, pp. 41-42; Jonathan Harrison, *Our Knowledge of Right and Wrong*, George Allen and Unwin, 1971, chap. 4; Henry H. Jack, "Moral Principles Are Not Tautologies", *Proceedings of the Seventh Inter-American Congress of Philosophy*, Les Presses de l'Université Laval, 1968.

9 John Laird, *An Enquiry into Moral Notions*, George Allen and Unwin, 1935, p. 107; Charles A. Baylis, *Ethics*, Henry Holt, 1958, p. 96; Baier, *The Moral Point of View*, p. 10.

10 Aristotle, *Nicomachean Ethics* 2.6.1106b36. この一般的原理を特定のケースに適用することのむずかしさについては、*ibid.*, 2.9.1109a23 ff.

11 Hume, *Treatise of Human Nature*, 3.1.1.

12 Hume, *Treatise of Human Nature*, 3.1.1.

13 Francis Hutcheson, *Illustrations upon the Moral Sense*, sec. 1 in *British Moralist*, ed. L. A. Selby-Bigge, Clarendon Press, 1897, 1, p. 404 ff.; and in D. D. Raphael, ed., *British Moralist 1650-1800*, Clarendon Press, 1969, 1, p. 308 ff. ハチソンの用語法を現代に定着させたのは次の論考である。William K. Frankena, "Obligation and Motivation in Recent Moral Philosophy", in *Essay in Moral Philosophy*, ed. A. I. Melden, University of Washington Press, 1958, pp. 40 ff. この区別に対する批判は次を参照せよ。Philippa Foot, "Is Morality a System of Hypothetical Imperatives?' A Reply to Mr. Holmes", *Analysis* 35, 1974-75. また、この批判について以下で改めて取りあげる。

14 Plato, *Gorgias*（プラトン『ゴルギアス』加来彰俊訳、岩波書店、一九六七年）448 ff., 453 ff., 462 ff.; *Phaedrus*（プラトン『パイドロス』藤沢令夫訳、岩波書店、一九六七年）260 ff., 260 ff. Aristotle, *Rhetoric*（アリストテレス『弁論術』戸塚七郎訳、岩波書店、一九九二年）1.1.1355a4 ff.

第4章

1 Kant, *Foundations of the Metaphysics of Morals*, Liberal Arts Press, 1959（カント『人倫の形而上学の基礎づけ』土岐邦夫他訳、中央公論新社、二〇〇五年）, sec. 2, pp. 39 ff.

2 Salmond, *Jurisprudence*, pp. 202 ff.; W. D. Lamont, *The Principles of Moral Judgment*, Clarendon Press, 1946, pp. 70-71, 76.

3 義務論的倫理学の形式的理論と実質的理論の区分に関しては次を参照せよ。Gewirth, "Ethics", *Encyclopaedia Britannica*, 15th ed., 1974.

4 Mill, *Utilitarianism*（ミル『功利主義論』伊原吉之助訳、中央公論社、一九六七年）, chap. 4; Henry Sidgwick, *The Methods of Ethics*, 7th ed., Macmillan, 1907, pp. 420-21, 497-98.

5 これらの違いについては次を参照せよ。John Rees, *Equality*, Macmillan, 1971, pp. 91 ff.; Barry, *Political Argument*, pp. 119 ff.; John Wilson, *Equality*, Hutchinson, 1966., pp. 81 ff.; Richard Wollheim, "Equality", *Proceedings of the Aristotelian Society* 56, 1955-56.

6 Aristotle, *Nicomachean Ethics* 2.1, 2, 4. 1103a31 ff., 1104a27 ff., 1105a17 ff.

7 Kant, *Foundations of the Metaphysics of Morals*, sec. 2, pp. 41-42; Sidgwick, *The Method of Ethics*, p. 389 n. シジウィックの功利主義的回答については、*ibid*., pp. 436-37. ただ、彼の反論は行為者の自由と福利の権利に対する必然的要求という前述の議論（2-10）によって反駁される。

8 Myles Brand, "The Language of Not Doing", *American Philosophical Quarterly* 8, 1971.

9 Hart and Honoré, *Causation in the Law*, pp. 31 ff.

10 一般性を強調する議論の代表は、J. L. Mackie, "Causes and Conditions", *American Philosophical Quarterly* 2, 1965. 一方、特殊性を強調する例として、Hart and Honoré, *Causation in the Law*, pp. 106-7.

11 Robert Nozick, *Anarchy, State, and Utopia*, Basic Books, 1974（ノージック『アナーキー・国家・ユートピア』嶋津格訳、木鐸社、一九九五年）, pp. 30-33, 170, 173, 179 n, 238.

12 Mill, *On Liberty*, J. M. Dent and Sons, 1936（ミル『自由論』斉藤悦則訳、光文社、二〇一二年）, chap. 1, p. 74. また次も参照せよ。Sidgwick, *The Methods of Ethics*, p. 437; James M. Ratcliffe, ed., *The Good Samaritan and the Law*, Doubleday, 1966.

13 Mill, *On Liberty*, chap. 1, pp. 72-73. ミルの害に関する概念をめぐる最近の議論は次を参照せよ。J. C. Rees, "A Re-Reading of Mill on Liberty", *Political Studies* 8, 1960; Ted Honderich, *Punishment: The Supposed Justifications*,

14 Hutchinson and Co., 1969, chap. 6; D. G. Brown, "Mill on Liberty and Morality", *Philosophical Review* 81, 1972. 最初の考えは、Richard Taylor, *Freedom, Anarchy, and the Law*, Printice-Hall, 1973, pp. 63 ff. また後の方の考えは、Richard Wollheim, "John Stuart Mill and the Limits of State Action", *Social Research* 39, 1973.

15 規則功利主義における「傾向」への言及は少なくともハチソン（Hutcheson, *A Inquiry concerning Moral Good and Evil*, 7.6）にまで遡ることができる。最近の議論は次を参照せよ。David Lyons, *Forms and Limits of Utilitarianism*, Clarendon Press, 1965, pp. 3 ff., 28; Anthony Quinton, *Utilitarian Ethics*, Macmillan, 1973, pp. 47-48. 個々の行為は特定種類の行為とは違って傾向をもたないとする見解への批判については次を参照せよ。T. S. Champlin and A. D. M. Walker, "Tendencies, Frequencies and Classical Utilitarianism", *Analysis* 35, 1974. またロスの考えは次で示されている。Ross, *The Right and the Good*, pp. 28 ff.

16 この問題については次が参考になる。Rawls, *A Theory of Justice*, pp. 178 ff., 440 ff.

17 道徳と自益的徳との繋がりに関する私の考えは他の多くの哲学者とは異なるが、本書の議論はプラトンやアリストテレス、スピノザにとどまらず、フットのような現代の哲学者の諸説も反映している。この点については特に次を参照せよ。Foot, "Moral Beliefs", *Proceedings of Aristotelian Society* 59, 1958-59; Geach, *The Virtues*, Cambridge University Press, 1977.

18 その一面は、次の通り、教育の効果に関する機会均等をめぐる最近の議論からも明らかである。James S. Coleman *et al.*, *Equality of Educational Opportunity*, United States Government Printing Office, 1966; Frederick Mosteller and Daniel P. Moynihan, eds., *On Equality of Educational Opportunity*, Random House, 1972; Ivan Illich, *De-Schooling Society*, Harper and Row, 1971; Christopher Jencks *et al.*, *Inequality: A Reassessment of the Effects of Family and Schooling in America*, Harper and Row, 1972.

19 例えば次を見よ。A. H. Maslow, *Toward a Psychology of Being*, 2nd ed., Van Nostrand Reihold Co., 1968（マスロー『完全なる人間』上田吉一訳、誠信書房、一九九八年）, chaps. 6, 10. デューイについては、John Dewey, *Human Nature and Conduct*, Henry Holt, 1922（デューイ『人間性と行為』河村望訳、人間の科学社、一九九五年）, pp. 54 ff.; *Reconstruction*

in *Philosophy*, Henry Holt, 1920（『哲学の再構成』河村望訳、人間の科学社、一九九五年）, pp. 170-72; *The Quest for Certainty*, G. P. Putnam's Sons, 1929（『確実性の探究』植田清次訳、春秋社、一九六三年）, chap. 9 and pp. 279 ff.

20 American Civil Liberties Union, *Civil Liberties*, no. 303, July 1974, p. 9.

21 Hans von Hentig, "Remark on the Interaction of Perpetrator and Victim"; Marvin E. Wolfgang, "Victim-Precipitated Criminal Homicide", in *Victimology*, ed. E. Drapkin and E. Viano, D. C. Heath, 1974, pp. 45 ff., 79 ff. また次を参照せよ。Eric Berne, *Transactional Analysis in Psychotherapy*, Grove Press, 1961; *id.*, *Games People Play: The Psychology of Human Relationship*, Grove Press, 1967（バーン『人生ゲーム入門』南博訳、河出書房新社、二〇〇〇年）.

第5章

1 Thomas Aquinas, *Summa theologica*（トマス・アクィナス『神学大全』高田三郎他訳、創文社、一九六〇年）2.1. qu. 95, a. 2.

2 この点については次を参照せよ。Gregory Vlastos, "Justice and Equality", in *Social Justice*, ed. R. B. Brandt, Prentice-Hall, 1962, pp. 39-40.

3 Grant McConnell, *Private Power and American Democracy*, Alfred A. Knopf, 1966. また、次の論文集に収められたマコネルならびにラコフ（S. A. Lakoff）の論文を参照せよ。*Voluntary Associations*, ed. J. R. Pennock and J. W. Chapman, Atherton Press, 1969, pp. 147 ff., 170 ff.

4 Nozick, *Anarchy, State, and Utopia*, chap. 2.

5 Aristotle, *Nicomachean Ethics* 5.2.1030b30 ff.

6 Jon Locke, *Two Treatises of Government*（ロック『統治二論』加藤節訳、岩波書店、二〇一〇年）, secs. 7-13. また次を参照せよ。Kelsen, *General Theory of Law and State*, pp. 338-39.

7 ただし、以上はＰＧＣに基づく刑事司法制度の要件に的を絞った議論である。米国の刑事司法制度は実際の執行を損なういくつかの重大な欠陥をもっており、その点からすると、本書の議論を実際の制度運営に適用するには、重要な限定を加える必要がある。次を参照せよ。J. S. Campbell, J. Sahid, and D. P. Stang, *Law and Order Reconsidered*, Report of the Task Force on Law and Law Enforcement to the National Commission on the Causes and Prevention of Violence, Bantam Books, 1970, part 3, pp. 263 ff.

8 Hart, *The Concept of Law*, pp. 54 ff., 83 ff.

9 この二つの考えはそれぞれ次で展開されている。Nozick, *Anarchy, State, and Utopia*, pp. 150 ff. Rawls, *A Theory of Justice*, pp. 60 ff., 104, 302.

10 Herbert Spencer, *The Principles of Ethics*, D. Appleton, 1897, 2: 376 ff.; *Social Statics Abridged and Revised*, D. Appleton, 1897, pp. 144 ff.; *The Man versus the State*, Caxton Printers, 1945, pp. 22 ff. 次も参照せよ。John Hospers, *Libertarianism*, Nash Publishing, 1971, pp. 299 ff.; Nozick, *Anarchy, State, and Utopia*, pp. 30, 31, 170, 173, 179 n, 238.

11 Maurice Cranston, *What Are Human Rights?* Bodley Head, 1973, pp. 66 ff. また次の論文集に収められたクランストンの論考も参照せよ。Raphael, *Political Theory and the Rights of Man*, pp. 96 ff. 権利の普遍性の「弱い」意味については、Raphael, *Political Theory and the Rights of Man*, pp. 65 ff., 112.

12 Mill, *On Liberty*, p. 132, pp. 75-76, 79, 132. この集計的効用規準は、ミルにとって個人的自由に対する法的干渉を正当化する唯一の規準ではないが、彼が最も頻繁に頼る規準である。

13 Mill, *Utilitarianism*, chap. 5, p. 46. カントも「法の義務」に関して、これと同様の、しかしより限定された定義を与えている。「すべてではなく法の義務と呼ばれる種類の義務のみが、他の人々に強制力をもった対応する権利をもたらす」(Kant *Doctrines of Virtue*, Harper and Row〔カント『人倫の形而上学』加藤新平他訳、中央公論社、一九七九年〕, 1964, pp. 40-41)。

14 Augustine, *The City of God*(アウグスティヌス『神の国』泉治典他訳、教文館、二〇一四年), book 19, chap. 21.

15 「自然の福引き」をめぐる論議については次を見よ。Rawls, *A Theory of Justice*, pp. 72 ff.; Hastings Rashdall, *The Theory of Good and Evil*, Clarendon Press, 1907, 1, p. 250 ff. この考えは、次のスピーゲルバーグによる一連の論考で

も吟味されている。Herbert Spiegelberg, "A Defense of Human Equality", *Philosophical Review* 53, 1944; "'Accident of Birth': A Non-Utilitarian Motif in Mill's Philosophy", *Journal of the History of Ideas* 22, 1961; "Ethics for Fellows in the Fate of Existence", in *Mid-Twentieth Century American Philosophy*, ed., P. A. Bertocci, Humanities Press, 1974, pp. 193 ff.; "Good Fortune Obligates: Albert Schweitzer's Second Ethical Principle", *Ethics* 85, 1975.「自然の福引き」論に対する応答については次を見よ。Nozick, *Anarchy, State, and Utopia*, pp. 213 ff.

16 第一の論点は、Baier, *The Moral Point of View*, chap. 9. 第二の論点は、Singer, *Generalization in Ethics*, pp. 311 ff. 第三の論点は、Aristotle, *Nicomachean Ethics* 5.11, 1138a17-20. 自分自身に対する義務に関連するのは、「人は自発的に不正を働かれるか」(*ibid.*, chap. 9) とか、「人は自己に対して不正を働きうるか」(*ibid.*, chap. 11) といった問題をめぐるアリストテレスの考察である。第四の論点は、Leonard Nelson, *System of Ethics*, Yale University Press, 1956, pp. 134-35; Kant, *Doctrine of Virtue*, p. 44. ただし、カントはこの論点を、自分自身に対する義務への批判ではなく、自分自身の幸福を追求する義務があるとする考えへの批判として使っている。第五の論点は、Mill, *On Liberty*, chap. 4, p. 135.

17 Rawls, *A Theory of Justice*, p. 43.

18 次を参照せよ。Rawls, *A Theory of Justice*, pp. 63, 242, 244, 302. ロールズはこれらの箇所で、「経済的・社会的利益よりも自由の方が絶対的に重要である」と主張するとともに、「自由は自由それ自体のためにのみ制限できる」と述べる一方で、同書の別の箇所では (*ibid.*, pp. 152, 247, 542)、「平等な自由の否定は、やがてそうした自由が享受できるような高さにまで文明の水準を引き上げるためにそれが必要であるときに限り、擁護されるであろう」とも述べている。この「やがて」がどの程度の時間の幅を指すのかは不明である。

19 この問題は次の拙稿で検討した。Gewirth, "Starvation and Human Rights," in *Ethics and Problems of the Twenty-first Century*, ed. Kenneth M. Sayre and Kenneth E. Goodpaster, University of Notre Dame Press, 1979.

20 Jean Piaget, *The Moral Judgment of the Child*, Free Press, 1948 (ピアジェ『児童道徳判断の発達』大伴茂訳、同文書院、一九七七年), p. 404.

21 Charles Morris, *Foundations of the Theory of Signs*, University of Chicago Press, 1938（モリス『記号理論の基礎』内田種臣他訳、勁草書房、一九八八年）.

22 Gewirth, "Meta-ethics and Normative Ethics", *Mind* 69, 1960; "Meta-ethics and Moral Neutrality", *Ethics* 78, 1968.

23 A. J. Ayer, *Language, Truth, and Logic*, V. Gollancz, 1948（エイヤー『言語・真理・論理』吉田夏彦訳、岩波書店、一九九七年）, pp. 110-12; Charles L. Stevenson, *Ethics and Language*, Yale University Press, 1944（スティーヴンソン『倫理と言語』島田四郎訳、内田老鶴圃、一九九〇年）, pp. 30-31, 134-38. ヘアの立場は次に見られる通りもっと複雑である。Hare, *Freedom and Reason*, pp. 97 ff., 105 ff. なお、非認知主義の嚆矢は次のヒュームの議論である。Hume, *Treatise of Human Nature*, 3.1.1; *Enquiry concerning the Principles of Morals*, Appendix 1.

24 John Locke, *Essay concerning Human Understanding*（ロック『人間知性論』大槻春彦訳、岩波書店、一九七六年）, 3.11.15-18, 4.4.5-9.

訳者あとがき

本書はAlan Gewirth, *Reason and Morality*, University of Chicago Press, 1978の全訳である。

著者のアラン・ゲワース（一九一二年～二〇〇四年）は、ポグロムを逃れてロシアからアメリカに渡った移民の子供としてマンハッタン近郊で生まれ、コロンビア大学とコーネル大学に学んだ後、一九四七年から五〇年以上にわたってシカゴ大学で教鞭をとった、アメリカ人哲学者である。当初、認識論（デカルト）、自然法、中世の政治思想（パドヴァのマルシリウス）、社会科学哲学などの研究にいそしんだゲワースは、一九六〇年代半ば以降、次第に一つの大きな研究課題に専心するようになっていった。彼が探究しようとしたのは、普遍主義・平等主義・合理主義に立脚する新しい道徳原理と、そのような原理によって基礎づけられた人権理論や倫理学理論であった。以後、終生続いたこの研究プロジェクトの主な成果が本書と次の三つの著書である。

Human Rights, University of Chicago Press, 1982.

The Community of Rights, University of Chicago Press, 1996.

Self-fulfillment, Princeton University Press, 1998.

ゲワースがまず本書で取り組んだのは、人間の行為に関する合理的分析を通じて、「類的一貫性の原理（Principle of Generic Consistency）」（以下ＰＧＣ）と称する道徳原理を打ち立てることであった。その原理に基づいて、すべての人間はまさに人間であるがゆえにある特定の内容を備えた権利を等しくもつ、とする人権観念を正当化したのが第二の著書である。第三の著書は、本書（第5章「ＰＧＣの間接適用」）の続編として、特に支援的国家とそれに関連する経済的・社会的権利について詳述するとともに、ＰＧＣに立脚する支援的国家において、権利をめぐる個人（私利）と社会（公利）の対立がいかに解決されるかを論じた。「自己達成」を主題とする最後の著書では、この理念が願望と能力という行為者性の二つの成分に即して分析され、人権それゆえに道徳性が個々人の自己達成や幸福の基盤となる事情が明らかにされたが、そこでもＰＧＣが道徳をめぐる普遍主義、特殊主義、個人主義の対立を克服する原理として大きな役割を演じた。このようにＰＧＣは一連の研究を貫く基本原理であり、それを確立した本書はゲワース倫理学の中心をなす著書である。以下、行為概念の分析から一つの道徳原理が導出される経緯に焦点を絞って、本書の内容を簡単に紹介しよう。

　最初にまず、本書の論旨を次の簡単な二つの文にまとめておきたい。「人間の行為は、それが本来あるべき様式に従えば、道徳的なものとなる。したがって、すべての行為者はそれぞれ、本来あるべき様式に従って行為すべきである」。この要約の前の文は行為概念の分析結果をあらわし、後の文はそこから導かれた道徳原理、あるいはそれを体現する道徳的教えをあらわす。この後の文には、二つの「べし」が使われている。この内、後の方の「べし」は、この文が道徳原理をあらわすことからもわかる通り、道徳的「べし」である。つまり、この「べし」はすべての行為者が負う道徳的義務をあらわす（この義務は相関する権利を伴うが、ここではその点には立ち入らない）。では、行為概念の分析から導かれた前の方の「べし」はどうであろうか。もちろんこれは道徳的「べし」ではない。とすると、いかなる「べし」であろうか。ところで、さまざまな意味や文脈で用いられる「べし」という言葉にはもともと、当然あるいは必然的にそうなるという意味合いがある。そこで前の問いを次のように言い換えてみよう。前の方の「べし」にはどのような必然性が含まれるのであろうか。ここには、実を言うと、二つの必然性が含まれている。本書に言う形式的（formal）必然性と実質的（material）必然性である。行為概念からＰＧＣに至る一連の議論においては、この二つの必然性をどう理解するかが一つの重要なポイントである。では、行為の「あるべき様式」とは何であろうか。その点を見るために、本書の議論の筋をざっと追ってみよう。

道徳性の対象（subject matter）は何であろうか。もっとわかりやすく言い換えると、道徳論議や倫理学は何について語ったり論じたりしているのであろうか。この問いを起点に議論は次のように展開される。

あらゆる道徳判断は、直接的あるいは間接的に、人間の行為を問おうとしており、行為は道徳性の対象（の少なくとも一部）である。一方で、人間の行為は道徳性に客観的内容を与えるものであり、行為には必ず具有せねばならない不変的な特徴がある。それは、道徳的教えやそれ以外のさまざまな実践的教えがその相手や対象として何を想定しているかを吟味すればわかるように、自発性と目的性という相互に関連する二つの成分で成り立っている。この二つの特徴は、種々の実践的教えが想定する種々の行為全体を一つの類（genus）ないしは範疇として性格づける、最も一般的な特徴であり、行為の類的特徴と呼ぶことができる。行為が必ず類的特徴をもたねばならないとすれば、道徳性に必然的内容を与えるのは行為の類的特徴であろう。ところが、行為は、そのような特徴をもつことから、あらゆる行為には当該行為者による評価的・義務的判断が隠然たる形で含まれるという意味で、一つの規範的構造を内包しており、それらの判断を合理的で必然的な要件に従わせたとき、そこからは一つの道徳原理が論理的に帰結する。前述した「本来あるべき様式に従って」行為するというのは、要するに、この規範的構造に応じて行為することを意味しており、それが類的一貫性と称される原理に則った道徳的行為となるのである。

では、行為の規範的構造とは何であろうか。この規範的構造をもたらす評価的・義務的判断は行為の類的特徴から論理的に帰結するものであり、したがって、それが何であるかは、行為者自身が行為の類的特徴に着目して、行為者としての動能的見地から、自らの行為者性（自分が行為者であること、あるいは行為者として機能すること）の含意を合理的に思考することを通じて、明らかにされるであろう。ここで合理的とは、一貫性を保つ、あるいは自己矛盾を犯さない、という推論の基本原則に忠実な姿勢をあらわす。逆に、いかなる行為者であれ、そのような最低限の推論能力すなわち理性を有する限り、自らの行為に備わった規範的構造を認めねばならず、そこから帰結する道徳的規律に従うことも確約せざるをえない。

では、そのような行為者は自らの行為者性に関して何を考え、そこからどのような判断を下すであろうか。この思考の中心をなす推論過程は、例えばある代表的行為者による、次のような一連の言明として捉えられる。

その行為者は、まず、自分が何らかの意味で善いと見なす目的を達成するために行為しており、しかもそうした目的達成にとって、自らの自由と福利は至近的な必要条件である、との理由により、（1）「私の自由と福利は必要善である」と考えるはずである。ここで言及されている自由と福利はそれぞれ自発性と目的性に由来する必要物であり、特に後者は、目的追求それ自体に欠かせない一般的な能力と条件を意味する。（1）を認める以上、その行為者は、当然、（2）「私は自由と福利をもたねばならない」も承認するであろう。この「ねばならない」に反映されているのは、自由と福利をもつこと（手段）と行為がうまくいくこと（目的）とのあいだに存在する事実的関係すなわち手段－目的必然性と、自由と福利をもつことを要求するようその行為者に強く促す、当人の目的達成に向けた動能的態度から来る実践的指令性である。

さらに、その行為者は、（2）を受け入れたことから、（3）「私は自由と福利に対する権利をもつ」と考えざるをえない。仮にその行為者が（3）の承認を拒んだ場合、権利と義務との相関性により、（4）「他のすべての人々は、少なくとも私が自由と福利をもつことに干渉しないようにすべきである」も否認せざるをえない。このときその行為者は、（5）「他の人々は私が自由と福利をもつことに干渉してもよい」を承認していることになり、（6）「私は自由と福利をもたなくてもよい」を受け入れるしかない。しかし、（6）は（2）とは矛盾する。行為者である限り、（2）を受け入れねばならず、したがって、その行為者は（6）を拒否する以外にない。ところが、（6）は（3）の承認を否定したことの帰結である。こうしてその行為者は当の否定を却下し、結局、論理的に（3）を認めざるをえない。この自由と福利に対する権利は、その行為者のふるまいが行為の類的特徴をもつことを可能にする権利であり、類的権利と呼ばれる。右の諸言明があらわしているのは、目的の主観的価値づけと手段をめぐる推論に基づく（1）の評価的判断から、（4）の義務的判断を介して、（3）の権利要求に至る当人自身の思考の筋道である。

しかし、その行為者が自らの行為に自らの自由と福利は欠かせないとの理由づけにより、類的権利を主張したとしても、そもそもそれは正当な要求であろうか。その行為者が類的権利を要求する正当な根拠があるとすれば、それは何であろうか。この正当化をめぐる考察からその行為者が導くのは、自分が行為者であることは自分が類的権利を要求する必要かつ十分な理由である、との結論である。このときその行為者は、（7）「私は、行為者であるがゆえに、類的権利をもつ」と認めねばならない。この「がゆえに」は当の理由が十分理由であることをあらわしている。（7）を認めるその行為者は、さらに、自分以外の行為者も自分と同類の行為者であり、それゆえに自分がもつものと同様の十分な正当化理由をもつことから、前述した一貫性の原則である普遍化可能性に従い、（8）「他のすべての行為者は自由と福利に対する権利をもつ」と認めねばならない。このときその行為者は、（4）があらわす権利と義務との相関性に基づいて、（9）「私は他のすべての行為者が自由と福利をもつことに少なくとも干渉しないようにすべきである」と考えている。（3）と（9）を承認するその行為者は、結局、（10）「私は自分自身の類的権利と他のすべての行為者の類的権利に従って行為すべきである」と認めねばならない。この「他のすべての行為者」は、その行為者にとって、自分の行為の影響を受ける現実的ないしは潜在的な受動者でもある。したがって、（10）は次の言明と同等である。「あなた自身のみならずあなたの受動者の類的権利に従って行為せよ」。これがPGCである。

右の推論過程は大きく三つの段階に区分されよう。その行為者は、まず、自らの自由と福利を自らの必要善と見なし、次いで、自分にはそれらに対する権利があると考え、最後に、他のすべての行為者も各々がそれらに対する権利をもつと認める。ここで特に問題となるのは各段階の移行過程である。すなわち、(2)から(3)への、そして(3)から(8)への推論である。これらの推論を理解する上で重要なポイントは、(3)で語られる類的権利と(8)で語られる類的権利の性質が異なる点である。(3)の類的権利は、その行為者自身の動能的な行為者性ニーズに根拠をおく「自益的」判断から導かれたものであり、自益的権利である。ここで自益的とは、自らの目的追求に資することを重視する観点をあらわす。同様に、(4)の「べし」も道徳的「べし」ではなく、自益的「べし」である。これに対して、その行為者によって語られる(8)は、それと相関する(9)からわかるように、自分以外の人々の利害に対する配慮を優先する姿勢をあらわしており、端的に言って、「道徳的」判断である。つまり(8)の類的権利は、(3)の自益的権利とは異なり、道徳的権利である。

では、自益的権利からそれとは対照的な性格をもつ道徳的権利が導出されるのはどうしてであろうか。これは、もちろん、何らかの道徳原理が当の思考過程に密かに持ち込まれたことの帰結として導かれたわけではない。その行為者は、いかなる道徳原理であれ、それを推論の前提とすることは許されていないからである。また、その行為者は、他のすべての行為者は自分と同じ行為者であるため、自分がそれらの行為者に課すものと同じ義務を自分に対して課すであろう、と忖度して、(8)を受け入れているのでもない。その行為者は、他のすべての行為者がそれぞれ類的権利の保有をどう考えるかには関係なく、自らの内的見地に基づいて、(8)を承認するのである。この承認は主に、前述した通り、その行為者が合理的行為者として従わねばならない基本原則、すなわち同じ正当化理由を有する諸個人のあいだの類的な一貫性を意味する一般化から導かれたものである。要するに、自益的権利から道徳的権利への移行は論理必然的な移行であり、それを推進するのは、本書の題名が示唆するように、その行為者に備わった理性そのものの力である。

本書は、「まえがき」で触れられているように、ゲワースの持論に加えられた種々の批判に対する体系的な反論の書でもあった。しかし、ゲワースに対する批判は、本書の出版を機に、収まるどころか、ますますその勢いを増した。それは本書の与えた衝撃の大きさの証でもあったが、ゲワースの側も批判に積極的に応じる姿勢を示した。こうして本書をめぐる新たな論争がはじまったのである。この論争の一端は、例えば、初期の代表的批判とそれらに対するゲワースの応答を収録した次の文献に見ることができる。

Edward Regis Jr. ed., *Gewirth's Ethical Rationalism*, University of Chicago Press, 1984.

ゲワースはこの中で、自説に対する批判を一五個の論点に整理した上で、その一つ一つに反論を加えているが、批判と真剣に向き合う彼の姿勢はその後も貫かれ、さらに多くの問題が争点として浮上した。中でも最大の争点となったのが、右で簡単に紹介した行為者の推論過程とりわけその第二段階、すなわち必要善から類的権利に至る推論である。ここでは、その詳細に触れる余裕はないので、この問題に関心のある読者のために、本書に対するさまざまな批判を詳しく分析した（ただし、分析の対象はPGCの立論に関する批判に限定され、PGCの適用に関する批判は除かれている）、次のベイルヴェルトの著書を紹介するにとどめたい。

Deryck Beyleveld, *The Dialectical Necessity of Morality*, University of Chicago Press, 1991.

同書が分析対象としたのは、本書に関して何らかの批判的論評を加えた書評、雑誌論文、書籍であり、それらは一九八九年央までに公表された該当する英語文献のほぼすべてを網羅している。その分析結果によると、本書に対する諸種の批判は六六個の批判点に集約されるが、その内の五〇個は問題の推論過程に関する批判であり、さらにその内の三二個つまり全体のおよそ半分がその第二段階に関する批判であった。同書の最後の頁には、その結論が次のように記されている。「ゲワースの推論に致命的な欠陥があることを証明した批判は少なくとも今のところ存在しない。批判の多くは誤った解釈と粗雑な読みから生じている」。

　さて、ゲワースは、例えばロールズやマッキンタイアなどに比べ、一般的な知名度がかなり低いという事情もあって、日本では、法哲学者など一部の専門家の世界を除くと、ほとんど読まれていない。しかし、本書は、例えば『正義論』や『美徳なき時代』などと同じように、狭い専門の枠や時代を超えて、多くの人々に読まれるべき価値をもった著作であろう。特に人権の根拠を明らかにした現代の古典としての価値は高く、人権問題に関心をもつ研究者や学生であれば、専門分野に関係なく、本書から多くのことを学べるはずである。かつてローティは、相対主義の立場から、ゲワースの人権理論を名指しして「時代遅れの基礎づけ主義」と批判した。しかし、基礎づけ主義の評価はともかく、今の時代、この評言が書かれた四半世紀前に比べ、ゲワースの唱えた普遍主義や平等主義、合理主義といった考えが重要な理念として世に受け入れられる可能性ははるかに高くなっているように見える。そのことも、浅学を顧みず拙訳を世に問う理由である。

　長いあいだ放置してきた本書の訳稿をこうして上梓することができたのは、溪水社の木村逸司氏が共同出版という形で本書の出版を引き受けて下さったからである。同氏と編集作業を通じてお世話になった宇津宮沙紀氏に、この場を借りて感謝申しあげる。思い起こせば、今からちょうど二〇年前、哲学書の翻訳という畑違いの不慣れな仕事に手を染めたきっかけは幼いわが娘の死であった。その仕事に区切りをつけるためにも、この原稿は何とかして公刊したい、と思い立ったのは、昨年他界した母が必要な資金を残してくれたからである。本訳書を今は亡き萩原未玖と式部真子に捧げる。

二〇一九年七月

式部　信

索　引

サ行

タ行

ナ行

ハ行

著者・訳者紹介

著者

アラン・ゲワース（Alan Gewirth）

1912年、ポグロムを逃れロシアからアメリカに渡った移民の子供としてマンハッタン近郊で生まれる。コロンビア大学などで学んだ後、長年にわたりシカゴ大学で哲学を教える。後年は人権教育の充実にも尽力。その間、アメリカ哲学会やアメリカ政治・法哲学会の会長を歴任。2004年、シカゴ郊外で死去。相対主義やポストモダン思想などの時流に抗して、人間の行為者性に基づく普遍主義的で合理主義的な倫理学理論や人権理論を提唱した。著書として、本書のほかに、人権の哲学的根拠を明らかにした『人権』（1982年）などがある。

訳者

式部　信（しきぶ　まこと）

1951年広島県生まれ。県立広島大学非常勤講師。訳書にロイ・バスカー『弁証法』（作品社）などがある。

理性と道徳

令和元年10月4日発行

著　者　アラン・ゲワース

訳　者　式部　信

発行所　株式会社 溪水社
広島市中区小町1-4（〒730-0041）
電話082-246-7909　FAX 082-246-7876
e-mail: info@keisui.co.jp

ISBN978-4-86327-491-4　C3012